Handbuch der Kommunikationsguerilla

We have declared ourselves to be the famous and fabulous forerunners of communication guerilla because we desire fame, money and beautiful lovers.

»Ist die be

Vorrede an die Leserinnen

Was in diesem Buch versucht wird, ist paradox. Hier wird auf höchst ernsthafte Art die graue Theorie einer Praxis vorgestellt, die nicht nur subversiv sein, sondern auch noch Lust und Vergnügen bereiten soll. Die Autorinnen haben die Nase voll von der Ausschließlichkeit furztrockenen Flugblattschreibens und dem (letztlich auch autonomen) Dogma, daß Linke bestenfalls über politisches Kabarett lachen dürfen, ansonsten aber zeigen müssen, daß sie das Leid und die Ungerechtigkeit der Welt auf ihren schmächtigen Schultern tragen. Wir wollen weg von einer politischen Praxis, die ihre eigene Relevanz am Abstraktionsgrad oder dem Gestus der Ernsthaftigkeit von Resolutionen mißt. Das mag ein unfaires und überzogenes Bild sein. Aber wir kennen uns: Das schlechte Gewissen, wenn wir, statt endlich diesen Theorietext über Verfremdung abzudrücken, zwei Nächte durchtanzen, das protestantische Arbeitsethos, das uns dazu bringt (bei aller Lust am Schreiben), blaß vor dem Computer zu sitzen, statt trotz Ozonloch braungebrannt im Freibad rumzuliegen, die Gewissenhaftigkeit, mit der wir Äußerungen auf die politisch korrekte Linie hin überprüfen, all das ist uns vertraut.

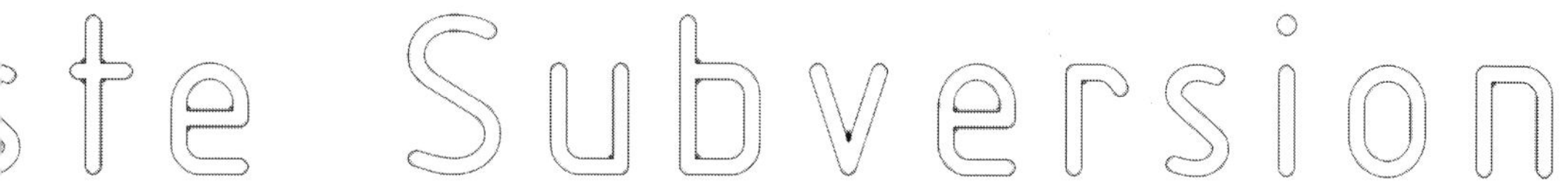

„Es gibt kein richtiges Leben im Falschen." Trotzdem möchten viele ein Leben leben, das anderem als Konkurrenz oder Leistungsdenken verpflichtet ist und darüber hinaus Ausstrahlungskraft entfaltet. Kommunikationsguerilla könnte ein Mittel in einer solchen Praxis sein.

Analyse und Strukturierung, Begriffsbildung und Abgrenzung verschiedener Prinzipien, Methoden und Techniken können noch die schönste Aktion entzaubern. Darum erzählen wir auch viele Geschichten von Ereignissen, ohne sie genau auseinanderzufitzeln und zu theoretischem Trockengemüse zu verarbeiten. Es wäre auch fatal, die vorgeschlagenen theoretischen Begrifflichkeiten als nachzuexerzierendes Regelwerk zu sehen und die eigene Praxis in ein Korsett zu zwängen, das unkontrolliertem Begehren, Lust und Vergnügen keine Chance läßt. Dieses Buch soll aber, auch wenn über die vorgeschlagenen Einschätzungen oder verwendeten Beispiele keine Einigkeit herrschen wird, einen Werkzeugkasten bereitstellen, den die Leserin benutzen kann, der Wörter, Metaphern und Bilder anbietet, der dazu anregt, selbst über ähnliche Möglichkeiten in der eigenen Praxis nachzudenken. Und indem sie das tut, entwickelt sie die Praxis weiter. Das ist auch der beste Beitrag für eine künftige Theorie der Subversion.

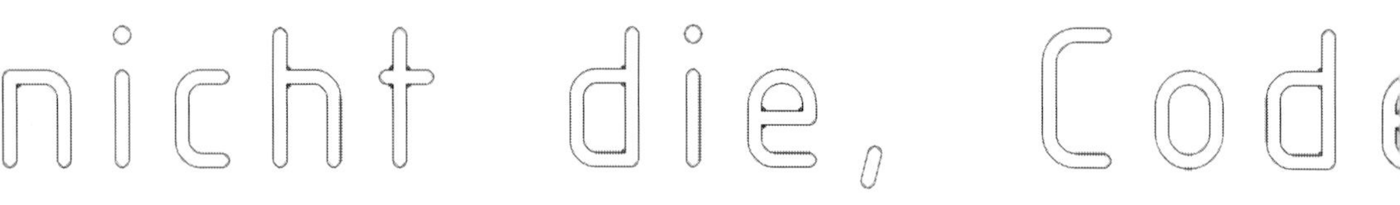

Die alten Meister

Die Linke kommt nicht umhin, sich wieder mehr auf die Klassiker zu besinnen. Um den zahllosen Verkürzungen der Marxschen Lehre entgegenzutreten, fühlen wir uns verpflichtet, an eine Praxis der Begründer des wissenschaftlichen Kommunismus zu erinnern, die aus durchsichtigen Gründen in den meisten Marx-Schulungen unterschlagen wird. Als Karl Marx im Jahr 1859 sein Werk „Zur Kritik der Politischen Ökonomie" veröffentlichte, wurde es von den führenden deutschen Nationalökonomen schlicht ignoriert. Um dem „Kapital" dasselbe Schicksal zu ersparen, organisisierten Friedrich Engels und andere sofort

Über Kommunikations-guerilla

Radikale linke Politik und Gesellschaftskritik stehen im Ruf, ihren Anspruch einer emanzipatorischen Politik in erster Linie durch rationale Aufklärung und Verkündigung einer einzigen Wahrheit verwirklichen zu wollen. Die Autorinnen der hier versammelten Texte verfügen über keine solche Wahrheit, die sie sich auf ihre Fahnen schreiben könnten, um sie anderen Linken oder irgendwelchen Ungläubigen um die Ohren zu schlagen.

Mit dem Konzept Kommunikationsguerilla möchten sie zu anderen Formen der politischen Auseinandersetzung anregen, die zwar schon lange zur Praxis linker Gruppierungen gehören, aber allzuoft als nicht ernstzunehmende Späßchen am Rande der eigentlichen politischen Arbeit unterschätzt wurden. Dieses „Handbuch der Kommunikationsguerilla" diskutiert solche Formen subversiver politischer Praxis, ihre Bedingungen, Möglichkeiten und Grenzen.

Die Autorinnen sparen sich die Wiedergabe der kontroversen Diskussionen, die sich aus unterschiedlichen Denkweisen, aus der Auseinandersetzung zwischen marxistischen und anarchistischen, traditionell ökonomischen und diskurstheoretischen Konzepten,

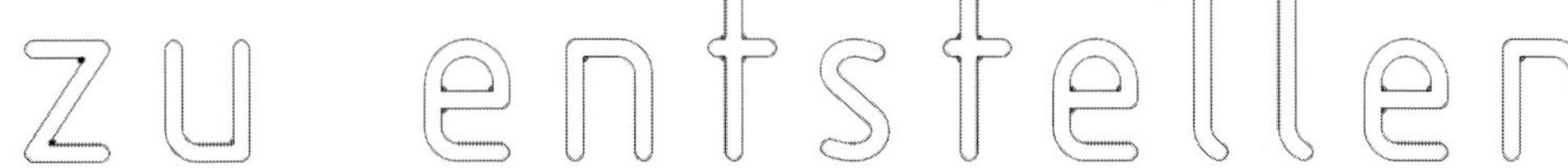

zwischen Kritik am Eurozentrismus und dem Festhalten an universalen Werten immer wieder ergeben haben. Für den gegenwärtigen Zeitpunkt haben sie sich darauf geeinigt, sich gemeinsam am unsicheren Ort der Kritik an den Verhältnissen niederzulassen. Aus den immer wieder aufbrechenden Zweifeln und dem Wissen um die historische Bedingtheit der eigenen traditionellen politischen Projekte ist das Bedürfnis entstanden, politische Praxen zu entwickeln, die der gegenwärtigen Situation angepaßt sind, gleichzeitig aber eine undogmatisch linke Grundhaltung der 70er und 80er Jahre nicht unbesehen aufgeben.

Gemeinsamer Ausgangspunkt war und ist neben der anhaltenden Unversöhnlichkeit mit der kapitalistischen Produktionsweise, mit menschenverachtenden Machtstrukturen und Vergesellschaftungsformen auch die Unzufriedenheit mit einer linksradikalen politischen Praxis, die zwischen unbedingter Militanz, pragmatischer Realpolitik und reiner Ideologiekritik herumeiert(e). Das Unbehagen gegenüber diesen sich scheinbar gegenseitig ausschließenden traditionellen Politikformen der Linken hat sich verstärkt in einer historischen Phase, in der von allen Seiten die Krise linker Politik beklagt wird und in der

Die alten Meister

nach Erscheinen des Buches die Veröffentlichung von erfundenen Rezensionen und Kommentaren in verschiedenen Presseerzeugnissen. Um die „bürgerliche Verschwörung des Schweigens" zu durchbrechen, lancierte Engels unter falschem Namen regelrechte Verrisse des „Kapitals" in der bürgerlichen Presse und zwang damit die Nationalökonomen zu einer Stellungnahme. Bis Juli 1868 erschienen mindestens 15 erfundene Rezensionen in bürgerlichen Zeitungen. Schon Marx und Engels lehren uns also, daß es manchmal nicht entscheidend ist, welchen Inhalt eine Berichterstattung hat, sondern eher, daß sie überhaupt stattfindet.

sich die Schwachstellen und Probleme ihrer Politikkonzepte und Praxisformen deutlich zeigen. Aus dieser Situation heraus heraus diskutieren die beteiligten Autorinnen Wege und Voraussetzungen für eine Praxis, die ‚Militanz' nicht mehr im militärischen Sinne (miß)versteht, sich aber auch nicht auf die Scheinalternative ‚reine Ideologiekritik' oder ‚pragmatische Realpolitik' einläßt.

Wenn wir uns auf den Zwischenbereich zwischen aufklärerischer Politik und symbolisch-kultureller Intervention konzentrieren und die oft geradezu protestantisch ernsthafte Form linker Politik angreifen, möchten wir dies als solidarische und durchaus an uns selbst gerichtete Kritik verstanden wissen. Wir möchten zur Erweiterung linker Politikformen beitragen in einem gesellschaftlichen Klima, das sich seit den 70er Jahren nicht zu unseren Gunsten verändert hat – im Gegenteil. Zusehends besteht die Gefahr, daß die Utopie einer anderen Gesellschaft nicht nur als illusorisch verworfen wird, sondern gar nicht mehr gedacht werden kann.

Kommunikationsguerilla liefert weder ein wasserdichtes Theoriekonzept noch genau festgelegte Regeln für die konkrete Ausgestaltung einer emanzipatorischen

politischen Praxis. Das Konzept entstand aus dem Anspruch, die eigenen, durchaus unterschiedlichen politischen Praxen und theoriegeleitete Gesellschaftskritik zusammenzudenken, sie aufeinander zu beziehen und beide Herangehensweisen sich gegenseitig stimulieren zu lassen, statt sie gegeneinander auszuspielen. Während eigene Überlegungen bzw. die Gedanken und Aktionen anderer zu Papier gebracht wurden, entstanden neue Ideen für eigene Aktionen und Betätigungsfelder, die wiederum zur Entwicklung von Wörtern, Begriffen und Theorien Anlaß geben.

Das Konzept Kommunikationsguerilla ist Teil eines Prozesses, in dem gesellschaftliche Herrschaftsverhältnisse kritisiert und angegriffen werden – neuer und alter Nationalismus, Sexismus/Patriarchat, Rassismus und die mit ihnen verknüpfte kapitalistische Produktionsweise. Es betrachtet die Normalisierung solcher Herrschaftsverhältnisse auf der Ebene der gesellschaftlichen Diskurse und der Formen der ➲ *Kulturellen Grammatik* und formuliert Ansatzpunkte dafür, wie sie in Frage gestellt werden können.

Kruzifix!

Kommunikationsguerilla will die Selbstverständlichkeit und vermeintliche Natürlichkeit der herrschenden Ordnung untergraben. Ihre mögliche Subversivität besteht zunächst darin, die Legitimität der Macht in Frage zu stellen und damit den Raum für Utopien überhaupt wieder zu öffnen. Ihr Projekt ist die Kritik an der Unhinterfragbarkeit des Bestehenden; sie will geschlossene Diskurse in offene Situationen verwandeln, in denen durch ein Moment der Verwirrung das Selbstverständliche plötzlich in Frage steht. Jede Aktion ist dabei für sich genommen nur ein momentaner oder lokaler Modus der Grenzüberschreitung. Aber je öfter politische Gruppen Räume öffnen, anstatt sie zu schließen und zu fixieren, desto mehr Möglichkeiten für Visionen und kleine Vorgriffe auf Alternativen zur bestehenden Gesellschaft kann es geben. In solchen Momenten ist es auf einmal möglich, daß Subjekte anders agieren als sonst, daß sie Praxen entwickeln, bei deren Ausübung sie sich ändern können, nicht nur in dem, was sie sagen, sondern auch in dem, was sie tun.

Bei der Suche nach solchen Interventionsformen ließen sich die Autorinnen von Personen, Gruppen und Bewegungen anregen, die sich Gedanken über das Verhältnis von Macht, Sprache und Subversion, von Kunst, Technik, Kultur und Politik gemacht haben.

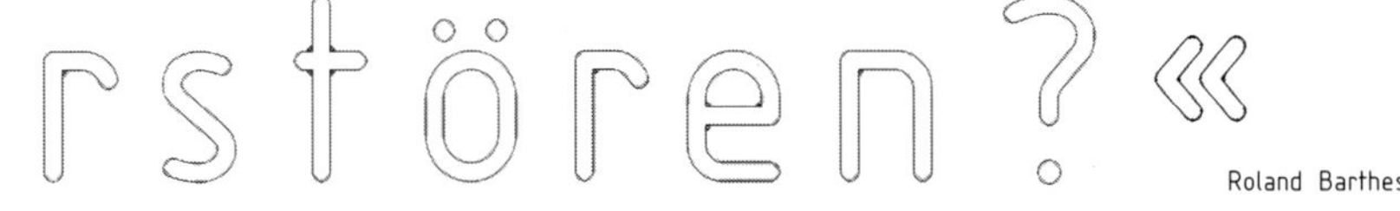

Roland Barthes

In der imaginären Ahnengalerie dessen, was in diesem Buch Kommunikationsguerilla genannt wird, finden sich so unterschiedliche Vorgänger wie die Situationistische Internationale, die 77er Bewegung in Italien, die Kommune I in der BRD, die Yippies, die Culture Jammers und die Billboard Bandits in den USA oder die Psychogeographen in Frankreich, Italien und England. Die Auseinandersetzung mit solchen Gruppen, ihren Aktionsformen und ihrem politischen Standort hat nicht nur die Praxis der Verfasserinnen beeinflußt und in vielfacher Weise erweitert, sie führte auch zu theoretischen Überlegungen. Das Ergebnis davon ist die Theoretisierung von Prinzipien, Methoden und Techniken von ‚Kommunikationsguerilla' in diesem Handbuch, das nicht die korrekte Form einer bestimmten Praxis kanonisieren soll, sondern ein Plädoyer darstellt für Kommunikationsguerilla als Form politischer Auseinandersetzung.

Das Konzept Kommunikationsguerilla ersetzt keine inhaltliche und organisatorische Arbeit, keine Antifa-Aktionen, kein theoretisches Programm und auch keine eigenen Medien; es steht auch nicht im Widerspruch zu einer Politik der Gegenöffentlichkeit. Es geht

jedoch davon aus, daß politische Inhalte nicht nur wegen ihrer Richtigkeit oder Wahrheit akzeptiert werden, sondern daß linksradikale Politik immer auch die Bedingungen politischer Rezeption berücksichtigen muß. Wo Aufklärung nicht ankommt, kann Kommunikationsguerilla die wirksamere Taktik sein, wo es eine aufnahmebereite Zielgruppe oder gesellschaftlichen Druck gibt, ist Aufklärung und Information angesagt, und oft greift beides ineinander.

Kommunikationsguerilla ist in dem Sinne demokratisch, daß sie die Bürgerinnen nicht nur mit irgendwelchen Aussagen konfrontiert, sondern die Widersprüche und Erfahrungen in deren eigenem Leben aufgreift und von da aus zum Weiterdenken und -handeln anregt. Konkrete Aktionen können den hegemonialen Konsens für Augenblicke ins Wanken bringen und die bürgerliche Öffentlichkeit in wechselnde, nicht immer vorhersehbare Konstellationen von Angegriffenen, Mitwirkenden und Zuschauerinnen spalten. Während die Angegriffenen mit Widerstandsformen konfrontiert werden, die sie in unerwartete und kaum kontrollierbare Situationen bringen, wird im Idealfall für die unfreiwillig Mitwirkenden, die Zuschauerinnen wie die Indifferenten eine soziale Praxis sichtbar, die nicht als Frontalangriff auf die eigene Identität gelesen werden muß, sondern als genußversprechendes Angebot, sich auf gedankliches Neuland einzulassen. Dabei kann durchaus offen bleiben, wer hier überhaupt agiert und welche Aussagen und Konzepte hinter den jeweiligen Aktionen genau stehen – die Kritik ergibt sich aus der Situation.

Die Autorinnen haben sich für den Begriff Kommunikationsguerilla entschieden, weil alle hier zusammengefaßten Konzepte und Aktionsformen auf gesellschaftliche Kommunikationsprozesse Bezug nehmen: auf die Kommunikation zwischen Medien und Medienkonsumentinnen, die Kommunikation im öffentlichen oder sozialen Raum sowie die Kommunikation zwischen gesellschaftlichen Institutionen und Individuen. Kommunikation umfaßt mehr, als eine verbreitete technizistische Sichtweise es nahelegt: Sie beschränkt sich nicht auf die Massenmedien oder auf technische Kommunikationsmittel wie Fax, Handy, Computer und Modem – der Kram kann nützlich sein, wird jedoch enorm überschätzt.

Mindestens ebenso relevant wie technische Kommunikationsmittel sind die alltäglichen Formen der Kommunikation ‚von Angesicht zu Angesicht' und die gesellschaftlichen Strukturen von Kommunikation, in denen Machtverhältnisse immer wieder produziert und reproduziert werden. Innerhalb dieser Machtstruktur der gesellschaftlichen Kommunikation anders zu agieren als vorgesehen, sich bestimmten Formen der Kommunikation und des ‚Dialogs' zu entziehen, kann eine deutliche und wirksame Kritik an scheinbar selbstverständlichen Machtstrukturen sein. In manchen Situationen kann der scheinbar vernünftige Austausch von sachlichen Argumenten Akzeptanz ausdrücken: Indem eine Kritik im Rah-

Bremen, Juli 1981

men vorgegebener Kommunikationsstrukturen artikuliert wird, stabilisiert und legitimiert sie eben die Strukturen, die eigentlich kritisiert werden sollen. Wichtig ist also nicht nur das, was kritisiert wird, sondern auch das ,Wie' der Kritik.

Bei der Entscheidung für den Begriff Kommunikations*guerilla* hat sicher auch eine ungern eingestandene Revolutionsromantik Pate gestanden. Aber tatsächlich bietet sich die Guerilla-Metapher für dieses Projekt an: Guerilla agiert nicht aus der sichtbaren Position eines offiziellen Heeres heraus, sondern aus den zerklüfteten Abwegen abseits befahrener Routen. Guerilla besteht nicht aus vielen, auch wenn sie auf das Einverständnis der Bevölkerung angewiesen ist oder zumindest von ihr geduldet wird. Ihre Taktik beruht auf Kenntnis des Terrains, sie agiert lokal und punktuell. Guerilleras handeln aus dem Verborgenen, und bevor sie erwischt werden, wechseln sie den Standort. Sie stellen sich nicht dem offenen Kampf, denn sie hätten gegen die Übermacht der ,ordentlichen' Verbände wenig Chancen. Übertragen auf den Kommunikationsprozeß heißt das: Sie entwischen dem vorgegebenen Rahmen von Argumentationsstrukturen und haben ihre eigenen Vorstellungen darüber, was sich gehört und was nicht. Wenn die Guerilla siegt, dann hört sie auf, eine zu sein: An dieser Stelle endet die Übertragbarkeit der Metapher. Denn das Konzept ,Kommunikationsguerilla' taugt nicht dazu, in irgendeinem militärischen Sinne zu siegen, um damit einer klaren, eindeutigen Gesellschaftsutopie im Sinne des perfekten Staates oder Nicht-Staates den Weg zu bereiten.

Bereits Umberto Eco hat Versuche, die herrschenden Diskurse anders als durch Argumentation und Agitation zu kritisieren, mit der Metapher „Guerilla" bezeichnet. Wie bei seiner „semiologischen Guerilla" geht es bei Kommunikationsguerilla um eine abweichende, dissidente Verwendung und Interpretation von Zeichen. Dagegen führt der Begriff ,Medienguerilla' von dem hier vertretenen Anliegen weg. Entgegen dem allgemeinen Medienhype geht es im Kommunikationsguerilla-Konzept nämlich nicht nur um mediale Kommunikation, sondern auch um Face-to-Face-Kommunikation oder -interaktion in unterschiedlichsten Kommunikationsforen.

Eco, Umberto: Für eine semiologische Guerilla. In: Eco, Umberto: Über Gott und die Welt. Essays und Glossen. München 1985, S. 146-156.

Vgl. zur Medienguerilla http://www.t0.or.at/~oliver/

In politischen und künstlerischen, in Mainstream- und in Subkulturen finden sich immer wieder Leute, die ähnliches, aber doch nicht immer das gleiche wie die Kommunikationsguerilla im Sinn haben oder hatten. Die Autorinnen ließen sich von der ,Spaßguerilla' inspirieren, ohne jedoch den Namen zu übernehmen, denn Spaßguerilla ist untrennbar mit einer bestimmten historischen Konstellation und bestimmten Personen verknüpft. Beim gegenwärtigen „Spaß-muß-sein-man-gönnt-sich-ja-sonst-nichts"-Trend würde der Name

SpassGuerilla. Münster 1994 (Berlin 1984).

wohl zu Mißverständnissen führen. Die dabei anklingende Vorstellung, ‚Spaß haben' sei per se subversiv, erscheint den Verfasserinnen fragwürdig. Spaß klingt auch an bei den ‚Pranks' (Streichen, Scherzen) der hauptsächlich im US-amerikanischen Kunstkontext agierenden Pranksters und bei der britischen ‚Anarchic Buffoonery'. Allerdings können sie sich auch nicht für die gegenteilige Lesart begeistern, daß nämlich Spaß in linker Politik nichts verloren habe und jedes Anliegen unpolitisch und beliebig mache.

Re/Search # 11. Pranks! San Francisco 1987.

Law, Larry: Buffo! Amazing Tales of Political Pranks and Anarchic Buffoonery. London 1988 (1985).

Bezeichnungen wie ‚Cultural Terrorism' oder ‚Artistic Terrorism' (Kono Matsu) arbeiten mit dem Paradox, das sich aus der Kombination eines Aktionsfeldes wie ‚Kunst' oder ‚Kultur' mit dem Begriff des Terrorismus ergibt. Während die italienischen Medien die Vorstellung eines allgegenwärtigen „terrorista culturale Luther Blissett" begierig aufgriffen, ohne ihn paranoid mit Bomben und Maschinengewehren in Verbindung zu bringen, würde dieser Begriff in der BRD wohl immer noch die Assoziationen der 70er Jahre hervorrufen.

In den USA und in Kanada macht zur Zeit der Begriff ‚Culture Jamming' die Runde, der mit „Kultur-Besetzung" ziemlich holprig übersetzt wäre. Im Ausdruck „Jam their lines" – Macht ihre Leitungen dicht! wird deutlich, was gemeint ist. Mitunter laufen ‚Culture Jamming'-Aktionen auch unter dem Begriff ‚Monkey Wrenching'. Diese Bezeichnung geht auf den gleichnamigen Ökosabotage-Roman von Edward Abbey zurück (auf deutsch: „Die Schraubenzieherbande") und zielt auf handfeste Sabotageakte, die sich manchmal auch mit Kommunikationsguerilla-Interventionen verbinden, aber nicht eigentlicher Gegenstand der folgenden Überlegungen sind.

Dery, Mark: Culture Jamming. Westfield (USA) 1993.

Während militärische Militanz und Sabotage auf eine Unterbrechung des Kommunikationskanals zielen, begreift Kommunikationsguerilla die Formen der Kommunikation selbst als Herrschaftspraxen. Sie macht sich die Strukturen der Macht zunutze, indem sie ihre Zeichen und Codes entwendet und verfremdet.

Wenn Kommunikationsguerilla hier auch von Sabotageakten (Sachbeschädigungen) abgegrenzt oder von aufklärerischer Gegenöffentlichkeitspolitik unterschieden wird, spielt beides bei vielen der hier dargestellten Aktionen doch in der einen oder anderen Weise eine Rolle. Es kommt oft auf die konkrete Situation an, welche Aktionsformen den Aktivistinnen sinnvoll erscheinen. Und darüber bestimmen sie in der Regel selbst.

Das „Handbuch der Kommunikationsguerilla" kann und soll kein Rezeptbuch sein. Um verschiedene Lesarten der Texte zu begünstigen, wurde ein collageartiger Aufbau gewählt. So kann das Buch gleichzeitig als eine Art Nachschlagewerk zu ausgewählten Themen oder Fragestellungen dienen und als Ideenlieferant für politische Aktionen genutzt

Volkszählung 1987

werden. Mit ○ gekennzeichnete Wörter verweisen auf eine ausführlichere Erörterung an anderer Stelle (vgl. Register). In der Literaturübersicht sind nur die aus unserer Sicht zentralen Bücher und Aufsätze aufgeführt. Ein umfangreicheres Literaturverzeichnis und auch Beiträge, die hier keinen Platz mehr finden konnten, befinden sich auf unsere Homepage im World Wide Web (Internet), die zu einem Archiv der Kommunikationsguerilla ausgebaut werden soll.

http://
www.contrast.org
/KG

Die Leserin erwarten drei verschiedene Textarten, die jeweils durch unterschiedliche Schrift gekennzeichnet sind.

Zum ersten findet sie Beschreibungen der kommunikativen Prinzipien, Methoden, Techniken und Werkzeuge der Kommunikationsguerilla sowie Texte, die sich um eine theoretische Einordnung bemühen und den Stellenwert der Kommunikationsguerilla für eine emanzipatorische und gesellschaftsverändernde Praxis diskutieren.

Zum zweiten wird auf Praxen, Strömungen und Gruppen hingewiesen, die von ihrer Theorie oder Praxis her eine Nähe zur Kommunikationsguerilla aufweisen. Es ist klar, daß diese kurzen Darstellungen nicht der Komplexität jeder Gruppe gerecht werden können. Manche Gruppen sind von ihren Methoden her anregend, stimmen jedoch mit den politischen Überzeugungen der Autorinnen in keiner Weise überein. Sei's drum, es ist jedenfalls produktiver, sich von ihnen anregen zu lassen und dabei das zu ○ entwenden, was brauchbar ist, als ständig ihre Abweichungen von der korrekten Linie zu benoten.

Und in diesem Sinne sollen die Beispiele der dritten Textart beim Lesen zugleich Vergnügen bereiten und Aha-Erlebnisse ermöglichen. Das Handbuch ist nicht vollständig, und wer etwas vermißt, kann uns entweder über die Verlagsadresse oder unsere email-Adresse Ergänzungen, Hinweise, Beschreibungen, Widerspruch etc. zukommen lassen (Aktionsbeschreibungen am besten auf Datei), damit das Archiv der Kommunikationsguerilla weiter wächst.

Verlag Libertäre
Assoziation,
Lindenallee 72,
20259 Hamburg

afrika@contrast.org

autonome a.f.r.i.k.a.-gruppe, luther blissett, sonja brünzels

© Situationistische Internationale

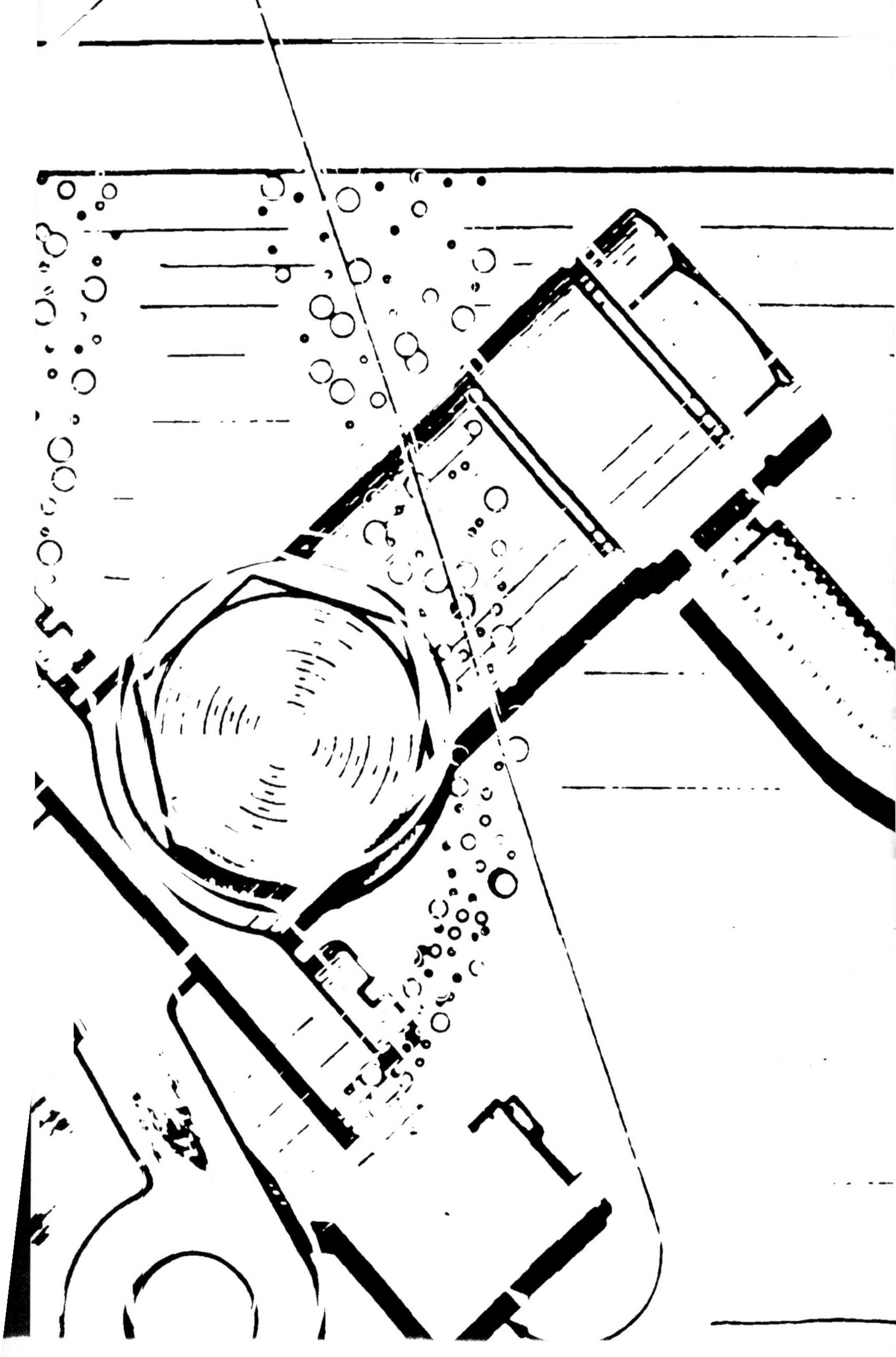

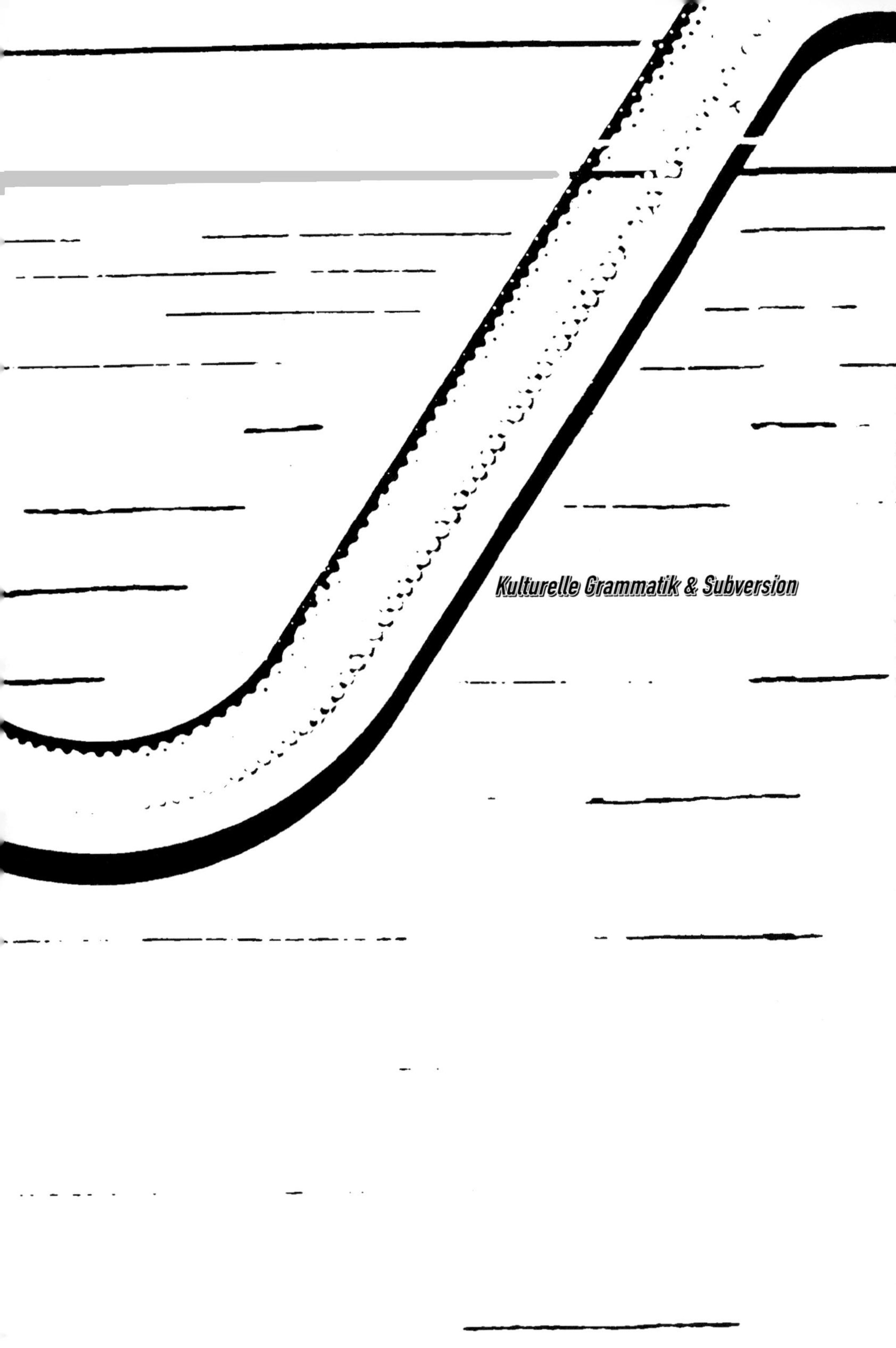
Kulturelle Grammatik & Subversion

Kulturelle Grammatik & Subversion

Kulturelle Grammatik & Subversion

Im folgenden geht es um eine eigentlich sehr einfache Frage:
Wie kommt es, daß Menschen in unserer Gesellschaft die vielfältigen Macht- und Herrschaftsverhältnisse, denen sie unterworfen sind, so selbstverständlich akzeptieren? Wieso werden diese Verhältnisse als normal angesehen und in der Regel gar nicht erst hinterfragt? Und wie läßt sich dieser gesellschaftliche Konsens, der hinsichtlich der Ausübung von Macht und Herrschaft besteht, stören und durcheinanderbringen?

Verschiedenste gesellschaftliche Institutionen sorgen dafür, daß das Sich-Einfügen in und die Unterwerfung unter Macht- und Herrschaftsverhältnisse von klein auf gelernt werden. In der Schule beispielsweise, einem der wichtigsten Orte gesellschaftlicher Sozialisation, sind Elemente der herrschenden Ideologie von Anfang an Teil des Unterrichtsstoffes – gelehrt werden etwa das herrschende Geschichtsverständnis, das nötige Allgemeinwissen, das gesellschaftliche Werte- und Normensystem. Über solche offen ausgesprochenen Inhalte hinaus jedoch werden die Schüler in einem viel umfassenderen Sinne darüber unterrichtet, daß und wie sie sich in die Normalität von Herrschafts- und Machtbeziehungen einfügen sollen. Auch wenn sich die Sitzordnung immer wieder verändern kann, ist die Einhaltung der jeweils gültigen Form zwingend vorgeschrieben. Selbst wenn die Tische im Kreis aufgestellt werden, zeigt sich die Autorität des Lehrers darin, daß er jederzeit aufstehen, umhergehen, Schüler ansprechen darf. Eine frontale und einseitige Kommunikationsordnung legt fest, wer über die Art des Lernens entscheidet – die Lehrerin, und wer sich einfügt – die Schüler. Die präzise Einteilung der Schulstunden wird durch akustische Signale verbindlich gemacht. Hinzu kommen die architektonische Anlage des Gebäudes und seine Umgebung mit Klassenzimmern, Fachräumen, für die Schüler verbotenen Lehrerzimmern ebenso wie die Einteilung der Schüler in Alters- und Leistungskategorien wie Prüfungen und Zeugnisse. In diesem Rahmen ist es ein normaler Vorgang, wenn der Lehrer vor den Schülerinnen steht und ihnen zu von ihm festgelegten Zeitpunkten und Themen das Wort erteilt. Denn es scheint, daß nur diese Vorgehensweise einen geregelten Ablauf des Unterrichts ermöglicht. Damit wird nicht nur immer von neuem die Autorität dessen, der vorne steht, festgeschrieben, sondern auch, daß das System von Autorität und Unterordnung der einzig mögliche Weg ist, soziale Beziehungen zu organisieren.

Im Rahmen der geschriebenen und ungeschriebenen Regeln und Konventionen der Schule praktizieren Lernende und Lehrende tagtäglich Verhaltensweisen, die auch in zahlreichen anderen gesellschaftlichen Bereichen dazu dienen, eine auf Machtverhältnissen beruhende Ordnung aufrechtzuerhalten. Die Gesamtheit solcher Regeln bezeichnen wir als ➲ *Kulturelle Grammatik*. Mit einigen weiteren Beispielen läßt sich deutlich machen, wie

dieses Regelsystem der Kulturellen Grammatik Macht und Herrschaft produziert und reproduziert, wie es hierarchische Kommunikationsformen normalisiert – nicht nur unter äußerem Druck wie in der Schule, sondern auch in weitgehend selbstbestimmten Zusammenhängen: Kulturelle Grammatik wird nicht nur unter Zwang, sondern auch bewußt und im eigenen Interesse eingehalten.

Bei Vereinssitzungen ist die Vorsitzende dazu berechtigt und verpflichtet, den Ablauf der Veranstaltung zu lenken, was ihre herausragende Position den anderen gegenüber immer wieder manifestiert. Damit werden hierarchische gesellschaftliche Strukturen akzeptabel – schließlich organisiert man sich selbst in gleicher Weise. Bei Vorträgen ist allen Beteiligten klar, daß die Referentin eine Autoritätsperson ist, die die diskutierten Themen bestimmt und der zumindest in der ersten Hälfte der Veranstaltung das alleinige Recht zu reden gebührt. Die Zuhörerinnen sind zwar freiwillig anwesend, sie verhalten sich aber nur dann richtig und unproblematisch, wenn sie schweigend und aufmerksam auf den in Richtung des Redepults ausgerichteten Stühlen sitzen.

Nach demselben formalen Muster wie Vorträge laufen – um ein Beispiel aus einem explizit politischen Kontext zu betrachten – Wahlveranstaltungen mit Parteipolitikern ab. Solche Veranstaltungen illustrieren auf eindrücklichste Weise ein zentrales Element bürgerlich-demokratischer Herrschaft: Sie beruht nicht in erster Linie auf offener Gewalt des Staatsapparates, sondern auf der Produktion von Konsens. Mit zahllosen Praktiken wird die Fiktion aufrechterhalten, daß dieser Konsens durch gleichberechtigte Kommunikation (‚Dialog mit dem Bürger') zwischen Herrschenden und Beherrschten über die Formen und Praxen der Herrschaft hergestellt werde. Gleichzeitig wird das reibungslose Funktionieren der Herrschaft aber durch die Art und Weise sichergestellt, in der diese scheinbare Kommunikation erfolgt. So bedient sich eine Wahlveranstaltung der kulturellen Form des Vortrags, ohne daß bei der daran anschließenden Fragerunde tatsächlich eine inhaltliche Diskussion stattfindet. Der Inhalt des Vortrags selbst ist für die Aufrechterhaltung der Fiktion gleichberechtigter Konsensproduktion relativ unwichtig; die Aussage der ganzen Veranstaltung ist vor allem: Wir leben in einer parlamentarischen Demokratie, in der alle das Recht haben, ihre Meinung zu äußern – solange sie dies in einer Weise tun, die den Regeln dieser Art von Veranstaltung entspricht, solange sie sich in Thema und Wortwahl an die gesellschaftlich akzeptierten Konventionen halten. Daß dieses Recht auf Meinungsäußerung letztlich folgenlos bleibt, weil die möglichen Themen ebenso wie die Art, in der sie diskutiert werden, schon durch den formalen Rahmen vorgegeben und eingeschränkt sind, fällt niemandem auf – denn dieser Rahmen und seine Regeln sind verinnerlicht und werden als normal und natürlich empfunden. Wenn der Bundeskanzler inmitten einer

Der Herr Minister spricht zum Volk

Ein Stück der
CDU-WAHLKAMPFKOMMISSION
überarbeitet von
SONJA BRÜNZELS UND LUTHER BLISSETT
aufgeführt vom
AK VOLKSBILDUNG DER KOMMUNIKATIONSGUERILLA

BÜHNENBILD

Freitag, 18.00, weites Feld, irgendwo in Deutschland, irgendwann Anfang der 90er Jahre. Saal einer Gemeinde, öffentlich. Links und rechts durchgehende Fensterfronten. Ca. 150 Stühle sind auf die erhöhte Bühne ausgerichtet, in der Mitte bleibt ein Gang frei. Auf der Bühne ein Rednerpult mit Mikrophon und ein Tisch. Hinter dem Tisch drei Stühle. Auf dem Tisch eine kleine Flasche Mineralwasser mit Glas. An der Seite der Bühne Blumenschmuck und weitere Stühle. Im Mittelgang am hinteren Ende des Saals ein Standmikrophon fürs Publikum.

Hundertschaft der Bereitschaftspolizei und umringt von Ordnern und Leibwächtern einen Marktplatz mit ohrenbetäubenden Phonzahlen beschallt, demonstriert er damit Bürgernähe – und bis zu einem gewissen Grad funktioniert diese Fiktion. Dabei ist es geradezu lächerlich, eine solche Vorführung von Macht als Möglichkeit der Kommunikation, d. h. des reziproken und gleichberechtigten Austauschs zu deuten. Das Ganze läßt sich viel schlüssiger als Inszenierung zur Darstellung und Selbstvergewisserung von Macht interpretieren. Trotzdem werden solche Veranstaltungen von den Zuhörerinnen nicht unbedingt in diesem Sinne empfunden, denn die in die Formen der Kulturellen Grammatik eingeschriebene Inszenierung und Ausübung von Herrschaft wird in der Regel nicht als solche wahrgenommen.

Nicht immer sind bei solchen Ritualen die Anwesenden nur Staffage für die Repräsentation der Macht. Bei einem öffentlichen Empfang glauben auch die Gäste selbst nicht wirklich daran, daß sie gekommen sind, um den wichtigen und erhellenden Worten des Gastgebers zu lauschen. Die rasierwassergetränkten „sehr geehrten Herren" in Anzügen von Hugo BOSS und die „hochverehrten Damen", die ebenso teuer duftend in ihrem besten Abendkleid erscheinen, wissen sehr genau, daß es um die Kulturelle Grammatik geht – darum, zu sehen und gesehen zu werden, das Bundesverdienstkreuz vorzuführen, Kontakte

ROLLENVERTEILUNG

Die Hauptrolle:
Der Politiker, *in diesem Fall der Herr Bundesverteidigungsminister.*

In den weiteren Rollen:
Die CDU-Bundestagsabgeordnete *des Wahlkreises.*
Der CDU-Ortsvorsitzende.
Die Garanten der öffentlichen Sicherheit *(einige durchtrainierte Herren in Zivilkleidung, mit Aktentasche, die für die körperliche Unversehrtheit des Herrn Minister sorgen. Ein paar uniformierte Ordnungshüter – die nette Version, ohne Helm und Schlagstock). Eine Handvoll Ordner des Ortsvereins.*

Das Publikum:
Mitglieder der jungen Union. Rasierte, kurzhaarige Milchgesichter mit Sakko, Kragen und Krawatte. CDU-Stadthonoratioren, Lokalpolitiker verschiedener Fraktionen in Anzug. Deren Damen in Kostüm. Vier Zeitsoldaten. Vereinzelte auf Information erpichte Bürger und

aufzunehmen und zu erhalten, wichtigen Personen vorgestellt zu werden – kurz: sich selbst im vorgegebenen Rahmen möglichst vorteilhaft zu inszenieren und damit Nutznießer wie Publikum im Schauspiel der Macht zu stellen. Die Teilnahme an dem durch die Kulturelle Grammatik geregelten Ritual ermöglicht dem Publikum nicht nur Selbstvergewisserung, sondern bis zu einem gewissen Grade auch Partizipation an den Machtverhältnissen.

Was ist Kulturelle Grammatik?

Die Metapher Kulturelle Grammatik bezieht sich auf die Sprachwissenschaft. Grammatik ist das der Sprache zugrunde liegende Regelsystem, das wir erlernen, ohne uns dessen bewußt zu sein; sie ist die Struktur, die die Verwendung und den Zusammenhang der einzelnen Elemente sprachlicher Aussagen bestimmt. Ohne Grammatik lassen sich komplexe Zusammenhänge nicht ausdrücken, obwohl die wenigsten Menschen beim Sprechen in ihrer eigenen Sprache über Satzteile und Konjugationen nachdenken. Grammatikalische Regeln einzuhalten ist weitgehend normal und wird selten hinterfragt.

Mit Kulturelle Grammatik bezeichnen wir das Regelsystem, das gesellschaftliche Beziehungen und Interaktionen strukturiert. Es enthält die Gesamtheit der ästhetischen Codes und der Verhaltensregeln, die das gesellschaftlich als angemessen empfundene

Bürgerinnen. Der einschlägig verdächtige Dorffotograf mit einem riesigen Fotoapparat (Führt seinen persönlichen Ordner mit sich). Eine attraktive junge Frau, superschick gestylt. Einige Jugendliche, deren ordentliche Kleidung nicht so recht zu ihrem abenteuerlichen Haarstyling passen will. Eine sensible Frau mittleren Alters, der alles zuviel wird.

Das Ehepaar Schulz: *Frau Schulz in Kostüm. Sie wirkt, als hätte sie den Versuch gemacht, konventionelle Kleidung aus dem Altkleidersack zusammenzustellen. Herr Schulz in einem etwas abgeschabten Anzug mit Krawatte. Kurze Haare, eher vierschrötig, mit Brille und leicht cholerischem Blick.*

Das Ehepaar Schmidt: *Frau Schmidt in beigem Kostüm, mit akkuratem Kurzhaarschnitt und dezentem Make-up. Herr Schmidt im ausgebeulten Konfirmandenanzug Größe 54, Hornbrille.*

DAS ORIGINALSTÜCK:

Eine ganz normale Wahlkampfveranstaltung. Der Saal wird geöffnet. Die Zuschauer treffen ein, begrüßen sich, plaudern, nach und nach füllt sich der Saal. Ordner laufen ordnend umher, die erste Reihe ist reserviert. Der Saal ist voll. Warten, gedämpftes Gemurmel. Der Herr Minister betritt den Saal, mit ihm der Herr Ortsvorsitzende und die Frau Bundestagsabgeordnete. In ihrem Gefolge die Herren mit der Aktenmappe. Erstere besteigen die Bühne

Erscheinungsbild von Objekten und den normalen Ablauf von Situationen bestimmen. Die Kulturelle Grammatik ordnet die zahllosen, auf allen Ebenen einer Gesellschaft sich alltäglich wiederholenden Rituale. Auch gesellschaftliche Raum- und Zeiteinteilungen, die Bewegungsformen und Kommunikationsmöglichkeiten vorgeben, sind darin enthalten.

Trotz ihrer strengen Kodifizierung ist Grammatik niemals endgültig festgelegt – umgangssprachliche Übereinkünfte gehen in die Schriftsprache ein, Subkultur-Slangs werden salonfähig, die spezielle Grammatik von Dialekten paßt sich der Hochsprache an. Entsprechend verändert sich auch die Kulturelle Grammatik – neben dem Knigge des guten Benehmens im Privatleben wie im öffentlichen Raum existieren subkulturelle und klassenspezifische Formen der Selbstdarstellung, des Sich-in-Szene-Setzens, und sie bleiben nicht ohne Einfluß aufeinander.

Kulturelle Grammatik und Macht

Doch trotz dieser Flexibilität von Grammatik im sprachlichen wie im kulturellen Sinn ist ihr Regelwerk keineswegs neutral, für alle veränderbar, zugänglich, erlernbar und nutzbar. Kulturelle Grammatik ist im Gegenteil Ausdruck gesellschaftlicher Macht- und Herrschaftsbeziehungen, und ihre Regeln spielen eine wichtige Rolle bei deren Produktion und Reproduktion. Als innere Struktur

und nehmen an dem Tisch Platz, letztere setzen sich auf die freigehaltenen Stühle in der ersten Reihe. Es wird ruhig. Die Blicke richten sich nach vorn. Der Herr Ortsvorsitzende begrüßt das Publikum und die anwesenden Honoratioren sowie dankend den Herrn Minister. Er betont die Notwendigkeit des Dialogs mit dem Bürger und die Wichtigkeit der in dieser Veranstaltung zu dialogisierenden Fragen. Er übergibt das Wort und das Rednerpult dem Herrn Minister und setzt sich hinter den Tisch. *Kurzer Beifall.* Der Herr Minister begibt sich ans Rednerpult. *Längerer Beifall.* An dieser Stelle erheben unter Umständen einige Störer ihre Stimme oder ein Transparent und werden dezent aus dem Saal entfernt. Nun spricht der Herr Minister. Nach einer Dreiviertelstunde kommt er zum Ende seiner Ausführungen. *Langer Beifall.* Der Herr Minister setzt sich. Der Herr Ortsvorsitzende bedankt sich und bittet um Fragen. Nach anfänglichem Zögern begeben sich einzelne Bürger ans Mikrophon, überwinden gegebenenfalls mit Hilfe von Ordnern technische Schwierigkeiten und stellen kurze Fragen. Der Herr Minister antwortet ausführlich und kompetent. Nach einer weiteren halben Stunde und ca. fünf Fragen ergreift die Frau Bundestagsabgeordnete das Wort, bedauert, daß die Zeit schon so weit fortgeschritten ist, und verabschiedet nach einem Dank an alle Beteiligten, besonders den Herrn Minister, die Gäste. Alle verlassen geordnet und zufrieden den Saal.

durchdringt sie den gesamten sozialen und kulturellen, öffentlichen wie nicht-öffentlichen, kurz den gesellschaftlichen Raum. An unterschiedlichen Orten, in Schulen, Vereinen, auf Tagungen, am Arbeitsplatz wie auch in den nicht institutionalisierten Bereichen der Gesellschaft, in Kneipen, Familien und Alltagswelten, bringt sie oft ähnliche Formen des gesellschaftlichen Umgangs hervor, regelt aber zugleich Abstufungen und Differenzierungen. Sie ermöglicht den Menschen, sich im gesellschaftlichen Raum zu orientieren. Sie liefert Handlungsanweisungen, vor allem aber legt sie bestimmte Interpretationen von Situationen, Orten, Texten und Gegenständen nahe. Deren Bedeutungen sind nämlich nicht fest, sondern je nach Kontext unterschiedlich: Das Bier auf einer Hochzeitsfeier ist ein anderes als das im Fußballstadion. Es ist ein Pils und wird aus dem Glas getrunken, während es im Stadion nur Export aus Plastikbechern gibt und eine Bockwurst dazu nicht fehlen darf. Der etwas aus der Mode gekommene Bruderkuß zweier Politiker hat wenig mit Annäherungsversuchen in einer Kneipe zu tun, und ein Mann im Minirock löst andere Assoziationen aus als eine ebenso gekleidete Frau. Wer sich ‚normal' verhalten will, muß also die Kontexte auseinanderhalten und kulturelle Ausdrucksformen entsprechend interpretieren. Wer sinnlos betrunken auf einer Wahlkampfveranstaltung aufkreuzt, benimmt sich genauso daneben wie derjenige, der bei einer Sauftour nüchtern bleibt.

Alles läuft ab wie üblich, das Füllen des Saales, der Einzug der Hauptpersonen. Etwa 25 Menschen verbreiten gespannte Erwartung, was aber Gottlob nicht und zum Glück auch sonst niemand merkt. Als der Herr Ortsvorsitzende ans Rednerpult geht und der Saal still wird, steht im Publikum eine Frau auf und ergreift an seiner Stelle das Wort: Es sei schlechte Luft im Saal, man solle das Fenster öffnen. Rufe werden laut: Rauchen einstellen! (Niemand raucht). Einer der Ordner stellt sämtliche Fenster schräg. *Zustimmender Beifall.* Nachdem alles zur allgemeinen Zufriedenheit geregelt ist, begrüßt der Ortsvorsitzende die Anwesenden sowie den Geist der Geschichte: „Der Kommunismus ist am Ende!" *Endloser Beifall. Noch mehr Beifall.* Als er schließlich wieder zu Wort kommt und dieses dem Herrn Minister übergibt, wird es unterwegs von einer Frau, die direkt am Fenster sitzt, abgefangen: Es zieht! *(Zustimmendes Gemurmel).* Ein Ordner schließt das Fenster. Nach dieser Verzögerung ergreift der Herr Minister das Wort - es ist jetzt wieder da, wo es hingehört. *Langer Beifall.*

Der Herr Minister bedankt sich. *Längerer Beifall.* Der Herr Minister bedankt sich. *Sehr langer Beifall.* Der Herr Minister bedankt sich nicht. *Kein Beifall.* Der Herr Minister beginnt seine Rede. *Wieder endloser Beifall.* Der Herr Minister, etwas gereizt, weil ihm das Wort im Beifall abhanden gekommen ist: Man möge mit dem Beifall aufhören, er wolle sprechen. *Der Beifall ebbt ab.* Der Herr Minister spricht über die deutschen Truppen. *Kein Beifall.*

Dinge und Verhaltensweisen, Interaktionen und Rituale sind Zeichen, sie bedeuten etwas. Mit dem Prozeß der Bedeutungsproduktion zugunsten der bürgerlichen Gesellschaft hat sich der Semiologe Roland Barthes beschäftigt. Wir beziehen uns auf seine theoretischen Überlegungen, weil sie Anhaltspunkte dafür geben, wie Kulturelle Grammatik als etwas historisch Gewordenes zu einer scheinbar natürlichen Gegebenheit wird und wie Macht hinter dieser Natürlichkeit unsichtbar wird.

Barthes, Roland: Mythen des Alltags. Frankfurt/M. 1964.

Gemäß Barthes setzt sich ein Zeichen aus zwei Elementen zusammen: Dem Bedeutungsträger oder Signifikanten und der damit ausgedrückten Bedeutung, dem Signifikat. Wichtig für die Funktionsweise von Kultureller Grammatik ist, daß sich oft zwei Zeichensysteme unterscheiden lassen: Im ersten System haben die Signifikanten eine offensichtliche, sprachlich ausgedrückte Bedeutung, also ein Signifikat. Aus dem Verhältnis zwischen Signifikant und Signifikat ergibt sich ein Sinn. In diesem ersten Zeichensystem hat etwa eine Vereinssitzung mit ihren festgelegten Strukturen den Sinn, die Belange des Vereins rationell und wirksam zu regeln. Im zweiten Zeichensystem wird die Sitzung zur bloßen Form, zum Signifikanten. Es ist nicht mehr wichtig, ob Herr A oder Frau B in den Vorstand gewählt wird, ob der Verein seinen Jahresausflug in den Schwarzwald oder an den Boden-

Etwas stimmt nicht mit dem Beifall. Immer, wenn irgend jemand durch zaghaftes Klatschen seiner Zustimmung Ausdruck zu verleihen versucht, schwillt der Applaus an. Wenn der Minister besonders langatmig wird, bekommt er geräuschvolle Zustimmung, gerade lange genug, um irritierend peinlich zu wirken, aber nicht so lange, daß es als absichtliche Störung verstanden werden könnte. Dennoch beschweren sich einige Zuhörer, man solle mit dem Klatschen aufhören. Man sei nicht zum Klatschen hier, sondern zum Zuhören. Das findet auch der Herr Minister, dessen Gesicht langsam nach unten rutscht. Die Herren mit den Aktentaschen dagegen schmunzeln. Vereinzelte Rufe nach Ruhe! vergrößern die Unruhe. Als einige Jugendliche trotzdem immer weiter applaudieren, rastet der cholerische Herr Schulz aus und wird handgreiflich. Sein Nebensitzer versucht es mit Beschwichtigungstaktik: Sei still, du Depp! Sonst bist du doch der größte Störer! Herr Schulz bleibt unbeeindruckt, doch seiner Frau gelingt es, ihn zu beruhigen. Herr Schmidt ruft: Das kommt vom Fernsehen! Erst nach ca. 60 Minuten kann der Herr Minister zum Ende seiner Ausführungen kommen. Der Beifall ist eher spärlich, man hat genug davon gehabt.

Endlich beginnt die Fragerunde. Hinter dem Mikrophon bildet sich eine lange Schlange. Ein Mitglied der Jungen Union stellt eine kurze Frage zu der Verantwortung der Bundeswehr. Der Herr Minister antwortet ausführlich und kompetent. Eine Frau bezieht sich auf die Ausführungen des Herrn Minister zum Thema ‚Krisen'. Auch sie hat eine Theorie über

see macht. Vielmehr kommt es darauf an, daß die Sitzung ordentlich entsprechend der Kulturellen Grammatik durchgeführt wird – daß die Mitglieder passend gekleidet sind, daß die Hierarchie von Vorstand und gewöhnlichen Mitgliedern eingehalten wird, daß sich alle entsprechend ihrem Status verhalten. In diesem zweiten Zeichensystem, das Barthes als System des Mythos bezeichnet, bedeutet die Vereinssitzung nichts anderes, als daß Macht akzeptiert und gesellschaftliche Prozesse hierarchisch geregelt werden müssen. Und diese Bedeutung wird in unzähligen alltäglichen Situationen und gewöhnlichen Verhaltensmustern transportiert. Als Signifikanten im mythischen System bringen sie die Normalität der herrschenden Verhältnisse und damit die Legitimität von Macht und Herrschaft zum Ausdruck.

In diesem Sinne ist die Kulturelle Grammatik Teil einer Mythologie des Alltags, in der Macht und Herrschaft als natürliche Gegebenheiten erscheinen. Diese Mythologie ist so selbstverständlich Teil des Lebens der Menschen, daß sie kaum jemals thematisiert wird: Die Kulturelle Grammatik ist kein Gegenstand von Diskussionen. Es ist schwierig, eine Alternative zu den bereits in den Formen des alltäglichen Umgangs enthaltenen Hierarchien und Machtverhältnissen zu denken. Denn die Kulturelle Grammatik unterwirft die Menschen nicht nur den herrschenden Verhältnissen, sondern bietet ihnen ebenso Identi-

die Krisen: meistens sei es im Frühjahr, daß es in den Ehen krisele. Ob der Minister dazu aus seiner Erfahrung als Krisenfachmann etwas sagen könne. Der Herr Minister zeigt sich von der humorvollen Seite, was ihm aber nicht so recht gelingen will. Die junge, perfekt gestylte Frau sorgt sich um die Zukunft der Bundeswehr. Sie schlägt vor, die ledigen Bundestagsabgeordneten sollten ihr überschüssiges Sperma an Samenbanken spenden, um Vorräte für kommende Soldatengenerationen anzulegen. Ein Ordner zerrt die junge Frau rabiat vom Mikrophon weg. Dabei hat die Ärmste auch noch einen Gipsarm. Einer gesetzt wirkenden Frau geht das zu weit, sie nimmt das Mädchen in Schutz.

Herr Schmidt springt auf und ruft mit knallrotem Gesicht: Das kommt vom Fernsehen! Das kommt vom Fernsehen! Ein Ordner bittet ihn ängstlich und sehr höflich, sich aus dem Saal zu entfernen. Frau Schmidt wird hysterisch: Keine Gewalt! Wir leben doch in einer Demokratie! Der Ordner gibt auf und bringt sich in Sicherheit. Irgendjemand will das Fenster öffnen. Das Publikum versucht, Ruhe herzustellen. Der Tumult wird größer. Die sensible Frau mittleren Alters verpaßt ihren Einsatz und erleidet keinen Schwächeanfall, was aber niemandem auffällt. Die Zeitsoldaten diskutieren die Lage unter militärisch-strategischen Gesichtspunkten: Wer gehört zu wem und wer ist besser?

Kulturelle Grammatik & Subversion

fikationsangebote; sie zu akzeptieren eröffnet Möglichkeiten, zumindest in einigen Momenten selbst Macht auszuüben.

Kleiner Exkurs über Macht, Herrschaft und Hegemonie

Bevor wir uns damit auseinandersetzen, wie sich die über die Kulturelle Grammatik vermittelten Mechanismen der Produktion und Reproduktion von Macht und Herrschaft möglicherweise stören lassen, soll hier noch etwas zur Problematik dieser Begriffe gesagt werden. Wir gehen davon aus, daß Begriffe wie Herrschende und Beherrschte durchaus Sinn machen, auch wenn sich gesellschaftliche Verhältnisse nicht einfach nach einem Oben-Unten-Schema erklären und schon gar nicht personalisieren lassen.

In einer komplexen kapitalistischen Gesellschaft bestehen gleichzeitig offensichtliche Herrschaftsbeziehungen und alltägliche, überall und auf allen Ebenen der Gesellschaft präsente Formen der Ausübung von ‚Macht im Kleinen'. Beide bedingen und stabilisieren sich gegenseitig. Macht funktioniert nicht nur über Zwang, sondern auch über Identifikationsangebote: In einer Dominanzkultur, in der gesellschaftliche Konflikte vor allem über Hierarchisierungen geregelt werden und folglich auch nur in dieser Weise lösbar erscheinen, arbeiten (fast) alle an der Erhaltung der Verhältnisse mit, indem sie versuchen,

Der Herr Minister bekommt einen roten Kopf und beklagt sich: „Ihr solltet euch wenigstens der Diskussion stellen!" Er erklärt, nur noch ernstzunehmende Fragen beantworten zu wollen. Ein trotz seiner langen Haare seriös wirkender junger Mann stellt eine lange, hochkomplizierte Frage. Sie besteht aus einem einzigen, minutenlangen Satz, der mit „Osterweiterung der Nato" beginnt, mindestens 17 ex-sowjetische Staaten erwähnt, von denen noch niemand je gehört hat, und mit „Rußland" endet. Der Herr Minister glaubt, ausführlich und kompetent antworten zu müssen. Deswegen spricht er von wichtigen und ernsthaften Überlegungen, die bedacht sein wollen. Niemand hat etwas verstanden. Ein Milchgesicht mit Anzug und Krawatte fragt umständlich und holprig nach dem Einsatz deutscher Truppen in Somalia. Der Herr Minister schreit: „Genug mit diesen blödsinnigen Scherzfragen!" und würgt ihn (ab). Die Junge Union hat ein Mitglied weniger.

Nach einer Stunde ergreift die Frau Bundestagsabgeordnete das Wort und bedauert, daß die fremden Störer und Chaoten den freundlichen Einheimischen den schönen Abend verdorben haben. Der Herr Minister verläßt geordnet den Saal, begleitet von Sprechören und Gesängen: Wir sind das Volk, du bist Volker! Katzenklo, Katzenklo, das macht deine Katze froh. Danach treffen sich alle vor der Lokalität zum Fototermin mit dem ortsbekannten Fotografen.

ihre Position gegenüber denjenigen auszubauen, die noch schlechter dran sind als sie selbst. Nicht nur Klassengegensätze, sondern auch ethnische Hierarchisierungen und das Geschlechterverhältnis funktionieren (wenn auch in unterschiedlicher Weise) durch die Prinzipien der Unterdrückung und der Selbstpositionierung innerhalb des eng gesteckten gesellschaftlichen Rahmens. Ein Beispiel ist die Selbstethnifizierung als Folge gesellschaftlicher Zuschreibungen. Sie kann zwar ein revolutionäres Potential haben, weil gerade diejenigen Gruppen eine eigene, von ihnen selbst festgelegte Identität einfordern, die von außen auf holzschnittartige, von Vorurteilen geprägte Stereotypen festgelegt werden. Gleichzeitig kann sie gesellschaftsstabilisierend wirken, weil sich durch die Übernahme des von der Macht angebotenen Identifikationsmodells ‚race' diejenigen Zuschreibungen fortschreiben, die die Unterdrückung begründen.

Die Art und Weise, in der in entwickelten bürgerlichen Gesellschaften Herrschaft ausgeübt und aufrechterhalten wird, ohne daß dazu unmittelbare Gewalt ausgeübt werden muß, läßt sich durch den von Antonio Gramsci entwickelten Begriff der Hegemonie charakterisieren. Die Herrschaft der bürgerlichen Klasse beruht nicht allein auf ihrem Zugang zu Produktionsmitteln, sondern produziert und reproduziert sich wesentlich auf der Ebene des Überbaus, der Ideologie. Allerdings ist es wohl vergeblich, nach einer eindeuti-

In den folgenden Tagen erscheinen Zeitungsberichte, die voller Empörung über den Schaden berichten, der dem Ort wie auch der Partei durch die jugendlichen Störer zugefügt wurde. Die abgedruckten Fotos dokumentieren den Gesichtsausdruck des Herrn Minister anschaulich, und die Bildunterschriften können eine gewisse Schadenfreude über die ganze Misere nicht verhehlen. Die Frau Bundestagsabgeordnete der CDU beschwert sich bei dem Herrn Bundestagskandidaten der SPD, daß dieses unwürdige Verhalten der Jusos (denn wer soll es sonst gewesen sein?) keine demokratische Art sei, Wahlkampf zu machen.

Und einige linke Genossinnen, die nicht dabei waren, beschweren sich bei ein paar Leuten, die sie hinter der Sache vermuten: Ihr habt nicht argumentiert, ihr habt euch nicht inhaltlich auseinandergesetzt. Ihr habt es versäumt, die Regierungspolitik zu kritisieren. Ihr wart einfach destruktiv und außerdem völlig unpolitisch. Und einige andere linke Genossinnen, die dabei waren, finden das Ganze großartig.

WAS IST PASSIERT?

Wird ein einfaches Kommunikationsmodell (○ Warum hört mir keiner zu?) zugrundegelegt, dann ist eine politische Informationsveranstaltung dann gelungen, wenn ein Politiker oder Experte seine Ansichten bzw. Programme darlegen und der Bürger sein Informationsbedüfnis stillen konnte. Gemäß dieser Sichtweise ist der ,Dialog mit dem Bür-

gen und verbindlichen herrschenden Ideologie als ,Ideologie der Herrschenden' zu suchen. Denn die bürgerliche Klasse geht ständig Bündnisse mit anderen Klassen und Gruppen ein. So sind in die herrschende kapitalistische Ordnung Elemente zahlreicher anderer Ideologien integriert. Der so entstehende Konsens verbindet Herrschende und Beherrschte auf der Ebene von Ideen und Vorstellungen. Er ist nicht widerspruchsfrei, sondern vereint heterogene, ungleichzeitige Elemente und läßt auch Konflikte zu. Die Art, in der solche Konflikte ,natürlicherweise' ausgetragen werden, ist jedoch von bürgerlichen Vorgaben über die Form gesellschaftlicher Beziehungen bestimmt. In der Fähigkeit, auch soziale und kulturelle Widersprüche in die bürgerliche Gesellschaftsordnung einzubinden, manifestiert sich das, was Gramsci die Hegemonie der herrschenden Klasse nennt.

Hegemonie stellt sich nicht nur auf der verbal-diskursiven Ebene her, sondern auch dadurch, wie (bürgerliche) gesellschaftliche Normen das alltägliche Leben der Menschen bestimmen: Sie entsteht durch die Durchsetzung und Praktizierung von Regeln und Verkehrsformen, Symbolen und Kommunikationsweisen; sie entsteht auf der Ebene der Kulturellen Grammatik. Kulturelle Formen sind damit wesentliche Elemente der Reproduktion der herrschenden gesellschaftlichen Verhältnisse, sie sind für deren Bestand mindestens ebensowichtig wie die Institutionen des staatlichen Herrschaftsapparates.

ger' erfolgreich, wenn die Informationsvermittlung geglückt ist, wenn die Erwartung auf Information mit dem Ablauf der Veranstaltung übereinstimmt. Aber wenn wir die beiden Versionen des ‚Theaterstücks' betrachten, zeigt sich, daß sie sich vom Blickwinkel der Informationsvermittlung her nicht wesentlich unterscheiden. In beiden Fällen konnte der Herr Minister seine Informationen mitteilen, auch wenn in der ‚überarbeiteten' Version die Hintergrundgeräusche, das ‚Rauschen' wesentlich stärker waren. Dennoch unterscheiden sich die beiden Versionen deutlich und in einer wohl für alle Beteiligten spürbaren Weise. Um zu verstehen, worin dieser Unterschied besteht, muß eine erweiterte Vorstellung von Kommunikation herangezogen werden, die nicht nur auf ‚Information' fixiert ist, sondern die gesamte Kommunikationssituation ins Auge faßt.

Die Kommunikationssituation einer öffentlichen Veranstaltung läßt sich besser verstehen, wenn die ○ Kulturelle Grammatik einbezogen wird, die die Choreographie der Veranstaltung und die Rollen der Beteiligten bestimmt. Der Sinn einer ritualisierten Veranstaltung ist nicht vorwiegend im gesprochenen Wort und den ausgetauschten Argumenten zu suchen, sondern hauptsächlich, wer wann das Wort ergreifen darf, wer das Recht hat, zu sprechen und gehört zu werden. Die Kulturelle Grammatik regelt dies nicht in erster Linie über offen ausgeübten Zwang, sondern über die Festlegung von Sitzordnungen, Raumaufteilungen und Abläufen, also durch die Inszenierung und Ordnung des Raumes, der Körper und des Sprechens. Insofern ist eine Wahlveranstaltung (ähnlich etwa einem Gottesdienst)

Welche Kultur?

Wenn von Kultureller Grammatik die Rede ist, dann umfaßt der Begriff ‚Kultur' mehr als den bürgerlichen Kanon von Bildender Kunst, Musik und Literatur einschließlich des darauf beruhenden Kunstbetriebs, und auch mehr als dessen Erweiterung um Formen von Subkultur. Die Vorstellung, Kultur finde in abgegrenzten gesellschaftlichen Segmenten statt, ist (bürgerliche) Ideologie. In weiterem Sinne umfaßt Kultur alle menschlichen Ausdrucksformen, Bedeutungszuschreibungen, Handlungen und Produkte des Alltags. In dieser Definition beschreibt der Begriff eine bestimmte Sicht auf die Art und Weise, wie Menschen die Setzungen, Anforderungen und Möglichkeiten innerhalb des gesellschaftlichen Rahmens umsetzen, nutzen und interpretieren. Sie tun dies nicht als beliebige, vereinzelte Individuen, sondern ihr Verhältnis zu gesellschaftlichen Gegebenheiten ist außer von ihrem Selbstbild auch von den Anforderungen geprägt, die die Gesellschaft stellt.

Wenn Kultur die gesamte Gesellschaft durchdringt, können Kultur und Politik nicht als getrennte Bereiche gesehen werden. Eine Veränderung kultureller Formen hat auch politische Implikationen. Andererseits artikuliert sich jedes politische Handeln in kulturellen Formen. Politik ist daher mehr als nur die „Kunst der Staatsverwaltung": Sie findet überall dort statt, wo über Reproduktion und Stabilisierung von Herrschaftsverhältnissen

unabhängig von dem, was konkret gesagt wird, ein Beitrag zur Normalisierung der Machtbeziehung zwischen Experten/Politikern/Priestern einerseits und Bürgerinnen/Laien/Gemeinde andererseits. Wie in einem Gottesdienst gibt es auch bei Wahlkampfveranstaltungen eine bis hin zu den einzelnen Dialogen festgelegte Liturgie. Wer sie akzeptiert, merkt gar nicht, daß er sich nur in einem äußerst beschränkten Ausmaß äußern kann. Eben weil die Kulturelle Grammatik, die Liturgie, als Machtinstrument unsichtbar bleibt, wirkt sie besonders effektiv. Jeder Versuch einer inhaltlichen Diskussion bedeutet, sich auf das vorgegebene Setting einzulassen und in einem der Rituale des demokratischen Rechtsstaats die zugedachte Rolle zu spielen. Es ist natürlich vollkommen naiv zu glauben, der Politiker ließe sich durch irgendwelche Gegenargumente beinflussen. Sie dienen ihm in diesem Rahmen allenfalls dazu, seine eigene Position deutlicher zu verankern und dabei zugleich pluralistisch-demokratisch-tolerante Gesprächsbereitschaft zu demonstrieren. Auch die härteste inhaltliche Kritik, die im Rahmen eines ‚Dialogs mit dem Bürger' gegen die Positionen der Macht vorgebracht wird, bekräftigt zugleich die in die Kulturelle Grammatik eingeschriebene Hierarchie.

Ein Versuch, diese Situation aufzubrechen, muß möglicherweise zunächst an den Formen ansetzen, mit denen hier Macht produziert und artikuliert wird. Im Rahmen der Veranstaltung dürfen Besucherinnen das Wort nur zu genau festgelegten Zwecken und Momenten ergreifen. Sie können Fragen stellen, und sie dürfen sich sogar um ihr eige-

verhandelt wird. Wenn der Herr Minister nicht zu Wort kommt, wenn die Mitarbeiterin ihren Vorgesetzten streng fragt, warum er zu spät kommt, wenn scheinbar amtliche Schreiben die Bürgerinnen auffordern, ihre Volkszählungsbögen wegzuschmeißen, dann wird die Kulturelle Grammatik verschoben, und solche Verschiebungen sind nicht nur kulturell, sondern auch politisch subversiv.

Welche Subversion?

Wer in der Kommunikation die Regeln der Kulturellen Grammatik nicht nur unbewußt praktiziert, sondern kreativ mit ihnen umgeht, kann sie für seine eigenen Zwecke benutzen, instrumentalisieren oder umdrehen, indem er sie mit abweichenden Inhalten füllt, in die ritualisierten Gewänder schlüpft, sich fremde Rollen anmaßt und dabei unter Umständen im Tonfall der Macht spricht (➲ Der Herr Minister). Aber – hat irgendjemand eine Chance, die politischen Aussagen von derartigen Aktionen zu begreifen, wenn kein Klartext, keine eindeutige Erklärung mitgeliefert wird? Wer wird in einem spaßigen Spektakel der Kommunikationsguerilla, das die Lacher auf seiner Seite hat, eine Kritik an den herrschenden Verhältnissen erkennen wollen?

Dies ist im Grunde die Frage nach der Vermittlung kritischer Inhalte, die sich auch bei klassischer Agitation oder Aufklärung durch Texte und Reden stellt. Weder bei

nes Wohlergehen (niemand soll frieren oder unter Rauch leiden) kümmern, denn als mündige Bürger tragen sie ja selbst Verantwortung für das Gelingen des Abends. Deshalb sind sie auch berechtigt, zu fordern oder dazu beitragen, daß Störer ausfindig gemacht oder rausgeworfen werden. All diese Bereiche sind allerdings nur als Nebenschauplätze gedacht; im Zentrum der Aufmerksamkeit soll der Experte/der Politiker stehen. Diese Struktur der Veranstaltung kommt bereits in der Sitzordnung zum Ausdruck, die auf den prominenten Sprecher ausgerichtet ist. Kommt es nun zu einer wie auch immer gearteten Kommunikation unter den ‚Zuhörerinnen', so kollidiert diese mit der vorgesehenen Kommunikationsstruktur und wirkt deshalb automatisch als Störung.
Die Veranstaltung beginnt zu kippen, wenn die Nebenschauplätze zum Zentrum der Aufmerksamkeit werden, wenn die Besucherinnen, angeregt von einigen gut verkleideten Initiatorinnen (○ Happening und Unsichtbares Theater), mehr damit beschäftigt sind, die äußeren Rahmenbedingungen zu gestalten oder Kritik am Verhalten von anderen Teilnehmern zu äußern, als dem Stargast zuzuhören. Alle Versuche des ernsthaft interessierten Publikums, aktiv die Ordnung wiederherzustellen, werden dann selbst zu Störungen. Deutlich erkennbare Gegendemonstrantinnen könnten das ‚Stück' nicht (bzw. nur unter sehr günstigen Bedingungen) umschreiben, weil die Rolle der Protestierenden ebenso wie die entsprechenden Gegenmaßnahmen im Original durchaus vorgesehen sind. Engagierte Bürger dagegen, die unfreiwillig zu Störern werden bzw. im Stück der politischen Gegner mitspielen, kommen im Ori-

einer Aktion der Kommunikationsguerilla noch bei einer Aufklärungskampagne ist davon auszugehen, daß das Publikum sich in irgendeiner Weise überzeugen oder auch nur informieren lassen will. Jede Aktion braucht Anknüpfungspunkte bei den Adressatinnen – sei es ein gemeinsamer politischer Standpunkt (der oft nicht gegeben ist), sei es ein Alltagswissen in Gramscis Sinn, das sich aus den täglichen Erfahrungen der einzelnen speist, ein feines Gespür für Macht und Unterdrückung. Dieses Alltagswissen äußert sich manchmal weniger im Diskutieren, Analysieren, Theoretisieren und Dozieren, als in einem spontanen Lachen.

Das heißt allerdings nicht, daß Kommunikationsguerilleras keine theoretische Gesellschaftskritik brauchen. Um die politische Dimension der Kulturellen Grammatik der Herrschenden zu kritisieren bzw. anzugreifen, muß sie zuerst einmal entschlüsselt werden. Auch Aktionen der Kommunikationsguerilla funktionieren nur, wenn ihnen ein Verständnis für Machtstrukturen vorausgeht. Erst mit einer kritischen Sicht läßt sich beispielsweise die Funktion von Regierungsdemos (z. B. am 8. 11. 1992) gegen ‚Ausländerfeindlichkeit' als Demonstration eines Konsenses zwischen ‚Volk' und ‚Herrschaft' entziffern, und erst mit dem begrifflichen Instrumentarium der Kulturellen Grammatik wird es möglich, an dieser verborgenen Bedeutung anzusetzen.

ginal nicht vor. Das Chaos wird umso größer, je weniger die Macht in Gestalt von Ordnungskräften oder Stargast ‚echte' von ‚falschen' Störerinnen unterscheiden kann. Auch die ernsthaft interessierten Besucherinnen befinden sich in einer Situation, in der sie sich irgendwie verhalten müssen, obwohl die möglichen Alternativen allesamt unangebracht erscheinen: Sie können beispielsweise wie ‚zivilisierte' Menschen an der Scheindiskussion um offene und geschlossene Fenster etc. mitwirken und dadurch die Veranstaltung mit durcheinanderbringen, oder sie können an derselben Stelle autoritär werden, den Rausschmiß der Störer fordern. Das legitime Muster autoritär-rabiaten Saalschutzes sieht vor, daß das Innen vor dem Außen, das Wir vor den Chaoten geschützt werden darf. Das macht aber dann Schwierigkeiten, wenn sich das ‚Innen' der ernsthaft am Gelingen der Veranstaltung Interessierten und das ‚Außen' der subversiven Störer nicht klar voneinander trennen lassen.
Das Spiel mit der Verschiebung der Aufmerksamkeit vom Podium in den Saal verfolgt zwei Ziele: Es behindert effektiv den geordneten Ablauf der Veranstaltung, und es zeigt einen inhaltlichen Dissens auf, und zwar nicht auf der Ebene des vom Veranstalter vorgegebenen Themas, sondern auf der Ebene der Kulturellen Grammatik. Indem sie die Ordnung des Sprechens stören, das Wort an sich reißen, das legitim erteilte Wort zu Un-sinn entstellen oder durch Geräusche stören, machen sie diese Ordnung sichtbar (etwas ‚stimmt nicht') und formulieren zugleich eine handfeste Kritik daran. Statt eine eigene Veranstaltung zu machen, in der sie die Funktionsweise der Kulturellen

Wir setzen auf Aktionen, die ästhetische Momente von Herrschaft dekonstruieren und die Regeln der Kulturellen Grammatik durcheinanderwerfen – manchmal auch die Regel, daß Interventionen nur dann politisch subversiv seien, wenn sie Klartext reden. Solche Aktionen können zum bloßen Spektakel verkommen. Wir gehen jedoch davon aus, daß gute Kenntnisse in Kultureller Grammatik davor schützen, in die Falle der Beliebigkeit zu geraten. Zumeist werden Interventionen der Kommunikationsguerilla im Zusammenhang mit gesellschaftlich relevanten Themen oder Ereignissen stattfinden. Der öffentliche Raum, in dem sie sich abspielen, ist bereits mit bestimmten Assoziationen, Vorstellungen und Erwartungen verknüpft. Dieses Gerüst von Normalitäten kann durch eine unerwartete Aktion durcheinandergebracht, enttäuscht oder weit übertroffen werden. Jedes öffentliche Ereignis ist zugleich ein Ritual aus Formen und Konventionen, die selbst wieder Aussagen über Verfaßtheit und Selbstverständnis der Gesellschaft machen, in der sie stattfinden. Eine Intervention, die sich darauf bezieht, kann auch ohne Klartext Inhalte transportieren, die als solche wahrgenommen und verstanden werden.

Politische Praxis heißt für uns nicht das Verbindlichmachen einer besseren Ideologie. Wenn wir fragen, warum Leute Machtstrukturen in unserer Gesellschaft so weitgehend akzeptieren, müssen wir diese Frage auch auf der Ebene der Kulturellen Gram-

Grammatik als Mittel der (Re)produktion von Machtstrukturen kritisieren, benützen die Kommunikationsguerilleras einen bestehenden Kontext als Bühne für die bildliche und konkrete Darstellung ihres Anliegens (◘ Entwendung/Umdeutung). So wie die Kulturelle Grammatik durch ihre Unsichtbarkeit funktioniert, so bleiben auch die Erfolge einer solchen Taktik, wenn es sowas gibt, unausgesprochen. Zwar ist offensichtlich, daß etwas nicht gestimmt/normal funktioniert hat, aber dieser Sachverhalt wird nicht unbedingt breit und mediengerecht diskutiert. Die Verschiebung zeigt sich vor allem in der Situation und für die Beteiligten. Sie wirkt nicht auf einer theoretischen, sondern auf einer zunächst gefühlsmäßigen und unartikulierten Ebene. Das gilt gleichermaßen für die Kommunikationsguerilleras wie für die Zuschauerinnen der Veranstaltung. Diese Art der Intervention arbeitet nicht mit den Mitteln der Argumentation. Gerade dadurch kann sie sehr nachhaltig wirken: Sie ermöglicht den Beteiligten einen momentan veränderten Blick auf das Ereignis ,Wahlkampfveranstaltung', auf den sie bei anderen Gelegenheiten zurückgreifen können, und zwar unabhängig davon, ob die entsprechende Sichtweise theoretisch formuliert wurde oder nicht. ⊙

matik stellen. Wenn wir unsere Überlegungen zum Ausgangspunkt politisch-kultureller Aktionen machen, bedeutet das den Versuch, die Kulturelle Grammatik der Herrschenden in konkreten Situationen zu durchbrechen und zu überschreiten. In diesem Sinne soll der soziale und politische Kampf ein Kampf sein *„um eine andere Wirklichkeit, in der unter uns erlebbar und spürbar wird, wofür es sich morgen noch lohnt zu kämpfen."*

Autonome L.U.P.U.S.-Gruppe: Der Faschismusvorwurf – oder die linke Illusion vom bürgerlichen Staat. In: Dies.: Lichterketten und andere Irrlichter. Texte gegen finstere Zeiten. Berlin/Amsterdam 1994, S. 102–113.

Strategie & Taktik

Wenn die Kulturelle Grammatik als Ordnungssystem alle gesellschaftlichen Bereiche und den gesamten Alltag durchzieht, ist zu fragen, welche Möglichkeiten des Handelns innerhalb eines solchen Systems von Normalisierungen bestehen und wie es möglich ist, sich nicht vollständig durch die gesetzten Normen bestimmen zu lassen. Die folgenden Überlegungen gehen davon aus, daß es nicht ausreicht, die Strukturen gesellschaftlicher Machtausübung zu benennen und anzuprangern, um gesellschaftsveränderndes Handeln anzuregen. Mit der Bereitschaft zur Veränderung allein ist noch nicht viel gewonnen. Vielmehr geht es darum zu erfassen, diese in aktives Handeln umzusetzen.

Den Überlegungen zur Kommunikationsguerilla liegt ein Politikkonzept zugrunde, das nicht von einer politischen Avantgarde ausgeht, welche die Massen anleitet und führt, sondern davon, daß gesellschaftliche Veränderung aus dem Handeln aller Individuen entsteht. Ansatzpunkte für ein in diesem Sinne politisches Handeln müssen in der Alltagspraxis der Menschen gesucht werden: „Welche populären (und auch ‚verschwindend kleinen', alltäglichen) Praktiken spielen mit den Mechanismen der Disziplinierung und passen sich ihnen nur an, um sie gegen sich selber zu wenden; und welche ‚Handlungsweisen' bilden schließlich auf seiten der Konsumenten (oder ‚Beherrschten'?) ein Gegengewicht zu den stummen Prozeduren, die die Bildung der soziopolitischen Ordnung organisieren?"

De Certeau, Michel: Kunst des Handelns. Berlin 1988.

Es ist also notwendig, außer den gesellschaftlichen Normen und Institutionen (dabei sind unter Institutionen Parteien, Vereine, Unternehmen und staatliche Einrichtungen, aber auch Familienkonzepte usw. zu verstehen) auch die Frage zu untersuchen, wie die Subjekte mit diesen gesellschaftlichen Setzungen individuell umgehen. Dieses Verhältnis zwischen Gesellschaft und Individuum hat der französische Philosoph Michel de Certeau bei seiner Analyse gesellschaftlicher Machtverhältnisse in die Begriffe von ‚Strategie' und ‚Taktik' gefaßt. De Certeau bedient sich einer „kriegswissenschaftlichen Analyse der Kultur", die er als ein oft gewaltsames Spannungsfeld versteht, in welchem das Recht des Stärkeren legitimiert, verschoben oder kontrolliert wird. Neben den Strategien der Macht untersucht er vor allem die gesellschaftlichen Spielräume für jene Praktiken und Listen der Individuen, die ein „Netz einer Antidisziplin" bilden, das sich diesen Strategien entzieht.

Strategie der Macht heißt, gesellschaftliche Kräfteverhältnisse steuern und gesellschaftliche Räume bestimmen und besetzen zu können. Sie setzt einen gesellschaftlichen Ort, eine mit Macht versehene Institution voraus. Dieser ‚eigene' Ort bildet die Basis, von der aus strategisches Handeln seine gesellschaftlichen Beziehungen organisiert und sichert.

WM 1974: Solidaritätsgrüße aus dem Fußballstadion

Im Juni 1974 fand die Fußballweltmeisterschaft in der BRD statt. Mit dabei war auch die chilenische Nationalmannschaft. 1973 hatten in Chile die Militärs erfolgreich gegen die demokratisch gewählte Regierung von Salvador Allende geputscht. Der Militärjunta war sehr an einem positiven Image gelegen. Über den Sport sollten ‚normalisierte Beziehungen' zu anderen Ländern aufgebaut werden. Chile-Solidaritätsgruppen in der BRD wollten diesen Prestigegewinn der Militärjunta verhindern und beschlossen, den Fußballplatz zu politisieren. Beim Eröffnungsspiel BRD-Chile befanden sich 500 Leute aus der Soli-

Als Taktik läßt sich hingegen ein Kalkül bezeichnen, das von keiner festen Basis, keinem eigenen Ort ausgehen kann, sondern nur das Terrain des Anderen hat. Während das ,Eigene', das Fundament strategischen Handelns, einen Sieg des Ortes über die Zeit markiert, hat die Taktik keinen Ort und bleibt von der Zeit abhängig. Sie muß mit dem Terrain, das ihr so von einer fremden Gewalt vorgegeben wird, fertigwerden und in den vorgegebenen Strukturen „günstige Gelegenheiten" auffinden. Taktik ist darauf angewiesen, mit den Kräften der Macht zu spielen; de Certeau spricht von „gelungenen Streichen, schönen Kunstgriffen, Jagdlisten, vielfältigen Simulationen, Funden, glücklichen Einfällen sowohl poetischer wie kriegerischer Natur". Diese ➲ *Entwendung/ Umdeutung* der strategischen Vorgaben durch alltäglichen Taktiken ist ein Grundprinzip der Kommunikationsguerilla.

Es läßt sich einwenden, daß gerade diese taktischen Umnutzungen, die kleinen, individuellen, temporären Aneignungen sind, die das System zwar verändern, aber gerade dadurch seine Stabilität reproduzieren. Zwar werden Orte kurzfristig entwendet und Strategien der Macht für einen minimalen Zeitraum außer Kraft gesetzt, doch trägt das auch dazu bei, die fortbestehenden Machtverhältnisse aushaltbar und den Alltag erträglicher zu machen.

Die alltäglichen Taktiken sind also zwar subversiv, weil sie die Setzungen der Macht verändern, umdeuten und umnutzen, sie müssen aber nicht automatisch gesellschaftsveränderndes Handeln nach sich ziehen. In diesem Sinne wirken die Taktiken erst, wenn sie sich nicht mehr als vereinzelte, individualisierte und weitgehend unbewußte Handlungen in den Netzen der Strategien einrichten, sondern sich zu einer bewußten und kollektiven Vorgehensweise verbinden. Und an dieser Stelle liegt das Potential, an dem eine subversive ,Strategie der Taktiken' möglicherweise ansetzen könnte: Es geht darum, in konkreten Situationen die taktische Alltagsbewältigung der Individuen aufzugreifen, sie bewußt zu machen politisch wirksam zu artikulieren.

WM 1974 ...

Bewegung im Berliner Olympiastadions. Kaum wurde die chilenische Hymne angespielt, erhoben sich Sprechchöre: „Chile Si – Junta No!" Gleichzeitig wurden riesige Transparente entrollt. Als der Stadionsprecher auf das „unsportliche Verhalten" dieser Zuschauer hinwies, war das Ziel erreicht: Der ‚unpolitische Fußball' hatte Anlaß für einen politischen Eklat gegeben.

In einer zweiten Aktion wendeten sich Aktivistinnen live an die Genossinnen in Chile. Nachdem die Live-Übertragung des Spiels gegen Australien in Chile feststand, schickten sie

Orte & Räume

Im Prinzip finden sich in allen gesellschaftlichen Räumen mögliche Orte für Kommunikationsguerilla. Dabei gehen wir davon aus, daß physische Räume immer zugleich soziale Räume sind; in jeder räumlichen Gestaltung nehmen soziale Verhältnisse Form an, und ebenso sind Bedeutungszuweisungen an Räume immer auch von sozialen und gesellschaftlichen Gegebenheiten strukturiert.

Angriffspunkte für Aktionen der Kommunikationsguerilla ergeben sich daraus, daß Gebäude und Einrichtungen nicht nur eine konkrete Bedeutung gemäß ihrer Nutzung haben, sondern auch eine symbolische Funktion im Rahmen der Kulturellen Grammatik. Dies läßt sich beispielsweise am öffentlichen Stadtraum, am Straßenbild der Städte verdeutlichen: Das Stadtbild wird dominiert durch Repräsentationsbauten, die wie beispielsweise Rathäuser die politische Macht repräsentieren oder wie Museen und Galerien die Aufgabe haben, als steingewordene Sinnbilder für kulturelle und gesellschaftliche Werte zu wirken. Noch stärker als durch diese öffentlichen Gebäude wird das Aussehen der Stadt jedoch von den Bauwerken und Werbetafeln von großen Firmen, Läden, Banken und Versicherungen bestimmt; indem Daimler Benz seinen Mercedesstern auf dem Turm des Stuttgarter Hauptbahnhofs oder dem Europacenter in Berlin plaziert, wirkt das Firmensymbol als offizielles Wahrzeichen der Stadt.

Die architektonische Beschaffenheit repräsentativer Gebäude beruht auf dem Prinzip der Ästhetisierung von politischer Macht. Die moderne Architektur aus Beton, Stahl und Glas verbreitet in ihrer Funktionalität ausstrahlenden Kälte eine elitäre Ästhetik der Einschüchterung. Mit der Postmoderne kommt ein anderes Element hinzu: Hier bezeugen die großen Bauwerke zwar nach wie vor Macht, indem sie durch großflächige, hohe Bauwerke das Straßenbild dominieren; aber gleichzeitig wird das Ganze durch sanft getönte Natursteinverblendungen oder südländisch anmutenden, unregelmäßigen Verputz, durch Erkerchen, runde Gucklöcher, bunte Metallstreben und andere Acessoires ‚verhübscht'. Während die ‚moderne' Architektur der Logik folgt, den Raum zu besetzen und zu beherrschen, findet mit der ‚postmodernen' zusätzlich eine Scheinharmonisierung statt, die mit der Kombination von spielerischen Elementen und allen möglichen Versatzstücken aus vergangenen Zeiten die Dominanz der Macht verdeckt.

Daß Repräsentationsgebäude symbolische Besetzungen des öffentlichen Raums sind und auch so wahrgenommen werden, zeigt sich beispielsweise an der Regelmäßigkeit, mit der manche Demos ihre Spuren in den Schaufenstern großer Banken hinterließen: Die als sichtbare Platzhalter ökonomischer und politischer Macht symbolisch aufgeladenen Gebäude wurden zu den bevorzugten Zielen der Pflastersteine. „Die Häuser-Schaufenster-Häuser-Front zieht eine gesellschaftlich geheiligte Grenze, was dahinter liegt, kostet Geld:

WM 1974.

kurz nach Beginn der zweiten Halbzeit zehn Leute mit Transparenten auf den Platz. Die Medien bastelten daraus einen „Skandal im Olympiastadion". Tausend Bullen im Stadion konnten nicht verhindern, daß den Menschen in Chile durch die Live-Übertragung Solidaritätsgrüße aus der Bundesrepublik zukamen. Vencermeros! Balsen, Werner/Rössel, Karl: Hoch die Internationale Solidarität. Zur Geschichte der 3. Weltbewegung in der Bundesrepublik. Köln 1986.

Über die Situationistische Internationale (SI) sind (seit dem Selbstmord von Guy Debord 1995) kilometerweise Texte in allen möglichen und unmöglichen Zusammenhängen fabriziert worden. Uns geht es hier nicht darum, zum aktuellen Situationismushype (beispielsweise mit der einzig richtigen, angemessenen und wahren Interpretation von Debords „Die Gesellschaft des Spektakels") beizutragen. Daher sollen nur einige kurze Bemerkungen zu Fragen folgen, die uns im Zusammenhang mit der SI wichtig sind.

Die SI entstand 1957 als Zusammenschluß verschiedener künstlerischer Avantgardegruppen wie der Lettristischen Internationale, der Internationalen Bewegung für ein Imaginistisches Bauhaus und dem Psychogeographischen Komitee London. Das auf den ersten Blick auffallendste Element in der Geschichte der SI ist die selbst für eine linke Gruppierung beachtliche Kette von Ausschlüssen, Spaltungen und Säuberungen. Dabei war es vor allem die französische Sektion um Guy Debord, die ihre Forderung nach ‚theoretischer Kohärenz' in der Organisation rigide durchsetzte. So wurde im Januar 1962 die gesamte Gruppe ○ SPUR, die deutsche Sektion der SI, wegen Neigung zu billigem Klamauk ausgeschlossen. Die elitäre und im Grunde typisch avantgardistisch-sektiererische Praxis der SI führte schließlich dazu, daß 1972 bei ihrer Auflösung nur noch zwei aktive Mitglieder (Debord und Sanguinetti) von insgesamt ca.

Vgl. Anti-spektakuläre Bibliographie: http://machno.hbi-stuttgart.de/~hk/si/

Debord, Guy: Die Gesellschaft des Spektakels. Hamburg 1978.

Bredlow, Lutz: Die Dimension der Abwesenheit in der Inszenierung des öffentlichen Raumes. In: anschläge (Berlin) Nr. 6/1983, S. 41-46.

von Innen-räumen, die als bloßer Dekor der Waren dienen, wie Kaufhäuser, Geschäfte usw. bis zu solchen, die selbst, als Räume, zum Konsum (Betreten/Begehen/Betrachten) bestimmte Waren sind, z.B. Museen."
Kommunikationsguerilla will die Ästhetisierung öffentlicher Orte durchbrechen und soziale und kulturelle Räume repolitisieren, indem sie diese Ästhetisierung auf der Ebene der äußeren Form sichtbar macht und angreift. Die Strategie der Macht ist darauf bedacht, Politisches zu ästhetisieren und dadurch Machtverhältnisse zu naturalisieren und unsichtbar zu machen. Dagegen will Kommunikationsguerilla dazu beitragen, gerade diese Strategien der Machterhaltung sichtbar und reflektierbar zu machen.

Beispielsweise lassen sich Graffiti (○ *Sniping*) aus diesem Blickwinkel betrachten: Das Politische an diesem Akt, der als Sachbeschädigung unter Strafe steht, ist die Zerstörung der einschüchternden oder durch Ästhetisierung versöhnlichen (modernen und postmodernen) Wirkung von Architektur. Jean Baudrillard geht so weit, Graffiti als einen Fortschritt in Theorie und Praxis zu interpretieren, gerade wenn es sich ‚nur' um *tags* handelt, die keine keine explizit politischen Inhalte transportieren: „Denn dieser Angriff geht aus von einer Art revolutionärer Intuition – nämlich daß die grundlegende Ideologie

Die absolutistische Stadt

70 übriggeblieben waren. Einige heutige Gruppen wie ○ Luther Blissett die sich auf die SI kritisch beziehen, haben daraus die Konsequenz gezogen, unter einem ○ multiplen Namen zu agieren. Sie verzichten also von vorneherein auf jeden Versuch, Kohärenz auf einer formal-organisatorischen Ebene garantieren zu wollen.

Die SI soll hier jedoch nicht als schlechtes Beispiel abgehandelt werden. Auch über die angebliche Vorbildfunktion der SI für die Punks soll kein Wort verloren werden, genausowenig über ihre häufig übertriebene Bedeutung für den französischen Mai 1968 – auch wenn einige der schönsten Parolen und Graffiti des Pariser Mai 68 zweifellos auf die Situationisten zurückgehen: „Ich vergnügte mich mit den Pflastersteinen ...", „Die Menschheit wird nicht eher glücklich sein, als bis der letzte Bürokrat an den Gedärmen des letzten Kapitalisten aufgehängt ist" etc.

Wichtig ist, daß die SI im Unterschied zu anderen Avantgardegruppen die Problematik künstlerisch-politischer Avantgardepositionen klar erkannte und solche Positionen scharf kritisierte. In der aktuellen Rezeption wird der ‚Situationismus' vor allem als künstlerische Bewegung dargestellt. Demgegenüber ist daran zu erinnern, daß die SI nicht nur den bürgerlichen Kunstbegriff ablehnte (das taten und tun andere im Kunstbetrieb agierende Gruppen auch), sondern daß sie sich auch explizit jeder Verwendung der von ihr entwickelten ‚künstlerischen' Formen außerhalb des Kontextes eines (politisch-) revolutionären Projekts verweigerte.

Marcus, Greil: Listick Traces. München 1992. Vgl. demgegenüber Home, Stewart: The Assault on Culture. Edinburgh 1991 (1988).

nicht mehr auf der Ebene politischer Signifikate, sondern auf der Ebene der Signifikanten funktioniert – und daß hier das System verwundbar ist und bloßgelegt werden muß." Die Markierung einer Mauer oder Wand mit einem Namen, einem Kürzel oder einem Gemälde stellt eine Aneignung dieser Fläche dar, durch die der Anspruch der Macht, den Raum auch optisch zu kontrollieren und zu bestimmen, ignoriert und in Frage gestellt wird bzw. eigene Machtansprüche formuliert werden. Es ist allerdings zu fragen, ob Baudrillards Zuspitzung der Idee der Kulturellen Grammatik zutrifft, „daß der totale Angriff auf die Form von einem Zurückweichen der Inhalte begleitet ist": Es ist eben nicht gleichgültig, ob ein *tag* nur „Ich war da" sagt, oder ob damit Gangs ihre Besitzansprüche auf ein Territorium zum Ausdruck bringen. Zutreffend ist aber, daß auch ‚unpolitische' Graffitti tatsächlich als Angriffe auf das System verstanden werden. (Das zeigt zum Beispiel der Fall des ○ *Sprayers von Zürich*, Harald Nägeli). Nur so läßt sich auch erklären, warum Sprayer mit unter Umständen drastischer Verfolgung zu rechnen haben.

Baudrillard, Jean: Kool Killer oder Der Aufstand der Zeichen. Berlin 1978, 30.

Der Sprayer von Zürich

Nicht nur die Gebäude selbst sind Bedeutungsträger; sie strukturieren den Raum auch dadurch, daß ihre Anordnung die Größe, Form und Wertigkeit von Freiflächen bestimmt. Außerdem ist der Stellenwert von Straßen und Plätzen auch durch die Ausstat-

Psychischer Angriff auf das Arbeitsamt

Rom. 3./4. Juni 1995. In der Nacht von Samstag auf Sonntag hatten sich gegen Ende der zweiten Folge der Sendereihe über Arbeit, Nichtarbeit und Existenzgeld von Radio Blissett circa zweihundert Personen vor dem Arbeitsamt versammelt. Sie riefen Parolen wie „Schluß mit den Einstellungen – Gebt uns das Geld gleich!", „Nein zu neuen Arbeitsplätzen – Arbeit führt zu Krebs!" oder „Wir wollen das Geld und nicht die Arbeit!" Der Verkehr wurde unterbrochen. Viele Autofahrer stiegen, überzeugt von der Rechtmäßigkeit des Protestes, aus und nahmen an dem psychischen Angriff teil. In der Zwischenzeit dekorierten einige

Ebensowenig aber dachten die Situationisten daran, als politische Avantgarde im traditionellen Sinne aufzutreten. Sie lehnten jeglichen theoretischen oder praktischen Führungsanspruch ab und formulierten eine ätzende Kritik an marxistisch-leninistischen Positionen. Aus ihrer Kritik des politischen Avantgardegedankens heraus entstanden Formulierungen wie „Die situationistische Theorie ist in den Köpfen aller", oder „Jeder kann Situationist sein, auch ohne je von der SI gehört zu haben". In der Praxis gelang es der SI mit ihrer sektiererischen und elitären Auffassung von theoretischer Kohärenz allerdings gerade nicht, eine Theorie und Praxis jenseits des Avantgardekonzeptes zu entwickeln. Auch die Vorstellung der Situationisten, so verstandene ‚Kohärenz' sei ein Mittel, sich gegen Rekuperation, also gegen Vereinnahmung durch die herrschende Ordnung, zu schützen, erscheint merkwürdig. Sie hat jedenfalls nicht einmal die schäbige Art und Weise verhindert, in der zur Zeit die SI und der ganze ‚Situationismus' als Kunstbewegung gehandelt und rekuperiert werden. Zuletzt entstanden rechthaberische und wehleidige Texte wie ‚Die wirkliche Spaltung in der Internationalen', die die Kritik von Luther Blissett motivieren: Die situationistische Theorie konzipiere sich in letzter Konsequenz doch als „heiliger Geist, der in die bewußtlose Materie (das Proletariat, die Massen, was auch immer) hinabsteigt". Die von der SI formulierte grundsätzliche Ablehnung traditioneller Politikkonzepte beschränkte sich nicht auf eine Kritik der hierarchischen und bürokratischen Struktur altlinker Gruppen und Parteien. Die SI versuchte zugleich, neue Formen der Subversion und

Blissett, Luther: Guy Debord is Really Dead. London 1995.

tung der Flächen bestimmt, dadurch, ob sie mit prachtvollen und teuren Belägen versehen wurden, einfach zubetoniert sind, ob Gras, Büsche und Bäume darauf angepflanzt sind oder wild wachsen. Die durch all diese Elemente bestimmte Bedeutung eines öffentlichen Raumes hat konkrete Auswirkungen auf die Möglichkeiten der Menschen, sich darin zu bewegen: Wo können sich Obdachlose oder Junkies aufhalten? Wo patrouillieren schwarze Sheriffs? Wo kann ich mich auf den Boden setzen und einfach eine halbe Stunde nichtstun? Die ⭘ *Situationistische Internationale* verstand es als politisches Handeln, sich vorgegebenen Bewegungsmustern zu entziehen. Durch die Praxis des ‚Umherschweifens' versuchten sie, sich den Stadtraum neu anzueignen und ihn dadurch mit neuen Assoziationen und Bedeutungen zu verbinden. Michel de Certeau sieht das Gehen als unsichtbare Schrift, die je nach Weg und Gehweise momenthafte Texte der Subjekte im Raum produziert.

Situationisten

Städtebauliche Maßnahmen, d. h. die Anordnung und Gestaltung von Gebäuden, Plätzen und Straßen, können auch ganz gezielt eingesetzt werden, um die Bewegungsmöglicheiten der Menschen zu kontrollieren. Mike Davis untersucht dies am Beispiel von Los Angeles. Dort ist es nach einem Prozeß der „Militarisierung der Stadt" für unterprivilegierte Stadtbewohner weitgehend unmöglich geworden, die Innenstadt überhaupt aufzusuchen. Gleichzeitig

Davis, Mike: City of Quartz. Ausgrabungen der Zukunft in Los Angeles, Berlin 1994.

Psychischer Angriff auf das Arbeitsamt .

wahnsinnig gewordene Splittergruppen das Gebäude mit psychogenen Symbolen und Parolen wie: „Dein Chaos ist eine Ressource: Fordere Existenzgeld!" oder „Selbstbestimmung – Nein zur Lohnarbeit!" Sofort darauf begannen die Anwesenden ihre Attacke, indem sie für ungefähr vier Minuten die Silbe „Ohm" summten. Das Gebäude zitterte, brach aber nicht zusammen. Das beindruckende Ereignis wurde in voller Länge vom bundesdeutschen ZDF gefilmt. Gegen vier Uhr zerstreute sich die Menge in Richtung eines wahren falschen Festes, das über den Äther bekanntgegeben worden war.

Propaganda zu entwickeln. Die Situationisten gehörten zu den ersten, die „die Einführung der Guerilla in den Massenmedien ...“ forderten. „Man kann eine Zeitlang noch daraus Vorteile ziehen, daß die Rundfunk- und Fernsehstudios nicht von Truppen bewacht werden. Auf einer bescheideneren Ebene, auf der eines Stadtviertels, kann jeder Radioamateur mit geringen Kosten Sendungen stören und auch selbst senden. ... Durch gefälschte Ausgaben dieser oder jener Zeitschrift kann der Feind verwirrt werden.“

Dabei waren sich die Situationisten des taktischen Charakters und der Möglichkeiten wie Grenzen einer solchen Praxis klar bewußt: „Der illegale Charakter solcher Aktionen verbietet es jeder Gruppe, die sich nicht für den Untergrund entschieden hat, auf diesem Gebiet ein zusammenhägendes Programm aufzustellen, da dies die Bildung einer spezifischen Organisation in ihrem Schoß notwendig machen würde – was ohne Abschirmung und folglich ohne Hierarchie weder denkbar noch wirksam sein kann, will man – kurz gesagt – nicht auf dem Weg in den Terrorismus landen.“ Stattdessen forderten sie eine Praxis, in der „Individuen, die eigens dafür zusammengekommen sind, improvisieren und die Formen verbessern können, die anderswo von anderen ausprobiert worden sind. Diese Art von nicht verabredeter Aktion kann zwar nicht zur endgültigen Umwälzung führen, kann aber auf nützliche Weise das Bewußtsein hervorheben, das zum Vorschein kommen wird. Übrigens darf man sich durch das Wort Illegalität nicht benebeln lassen. Die meisten

Situationistische Internationale 1958–1969. Gesammelte Ausgaben des Organs der Situationistischen Internationale. Bd. 1. Hamburg 1976.

spiegelt das architektonische Design das politische Programm wider: Während administrative Gebäude wie Gefängisse oder Festungen aussehen und auch ebenso bewacht werden, nimmt die Bauweise des Knasts Elemente repräsentativer Prachtbauten auf und verherrlicht zum Stolz der Stadt die Praxis der Einsperrung, die in Los Angeles ein Ausmaß ereicht hat, das unter den spätkapitalistischen Industriestaaten einmalig ist.

In jeder Gesellschaft existieren auch Orte, die explizit formulierte Aussagen vermitteln. Augenfälligstes Beispiel sind Denkmäler: Sie verkörpern Machtverhältnisse nicht nur durch ihre materielle und optische Dominanz im Raum, sondern treffen darüber hinaus durch Aufschriften und Gestaltung konkrete Aussagen, formulieren Aufforderungen oder geben sich als Platzhalter für eine Institution oder ein gesellschaftlich propagiertes Ideal zu verstehen; ein Beispiel dafür ist die Kriegsverherrlichung durch Kriegerdenkmäler (➲ *Sniping*). Solche Orte sind im weitesten Sinne rituell besetzt: Sie sind mit Sinnsprüchen geschmückt, und häufig gibt es alljährliche Kranzniederlegungen und ähnliche Rituale, die die Aufladung des Ortes mit Bedeutung immer wieder bekräftigen.

Für Aktionen der Kommunikationsguerilla ist das Wissen um den symbolischen wie realen Machtaspekt von räumlichen Strukturen wichtig, da ihre Wirkung oft stark von den Orten abhängt, an denen sie stattfinden. Schließlich geht es nicht nur darum, durch

Aktionen auf diesem Gebiet werden die bestehenden Gesetze keineswegs übertreten". Auch die Praxis der ○ Entwendung (Détournement) wurde von den Situationisten zugleich propagiert und in allen möglichen Zusammenhängen eingesetzt. Mit neuen Texten versehene Comics waren ein beliebtes Propagandamittel, und auch die theoretischen Texte der Situationisten spielen in komplexer Weise mit mehr oder weniger veränderten Zitaten und Plagiaten.

Über die Entwicklung neuer politischer Formen hinaus forderten die Situationisten die „Abschaffung der Politik" durch eine revolutionäre Praxis auf der Ebene des alltäglichen Lebens. Mit den Methoden der ‚Psychogeographie' (○ London Psychogeographical Association), beispielsweise der Praxis des ‚Umherschweifens' (‚Dérive') untersuchten sie Orte und die mit ihnen verbundenen Wahrnehmungen und Emotionen. Damit verbanden sie das Ziel, neue Verhaltensweisen, Spiele und Leidenschaften zu entwickeln: „Die Leidenschaften wurden nur verschieden interpretiert, es kommt jetzt darauf an, neue zu erfinden" (Debord). Das erklärte Ziel war es, neue Aktionsformen im Bereich der Kultur und des Alltagslebens zu entwickeln, um dort die Perspektive einer revolutionären Veränderung zu schaffen: „Unsere Theorien sind nichts anderes als die Theorie unseres wirklichen Lebens … Es ist ausgeschlossen, daß wir durch die Askese die Revolution des alltäglichen Lebens vorbereiten." ⊙

Eine Sammlung zentraler Texte findet sich in: Der Beginn einer Epoche. Texte der Situationisten. Hamburg 1995.

Aktivitäten im öffentlichen Raum Aussagen zu treffen, es ist auch wichtig, den ‚bespielten' Raum zu verändern und mit neuen Assoziationen zu besetzen. Wenn es gelingt, einen durch polizeiliche Absperrung unzugänglich gemachten öffentlichen Raum umzuwerten, indem die frei gewordene Fläche als Bühne dient (○ *Voller Wix und bloße Körper*) oder wenn eine Gruppe eine ‚völkerverbindende' Fußballübertragung für eigene politische Anliegen nutzt, findet eine Aufwertung (○ *Entwendung*) bzw. (○ *Verfremdung)* des Raumes statt. Andererseits können Aktionen wie beispielsweise die NOlympics (○ *Imageverschmutzung*) auch darauf ausgerichtet sein, öffentliche Repräsentationsräume zu ‚beschmutzen' und damit die Selbstdarstellung der Macht anzugreifen.

Alle oder Keiner?

Multiple Namen, imaginäre Personen, kollektive Mythen

Ein multipler Name ist „ein Name, den jeder benutzen kann": Diejenigen, die ihn in die Welt gesetzt haben, seien sie bekannt oder unbekannt, Personen oder Gruppen, beanspruchen ausdrücklich weder ein Monopol für seine Verwendung noch irgendein Copyright. Doch können solche Namen mehr sein als der schlichte Ausdruck der Tatsache, daß ihre Verwender anonym bleiben wollen: Ist der multiple Name auch als Ausdruck von Anonymität nur eine Leerstelle, ein Zeichen ohne eigene Bedeutung, so kann er doch zu einem kraftvollen Signifikanten werden, wenn er sich mit einer bestimmten, erkennbaren und abgrenzbaren Praxis verknüpft. Er bezeichnet dann nicht nur diese (künstlerische, politische, religiöse) Praxis, sondern bindet sie zugleich an die Gestalt einer imaginären Person. Indem die Praxis erkennbar wird und sich mit Leben erfüllt, erwacht auch diese Person zum Leben.

Vgl. Home, Stewart: The Festival of Plagiarism. London 1988.

Ihre Gestalt gewinnt Konturen, bekommt eine Geschichte, einen Mythos. Treten Menschen in diese Geschichte ein und nehmen sie an den Praktiken teil, die mit dem multiplen Namen verknüpft sind, so werden sie tatsächlich Teil der imaginären und kollektiven Person: Die Praxis der Einzelnen wird durch den kollektiven Mythos mit Kraft ausgestattet und reproduziert diesen zugleich. Und umgekehrt: Verliert diese Praxis ihre Konturen und ihre signifikative Kraft, so stirbt auch die kollektive Person, in der sie sich verkörpert.

Der multiple Name hebt die Trennung von Individuum und Kollektiv auf. Er verleiht den einzelnen in magischer Weise Anteil an der kollektiven Gestalt der imaginären Person, in der sich die Bewegung und die Kraft einer unsichtbaren Masse verkörpern. Die Masse gewinnt Gestalt, sie wird in der Form der imaginären Person zum handelnden Subjekt. Gerade die Namen-losen Unterdrückten haben dieses Prinzip immer wieder verwendet. So tauchte es beispielsweise bei den Bauernaufständen auf: 1514 zogen süddeutsche Bauern im Namen des ‚armen Konrad' ins Feld.

Doch es war kein Anführer, der so die revoltierende Masse verkörperte: Jeder einzelne von ihnen war ‚der arme Konrad', der nun gegen seine Bedrückung aufstand. Zu Beginn des 19. Jahrhunderts verkörperte in England der multiple Name des ‚General Ludd' die Unterdrückten. Als imaginärer Anführer der Angriffe gegen die neuen Maschinen richtete er seine selten folgenlosen Drohungen gegen die kapitalistischen Betreiber der modernen Formen der Ausbeutung. Obwohl (oder gerade weil) die Bewegung des ‚General Ludd' keinerlei feste organisatorische Form besaß, war sie jahrelang in der Lage, den Ausbeutern Angst und Schrecken einzujagen.

Sale, Kirkpatrick: Rebels against the Future. The Ludditis and their War on the Industrial Revolution. Readings (Mass.) 1995, S. 9.

Während ‚General Ludd' weder eine reale Person war noch für eine feste Organisation stand, folgen spätere Organisationsformen der Arbeiter der

Ahnen

EIN EXKLUSIVINTERVIEW mit «El Sub» durch Subcomandante Insurgente Marcos:
Alles, was Sie schon immer über «El Sub» wissen wollten, aber nicht zu fragen wagten,
oder: Der größte Journalist aller Zeiten

durch .... (Setzen Sie hier Ihren Namen ein.)

für .... (Setzen Sie hier den Namen Ihres Arbeitgebers ein.)

1. ORT DES INTERVIEWS: (Unterstreichen Sie den Ort Ihrer Wahl.)

a) Irgendwo im Lakandonischen Urwald.
b) Irgendwo im Südwesten Mexikos.
c) Irgendwo im von den Zapatisten kontrollierten Gebiet.
d) Irgendwo im Presseraum der Casa Vieja.
e) In irgendeiner Bar im Südwesten Mexikos.
f) ...

http://www.pengo.it/luther/tvcopsd1.htm

http://www.thing.de/projekte/7:9%23/cantsin_12.html

Vgl. Luther Blissett-Homepage: http://www.pengo.it/luther

Vgl. Home, S.t: Neoismus, Plagiarismus & Praxis. Edinburgh & San Francisco 1995, S .11 u. http://www.thing.de/projekte/7:9%23/eliot_index.html

bürgerlichen Trennung zwischen Individuum und kollektiver Praxis. Das Kollektiv (das Proletariat etc.) wird zu einer abstrakten und hierarchisch verwalteten Angelegenheit. Seine symbolische Kraft manifestiert sich nicht mehr unmittebar in der Praxis jedes einzelnen. Träger dieser Kraft sind allenfalls einige wenige, ‚herausragende' Individuen, die als Anführer, Helden, Vorbilder fungieren.
In der Gegenwart tritt der Gedanke der multiplen Namen nicht zufällig dort in Erscheinung, wo der bürgerliche Kult des herausragenden Individuums am ausgeprägtesten ist, im Bereich der Kunst. Wenn ein multipler Name als Künstlernamen verwendet wird, schließt das Zuordnung eines Werks zu einem individuellen Autor aus. Die ➲ *Neoisten* haben dieses Prinzip konsequent verwendet. Dabei verwandelten sich Künstlernamen wie Harry Kipper in multiple Namen, während andere solcher Namen wie Monty Cantsin mitsamt den zugehörigen Mythen als bewußte Produkte der neoistischen Kunstpraxis anzusehen sind. Schließlich ist als bedeutendstes postsituationistisches Kunstwerk die Schaffung des kollektiven Mythos von ➲ *Luther Blissett* zu nennen, bei dem, wie schon bei Karen Eliot, auf den Namen einer existenten Person zurückgegriffen wurde.

Neoismus

Vier (4) Marcos

2. EINLEITUNG ZUR AUSWAHL: (Unterstreichen Sie Ihre Wahl.)

Nach einigen Tagen des Wartens waren wir endlich in das Territorium der

... Zapatisten/Rebellen/Gesetzlosen

vorgedrungen. Ich war zusammen mit meinem (meiner)

... Photograph(in)/Souffleur(in)/Führer(in)/Begleiter(in)/Amme/Anstandsdame/Neger

mehrere

... Stunden/Tage/Wochen/Monate/Jahre/Jahrfünfte/Jahrzehnte/Jahrhunderte

lang

... marschiert/gelaufen/galoppiert/gerollt/auf allen Vieren gegangen/spazierengegangen.

(Übertreiben Sie nicht, es gehört sich, e[in] wenig Glaubwürdigkeit zu demonstriere[n].)

Wir hatten ausgedehnte

... Urwälder/Flußläufe/Gebirgsketten/Wartesäle/Kaffeeplantagen/Gänge/ Meere/Fußgängerunterführungen/Wüsten

durchquert. Schließlich erreichten wir

... ein Tal/ein Wäldchen/eine Lichtung/einen Hügel/einen Hafen/ eine Bar/einen Berg/ein Dorf/eine U-Bahn-Haltestelle/einen Presseraum/einen Flughafen.

Ein besonders hinterhältiger Angriff auf bürgerliche Subjektkonzepte ist es, reale Individuen unversehens oder sogar gegen ihren Willen in kollektive Personen zu transformieren. Ein populäres Beispiel hierzu: Eine relativ leicht zu erlernende Praxis ist es, mit blonder Perücke und Sonnenbrille angetan schlecht zu singen. So blieb es nicht aus, daß dem ersten Heino erst ein zweiter (der wahre ...) und dann viele weitere nachfolgten. Ein weiteres Beispiel ist der Versuch, bei der Zürcher Bürgermeisterwahl den Kandidaten des bürgerlichen Lagers, Andreas Müller, kurzerhand in eine kollektive Person zu verwandeln – um Teil dieser Person zu werden, genügte es, Müller zu heißen und unter diesem Namen auf einem Stimmzettel zu erscheinen (○ *Wahlquark*).

Auch in einem aktuellen politischen Kontext tritt ein multipler Name in Erscheinung. Eine der genialen medienstrategischen Leistungen der zapatistischen Guerilla von Chiapas war es, den Namen ihres Sprechers Subcomandante Marcos zu einem kollektiven Namen zu machen („Wir alle sind Marcos").

Damit setzten sie nicht nur die bereits in dem Titel ‚Subcomandante' angelegte Dekonstruktion des Prinzips des Revolutions- oder Guerillaführers fort, sondern sie schufen zugleich eine neue Form des kollektiven Mythos: Die Person des realen Guerilleros bleibt ohne eine fixierbare, festgeschriebene Geschichte. Die erkennbaren Attribute wie Skimütze

Psychischer Angriff auf das Einwohnermeldeamt

Was für das Pentagon einst richtig war, kann beim Einwohnermeldeamt nicht schaden. Am 28. Mai 1995 fand sich im Anschluß an eine Sendung von Radio Blissett eine wütende Menge von circa siebzig Luther vor dem staatlichen Einwohnermeldeamt ein, um einen psychischen Angriff „gegen den Eigennamen, für die Lust an der freien Namenswahl zu jeder Gelegenheit" zu starten. Als Versöhnungsritus für zwei Polizisten, die zur Überquerung der Straße auf dem Zebrastreifen aufforderten, blockierte Luther Blissett den Verkehr und interviewte die Autofahrer live, während er Flugblätter zur Abschaffung des Eigennamens

Dort trafen wir

... El Sub/ einen Gesetzlosen/ eine Skimütze mit ausgeprägter Nase/einen professionellen Gewalttäter,

an dem außer seiner großen Nase vor allem seine

... weiße/schwarze/braune/rötliche/gelbliche/grünliche/bläuliche

Hautfarbe auffiel. Seine Augen waren

... schwarz/braun/grün/blau/rot/honigfarben/strohfarben/weizenfarben/ maisblütenfarben/ joghurtfarben/müslifarben

und er

... war bartlos/hatte einen schwachen Bartwuchs/trug einen dichten Bart/hatte einen schütteren Bart.

Er machte den Eindruck eines

... Fünfzehnjährigen/Vierundfünfzigjährigen/Fünfundzwanzigjährigen/Achtzehnjährigen/ Sechsundvierzigjährigen/... jährigen.

Während er sich auf

... einen Thronsessel/einen Drehstuhl/einen Schaukelstuhl/den Boden/eine Fensterbrüstung/ einen Barhocker/ein Pult/den Direktionssessel

und Uniform verstecken seine wahre Rolle als leeres Zeichen nicht, sondern unterstreichen sie sogar noch. Gerade weil die reale Person unscharf bleibt, kann diese Leerstelle durch zahllose Erzählungen und Legenden gefüllt werden. In diesem Prozeß wurde der kollektive Mythos ‚Marcos' zum allgegenwärtigen Träger verschiedenster Bedeutungen, zum Ausdruck und Identifikationspunkt subversiver wie sexueller Phantasien (Diese bringen die symbolische Potenz der kollektiven Person vielleicht am deutlichsten zum Ausdruck: Obwohl weder sein Gesicht noch sein Körper je zu sehen waren, wurde Marcos zum ‚attraktivsten' Mann Mexikos gewählt). Schließlich konnten Zehntausende mit dem Ruf „Auch wir sind Marcos" durch die Straßen von Mexico City ziehen und sich damit in machtvoller Weise politisch artikulieren.

Der Mythos von ‚El Sub' unterscheidet sich dabei deutlich von dem eines individuellen Helden wie Che Guevara: eine Aussage wie „Auch ich bin Che Guevara" wäre einfach blödsinnig. Die Herrschenden in Mexiko haben übrigens die Funktionsweise des kollektiven Mythos und der damit verbundenen magischen Praxen sehr genau verstanden. Das zeigen ihre verzweifelten (und erfolglosen) Bemühungen, das hinter dem Namen Marcos ‚in Wirklichkeit' stehende Individuum ausfindig zu machen, sein Gesicht zu zeigen und ihn so vom kollektiven Mythos zum bürgerlichen Individuum zu reduzieren.

Psychischer Angriff auf das Einwohnermeldeamt .

verteilte. Sofort darauf inszenierte er, geleitet von seiner eigenen ätherischen Stimme, den wundersamen psychischen Angriff auf das Einwohnermeldeamt: für mehr als zwei Minuten riefen die mindestens fünfzig anwesenden Luther zwanghaft die Silbe „Ohm", wodurch sie einen guten Fluß psychischer Energie erreichten, der vom Abbröckeln der ersten Fenstersimse unterbrochen wurde. Als sich gegen vier Uhr morgens die aufrührerische Versammlung zerstreute, waren immer noch weitere Luther zu beobachten, die in psychobewaffneter Kampfformation eintrafen.

setzte, zündete er sich seine Pfeife an, und nachdem er

... gegrüßt/gedroht/nach der Uhrzeit gefragt/die Bezahlung für das Interview entgengengenommen/ eine Reihe von Beleidigungen ausgestoßen/desgleichen, aber mit anderen Beleidigten/gegähnt hatte,

begannen wir das Interview.

3. INTERVIEW:

Journalist .... (Setzen Sie hier Ihre Initialen oder Ihren Namen ein):

– – – El Sub, was ist Ihre Meinung über Kuba?

El Sub: Kuba ist

... ein Paradies/eine Diktatur/der Himmel/die Hölle/alles auf einmal/nichts von alledem.

– – – Was wird aus El Sub, wenn der Konflikt

... beendet ist/gelöst ist/sich verwickelt/sich entschärft/sich verschärft/sich ausbreitet?

El Sub: Nun ja, ich

... werde anderswohin gehen/werde in Pension gehen und Hühner züchten/werde meine Memoiren veröffentlichen/werde fürs Parlament kandidieren/werde Trödler/werde mich arbeitslos melden/

(Save and Q

Der Ursprung der multiplen Namen verliert sich im Dunkel der Geschichte, sie verweisen auf uralte religiöse und magische Praktiken. Bereits der älteste noch lebendige dieser Namen zeigt das Prinzip in voller Klarheit: Alle sind schon immer und von Natur aus Buddha. Zugleich aber ist die Teilhabe an der kollektiven Person durch eine Praxis vermittelt: „Indem ihr die Praxis des Buddha verwirklicht, seid ihr dem Buddha gleich. Ihr seht mit denselben Augen, hört mit denselben Ohren und sprecht mit demselben Mund. Es gibt da nicht den geringsten Unterschied."

Durch die Verwendung multipler Namen werden also in gleichsam naturwüchsiger Weise archaische Formen aufgegriffen, die die Trennung von Individuum und Kollektiv in Frage stellen: Multiple Namen sind nicht in erster Linie Formen der Anonymität (als solche sind sie nicht besser als gar kein Name), sondern die denkbar schärfsten Angriffe auf moderne Konzepte bürgerlicher Subjektivität und Identität. Sie demonstrieren anschaulich, daß diese Konzepte nur der Natur des Menschen fremde Illusionen sind. Damit manifestieren sie die zeitlose Wahrheit der Vorstellungen, daß die menschliche Identität nichts ist als Artikulation und Schnittpunkt kollektiver Praxen, daß eine menschliche Natur jenseits dessen nicht existiert. Diese eigentliche subversive Kraft des multiplen Namens zeigt sich freilich nur in der konkreten Praxis: Werde auch du Luther Blissett!

Luther meets John & Harvey

werde zu schreiben aufhören/werde richtig zu schreiben anfangen/
werde mich ins Privatleben zurückziehen/werde einen Film machen/werde einen Film ansehen.

- - - Was empfindet man als
... professioneller Gewalttäter/Sexsymbol/Gesetzloser/Rebell/Clown/charismatischer Führer/ Jahmarktschreier/ ... ?

El Sub: Nun ja,
... nichts/alles/es ist ziemlich beschissen/es ist schön/es ist wie ein Orgasmus/mehr oder weniger/ eher mehr als weniger/eher weniger als mehr.

- - - (Setzen Sie hier eine Frage ihrer Wahl ein) ?

El Sub: Nun ja,
(Setzen Sie hier eine Antwort Ihrer Wahl ein)

UNTERSCHRIFT ZUR BESTÄTIGUNG DES INTERVIEWS:

(Schneiden Sie diese Unterschrift entlang der gepunkteten Linie aus und kleben Sie sie sehr sorgfältig unter Ihr Interview.)

Gegeben in den Bergen im Südosten Mexikos

(29. 7. 1994) Subcomandante Insurgente Marcos

✂···

(aus Charlie Hebdo / Hors de Série No. 4, 1995)
Übersetzung Sonja Brünzels & Luther Blissett

Ein (1) Marcos

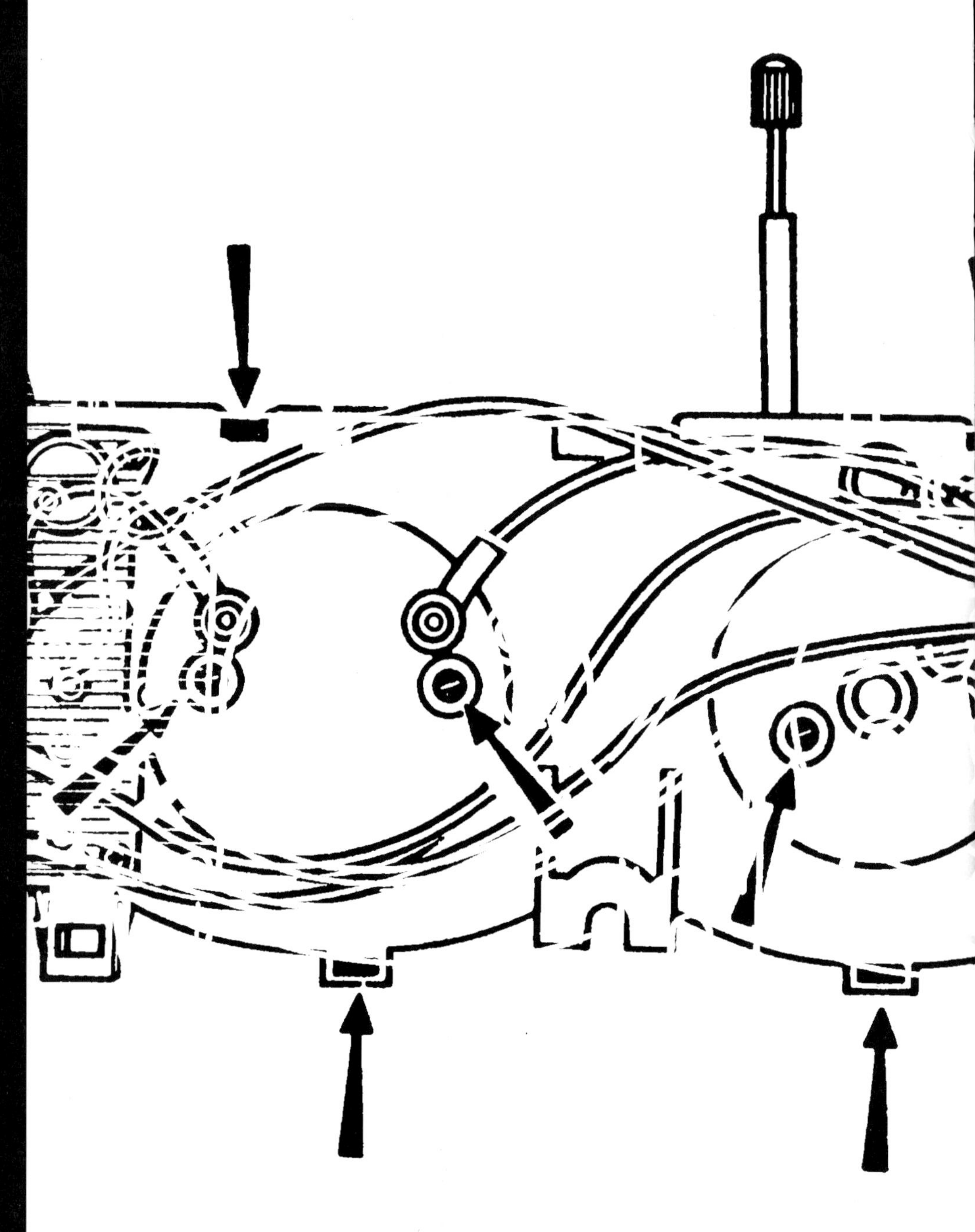

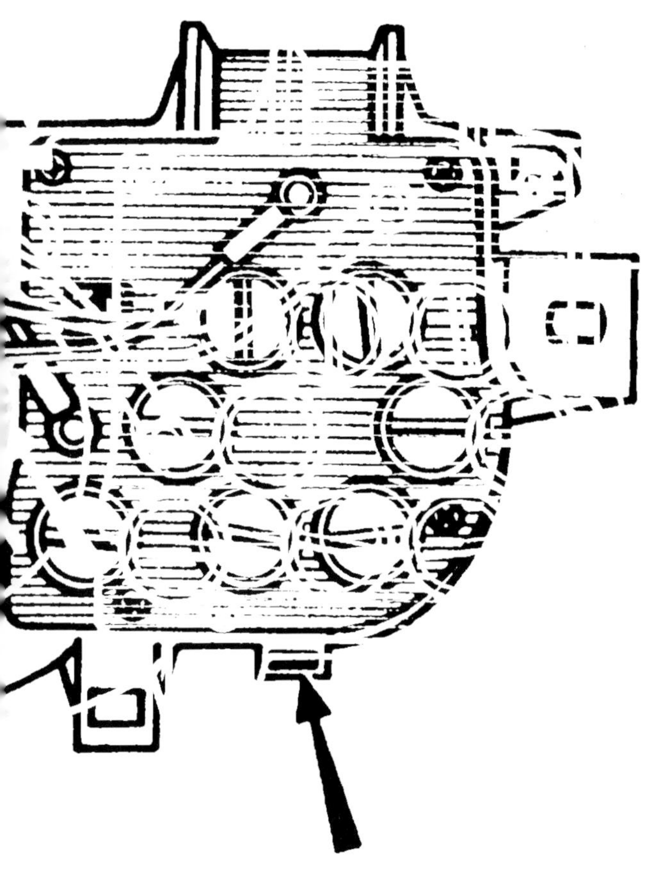

Methoden & Techniken

Prinzipien & Wirkungsweisen der Kommunikationsguerilla

Kommunikationsguerilla ist der Versuch, durch Eingriffe in den Kommunikationsprozeß subversive Wirkungen hervorzubringen. Die vielfältigen Methoden und Techniken, die dabei genutzt werden, funktionieren nach zwei grundsätzlichen Prinzipien: den Prinzipien der ○ *Verfremdung* und der ○ *Überidentifizierung.*

Verfremdungen beruhen auf subtilen Veränderungen der Darstellung des Gewohnten, die neue Aspekte eines Sachverhalts sichtbar machen, Raum für ungewohnte Lesarten gewöhnlicher Geschehnisse schaffen oder über Verschiebungen Bedeutungen herstellen, die nicht vorgesehen oder erwartbar sind. Überidentifizierung dagegen bedeutet, solche Aspekte des Gewohnten offen auszusprechen, die zwar allgemein bekannt, zugleich aber auch tabuisiert sind. Sie nimmt die Logik der herrschenden Denkmuster, Werte und Normen in all ihren Konsequenzen und Implikationen gerade dort ernst, wo diese Konsequenzen nicht ausgesprochen werden (dürfen) und unter den Tisch gekehrt werden. Wo Verfremdung Distanz zum Bestehenden schafft, will Überidentifizierung in den herrschenden Diskurs eingebaute Selbstdistanzierungen auflösen. Was daran subversiv ist, soll im folgenden diskutiert werden.

Verfremdungsprinzip

Mit Verfremdung in einen Kommunikationsprozeß einzugreifen bedeutet, bestehende Formen, Ereignisse, Bilder und Vorstellungen aufzugreifen und ihren normalen Verlauf oder ihr gewöhnliches Erscheinungsbild zu verändern. Solche Veränderungen können zunächst ein Gefühl der Verwirrung hervorrufen, und zwar, weil jede aufgrund ihrer Sozialisation innerhalb dieser Gesellschaft ein Grundwissen über ○ *Kulturelle Grammatik* hat, das ihre Wahrnehmungen vorstrukturiert. Das heißt, es gibt meist relativ klare Erwartungen, wie ein bestimmtes Ereignis oder eine bestimmte Sitation ‚normalerweise' aussehen oder ablaufen müßte. Sobald nun unerwartete oder unvorhergesehene Elemente im Kommunikationsprozeß auftauchen, wird die Selbstverständlichkeit gestört, mit der die Wahrnehmungen sich normalerweise in die Raster der kulturellen Grammatik einfügen. Die Störung ist besonders wirksam, wenn einige Augenblicke lang unklar bleibt, was (oder wer) denn eigentlich ‚nicht stimmt'. Die daraus entstehende Verwirrung soll es dem Publikum ermöglichen, zumindest momentan auf Distanz zu der Situation zu gehen: Sie kann einen kritischen Blick auf die üblichen Wahrnehmungsmuster von Sachverhalten oder Ereignissen ermöglichen. Die Veränderung muß zwar deutlich genug sein, daß sie die übliche Wahrnehmung durcheinanderbringt. Sie verfehlt allerdings ihr Ziel zumindest tendenziell, wenn sie ihrerseits vorhersehbar ist oder sich in

Büro für ungewöhnliche Maßnahmen: Keine Gewalt 1991

NSK

LAIBACH

Von der Subversivität der Affirmation

Das Künstlerinnenkollektiv ‚Neue Slowenische Kunst' (NSK) gründete sich Anfang der 80er Jahre in Ljubljana um die Rockgruppe ‚Laibach'. In den mehr als zehn Jahren ihres Bestehens haben sie vor allem eines getan: Die Ästhetik von Macht und Unterwerfung zu besingen, die Inszenierung von Herrschaft und das Aufgehen des einzelnen im Kollektiv. Dabei hat sich NSK/Laibach von Anfang an einer konsequent durchgehaltenen Strategie der ○ Überidentifizierung verschrieben. Vor dem theoretischen Hintergrund der Thesen des slowenischen Psychoanalytikers und Lacan-Schülers Slavoj Zizek formuliert Laibach sein Credo: Subversion entsteht nicht durch das Herstellen ironischer Distanz zum Bestehenden, sondern vielmehr dadurch, daß das System ernster genommen wird, als es sich selbst nimmt. Gerade jene Aspekte des Bestehenden, die nicht offen ausgesprochen werden dürfen, aber dennoch in der herrschenden symbolischen Ordnung angelegt sind, müssen affirmiert werden. Diese affirmative Artikulation ist subversiv, denn in die ‚Verborgenen Wahrheiten' der bestehenden symbolischen Ordnung sind deren Bruchstellen von vorneherein eingeschrieben; die affirmative Aussprache dieser Wahrheiten macht den Bruch offensichtlich.

Vgl. die Ansprachen der Laibach-Konzerte: Mlakar, Peter: Reden an die deutsche Nation. Wien 1993.

http://kultarr.cit.gu.edu.au/~karlg/Laibach/chronology.html

einfache, eindeutige Interpretationsmuster einordnen läßt (dazu gehört auch die Feststellung „Halt wieder einmal so ein paar linke Spinner").

Verfremdung baut darauf, daß auch in ganz ‚normalen', alltäglichen Situationen innere Widersprüche, unausgesprochene Brüche und mögliche Paradoxien verborgen sind. Das ist selbst dann so, wenn die Anwesenden die Situation zunächst nicht grundlegend in Frage stellen, sondern das ganze Geschehen aufgrund seiner ‚Normalität' für selbstverständlich halten. Denn die anwesenden Personen sind auch in sich selbst nicht ungebrochen, nicht homogen; sie sind wie alle Menschen fragmentierte Subjekte, die mit äußeren und inneren Widersprüchen zu kämpfen haben. Sie beziehen nicht nur unterschiedliche Positionen innerhalb der herrschenden Diskurse, sondern haben auch Anteile, die aus diesen Strukturen herausfallen und ihnen widersprechen. Konkret kann das beispielsweise heißen, daß sie Angst haben, ihren Job zu verlieren, gleichzeitig aber im Grunde selbst keine Lust auf diesen Job haben, für dessen Erhaltung ihnen nun irgendjemand (der Vorgesetzte, der Herr Minister, ...) ‚Opfer' abverlangt, oder daß eigene Erfahrungen von Ungerechtigkeit und Benachteiligung den hochtrabenden Worten von „Wir müssen alle zusammenstehen" offenkundig widersprechen.

Berlin 1. Mai 1996

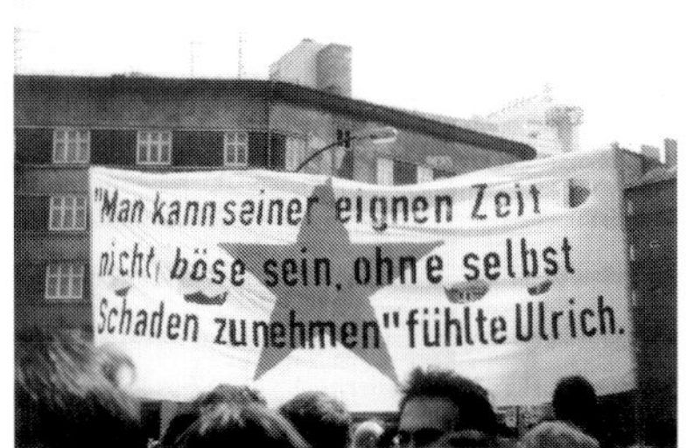

In ihrer Ästhetik beziehen sich NSK/Laibach auf die klassische Avantgarde der 20er Jahre, deren Erbe ihrer Ansicht nach den Fundus bildet, aus dem sich alle seitherigen künstlerisch/ästhetischen Inszenierungen politischer Ideologien bedienten. Um das Zusammenspiel künstlerisch-ästhetischer Formen und politischer Ideologie aufzuzeigen, zeichnet Laibach die faschistoide Ästhetisierung des Politischen (bzw. des Sozialen) ohne jegliche Distanzierung nach. Die Inszenierung von Herrschaft und das Begehren nach Unterwerfung werden affirmiert, nicht kritisiert. Denn ‚kritische Distanz' bedeutet in der Lesart von Laibach vor allem eine Möglichkeit, sich der Erkenntnis zu entziehen, wie Ästhetisierung von Ideologie funktioniert. Daher weigert sich die Gruppe in der Regel auch, ihre eigenen Aktionen zu kommentieren oder sich selbst ‚kritisch' dazu zu positionieren.
Die Vorgehensweise von Laibach läßt sich beispielhaft anhand einer Performance illustrieren, die die Gruppe Anfang der 90er Jahre im Stadion von Belgrad aufführte. Höhepunkt war eine militant nationalistische Rede in serbischer Sprache. Die Zuhörer wurden aufgefordert, die Reinheit und Ehre des serbischen Volkes und den Bestand des serbischen Bodens mit allen Mitteln zu bewahren und zu verteidigen. Bei der Untermalung dieser Rede setzte die Gruppe Laibach alle ihr zur Verfügung stehenden Mittel der Inszenierung faschistischer Ästhetik ein, wobei sie jegliches Element einer Distanzierung in dieser großangelegten Zurschaustellung nationalistischer Heroik bewußt ausklammerte.

Wenn nun plötzlich und unerwartet etwas passiert, das die vorgegebenen Regeln auf den Kopf stellt, lächerlich macht oder absurd erscheinen läßt, kann eine solche Verfremdung wie ein Angebot wirken: Sie zeigt, daß das Unmögliche möglich ist, daß es eine Entscheidung und nicht ausschließlich eine unumgängliche Notwendigkeit ist, sich in die gesellschaftliche Normalität einzufügen. Das als selbstverständlich Empfundene ist es in Wirklichkeit nicht; das, was in der alltäglichen Wahrnehmung ignoriert wird, bleibt gleichwohl präsent. Es kann passieren, daß die Verfremdung des Normalen in den ZuschauerInnen Anteile anspricht, die sonst unterdrückt bleiben oder aufgrund rationaler Entscheidungen bewußt ‚vergessen' werden. So ist es möglich, daß eine Verfremdung nicht nur als destruktive Methode, sondern darüber hinaus als (kleiner) Wegweiser für gesellschaftsverändernde Utopien und Handlungsweisen wirken kann.

Kommunikationsguerilleras betreiben Verfremdung nicht als beliebiges Spiel ohne Ziel; sie bekommt politischen Charakter, indem sie versucht, in der verfremdeten Situation unausgesprochene oder naturalisierte Machtbeziehungen, verdrängte oder normalisierte Aspekte gesellschaftlicher Verhältnisse sichtbar und bewußt zu machen. Kommunikationsguerilla-Aktionen beruhen darauf, daß es gerade diese Aspekte alltäglicher Situationen und Kommunikationsprozesse sind, an denen kritische und letztlich subversive

Lila Eier

Es war ein grüner Rasen, schön gepflegt und ohne Unkraut, immer gestutzt und sauber. Darauf stand dieser weiße Stier. Strahlend und vor Kraft strotzend glotzte er arrogant von seinem Sockel, mitten im Münchner Arbeiterviertel Giesing. Jedesmal, wenn ich dort vorbeikam, mußte ich den Stier bewundern, ob ich wollte oder nicht. Manchmal machte ich mich mit meinen Freundinnen auch über sein Geprotze lustig. ‚Schau, heute ist er aber besonders potent.' Es hätte uns nicht überrascht, wäre er eines Tages von seinem Sockel gesprungen und uns hinterhergaloppiert. Er präsentierte sich wie ein typischer Anmacher

Inhaltlich bedeutete die Rede nur noch eine unwesentliche Zuspitzung der nationalistischen Rhetorik, die gleichzeitig überall in den Staaten des sich auflösenden Jugoslawiens zu hören war. Die Gruppe war sich der Gefahr bewußt, daß diese Kontextualisierung nicht nur hinsichtlich ihrer Form, sondern auch in ihrer Wirkung affirmativ sein könnte. Laibach löste dieses Problem durch eine ungeheure Provokation: im Verlauf der Rede glitten zentrale Worte und Sätze der Blut- und Bodenansprache ins Deutsche, ohne daß ansonsten irgendein Bruch stattgefunden hätte. Vor dem Hintergrund der Verbrechen, die die deutschen Nazifaschisten und ihre Handlanger in Serbien begangen hatten, war damit jede affirmative Lesart ausgeschlossen – eine Tatsache, die auf die Zuhörer gerade deshalb erschreckend wirken mußte, weil die Affirmation serbisch-nationalistischer Heroik auf allen anderen Ebenen so konsequent wie möglich durchgehalten wurde.

Seit Beginn der 90er Jahre hat sich die Gruppe vor allem den Mechanismen der Konstruktion des Nationalen zugewandt. Vor dem Hintergrund der nationalstaatlichen Aufspaltung des ehemaligen Jugoslawien entwickelte die Gruppe das Projekt der Gründung eines ‚Staates NSK'. Dabei wurde auf alle symbolischen Attribute des Nationalstaats zurückgegriffen. Auch die Konstruktion von nationaler Geschichte wurde durch die bewußte Montage von Versatzstücken des kollektiven Gedächtnisses nachvollzogen.

http://kultarr.cit.gu.edu.au/~karlg/Laibach/NSKunst.press sowie http://lois.kud-fp.si/~lukap/embassy/

Denkprozesse ansetzen können. Allerdings bleibt das Ende offen: Wie das ‚Publikum' reagiert, ob es den Angriff auf Erwartungen und Vorstellungen als interessante Erfahrung auffaßt oder empört zurückweist, darauf ist letztlich kein Einfluß zu nehmen.

Die Möglichkeit der Verfremdung ergibt sich daraus, daß Aussagen erst durch die Rahmenbedingungen, durch die Situationen, in denen sie erscheinen, ihre volle Bedeutung entfalten. So ist es normal und selbstverständlich, wenn ein Redner sein Publikum mit „sehr geehrte Damen und Herren" begrüßt, und zwar unabhängig davon, ob er sein Publikum tatsächlich verehrt oder nicht. Benutzt jedoch ein Lehrer diese Anrede vor einer Schulklasse, so ist sie vermutlich ironisch gemeint und wird in diesem Kontext kaum als freundliche Zuwendung verstanden werden. Das Beispiel zeigt, daß die Verfremdung einer Situation, bei der in diesem Fall sprachliche Elemente in einen anderen Zusammenhang überführt werden, eine ganz alltägliche Sache ist. Sie steht auch nicht automatisch im Dienst der Subversion: Im Beispiel ist es der Lehrer, der sich sowieso in der überlegenen Position befindet und seine Macht gegenüber den Schülerinnen dadurch zusätzlich betont, daß er mit den verschiedenen Sprachebenen spielt.

Viele Methoden und Techniken der Kommunikationsguuerilla beruhen auf dem Prinzip der Verfremdung. Offensichtlich liegt es nahe, dort verfremdend einzugreifen, wo für

Lila Eier …

auf der Straße: Breiter Gang, damit die prallen Hoden zwischen den strammen Schenkeln nicht Schaden nehmen. Und genau die waren eines Tages nicht mehr – nein, nicht weg, aber eben nicht mehr weiß, sondern pink glänzend wie ein Pavianpopo. Der arme Stier auf seinem grünen saftigen Rasen schien fast ein bißchen zartrosa anzulaufen, als wir vorbeifuhren und seine poppige Männlichkeit belachten. Er wechselte sogar seine Farben. Immer wenn sein Gehänge wieder gesäubert worden war, verfärbte es sich aufs neue. Zum Gespött aller vorbeiflanierenden Damen und zum Ärgernis der umstehenden Männer

Im Falle des ‚Staates NSK' zeigte sich, daß auch eine derart groteske Überidentifizierung noch von der Realität bestätigt werden kann: Es wird kolportiert, daß einige vom Bürgerkrieg betroffene bosnische Staatsbürger eine Zeitlang noch am ehesten mit NSK-Pässen Reisemöglichkeiten hatten.
Vieles an der Praxis von NSK/Laibach mag mit dem Hintergrund des früheren (mittlerweile ehemaligen) Jugoslawiens, vor dem sie agierten und agieren, zu tun haben. Allerdings sieht die Gruppe dieses als „Spiegel, in dem dem Westen seine eigene verborgene Wahrheit entgegentritt" (Zizek). Auch wenn sich NSK/Laibach ästhetischer Formen des historischen Faschismus oder des Realsozialismus für ihre Inszenierungen bedienen, also dessen , was sie als ‚Totalitarismus' bezeichnen, ist der liberal-kapitalistische ‚freie Westen' stets mitgemeint. ‚Totalitarismus' ist in der Lesart von NSK/Laibach gerade nicht das große Andere des freien und demokratischen Westens, sondern viel eher ein Phänomen, das der Grundstruktur jeder warenproduzierenden Gesellschaft eingeschrieben ist.
In der Logik von NSK/Laibach ist es nur konsequent, wenn sie kommerzielle oder politische Vereinnahmung nicht als Problem ansehen. Die Tatsache, daß NSK zumindest ansatzweise zu einer ‚Staatskunst' des neugegründeten Staates Slowenien geworden ist, bestätigt ihre ästhetischen Konzepte in dieser Logik eher als daß sie sie problematisiert. Ob das ‚stimmt', ist eine schwer zu entscheidende Frage. Als beispielsweise Briefmarken des NSK-Staates eine Woche lang im Hauptpostamt von Ljubljana/Laibach regulär abgestempelt wurden, verschwammen Affir-

alle erkennbar etwas mitgeteilt werden soll. Besonders beliebte Objekte von Verfremdungsaktionen sind daher politische Plakate und Werbeposter sowie Denkmäler (➲ *Sniping*). Aber auch ganze Situationen lassen sich verfremden. Dabei werden dabei oft bedeutungsgeladene Anlässe und öffentliche Rituale (Wahlfeiern, Gedenkveranstaltungen, Versammlungen) aufgegriffen. Allerdings kommen Machtverhältnisse nicht nur dort zum Ausdruck, wo sie offen zelebriert werden, sondern ebenso in ganz alltäglichen Situationen. Und auch in solchen Situationen kann Verfremdung diese Machtverhältnisse offenlegen und ihr reibungsloses Funktionieren durcheinanderbringen.

Bei der Verfremdung läßt sich die Tatsache, daß zwischen (textlichen und verbalen) Aussagen und den Situationen, in denen diese Aussagen getroffen werden, ein Bedeutungszusammenhang existiert, in verschiedener Weise kreativ umsetzen: Beispielsweise besteht die Möglichkeit, eine Aussage zu verändern, um dadurch die Situation zu kommentieren, in welcher sie präsentiert wird. Die Grundlage einer solchen Verfremdung ist, daß Informationen nie allein als sachliche Mitteilungen gemeint sind. Auch oder gerade wenn sie sich als solche präsentieren, transportieren sie dennoch stets Elemente von Ideologie, die durch verfremdende Hinzufügungen oder Veränderungen zum Vorschein gebracht werden können. Wenn verbale oder schriftliche mit bildlichen Aussagen verbun-

Lila Eier .

geworden, muß er sich zum endgültigen Rückzug entschlossen haben. Nur sein Sockel steht noch im grünen Gras, und es geht das Gerücht, daß alle Schwanzträger einen großen Bogen um diesen Ort machen.

Das umfassendste Werk zu NSK/Laibach heißt schlicht: Neue Slowenische Kunst (NSK). The Original NSK Book with english translation. Zagreb, 1991.

mation, Überidentifizierung und Dekonstruktion in einer kaum noch auseinanderzuhaltenden Weise. Es bleibt offen, ob bei einer solchen Praxis ein subversiver Anspruch nicht doch auf der Strecke bleibt. Zumal sich NSK/Laibach, ihrer eigenen Logik auch hier folgend, zu einem solchen Anspruch niemals bekannt haben. ⊙

den sind, wie es für Werbevorlagen typisch ist (➲ *Subvertising*), können dazu entweder die Worte oder das Bild verändert werden. Es kann auch versucht werden, beide Ebenen gleichzeitig zu verfremden, wobei die Eingriffe relativ subtil sein müssen, damit das Original noch dahinter erkennbar bleibt. (Ohne diesen Bezug geht der Verfremdungseffekt verloren, und etwas ganz Neues entsteht.) Ein gutes Beispiel ist eine Verfremdung der amerikanische Parfümwerbung von Calvin Klein für „Obsession for men". Unter dem neuen Text „Recession for men" ist anstelle des glattgebügelten Schönlings ein Obdachloser abgebildet, der ebenso ernst und sinnend in die Ferne blickt wie das die Modelmänner gemeinhin tun. Die Verschiebungen der (bildlichen wie textlichen) Aussage kritisieren die in der Werbung idealisierte Scheinwelt. Dabei muß die Betrachterin nicht einmal unbedingt den ursprünglichen Text oder das Ausgangsbild der verfremdeten Werbung kennen. Denn vor dem Hintergrund eingeübter Seh- und Lesegewohnheiten wird die Kritik für alle diejenigen offensichtlich, die die Verschiebungen registrieren.

Zum anderen kann eine Aussage dadurch in einem neuen Licht erscheinen, daß sie in einer veränderten Situation präsentiert wird. Solche Verfremdungen nehmen auf eine gegebene Aussage Bezug und rücken durch eine neue Kontextualisierung Aspekte ins Blickfeld, die normalerweise nicht wahrgenommen werden. Die Folge davon ist, daß ein-

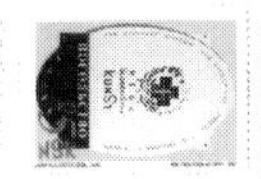

und dieselbe Aussage neue Bedeutungen annehmen kann, daß Bedeutungsschichten bewußt werden, die nicht auf der Ebene des Aussagetextes liegen, sondern erst durch den situativen Kontext entstehen.

In dem Band „Spaßguerilla" wird zähneknirschend festgestellt, daß auch die Werbung Methoden der Verfremdung einsetzt. Die Erkenntnis, daß gerade die schlimmsten Vasallen des Kapitalismus, die Werbefritzen, mit Elementen spielen, die seit Bert Brecht der Linken vorbehalten schienen, ist natürlich bitter. Um dem Dilemma zu entkommen, daß die eigenen Methoden große Ähnlichkeit mit kapitalistischen Nutzungsweisen desselben Prinzips aufweisen, unternimmt der anonyme Autor des Bandes den Versuch, „beruhigende" und „beunruhigende Verfremdung" zu unterscheiden. Dabei wird die in der massenmedialen Werbung verwendete Methode als beruhigende Verfremdung eingeschätzt und ihr ein manipulativer Charakter unterstellt. Es ist allerdings die Frage, ob diese Unterscheidung wirklich zutrifft und es tatsächlich erlaubt, sich außerhalb der Schußlinie zu wähnen. Inzwischen bedienen sich nämlich auch Werbefuzzis der ‚beunruhigenden' Verfremdung; bestes Beispiel hierfür sind die Werbekampagnen von Benetton. Die Plakate dieser Kleidermarke mit blutigen Neugeborenen, Aidskranken und zerschossenen Soldaten-T-Shirts zeigen, daß unter Umständen auch beunruhigende Provokationen einen Werbeeffekt haben.

SpassGuerilla. Münster 1994 (Berlin 1984), S. 75–84.

Dieses Beispiel demonstriert, daß das Prinzip der Verfremdung nicht an ein politisches Konzept gebunden ist. Der Versuch, es per Definition vor dem Zugriff der kapitalistischen Verwertung zu retten, ist von vornherein zum Scheitern verurteilt. Verfremdung ist nicht an und für sich subversiv. Es sind erst Kontext und Art und Weise der Umsetzung, die ihre Wirkung bestimmen.

Ebenso wie in allen anderen Bereichen können Praktiken der Verfremdung auch in der Politik von der Macht für ihre Zwecke genutzt werden. Ein Beispiel dafür ist ein Wahlplakat der CDU zu den Landtagswahlen 1996 in Baden-Württemberg. Auf einer weißen Fläche war nichts weiter abgebildet als ein Smiley, dessen Gesicht aus den Buchstaben C, D und U bestand. Noch vor einigen Jahren hätte es als Sachbeschädigung gegolten, dieses Motiv mittels Edding auf Plakaten anzubringen. Nun wurde es vereinnahmt und sollte signalisieren, wie hip, trendy und jugendnah diese Partei sei. Hier wurde die Vorstellung, Politik müsse durch Argumente überzeugen, bereits zugunsten eines werbetechnischen Überraschungseffekts aufgegeben. Es ist aber offensichtlich absurd, daraus den Schluß zu ziehen, daß auf Verfremdung basierende politische Interventionen nun nimmermehr subversiv sein können, weil sie auch Anregungen für die Weiterentwicklung und Verfeinerung wahlpolitischer Kampagnen liefern.

In der Annahme, daß Kommunikationsguerilla eine ‚sichere' Praxis sei, die einen eindeutig ‚links' codierten gesellschaftlichen Ort begründet, liegt ein grundsätzlicher Denkfehler. Denn mit der Besetzung eines Ortes beginnt gleichzeitig seine Angreifbarkeit und seine Rekuperation, seine Wiedervereinnahmung durch die Macht. Kommunikationsguerilla ist aber nicht ○ *Strategie*, sondern *Taktik*. Ihr Ziel kann es nicht sein, Positionen um jeden Preis zu behaupten. Vielmehr liegt ihre Stärke darin, beweglich zu sein und immer neue Überlegungen anzustellen, wie Vereinnahmungsversuche wieder durch weitere Aktionen ad absurdum geführt werden können. Der Vorsprung der Kommunikationsguerilleras liegt dabei genau darin daß, wer von der Seite der Macht aus spricht, stets eine strategische Position zu verteidigen hat.

Konkret heißt das: so hip die CDU sich auch darzustellen versucht, für diese Hipness gibt es auf jeden Fall ziemlich enge Grenzen. Es ist daher recht einfach, beisipielsweise den Smiley wieder vom Kopf auf die Füße zu stellen. Anstatt besagte CDU-Plakate wutschnaubend herunterzureißen, würden manche Vertreterinnen der Kommunikationsguerilla sie womöglich mit Werbung für Drogen verschiedenster Art ergänzen (○ *Sniping*), um den Smiley so seiner vorherigen Bedeutung wieder näherzubringen. Wenn ein solches Wahlplakat und seine Aussage wirklich ernst genommen würden, könnte es für alle Betrachterinnen auch erhellend sein, wenn etwas Klartext draufsteht: Oben und unten wäre noch genug Platz für Kommentierungen wie „Xtasy frees your mind"; weiterhin könnten kleine Veränderungen des Smiley-Gesichts dessen durch Musikkonsum und entsprechende Designerdrogen veränderten Geisteszustand illustrieren: Mit „Keine Macht – nur Drogen!" ließe sich in Verfremdung der saublöden Anti-Drogen-Kampagne „Keine Macht den Drogen" die ganze Angelegenheit zurechtrücken.

Der Neandertaler

Als Geschenk anläßlich einer Demo der Göttinger Kunst- und Agit-Prop-Gruppe Kunst und Kampf (KuK) gegen die Wiedervereinigung wurde ein ganz besonderes Begrüßungsgeld in millionenschwerer Auflage verteilt: ein Hunderter der „Bananen Republik Deutschland" aus dem Laserdrucker, geschmückt mit dem Konterfei eines Neandertalers. Die wutschäumenden Zeitungsmeldungen bestätigten den Erfolg der Aktion: „Kellnerin akzeptierte Geldschein der ‚Bananenrepublik Deutschland' ", „Fast blindem Rentner droht Strafe. Göttinger zahlte ahnungslos mit 100-Mark-Blüte – Landeszentralbank droht mit Geldstrafe".

und
die Rettung des italienischen Kapitalismus

„Wahrhaftiger Rapport über die letzten Möglichkeiten zur Rettung des italienischen Kapitalismus" war der Titel einer Broschüre, die 1975 ausgesuchten Vertretern der italienischen Wirtschaft, der Politik und der Medien ins Haus flatterte. Der unbekannte Autor zeichnete mit dem Pseudonym ‚Censor'. Der Inhalt des Textes war brisant. Aus einer Analyse der Fehler der bürgerlichen politischen Klasse in den vergangenen Jahrzehnten zog ‚Censor' die Konsequenz: Nur durch die Einbindung der kommunistischen Partei (PCI) in die politische Verantwortung des bürgerlichen Staates sei es möglich, das kapitalistische System Italiens noch zu retten. Kleinmütige Ängste vor diesem „historischen Kompromiß" seien unangebracht, angebliche revolutionäre Tendenzen der PCI seien „schon immer nur für das Volk bestimmte ‚ideologische Exportartikel'" gewesen.

Censor (Sanguinetti, Gianfranco): Wahrhafter Bericht über die letzten Chancen den Kapitalismus in Italien zu retten. Hamburg 1977.

Durch Sprache, Stil und Argumentation wies sich ‚Censor' als Vertreter der intellektuellen bürgerlichen Elite aus. Bereits unmittelbar nach Veröffentlichung des Textes setzten wilde Spekulationen ein: War ‚Censor' einer der führenden christdemokratischen Intellektuellen, ein unlängst verstorbener bürgerlicher Publizist oder gar ein von den Kommunisten bezahlter Schreiber? Die meisten waren sich jedenfalls darin einig, daß der anonyme Autor eine Persönlichkeit aus dem „Zentrum der Macht" sein müsse. Nach der Veröffentlichung des Textes wurden die Thesen

Prinzip Überidentifizierung

Verfremdung versucht, bei Akteurinnen und Zuschauern Distanz zu den herrschenden Verhältnissen zu schaffen und so deren scheinbare Natürlichkeit in Frage zu stellen. Demgegenüber bedeutet Überidentifizierung, sich ganz konsequent innerhalb der Logik der herrschenden Ordnung zu positionieren und sie an dem Punkt anzugreifen, an dem sie am verwundbarsten ist: mitten im Zentrum. Dahinter steht die Vorstellung, daß offen kritisierende oder moralisierende Diskurse gegenüber dem Staat und seiner Ideologie wirkungslos bleiben, während ironische Distanzierung möglicherweise sogar eher stabilisierend als subversiv wirkt. Heutige ideologische Diskurse zeichnen sich oft durch eine internalisierte, in sich schon vorweggenommene Kritik ihrer selbst aus. Eine ironische Bezugnahme auf diese Widersprüchlichkeit bleibt innerhalb ihrer Logik und spielt so letztlich „in die Hände der Mächtigen". Überidentifizierung entscheidet sich für den entgegengesetzten Weg. Sie durchbricht die Ideologie des Zynismus, indem sie die darin angelegte Distanz vollkommen aufgibt, indem sie sich weiter mit der Logik des herrschenden Systems identifiziert, sie ungebrochener ernst nimmt als das System selbst es tut (tun kann). Was bedeutet dies nun genau? Zizek geht davon aus, daß eine Ideologie immer aus zwei Teilen besteht: aus den von

Zizek, Slavoj, zit. n. Arns, Inke: Neue Slowenische Kunst (NSK) – ihre künstlerische Strategien im Jugoslawien der 80er Jahre. Magisterarbeit Berlin 1995.

Das Kraakmuseum

„Die schwarze Katze", ein seit Jahren besetztes Haus im historischen Zentrum Amsterdams, sollte 1994 wieder einmal geräumt werden. Der etwas verlotterte Zustand des Gebäudes brachte die Besetzerinnen (niederländisch: Kraakers) auf eine Idee: Sie erklärten ihr Haus zum Museum. Den Medien verkündeten sie, das Haus befinde sich sozusagen im Originalzustand, und seine Einrichtung sei seit der Anfangszeit der Besetzung nie geändert worden. Besonders die Küche vermittle einen hervorragenden Eindruck eines traditionellen besetzten Hauses der 80er.

von ‚Censor', aus denen dieser mit eiserner Logik seine Analyse der Rettungsmöglichkeiten des Kapitalismus abgeleitet hatte, zum Gegenstand einer langen und kontroversen Diskussion, in der bemerkenswerterweise die Kernaussagen des Textes von keiner Seite in Zweifel gezogen wurden.
Erst nach einem halben Jahr erschien ein weiterer Text, in dem der Situationist Gianfranco Sanguinetti seine Urheberschaft bekannte: ‚Censor' hatte niemals existiert. Der Autor war ein Angehöriger der extremen Linken, der noch kurz vor Veröffentlichung des Textes wegen des absurden Vorwurfs, Waffen für den italienischen Terrorismus beschafft zu haben, einige Monate im Gefängnis zugebracht hatte. Was veranlaßte nun ein ehemaliges Mitglied der ○ Situationistischen Internationalen, sich Gedanken ausgerechnet über die Erhaltung des Kapitalismus zu machen und diese unter einem Pseudonym in die öffentliche Diskussion zu bringen? Worin bestand die subversive Sprengkraft von Sanguinettis Aktion?
Die soziale Struktur der italienischen Gesellschaft war in den 60er und 70er Jahren durch die Existenz eines starken, potentiell revolutionären Industrieproletariats gekennzeichnet, das zum Teil autonome Organisations- und Aktionsformen (‚Autonomia Operaia') außerhalb der traditionellen Gewerkschaften und linken Parteiorganisationen entwickelt hatte. Gegen Ende der 60er Jahre kam es auch in Italien zu einer allgemeinen Verschärfung politischer und sozialer Konflikte, zu Fabrikbesetzungen und Studentenrebellionen. Auch in den 70er Jahren wurden diese

einem politischen System öffentlich verkündeten und propagierten „expliziten" Werten und aus der „verdeckten Kehrseite". Damit sind Implikationen gemeint, die innerhalb einer Ideologie mittransportiert werden und ihr zugleich scheinbar widersprechen. Solche Implikationen werden dadurch integriert, daß sie zwar allgemein bewußt sind, aber dennoch unausgesprochen und tabuisiert bleiben. Als Beispiel nennt er den US-amerikanischen Rassismus, der für das Funktionieren der amerikanischen Gesellschaft wesentlich ist und doch ihren ‚offiziellen' Werten tendenziell widerspricht: Er bekam seinen Ort in der Gesellschaft lange durch das Bestehen des geheimen und illegalen Ku-Klux-Klans zugewiesen. Der herrschende Diskurs steht solchen ‚Verborgenen Wahrheiten' distanziert gegenüber, die gleichzeitig wesentliche Bestandteile des Systems *und* mögliche Bruchstellen sind. Sie dürfen, wenn überhaupt, nur im Ton der Ironie, des Zynismus oder auch der kritischen Distanzierung angesprochen werden.

Angesichts dieser Situation kann es eine wirksame Form von Subversion sein, solche unausgesprochenen Aspekte affirmativ in einer Weise auszusprechen, die die Logik des Systems so getreu wie möglich nachzeichnet und den damit Konfrontierten möglichst wenig Möglichkeiten läßt, auf Distanz zu gehen. Für die mit einer solchen Affirmation konfrontierten Subjekte bedeutet dies nicht, wie im Fall der Verfremdung, daß ihre

Das Kraakmuseum ...

Anfangs konnte das Museum nur von ‚Freunden' besucht werden, die vorher einen Termin ausmachen mußten. Dann kamen mehr und mehr Leute, das Interesse der Medien wurde geweckt, schließlich entdeckten auch Fernsehteams das „Kraakmuseum". Ehemalige Besetzer lieferten „historische Objekte", die in Ausstellungen präsentiert wurden. An manchen Sonntagen führte ein (Ex)-Besetzer Touristen durch das Viertel. Die internationalen Medien sahen das „Kraakmuseum" als neuesten Beweis dafür, daß im liberalen Amsterdam alles möglich sei. Die Besetzerinnen nutzten diesen Mythos, indem sie

Konflikte oft offen und militant ausgetragen. In dieser Situation hatte die starke kommunistische Partei Italiens in der Tat eine für den Fortbestand der bürgerlich-kapitalistischen Ordnung lebenswichtige Funktion: Nur die PCI konnte die sozialen Auseinandersetzungen in bürokratische und reglementierte Bahnen lenken, zumindest Teile der Arbeiterklasse in das politische System integrieren und so die Gefahr einer revolutionären Zuspitzung bannen. Diese Funktion der PCI zeigte sich deutlich in der Änderung ihrer politischen Rhetorik seit Ende der 60er Jahre. War zuvor noch in leninistisch-gramscianischer Rhetorik von einer Erringung der Hegemonie mit dem Ziel einer Umwälzung der gesellschaftlichen Ordnung die Rede gewesen, so änderte sich dies, als sich die sozialen Auseinandersetzungen zuspitzten: Nun beschwor die PCI das Gespenst eines neuen Faschismus herauf, der ins Haus stehe, wenn die PCI die demokratische Ordnung nicht durch eine Beteiligung an der bürgerlichen Regierung stützte. Im Zeichen dieses historischen Kompromisses sollte nicht nur die Arbeiterklasse jede Kröte schlucken, sondern es wurde auch jede linke Opposition als faschistisch denunziert Dies führte schließlich soweit, daß die PCI bei der brutalen Zerschlagung der militanten linken Bewegungen Ende der 70er Jahre eine Vorreiterrolle einnahm.

Daß sich diese Linie für die PCI nicht auszahlte, war kein Zufall. (Erst 1996 wurden die zu Sozialdemokraten gewendeten Kommunisten Teil einer italienischen Regierung.) Die Paradoxie des italienischen politischen Systems bestand gerade darin, daß die PCI zugleich auf einer funktionalen Ebene ein wesentlicher Bestandteil der bürger-

subversiven, ungelebten, aber dennoch immer wieder empfundenen Anteile angesprochen werden. Vielmehr geht es im Fall der Überaffirmation darum, ‚sichere', mit der herrschenden Ideologie übereinstimmende Haltungen dadurch anzugreifen , daß die in ihnen verborgene Kehrseite zum Vorschein gebracht wird: Wenn ein die in einer Ideologie enthaltenen Werte immer zugleich ihr Gegenteil in sich tragen, bleibt als Zentrum nur noch ein leerer Fleck. In fast lehrbuchartiger Weise läßt sich die Funktionsweise von Überidentifizierung anhand der Aktion des Situationisten Sanguinetti illustrieren, mit der er 1975 in Italien einen Skandal hervorrief. Da diese Aktion zu ihrem Verständnis einige Informationen über die Struktur des politischen Systems im Italien der 70er Jahre voraussetzt, wird sie in einem eigenen Text analysiert (○ *Sanguinetti und die Rettung des italienischen Kapitalismus*).

Sanguinetti

Ein solcher Angriff ist nur dann wirksam, wenn sich der ‚Sprecher' scheinbar eindeutig innerhalb der Logik des Systems positioniert. Daher ist das Prinzip der Überidentifizierung in der praktischen Umsetzung ungleich problematischer als das der Verfremdung. Zudem wirkt Überidentifizierung nur dann subversiv, wenn sie tatsächlich ‚den Nerv' trifft, sprich verborgene Bruchstellen der symbolischen Ordnung angreift. Während eine mißglückte Verfremdung schlimmstenfalls belanglos, als folgenloses postmodernes Spielchen wirkt, kann eine mißglückte Überidentifizierung das Gegenteil des Beabsichtigten

Das Kraakmuseum .

die drohende Zerstörung des Museums als Angriff auf die Kultur anprangerten. Am Ende half das alles nichts; Bürokraten waren noch nie besonders empfänglich für Argumente. Das Haus wurde von Sondereinsatzkommandos geräumt, berittene Polizei trampelte die unbewaffneten Beschützerinnen des Hauses nieder. Eine unerwartete Renaissance der historischen Hausbesetzerbewegung hatte ihr Ende gefunden.

lich-kapitalistischen Ordnung war und diese Funktion nur dadurch ausfüllen konnte, daß sie von der Teilnahme an der politischen Macht formal ausgeschlossen blieb. Die Tatsache, daß es die Integration der PCI (und nicht die faschistische Option) war, die den Bestand dieser Ordnung garantierte, war die verborgene Wahrheit, die sich hinter der bipolaren, antikommunistischen bzw. antifaschistischen politischen Rhetorik der politischen Parteien von rechts und links verbarg.

Der Text von ,Censor' tat nichts anderes, als diese Wahrheit offen auszusprechen. Daß dies in affirmativer statt in kritisch-aufklärerischer Weise geschah, machte es der bürgerlichen Öffentlichkeit unmöglich, sich der Konsequenz der Argumentation zu entziehen. Bemerkenswerterweise enthielt sich die kommunistische Partei, gegen die der Text von ,Censor' faktisch den denkbar schärfsten Angriff bildete, jeder Stellungnahme und versuchte, diesen totzuschweigen. Sanguinetti formulierte diesen Effekt wie folgt: „Diese Wahrheiten sind im übrigen so einfach, daß jeder gezwungen ist, sie zuzugeben, sobald sie nur einmal ausgesprochen sind, aber es sind gleichzeitig ziemlich häßliche und beunruhigende Wahrheiten, da niemand sie bisher auszusprechen gewagt hat: es sind die Wahrheiten dieser Welt." Und wem die nicht gefallen, der muß wohl oder übel an derselben etwas ändern. ⊙

bewirken. In der Praxis ist es schwer einzuschätzen, ob man tatsächlich wesentliche Bruchstellen der herrschenden Diskurse aufgespürt hat. Eine Aktion kann schneller von der Realität überholt werden, als sie ausgeheckt wurde. So sind in Deutschland rassistische Diskurse in den letzten Jahren so schnell hoffähig geworden, daß eine Überidentifizierung hier keinerlei Sprengkraft mehr besitzt.

Eine weitere Form der Überidentifizierung wurde von der Künstlergruppierung ⭘ *NSK (Neue Slowenische Kunst)* und insbesondere von der Band Laibach praktiziert. Sie greifen die Rituale nationalstaatlicher Selbstinszenierung auf und stellen sie in den Dienst einer artifiziellen, dysfunktionalen Ideologie. Obwohl die Bezüge zwischen den einzelnen ästhetischen Elementen stimmig erscheinen, bleibt in dieser kohärent erscheinenden Ideologie die Stelle des bedeutungsgeladenen Kerns (die eigene Nation) unbesetzt. Diese Leerstelle ist aber kaum sichtbar: Der einzige Unterschied zur ideologischen Inszenierung einer ,realen' Nation besteht darin, daß NSK einen solchen Bezugspunkt für ihr Projekt gar nicht beanspruchen. Gerade die Tatsache, daß die Inszenierung trotzdem funktioniert, legt die Mechanismen der Konstruktion von Nation deutlicher offen, als dies jede argumentative Kritik vermag.

Techniken

Die Prinzipien der ○ *Verfremdung* und ○ *Überidentifizierung*, die den meisten Aktionen der Kommunikationsguerilla zugrundeliegen, lassen sich mit einer ganzen Reihe unterschiedlicher Methoden und Techniken umsetzen. Sie können entweder einzeln oder miteinander kombiniert eingesetzt werden; so sind beispielsweise im ○ *Fake* eine ganze Reihe von Methoden und Techniken verknüpft. Unter ‚Methoden' fassen wir an dieser Stelle unterschiedliche Vorgehensweisen und Ansatzpunkte, mit und an welchen sich verfremdende und überidentifizierende Wirkungen erreichen lassen, während ‚Techniken' konkrete Formen der Umsetzung sind. Letztlich läßt sich aber nicht immer eine genaue Unterscheidung treffen, ohne daß daraus ein haarspalterisches Regelwerk entsteht, weswegen die Klassifiziererei an dieser Stelle nicht weiter vorangetrieben werden soll.

Die Erfindung falscher Tatsachen zur Schaffung wahrer Ereignisse

Die Erfindung falscher Tatsachen zur Schaffung wahrer Ereignisse ist eine Methode, die Mechanismen offenzulegen und zu kritisieren, die die hegemoniale Produktion medialer und politischer Bilder von Wirklichkeit bestimmen. Diese Methode geht über analytisch-aufklärerische Formen von Information und Gegeninformation weit hinaus: Sie greift nicht die konkrete Darstellung bestimmter Themen an, sondern treibt ihr Spiel mit den Mechanismen, durch die Politik und Medien gesellschaftlich relevante Ereignisse produzieren. Ein Beispiel hierzu: Der vergleichsweise starke Anstieg von ‚Kriminalität' war in den 80er Jahren kaum ein relevantes Thema, während die relativ geringe Zunahme der 90er Jahre zu einem der zentralen Medienereignisse geriet. Auch militärische Konflikte können oft Jahre andauern, bevor sie in einer bestimmten Situation mediale Aktualität gewinnen. Durch die Erfindung von Ereignissen wird versucht, die Mechanismen, die den medialen Takt bestimmen, gegen die herrschende Macht zu wenden.

Radio Alice
A/Traverso Il Male
Yippies

Den Gedanken, mit falschen Informationen wahre Ereignisse zu schaffen („Segni falsi, informazioni false che producano eventi veri") formulierte 1977 das Bologneser Zeitschriftenkollektiv A/traverso (○ *Radio Alice*, ○ *A/Traverso – il Male*). Aber bereits die ○ *Yippies* bedienten sich dieser Methode. 1967 inszenierten sie in New York ein Freuden-

1980 – zehn Jahre zu früh: „Wiedervereinigung! Jubel, Jubel, Jubel!"

Im Sommer neunzehnhundertachtzig erfuhren überraschte Deutsche an den Kiosken der Adria-Touristenstädte eine sensationelle Neuigkeit. In dicken Lettern prangte auf einer täuschend echt aussehenden Bild-Zeitung: „Wiedervereinigung! Jubel, Jubel, Jubel!" Etwas kleiner dann: „Schmidt geheim mit Honecker", „Die Bombe platzte auf der Wartburg" und: „Unglaublich: Schmidt und Honecker weinten!" Mit diesem in 30.000 Exemplaren verbreiteten Fake sorgte die Zeitung „Il Male" für einigen Wirbel. Einige deutsche Touris am Teutonengrill packten Hals über Kopf ihre Zelte ein und fuhren schnurstracks in Richtung

London Psychogeographical Association (LPA)
„40 Years of Non-Existence"

Psychogeographie präsentiert sich als die Wissenschaft von den psychischen Qualitäten bewohnter Landschaften. Die situationistische Schule der Psychogeographie (○ Situationistische Internationale) hatte sich auf die Erkundung von Städten konzentriert, ihre bevorzugte Methode war das Umherschweifen, das Flanieren, das Sich-Treiben-lassen im Fluß der psychogeographischen Energien. Anhand ihrer eigenen, genau dokumentierten Empfindungen verwandelten sie die objektivierten Stadtpläne in subjektive Karten.

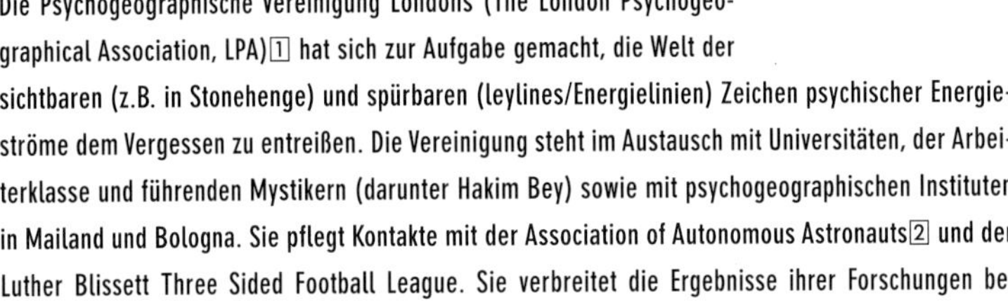
Die Psychogeographische Vereinigung Londons (The London Psychogeographical Association, LPA)[1] hat sich zur Aufgabe gemacht, die Welt der sichtbaren (z.B. in Stonehenge) und spürbaren (leylines/Energielinien) Zeichen psychischer Energieströme dem Vergessen zu entreißen. Die Vereinigung steht im Austausch mit Universitäten, der Arbeiterklasse und führenden Mystikern (darunter Hakim Bey) sowie mit psychogeographischen Instituten in Mailand und Bologna. Sie pflegt Kontakte mit der Association of Autonomous Astronauts[2] und der Luther Blissett Three Sided Football League. Sie verbreitet die Ergebnisse ihrer Forschungen bei

[1] http://web.cs.city.ac.uk/homes/louise/omphalos.html

Bey, Hakim: A ruota libera. Miseria del lettore di T.A.Z.: autocritica dell'ideologia underground. Rom 1996.

[2] http://www.t0.or.at/aaa/ u. http://netbase.t0.or.at/aaa/

fest auf der Fifth Avenue, indem sie in einer spontanen Straßenaktion mit 2.000 Teenagern verbreiteten, daß der Vietnamkrieg nun aus sei: „Allen Ginsberg lief in Automatenrestaurants, riß die Arme hoch, sprang in die Luft und schrie aus vollem Hals: ‚Der Krieg ist aus! Der Krieg ist aus!'" Selbst die Bullen, die versuchten, die ungenehmigte Freudenfeier auseinanderzutreiben waren nun „plötzlich Teil der Feier". Dabei gelang es nicht nur, die Regierung zu einem Dementi zu zwingen, sondern auch, viele Menschen aus ihren gewohnten Rollen herauszureißen: „Leuten, die für den Krieg waren, fragten sich vergeblich, wie sie auf diese psychologische Herausforderung ihres Denkens reagieren sollten. Sie konnten sie nicht ignorieren wie sie Schilder mit der Aufforderung ‚Macht Schluß mit dem Krieg!' hätten ignorieren können."

Rubin, Jerry: Do it! Scenarios für die Revolution. München 1977, S. 139.

Um ein erfundenes Ereignis wirksam zu verbreiten, braucht es in der Regel eine Glaubwürdigkeit und Autorität beanspruchende Instanz, die als (unfreiwilliger) Bürge für die ‚Wahrheit' der Erfindung dient: Der Name des Autors oder eines Mediums muß benutzt oder ebenfalls erfunden werden. Gut erfundene Ereignisse greifen Themen auf, die in einer bestimmten politischen oder gesellschaftlichen Situation stark emotional besetzt sind, mit denen sich Befürchtungen oder Begehren verbinden. Das gelang 1978 in Rom, als *Il Male* unter dem Titel des *Corriere dello Sport* die Annulierung der Fußball-Weltmeisterschaft und

„Wiedervereinigung! Jubel, Jubel, Jubel!" .

Berlin. Groß war das Erstaunen, als dort noch immer Grenzkontrollen stattfanden, und anscheinend gingen bei der Bild-Zeitung einige Beschwerden ein. Da soll nochmal jemand sagen, die Bild-Leser würden ihrer Zeitung nicht glauben. Nur schade, daß dasselbe Späßchen beim zweiten Mal, zehn Jahre später, nicht als Fälschung aufgeflogen ist.

öffentlichen Erkundungsgängen oder Ausflügen zu psychogeographischen Knotenpunkten. Darüber hinaus gibt sie regelmäßig den LPA-Newsletter heraus.

In einer Sprache, die esoterische Texte und Argumentationsfiguren plagiiert, stellt die LPA Verbindungen zwischen verschiedenen Manifestationen psychogeographischer Energien (Sonnen- und Mondfinsternisse, Energielinien, keltische Heiligtümer) und gesellschaftlichen Machtverhältnissen her. Aus der Übereinstimmung des englischen Wortes für „Mittelmeer" – „Mediterranean" – mit dem Namen der englischen Region „Midlands" etwa schließt sie, daß London das „Zweite Rom" sei und daher einen unbestreitbaren Herrschaftsanspruch habe – und daß die Erde flach sei.

Vgl a. Appendix four. Introduction to the Polish edition of the Assault on Culture. In: Home, Stewart: Neoism, Plagiarism & Praxis. Edingburgh/San Francisco 1995, S. 201 f. u. S. 135 f.

In ihrem ‚Newsletter' enthüllt die LPA die eigentlichen Geheimnisse des englischen Königshauses. Die Fähigkeit der „Windsor Gang" zu herrschen wird nicht auf ökonomische oder politische Macht zurückgeführt, sondern auf ihre genaue Kenntnis geheimer psychogeographischer Gegebenheiten: Es sei kein Zufall, daß die Queen 1995 einen der vom psychogeographischen Standpunkt gesehen wichtigsten Orte Englands, nämlich Greenwich, besuchte, dabei den Zeitpunkt einer Sonnenfinsternis wählte, und den dortigen Freimaurertempel auch noch entlang einer der wichtigsten Leylines betrat. Die LPA nutzt den populären Esoterik-Diskurs, um linke Positionen zu begründen, die dort keineswegs vorgesehen sind. So ist es nur konsequent, daß sie sich auch in den Dienst des

die Wiederholung des Endspiels mit Italien bekanntgab. Die Stadt verwandelte sich aufgrund dieser Erfindung für einen Tag in ein großes Verkehrschaos, und ein solches ➲ *Fake* machte die Wünsche und Ängste der Leser deutlicher sichtbar als jede Analyse. Dabei besteht die Chance, daß auch unwahrscheinliche Ereignisse geglaubt werden, wenn sie direkt an den Hoffnungen und Ängsten der Menschen anknüpfen.

Wenn entsprechende Informationen erfunden und über ein geeignetes Medium vermittelt sind, ergibt sich die Schaffung ‚wahrer' Ereignisse daraus ganz von selbst. Im Falle der Yippie-Aktion sah sich die US-Regierung zu einem Dementi gezwungen. Dadurch gelang es, die Handlungsweise der Herrschenden in einen offensichtlichen Gegensatz zum Begehren ihrer Untertanen zu setzen. Es geht bei der Erfindung also nicht in erster Linie um den Streich, den ➲ *Eulenspiegel*-Effekt, die Verarschung unbedarfter Bürgerinnen. Vielmehr sollen Erfindungen die Instanzen der Wahrheitsverkündung diskreditieren und in ihrer Autorität angreifen: „Zwischen Konsens und Dissens aber öffnet sich ein weites Feld für das, was man Momente ausgesprochenen Mißtrauens nennen könnte. Dies ist ein ideales Gelände für die Fälschung. Die Falschmeldungen erlauben weder Zustimmung noch Ablehnung. Sie höhlen das Vertrauensverhältnis aus, welches die Politik – und dasselbe gilt von den Massenmedien – zu installieren versucht."

Eulenspiegel

Gruber, Klemens: Die zerstreute Avantgarde. Strategische Kommunikation im Italien der 70er Jahre. Wien/Köln 1989, S. 139.

Honecker im Altenheim

Anläßlich der ‚Wiedervereinigung' kursierten in einer westdeutschen Kleinstadt gleich zweierlei Handzettel, die Ungeheuerliches berichteten: Einmal, daß der Bürgermeister sowohl Erich Honecker als auch Ehefrau Margot einen Ruhesitz im städtischen Altenheim verschafft habe. Zum zweiten, daß ein prominenter örtlicher Bauspekulant, Fußballklubvorsitzender und Stadtrat dem früheren SED-Parteichef, Egon Krenz, einen der knappen Bauplätze verkauft habe. Dem Bürgermeister wurde ohnehin fast alles zugetraut, und für einem Bauspekulanten ist ein lukratives Geschäft mit unterschlagenen Stasi-

klassischen Sozialprotests stellt. Unter Angabe von Kontaktadressen berichtet sie über den Kampf um einen Baum in England, der wegen des Ausbaus der umstrittenen Autobahn M 11 abgeholzt werden sollte. Seine Zerstörung konnte hinausgezögert werden, weil er durch ein Baumhaus und einen Briefkasten als Wohnung definiert wurde und so den Schutz des Gesetzes genoß.
Die LPA beschäftigt sich auf ihre Art auch mit der Konstruktion von ,Rasse'. Allerdings hat sie mit geradlinig-aufklärerischen linken Diskursen über dieses Thema auf den ersten Blick wenig am Hut. Mit einer skurrilen Mischung aus historischen Quellen, Skelett- und Blutgruppenvergleichen und sprachlichen Übereinstimmungen belegt sie eine Völkerwanderung von Afrika auf die Britischen Inseln. Entgegen anderer Annahmen seien die Kelten schwarz und noch dazu Vorläufer des Islam gewesen. Für Rassisten war es immer wichtig, ihre eigenen ,reinrassigen' Ursprünge in wissenschaftlichem Gewand zu präsentieren. Die LPA dreht die Funktionsweise rassistischer Begründungen und Verweise auf vergessenes Geheimwissen, das es wiederzuentdecken gelte, um. Sie benutzt die esoterische Sprache von Mythos, Wissenschaftlichkeit, Verborgenheit und Aufdeckung, um Dinge zu beweisen, die jeder rassistischen Lehre widersprechen. Man kann den Psychogeographen glauben oder nicht – auf jeden Fall verfremden sie die Funktionsweise von mythisch-esoterisch-okkultistisch-freimaurerischen Glaubwürdigkeitsstrategien in einer Weise, die sowohl diese Strategien selbst als auch die herausgepickten Themen lächerlich macht. Die LPA führt vor,

Es gibt Erfindungen, die erst subversiv wirken, wenn sie aufgedeckt werden. Denn erst in diesem Moment kann die Frage thematisiert werden, warum alle die erfundene Tatsache glauben wollten. Dabei wird nicht nur gezeigt, wie diese konkrete Erfindung glaubhaft werden konnte. Darüber hinaus wird das Regelwerk der Produktion von Ereignissen insgesamt zum Thema, mögen sie nun erfunden sein oder nicht.

Umgekehrt ist es bei manchen Erfindungen besser, wenn sie nicht oder nie aufgedeckt werden. Ein Beispiel ist die Erfindung von ,Chaostagen', die vor einiger Zeit in vielen bundesdeutschen Städten wie Pilze aus dem Boden schossen. Dabei waren die fiktiven Initiatorinnen vermutlich vor allem daran interessiert, einen schönen Polizeiauflauf zu verursachen und so die irrationale Gewaltbereitschaft des staatlichen Apparates anschaulich zu demonstrieren. Wer ein solches Spiel öfter wiederholen möchte, dürfte wenig Interesse daran haben, öffentlich zu machen, daß die ,Gefahr für die öffentliche Ordnung' in Wirklichkeit nur aus ein paar Flugblättern und im Internet lancierten Aufrufen besteht.

Noch verwirrender wird es, wenn plötzlich erfundene Verlautbarungen auftauchen, die nicht nur im Duktus, sondern auch inhaltlich stimmig sind, tatsächlich aber nicht von den angeblichen Absendern verfaßt wurden. Dies ist zum einen ein prima Mittel, wenn ein politischer Gegner aus leicht durchschaubaren Gründen gerade mit bestimmten

Honecker im Altenheim .

Millionen nichts Besonderes. Auf beiden Handzetteln standen Aufrufe zu einer Protestkundgebung unmittelbar vor der städtischen Wiedervereinigungsfeier: „Wir wollen keine SED-Verbrecher zum Nachbarn. So darf die deutsche Einheit nicht aussehen.“ Genauso dachten auch die Bürgerinnen und Bürger der Stadt: Obwohl von offizieller Stelle keinerlei Dementi erfolgten, sorgten die Zettel für einige Unruhe.

wie leicht Bedeutungen verfremdet und produziert werden können, wenn man nur die autoritative ○ Kulturelle Grammatik (Organisation, Logo, belegte Zitate, Buchbesprechungen, Verweise auf Autoritäten und Allgemeinwissen wie: „Babylon war eine frühe Hochkultur") richtig einzusetzen weiß. Sie formuliert ihre abstrusen Thesen in der Sprache des wissenschaftlichen oder auch des parawissenschaftlich-esoterischen Diskurses und macht so mißtrauisch gegenüber jeglicher Selbstverständlichkeit. Die LPA produziert semiotische Kritik im besten Sinne. ⊙

Aussagen hinterm Berg halten will. Ein leuchtendes Beispiel hierzu könnten die Sozialdemokraten (wer sonst) abgeben: Eine (erfundene), überaus pointierte Erklärung gegen den gegenwärtigen Sozialabbau, die auch die Positionen ihres jeweiligen Kanzlerkandidaten in Frage stellt, könnte mit dem Parteiprogramm durchaus übereinstimmen. Als Reaktion müßte die Partei nun vollends dementieren, daß sie etwas gegen den Sozialabbau hat, womit zumindest einmal Klarheit hergestellt wäre.

Zum zweiten vermag diese Methode aber auch, Kontroversen wieder oder überhaupt erst in Gang zu bringen, die einfach nicht so recht flutschen wollen. Ziel ist es dann, nicht die eigene Position darzustellen, sondern unter Umständen die des Gegners zu umreißen. Ein Beispiel: Wenn über Burschenschaften in einer Universitätsstadt diskutiert wird, kann es durchaus Sinn machen, einen Leserbrief an die Lokalzeitung zu verfassen, in dem sich ein Burschenschafter darüber beschwert, daß aufgrund der Intervention der alliierten Streitkräfte nach 1945 das Farbentragen auf dem Uni-Campus immer noch verboten ist. Wir nennen ein solches Vorgehen das ‚Doppelpaß-Spiel'. Denn radikale Positionen benötigen häufig konkrete Vorlagen, auf die sie sich beziehen können. Wenn der Gegner diese nicht selbst ausspricht, sondern sich der Diskussion zu entziehen versucht, muß eben mitunter ein Advocatus diaboli nachhelfen und die Diskussion in Schwung bringen.

Frankfurter Rundschau – Letzte Ausgabe

Im Herbst 1994 tauchte in den Briefkästen in einigen Frankfurter Stadtteilen eine „Letzte Ausgabe" der Frankfurter Rundschau (FR) auf, die der FR in Format, Farbgebung und Layout täuschend ähnlich sah. Das Anliegen der Verteilerinnen bestand darin, den alltäglichen Rassismus der FR zu verdeutlichen und zu zeigen, daß eine linksliberale Haltung nicht automatisch vor rassistischen Stereotpyen bei der Berichterstattung (z.B. über sogenannte ‚Ausländerkriminalität') schützt. Die fiktive Redaktion veröffentlichte ein ausführliches Interview der FR mit „einigen Autonomen, um jenseits von Schlagzeilen unsere Leser

Donnergetöse und Stroboskopblitze, und aus dem Nichts tauchen die Musikerinnen von Chumbawamba auf, gekleidet wie Heimkinder kurz nach dem Aufstehen: weiße Unterwäsche aus der Altkleidersammlung. Im Verlauf des Konzerts mutieren sie in schnellem Wechsel in Boxkämpferinnen, aalglatte Geschäftsleute, Narren, Teufel, ordinäre Nonnen und KZ-Wächter.

Chumbawamba

„We are a soundtrack"

„We are a soundtrack." Interview mit Danbert Nobacon from Chumbawamba (Leeds). In: Wakefield, Stacy/Grrrt: Not For Rent. Conversations with creative activists in the U.K. Amsterdam/Seattle 1995 (Evil Twin Publications), S. 44-46.

Aus den Boxen dröhnt ein Klangteppich aus Schlagzeug und Drumcomputer, verwoben mit Loops, Samples, Folk- und Kinderliedmelodien, Rapping und afrikanischen Harmonien: „Nothing ever burns down by itself, every fire needs a little bit of help – give the anarchist a cigarette!" Oder es kommt schon auch mal a capella dreistimmig „and we'll never rest 'till the last nazi died". Viele Songs laden mit hymnenartigen Refrains wie „I don't believe in a good cop" geradezu zum Mitsingen ein: „We are a soundtrack."

Chumbawamba sind bekennende Anarchistinnen. Sie kommen aus der britischen Squatterbewegung und bewohnen gemeinsam ein ehemals besetztes Haus in Leeds. Über ihre eigene Musik sagen sie: „Die Leute haben was gegen ihr beschissenes Leben, und sie können Kunst als Ausdrucksmöglichkeit dagegen feiern oder benutzen." Anknüpfend an lokale musikalische Legenden wie die Gang of Four,

Camouflage

Bei vielen Praktiken der Kommunikationsguerilla ist es notwendig, die eigenen Ziele in einer Verkleidung zu verfolgen, die sich herrschender Formen, ästhetischer Ausdrucksmittel oder Sprechweisen bedient. Diese Formen werden imitiert, um dissidente Inhalte zu transportieren. Solche Verkleidungen sind nicht nur bei ○ *Happenings* und ○ *Unsichtbarem Theater* selbstverständlicher Teil von Aktionen. Als Camouflage bezeichen wir sie, wenn versucht wird, durch die Verkleidung Kommunikationsbarrieren zu überwinden und dann Menschen mit einem Klartext oder Handeln zu konfrontieren, dem sie sich sonst von vorneherein entziehen würden. Eine Form der Camouflage ist es etwa, wenn die Anarchoband ○ *Chumbawamba* Mainstream-Pop und eingängige Melodien mit anarchistischem Klartext verknüpft: „Give the anarchist the cigarette. Every fire needs a little bit of help ...". Aufs erste Hören wird nur die harmlose und eingängige musikalische Form registriert; sie wirkt als Verkleidung für den gar nicht so harmlosen Inhalt. Ähnlich ist es, wenn linke Gruppen das formale ‚Outfit' bürgerlicher Medien oder anderer Institutionen imitieren, um in dieser Verkleidung ihren eigenen Klartext zu kommunzieren. Die „Letzte Ausgabe" der *Frankfurter Rundschau* ist ein Beispiel für einen solchen Ansatz.

Häufig besteht allerdings die Gefahr, daß solche Camouflagen im Sinne einer Mogelpackung eingesetzt werden. Dahinter steht die Hoffnung, daß eine hübsche

Frankfurter Rundschau ...

und Leserinnen über die Motivation dieser Gruppen zu informieren". Darüber hinaus übten die Herausgeber in dieser besonderen Ausgabe gegenüber ihren Leserinnen Selbstkritik: „Wir haben uns nicht der Aufklärung, sondern der Manipulation verschrieben." Mit der Aussage: „Wir – die FR, als ein Teil der Medienlandschaft – sind, wenn es um Rassismus geht, ein Teil des Problems" vertraten sie eine für Medienmacher ungewöhnliche Rassismusanalyse. Die beteiligten Gruppen versuchten mit dieser Camouflage die ästhetischen Gewohnheiten von FR-Leserinnen zu nutzen, um in einem größeren Kreis Informationen und

die Delta V und speziell die Mekons, die seit den späten 70er Jahren radikale Inhalte und Lebensformen mehr und mehr mit bekömmlichen musikalischen Formen verbunden hatten, mischen sie seit 1982 in allen möglichen politischen Auseinandersetzungen in Großbritannien mit; im Kampf gegen die ‚poll tax' genauso wie im ‚antifascist movement'. Sie geben eine Zeitschrift heraus – „(sic) / a magazine of dissentertainment / another sexy Chumbawamba Product" – mit Texten zu Mumia Abu Jamal, Überwachung des Internet, den tieferen Beweggründen von Schnauzbartträgern und Kreuzigungsaufrufen für Sir Cliff Richard, in der sie anmerken: „Oh and we make records too." – links, radikal und tanzbar.

http://www.indian.co.uk/chumba/

Szenenwechsel: Ein ganz normaler Morgen in einem deutschen Baumarkt. Kaufwütige Bastler, Heimwerkerinnen und Teppichfetischisten geben sich ihren Leidenschaften hin. Ungestört verrichten sie ihre Einkäufe und wiegen sich im Takt zur Musikberieselung. (Fast?) keinem fällt auf, daß die melodische, eingängige Beschallung heute nicht eine James-Last-Fassung von ‚Yesterday' ist, sondern daß da jemand über Blutlachen ermordeter Homosexueller in einer öffentlichen Toilette, über Anarchistinnen und Zeitbomben in Bahnhofshallen singt. Here comes Chumbawamba! Aber: „Darf ein antiimperiales Karaoke-Agit-Oktett Wahrheiten durch die Kanäle des imperialen Schweinesystems verbreiten?" (Spex 6/1991).

Verpackung die Leserinnen vielleicht dazu bringen könnte, unpopuläre Inhalte zur Kenntnis zu nehmen. Das führt dann dazu, daß diese beispielsweise in Comicform präsentiert werden, der Duktus aber genau derselbe ist wie auf den üblichen Flugblättern. Aber dieser Vesuch, die Leser zu überlisten und sie dazu zu bringen, das Zeug überhaupt in die Hand zu nehmen, funktioniert in der Regel nicht: Selbst wenn die Adressaten nicht gleich merken, was Sache ist, beginnt das Problem spätestens, wenn sie zu lesen beginnen (linke Statements sind in dieser Beziehung nicht besser dran als in Comics verpackte Bibelpassagen). Diese ‚Verpackungsmogelei' nützt die Möglichkeiten nicht, die in der Imitation und ○ *Entwendung* herrschender Formen liegen und die sich beispielsweise in den paradoxen und lyrischen Text-Bild-Kombinationen zeigen, die für die Comics der ○ *Situationistischen Internationale* typisch sind. Dennoch kann Camouflage eine wirksame Kommunikationstechnik sein. Wird die Spannung zwischen Form und Inhalt bewußt eingesetzt, dann kann eine gekonnte und witzige Camouflage durchaus ihr Ziel erreichen: Kommunikationsbarrieren zu überwinden und trotz allgemeiner Informationsübersättigung angehört zu werden.

Frankfurter Rundschau .

Meinungen zum alltäglichen Rassismus in den Medien zu verbreiten. Gleichzeitig thematisierten sie, daß die FR derartiges natürlich nie veröffentlichen würde. Obwohl diese Camouflage relativ einfach als solche erkennbar war, gab es empörte Anrufe in der FR-Redaktion. Der Chefredakteur der FR versuchte Gelassenheit zu demonstrieren und zog sich auf die antifaschistische Tradition der Zeitung in der unmittelbaren Gründungszeit nach 1945 zurück.

Einer ihrer Sängerinnen äußerte am Rande eines Konzertes in einem Gespräch mit ⭘Luther Blissett, daß er es für unmöglich hält, Chumbawamba in Großbritannien zur Berieselung in Einkaufszentren einzusetzen. Dennoch ist die Frage, ob es tatsächlich nur die sprachliche Barriere ist, die die Vereinnahmung von Chumbawamba als Konsum-,Muzak' möglich macht. Handelt es sich hier um eine ⭘ Camouflage, bei der linksradikaler Klartext durch die eingängige Mainstream-Verpackung schmackhaft gemacht werden soll? Oder geht es um eine subversive Aneignung und Umnutzung (⭘ Entwendung) eingängiger und harmonisch gestylter Popmusik?
Hinter dem Angriff auf den Mainstream mit seinen eigenen Mitteln, den die Gruppe reitet, läßt sich tatsächlich ein Konzept von Musik als Trojanischem Pferd im Sinne der Camouflage vermuten: radikale Inhalte sollen über die Darbietungsform, die herkömmlichen Hörgewohnheiten entspricht, leichter verdaulich werden. Umgekehrt passiert durch das Zusammenbringen zweier sich scheinbar ausschließender Dinge, Mainstream-Pop und linksradikalem Anarcho-Klartext, möglicherweise aber auch das Gegenteil: die Inhalte laufen Gefahr, durch die Bekömmlichkeit der Musik entschärft zu werden, und verkommen im schlimmsten Fall zu einem lustigen Späßchen, das man nebenher auch mal mitmacht.
Doch Musik steht nicht nur für sich selbst. Sie kann ohnehin nie eine eindeutige Botschaft transportieren; ihre Rezeption ist immer ein Stück weit in den jeweiligen Kontext eingebunden. Auch wenn während eines Konzerts

Faken und Faken lassen

Das Herstellen von Fakes ist eines der beliebtesten Betätigungsfelder von Kommunikationsguerilleras. Ein gutes Fake verdankt seine Wirkung dem Zusammenwirken von Imitation, Erfindung, Verfremdung und Übertreibung herrschender Sprachformen. Es ahmt die Stimme der Macht möglichst perfekt nach, um für einen begrenzten Zeitraum unentdeckt in ihrem Namen und mit ihrer Autorität zu sprechen (z.B. durch Fälschung amtlicher Schreiben). Die Fakerin will allerdings nicht in erster Linie eine unmittelbare materielle Wirkung erreichen oder sich selbst Vorteile verschaffen. Ziel ist vielmehr, einen Kommunikationsprozeß auszulösen, bei dem – oft gerade durch die (beabsichtigte) Aufdeckung der Fälschung – die Struktur der gefaketen Kommunikationssituation selbst zum Thema wird. Das Fake entfaltet seine Wirksamkeit im Verlauf des Prozesses, der der Aufdeckung folgt, in der Kette von echten und vielleicht auch falschen Dementis, womöglich ergänzt durch weitere Fakes oder Fälschungen. Die Produktion von Fakes bewegt sich oft am Rande der Legalität oder jenseits davon. Auch wenn die Rechtslage nicht so eindeutig ist wie bei Fälschungen (Betrug etc.), werden sie regelmäßig juristisch verfolgt.

Im folgenden werden keine konkreten Hinweise für das Beschaffen von Briefköpfen, den Zugang zu Daten oder den Gebrauch von Scannern, Kopierern und Desktop-Publishing Systemen gegeben. Fakerinnen haben in dieser Hinsicht immer

Batterien zurück an die Firma Sonnenschein

Liebe Mitbürger!
BATTERIEN gefährden unsere Umwelt.
Sie gehören nicht in den Mülleimer.
Die BUNDESPOST garantiert jetzt einwandfreie Entsorgung. Bitte werfen Sie Ihre gebrauchten Batterien in die BRIEFKÄSTEN der Bundespost. Helfen Sie mit, Ihnen und Ihrer Umwelt zuliebe!
DER BUNDESPOSTMINISTER
Dr. Christian Schwarz-Schilling
in Zusammenarbeit mit der
Batteriefabrik Sonnenschein, Berlin

Liebe Mitbürger! Batterien gefährden unsere Umwelt. Sie gehören nicht in den Mülleimer. Die Bundespost garantiert jetzt eine einwandfreie Entsorgung. Bitte werfen Sie Ihre gebrauchten Batterien in die Briefkästen der Bundespost. Helfen Sie mit, Ihnen und Ihrer Umwelt zuliebe! Der Bundespostminister Dr. Schwarz-Schilling in Zusammenarbeit mit der Batteriefabrik Sonnenschein

schnauzbärtige Biertrinker in Bomberjacken Bruchstücke des Refrains nachgrölen, heißt das noch nichts. Zugleich gibt es eine eingeschworene Fangemeinde, die alle Texte mitsingt und in der Gruppe eine Ausdrucksform für Wut und Auflehnung findet, die Spaß macht. Die Pop-Kulturzeitschrift Spex diskutiert bei jeder neuen Plattenkritik das Gruppenkonzept, und in regionalen Radiosendern werden die Texte übersetzt, so daß anarchistische Ideen wieder für einen Moment zum Gesprächsthema werden. ⊙

genügend Phantasie entwickelt. Deshalb geht es hier darum, wie ein Fake wirkt und welche Ziele die Fakerinnen damit verfolgen.

Faketheorie In den heutigen bürgerlichen Gesellschaften wird Macht sehr stark auf diskursivem Wege ausgeübt und legitimiert. Fakes sind ein Versuch, dieses Funktionsprinzip der Macht zu stören und ihre Legitimation zu beschädigen, indem in ihrem Namen falsche, gezielt modifizierte oder auch schlicht sinnlose Informationen verbreitet werden. Dadurch soll die Selbstverständlichkeit der diskursiven Prozesse aufgebrochen werden, in denen sich Macht konstituiert und reproduziert. Das Fake ist ein taktisches Mittel, das in der Regel keine Gegenentwürfe zeigt und keine Gegendiskurse formuliert. Dennoch wirkt es in einem gewissen Sinne aufklärerisch: Es zeigt, daß alles auch ganz anders sein könnte, daß die Strukturen des Sprechens und der Macht so, wie sie den Menschen gegenübertreten, weder zwingend noch selbstverständlich sind. Das Fake läßt in den Kommunikationsprozessen jenes beunruhigende und potentiell widerständige ‚Andere' des Bestehenden aufscheinen zu lassen, welches durch die dominanten Diskurse auf allen Ebenen zum Schweigen verurteilt ist, niemals aber zum Verschwinden gebracht werden kann.

Batterien zurück an die Firma Sonnenschein .

Nachdem die guten Verbindungen der Geschäftsführerin der Batteriefabrik ‚Sonnenschein', Frau Schwarz-Schilling, zum Bundespostministerium Ende der achtziger Jahre bekannt und die Firma als Joint-Venture-Unternehmen der Post geoutet wurde, fand dieser Aufkleber reißenden Absatz und zierte schließlich so manchen Briefkasten. Offenbar packten nicht wenige Bürgerinnen diese Gelegenheit beim Schopf und entledigten sich auf diese einfache Art und Weise ihrer alten Batterien.

Foucault, Michel: Die Ordnung des Diskurses. Frankfurt 1977.

Das Fake beruht also auf der Störung bzw. momentanen Umstürzung dessen, was Foucault als „Ordnung des Diskurses" bezeichnet und als wesentliches Element von Machtausübung identifiziert. Diese Ordnung bestimmt sowohl die in der gesellschaftlichen Kommunikation zulässigen Aussagen als auch die zulässigen Sprecher (➲ *Der Herr Minister spricht zum Volk*). Wer heimlich den Sprecher austauscht, stört die Regeln, die festlegen, wer wann was sagt und sagen darf und wer nicht. Besonders effektiv ist das in Situationen, die durch starke Machtgefälle strukturiert sind, in denen Name oder Etikett der Sprechenden und nicht die Kraft ihrer Argumente den Stellenwert von Aussagen bestimmen. Durch das Fake werden die verdeckten diskursiven Machtstrukturen plötzlich sichtbar. Denn die Störung scheint gerade von jener Seite aus zu erfolgen, die in der Ordnung des Diskurses die Legitimation hat, zu sprechen und gehört zu werden. Scheinbar sind es die lokalen Behörden, die in Briefen zum Aids-Check verdonnern. Aussage und Sprecher oszillieren: Einerseits glaubt die anständige Bürgerin an die Anständigkeit ihrer Obrigkeit in Sachen Privatsphäre und zweifelt daher an dem Schreiben, andererseits meldet sie sich möglicherweise zum Aidstest an, weil sie eben dieser anständigen Obrigkeit die totale Kontrolle der ‚Volksgesundheit' dennoch zugesteht.

Die Legitimation, im Namen der Macht zu sprechen, wird durch die Verwendung von Zeichen konstituiert, die für die Macht reserviert sind. Das können Signets wie der Briefkopf eines Amtes sein, Titel, Namen oder auch das verwendete Medium selbst. Solche Zeichen sollen die Einheit von Autor und Text garantieren, die für diskursive Machtausübung wesentlich und dementsprechend durch Gesetzesparagraphen und Strafandrohungen abgesichert ist: Nur die legitimierten Institutionen der Macht dürfen die Autorität haben, bestimmte Aussagen zu treffen. Das Fake bricht diese Einheit auf. Daß dies als massiver Angriff empfunden wird, läßt sich daran ablesen, daß selbst auf den ersten Blick erkennbare Fakes fast unweigerlich ein Dementi nach sich ziehen.

Ein gelungenes Fake spielt mit der Zuordnung von Autor und Text. Seine Wirkung entfaltet es genau dann, wenn sich keine eindeutige Beziehung zwischen beiden mehr herstellen läßt: In diesem Moment beginnen auch die Bedeutungen der getroffenen Aussagen zu oszillieren, werden neue Interpretationen sichtbar und zugänglich. Das Prinzips der Interpretationsvariabilität (➲ *Warum hört mir keiner zu?*), das in konventionellen Kommunikationsprozessen als unvermeidlicher Störfaktor wirkt, wird bei Fakes zum Fundament, das die Kommunikationsweise des Fakes überhaupt ermöglicht – das Fake will nicht wörtlich genommen werden, sondern Reflexionen über den Urheber und den Inhalt der Botschaft auslösen. Seine Offenheit bedeutet aber auch, daß seine Resultate niemals mit Sicherheit vorhersagbar sind.

Die geplagte CDU

In einer norddeutschen Kleinstadt wurde die CDU zur Zielscheibe gleich mehrerer Fakes, die versuchten, Dementis bewußt zu provozieren. Als die Frau Bundestagspräsidentin eine örtliche Kulturstätte einweihte, erschienen an allen möglichen und unmöglichen Stellen CDU-Plakate, die dieses Ereignis lautstark annoncierten. Obwohl die Dame zweifelsfrei der CDU angehört und nichts auf den Plakaten auf eine Fälschung hinwies, sah sich der Ortsverband zu einem Dementi veranlaßt: Nie würde es ihnen einfallen, die Bürger bei einem so hohen Ereignis durch aufdringliche Parteiwerbung zu belästigen.

Das Fake will subversive Lesarten in die Texte und Sprechweisen der Macht einschleusen. Jedes überzeugende Fake ist eine spielerische Negation des strukturalistischen Prinzips „der Text schreibt den Autor". Doch es ist auch nicht die Fakerin, die den Text des Fakes schreibt: Der vorhandene Text der Macht ist existent, er ist dem Zugriff der Faker zugänglich, ein Teil unserer Sprache. Das Prinzip der Sprache selbst erlaubt es, daß die Position derjenigen, die eine bestimmte Aussage ausspricht (zumindest potentiell) von jeder eingenommen werden kann: Auch von denen, die die in der Ordnung des Diskurses vorgesehene Legitimation nicht besitzen, kann der Tonfall der Macht imitiert werden. In diesem Sinne ist Sprache vieldeutig und anarchisch. Dieselbe Entwicklung, die die Wirkungen der Macht in die Sprache der Individuen verlagert hat und die Praktiken des Sprechens selbst zu Instrumenten der Machtausübung werden ließ, eröffnet den Fakerinnen Möglichkeiten der Subversion. Alle kennen nun die Sprache der Macht: So kann das Fake zur subversiven Alltagspraxis werden. Da die Ausübung der Macht überall in der Gesellschaft stattfindet, also nicht mehr nur Sache einer kleinen Elite ist, wird auch die entsprechende Sprache (anders als z.B. Latein im Mittelalter) von vielen gesprochen. Besonders gut beherrschen den Tonfall der Macht diejenigen, die sich im Umfeld und am Rande der Herrschenden bewegen. (In den USA sind viele ‚pranksters' hauptberuflich Universitätsdozenten!) In diesem Sinne ist das Fake eher eine Praxisform von Mittelklassendissidentinnen als von denjenigen, die, an den Rand der Gesellschaft gedrängt, der Unterdrückung am meisten ausgesetzt sind. Das Fake funktioniert vielleicht dann am besten, wenn sich die Identitäten der Faker und der Gefakten berühren. (Deleuze/Guattari fassen dies unter dem Begriff der kleinsten minimalen Differenz.)

Foucault, Michel: Mikrophysik der Macht. Berlin 1976.

Deleuze, Gilles/Guattari, Felix: Tausend Plateaus. Berlin 1992.

Gerade die Tatsache, daß diese Nähe bei vielen Linken besteht, mag auch eine Ursache für ihre Schwierigkeiten mit einer solchen Praxis sein. Beim Faken ist es wichtig, sich der Vielfältigkeit der eigenen Identitäten und Zugehörigkeiten bewußt zu sein und damit spielerisch umzugehen. Nur dann können die Identitäten und Identitätsfragmente der Schreibenden in ihren Sprachmöglichkeiten auch ausgeschöpft werden. Nichts ist für das Fake tödlicher als der alte linke Aberglaube, daß ein linkes Subjekt nur einen, nämlich DEN RICHTIGEN Text zulässigerweise aussprechen dürfe.

Funktionsweise des Fakes

Die Taktik des Fakens beruht auf einem Paradox: Das Fake sollte einerseits möglichst wenig als solches erkennbar sein (die Fälschung muß gut sein), es soll aber zugleich einen Kommunikationsprozeß auslösen, in dem klar wird, daß die Information falsch war: Das Fake muß aufgedeckt werden. Kurzgefaßt lautet die

Die geplagte CDU .

Kurze Zeit später allerdings nahmen sie es mit der Belästigung weniger genau: Am Abend vor der Rede eines CDU-Ministers hatten Spaßvögel den Parteifunktionären und ihren nächsten Nachbarn gefälschte CDU-Flugzettel in die Briefkästen geworfen, auf denen diese Veranstaltung in eine nahegelegene Stadt verlegt wurde. Die nichtsahnenden Bürger waren einigermaßen irritiert, als sie von der CDU den ganzen folgenden Tag über mit lauten Dementis aus einem Lautsprecherwagen belästigt wurden: „Die Veranstaltung findet NICHT in ... statt. Wir wiederholen ...".

„Es ist Zeit weiterzuziehen, es ist Zeit zu bleiben. An die Grenzen des Königreiches gelangt, wo man sich beide Geschichten erzählt, an die Kreuzungspunkte der Trennung gelangt, wo alle Wege auseinander gehen, schaut sich Alice um, unschlüssig über das, was zu tun ist.“
Alice und A/traverso liebten es, Hand in Hand zu gehen. Dabei erfreuten sie einander gerne mit der einen oder anderen Geschichte.
Eines Tages erzählte Alice, wie das Aikido erfunden wurde: Ein großer Sturm kam und entwurzelte alle starken Bäume, nur die schlanke Birke blieb stehen, da sie sich mit der Gewalt des Windes hin und her beugte. Ihr permanentes Spiel mit der Macht ermutigte ein kleines Mädchen zur gleichen Technik auf dem Schulhof: Immer wenn nun die großen Mädels kamen und ihr eine reinhauen wollten, bückte sie sich, wich zurück und lenkte die Kraft der Feinde gegen diese selbst. A/Traverso klatschte begeistert in die Hände: Ähnlich ließ sich auch der Übermacht der herrschenden Medien entgegentreten – greife ihre Informationen auf, entwende sie aus ihrem Kontext, schaffe daraus eine neue Realität. Zerstöre die Wahrheit des Gegners nicht, indem du ihn auslöschst oder seinen Behauptungen entgegentrittst, sondern bringe die Wahrheit selbst in die Krise.
Schon früher hatte Radio Alice durch fingierte Telefonanrufe die Unantastbarkeit der symbolischen Ordnung der Hierarchien untergraben, den Gegnern den Boden zur Selbstdemontage bereitet und so die Hörerinnen aus dem

Formel: Fake = Fälschung + Aufdeckung/Dementi/Bekenntnis. Dabei liegen auf beiden Seiten Stolpersteine für die Fakerinnen.

Ein Fake, das sofort erkannt wird, weil die Fälschung schlecht ist, wird im besten Fall als gute Satire gelesen, im schlechtesten Fall als schlechtes Flugblatt. Heute ist es kein Problem mehr, optisch überzeugende Fälschungen zu produzieren. Viel schwieriger ist es, den Tonfall und die Rhetorik der Macht überzeugend zu imitieren. Linke Jargonausdrücke beispielsweise führen dazu, daß die Leserinnen den Fakern spätestens nach zwei Sätzen auf die Schliche kommen.

Andererseits ist ein Fake, das überhaupt nicht erkannt wird, im Sinne der Urheber für die Katz. Im schlimmsten Falle verdoppelt und bekräftigt es den imitierten Machtdiskurs. Ein Beispiel wäre ein Aushang, der Menschen mit bzw. ohne deutschen Paß verschiedene Eingänge zu einem Gebäude zuweist. Solche ‚Fakes', die scheinbar von legitimierten Institution ausgehen, wurden schon widerspruchslos akzeptiert. Für Menschen mit fremdem Paß wirkten sie als reale Bedrohungen, und daran konnte auch eine nachfolgende lautstarke Aufdeckung durch die Initiatoren nichts ändern. Entscheidend für die Wirkung des Fakes ist, daß Irritationen über eine zumächst scheinbar eindeutige Kommunikationssituation entstehen. Ziel ist es, einen Kommunikationsprozeß über Fragen auszulö-

ICE für LB

Und es war Sommer 1995. Dem beschaulichen Barockstädtchen Ludwigsburg stand hoher Besuch ins Haus. Erwartet wurde der chinesische Ministerpräsident, der am dortigen Bahnhof in einen der hochgelobten neuen ICEs steigen sollte. Von dieser PR-Aktion erhoffte sich die bundesdeutsche Eisenbahnindustrie Aufträge in Milliardenhöhe. Auf seiner Tour durch die bundesrepublikanischen Lande begegnete der Herr Ministerpräsident neben ehrenvollen Empfängen auch etlichen Mißfallenskundgebungen wegen der permanenten Menschenrechtsverletzungen in China. Allerdings wurden alle chinakritischen Demon-

langen Schlaf des blinden Vertrauens wachgeküßt. Das listige A/Traverso machte diese kleinen Erzählungen zum Teil eines großen, gefährlichen Plans. Nun spielten sie nicht mehr nur mit der Wahrheit der anderen. Sie fälschten sie und raubten der Sprache der Politik ihre Glaubwürdigkeit, indem sie den Kontrast von Wahrheit und Nicht-Wahrheit verschwimmen ließen. Zwischen Glauben und Unglauben liegt das Feld des Mißtrauens, und hier ließ das A/Traverso das ○ Fake frei. Die Wahl zwischen Zustimmung und Ablehnung ist hier nicht mehr möglich. Das Fake verbreitet Informationen im offiziellen Gewand, welchem wir zu glauben gelernt haben. Niemand wird bemerken daß dies ein Duplikat ist, das an einem anderen Ort gefertigt wurde, als wir annehmen. Wir halten die Botschaft für echt, und doch schleicht sich langsam der Zweifel ein. Auch diesen säte A/Traverso mit aus: Die in Umlauf gesetzten Zeichen betrieben selbst ihre Entgleisung. Das Verlassen der gewohnten Umaufbahnen brach ihre Natürlichkeit in Stücke. Die offizielle Sprache wurde diskreditiert. Das kalkuliert geringe Haltbarkeitsdatum der Fakes unterlief die vertrauensbildenden Maßnahmen der ‚Objektivität' und enthüllte die allen Informationen zugrunde liegende Subjektivität und Willkürlichkeit. In einer mondfinsteren Nacht weihte A/Traverso Alice in das Herzstück seines Anschlags ein: sie hatten die wöchentlich erscheinende „Zeitschrift für politische Satire", ‚Il Male' – das Böse, konzipiert. Die Bande nannte sich ‚Zentrum zur Verbreitung willkürlicher Nachrichten'. Immer wieder verkauften sie in wenigen Tagen den Menschen mehr als 100.000 Exemplare schwarz auf weiß gedruckter Unwahrheiten. Die Obrig-

sen wie: Kann es sein, daß diese Aussage von jenem Sprecher kommt? Wenn ja: Was ist davon zu halten? Wenn nein: Warum nicht, und von wem dann? Die Aussage ist zwar plausibel, aber irgendetwas stimmt nicht, nur was? Zum Beispiel: „ ... eine Autorität fordert ein Verhalten, das antiautoritär ist. Die Leute stehen vor der Wahl: entweder sie gehorchen der Autorität, indem sie sich antiautoritär verhalten, oder sie verhalten sich autoritär, indem sie der Autorität nicht gehorchen". Solche Paradoxe führen häufig zu Rückfragen beim (scheinbaren) Urheber. Unter Umständen kommt ein Fake aber auch erst durch das Bekenntnis der Fakerinnen in die Diskussion. Das gilt insbesondere dann, wenn die Medien einem Fake aufgesessen sind, da diese wenig Interesse haben, ihre Pannen an die große Glocke zu hängen. Meist ist aber ein explizites Bekenntnis unnötig, da es einen sonderbaren Brauch gibt, der den Fakern diese Mühe fast zuverlässig erspart: das Dementi.

SpassGuerilla. Münster 1994 (Berlin 1982). S. 116.

Mit dem Dementi versucht die Macht, die gestörte Ordnung des Diskurses wiederherzustellen: Der Gefakte meldet sich höchstpersönlich zu Wort und erklärt allen oder möglichst vielen, wie's wirklich ist. Wer tatsächlich im Namen der Macht spricht, traut den Leuten wohl nicht zu, ein Fake selbst zu erkennen. Die Faker wissen's zu schätzen. Denn durch das Dementi erhält das Fake ein quasi amtliches Gütesiegel. Da dies in der Regel

ICE für LB ...

strationen entweder verboten oder zumindest mehr oder weniger unsichtbar gemacht. Als der Konvoi mit den wichtigen Leuten in Ludwigsburg vorfuhr, verschwand die Menschenrechtsdemo der ‚Jungen Liberalen' hinter 300 Meter entfernt aufgefahrenen Wannen. Eine Blaskapelle trug dazu bei, sie auch akustisch in den Hintergrund zu drängen. Dagegen schaffte es eine kleine Schar tapferer Demonstrantinnen der ‚Eisenbahnfeunde Ludwigsburg', sich bis auf wenige Meter dem hohen Gast zu nähern. Sie begrüßten mit Transparenten und Parolen wie „ICE für LB" lautstark, daß in ihrer Stadt erstmals ein solches

keit schäumte. Die Devise ‚Falsche Informationen erzeugen wahre Ereignisse' zog sich wie ein roter Faden durch den Lug und Trug unzähliger Fakes der bedeutendsten Tageszeitungen Italiens. Der dritte Weltkrieg brach aus, die Außerirdischen kamen zu Besuch und ein bekannter Schauspieler wurde als Kopf der Roten Brigaden verhaftet. Ja, zu dieser Zeit kamen Alice und A/Traverso nur selten zum Spazierengehen. Aber sie hatten sich auch Großes vorgenommen: immerhin wollten sie stets innerhalb der Ordnung des Vorstellbaren – die Fakes mußten glaubhaft sein, die Personen real, die Faksimile perfekt – die Öffentlichkeit an den Rand des Schwindels führen. Der Realitätsverlust zielte auf die Unordnung des Diskurses und Kommunikationsstau. Die Fakes griffen das Begehren der Leser auf und realisierten es in einem vieldimensionalen Raum der falschen Wahrheiten und wahren Fälschungen. Sie führten zu heißen Debatten in den Bars, hitzigen Gesprächen in den Warteschlangen und einmal zu einem absoluten Verkehrschaos für Stunden: Rom stand Kopf wegen einer Extraausgabe des ‚Corriere dello Sport' (einer italienischen Tageszeitung nur für Sport) während der Fußballweltmeisterschaft 1978: „Annuallati i Mondiali!" Aufgrund eines Massendopings der Holländer, die die Italiener im Halbfinale aus dem Turnier geworfen hatten, sollte nun mit der italienischen Squadra Azzura das Finale wiederholt werden.
A/Traverso schrieb in dem Buch ‚Alice ist der Teufel': „Die Diktatur der Bedeutung zerbrechen, den Wunsch, die Wut, die Verrücktheit, die Ungeduld und die Ablehnung sprechen lassen. Diese Form der sprachlichen Praxis ist die

über die Massenmedien verbreitet wird, verleiht es ihm außerdem eine Publizität, die oft über seine eigentliche Reichweite weit hinausgeht.

Gerade weil Dementis nahezu automatisch erfolgen, wurden sie von manchen Fakerinnen auch schon bewußt benutzt. Sie bieten eine Spielwiese für ganz spezielle Fakes. Diese Fakes höherer Ordnung treiben mit der literarischen Form des Dementi ihr Unwesen. Im einfachsten Fall wirken sie durch das Kopfschütteln, das ausgelöst wird, wenn ein Dementi erfolgt, obwohl alles in Ordnung zu sein scheint. Ein solches Dementi kann durch ein bewußt harmloses Fake provoziert werden, das eigentlich niemandem auffällt. Besonders elegant und arbeitssparend ist es, wenn Fakerinnen die Vertreter der Macht die ganze Arbeit tun lassen. Es genügt, sie von der Existenz eines fiktiven Fakes zu überzeugen – wenn's klappt, dementieren sie etwas, von dem nie jemand gehört hat.

Auch ein gefälschtes Dementi ohne vorhergehendes Fake wurde schon ausprobiert, wobei die Fakerinnen davon ausgingen, daß das Dementi eines Dementi halsbrecherische diskursive Verrenkungen verlangt. Wenn durch die Medien das gefakete Dementi geht, daß die 1.000 Beschäftigten der Firma XY doch nicht entlassen werden sollen, werden sich alle Betroffenen fragen, was an der Nachricht dran ist. Die Firma ist nun gezwungen zu erklären, daß niemand entlassen wird bzw. nur 300 usw.

ICE für LB ...

Wunder der Technik haltmachte. Unterschriftenlisten und Einladungen zu einer „Pressekonferenz der Eisenbahnfreunde nach Abfahrt des ICE" wurden durch das staunende Auditorium gereicht, als der Bundesverkehrsminister, der Ministerpräsident von Baden-Württemberg und Herr Jang Zemin am Bahnhof aus dem Auto stiegen. Die Polizei schaute tatenlos zu, wie wild gekleidete Jugendliche, Punks, ‚ernsthaft' dreinblickende Anzugträger und andere ganz normale Bürgerinnen im besten Wortsinn eine Demonstration darstellten. Angeblich handelte es sich allerdings um einen böswilligen Trick: Da die Agierenden keine

einzig angemessene Form einer komplexen Praxis, die die Diktatur des Politischen aufbricht, die in das Verhalten die Aneignung, die Ablehnung der Arbeit und die Kollektivierung einführt." Ende der 70er Jahre waren das Kollektiv A/traverso und Radio Alice nicht alleine. Arbeiter und Studierende eigneten sich das Wort, das Zeichen, die Kultur selbst an und machten sie zum Ort des Kampfes um Veränderung. Das wahrhaft Gefährliche an dieser Rebellion war die Entgrenzung der Praxis. Sie wucherte allerorten: Menschen trafen sich, die getrennt zu sein haben, Arbeiter, Studierende, die ○ Ind Indiani Metropolitani l die Arbeitslosen und die restlichen Opfer des Kapitalismus mit menschlichem Antlitz, das sich nun zu einer häßliche Fratze verzog und ein repressives Kontrollsystem ausspuckte. Es richtete sich unter dem Vorwand der Terrorismusbekämpfung gegen die Besetzerinnen, die Streikenden, die Sabotage und den Absentismus in den Fabriken, gegen all jene Machtlosen, die nichts mehr zu verlieren hatten. Das Spazieren und Agieren wurde schwer in diesen Zeiten. Hinter den Ecken lauerten Panzerspähwagen, Demonstrationen waren verboten, es wurde in die Menge geschossen. Radio Alice wurde geschlossen und alles Material beschlagnahmt. Die staatliche Jagd nach einer Bewegung, die nie eine war, führte zur Verhaftung und Verurteilung von Tausenden militanter Arbeiterinnen und Studierender, zur systematischen Verfolgung ihrer Verteidigerinnen, zu Verlagsdurchsuchungen und Schliessungen von Platten- und Buchläden und zur Kriminalisierung von Professoren und Studierenden. ⊙

Zu Kollektiv A/traverso vgl. insbesondere Gruber, Klemens: Die zerstreute Avantgarde. Wien/Köln 1989.

Kollektiv A/traverso: Alice ist der Teufel. Praxis einer subversiven Kommunikation. Berlin 1977.

Als Mittel zur Wiederherstellung der diskursiven Ordnung ist das Dementi offensichtlich wenig wirksam. Ein gefälschtes Dementi wurde sogar schon dazu genutzt, eine echte Fälschung abzusichern. In einem ersten Schritt passierte gar nichts – es gab keine gefälschten Freifahrscheine. Dann kam das gefälschte Dementi: Es wurde dementiert, daß Freifahrscheine an alle Einwohner verschickt wurden. Erst nachdem dieses Schreiben dementiert war, wurden tatsächlich gefälschte Freifahrscheine verschickt ... Das Ganze ließe sich im Prinzip zu einem ganzen Spiel gefälschter Erklärungen und Dementis ausbauen, zur vollständigen Simulation eines Prozesses, in dem die diskursiven Ordnungen immer von neuem de- und reartikuliert werden.

Auch als Medienstrategie läßt sich das Dementi einsetzen: Die Faker selbst haben in der Regel wenig Möglichkeiten, ein Thema in die bürgerlichen Massenmedien zu bringen, für Behörden und andere Institutionen ist das aber kein Problem. Was liegt näher, als sie durch ein Fake dazu zu veranlassen, ein Dementi in den Medien zu verbreiten und so den Fakerinnen die Medienarbeit abzunehmen? Dabei verlassen sich die Fakerinnen auf die Interpretationsvariabilität, also darauf, daß die mediale Thematisierung die von ihnen gewünschten Lesarten zumindest möglich macht. Ein Beispiel: Wenn in den Medien erklärt wird, daß im Atomkraftwerk XY kein Störfall stattgefunden habe, löst diese Meldung viel

ICE für LB .

Lust hatten, sich einmal mehr selbst zu beweisen, welch gute Menschen sie sind, ließen sie das ganze Gebembel um Menschenrechte und Besuch aus China sein und verschafften sich mit der Erfindung des Vereins der ‚Eisenbahnfreunde' Zugang zur ersten Reihe. Dort benahmen sie sich recht saumäßig, hatten jede Menge Spaß und hinterließen einen bleibenden Eindruck. Die ‚Jungen Liberalen' schließlich forderten angesichts dieser Ungerechtigkeit einen Untersuchungsausschuß im Landtag, der sich mit den Ereignissen am Bahnhof Ludwigsburg beschäftigen sollte.

eher Zweifel an seiner Sicherheit aus, als wenn über das AKW gar nicht berichtet worden wäre. Werbefachleute kennen ein ähnliches Prinzip – mit umgekehrtem Vorzeichen: Jede Presse ist eine gute Presse, solange das Produkt nur in den Medien präsent ist. Und so erstaunt es nicht, daß auch sie das Fake für sich entdeckt haben: Der Sender VOX warb für seine popelige Serie „Space", indem er im Namen einer „Initiative boykottiert Space" eine gefakete Anzeige gegen seine eigene Serie schaltete.

Kleine Typologie des Fakes

Eine Typologie des Fakes läßt sich entlang verschiedener Linien formulieren: Danach, wer gefaket wird, oder danach, an wen sich die Fakes richten. In der wohl besten Sammlung von Fakes „Dieses Buch ist pure Fälschung" sind sie nach den gesellschaftlichen Themen angeordnet, auf die sie sich beziehen. Im folgenden sollen sie danach unterschieden werden, welche Grundelemente der diskursiven Ordnung sie in welcher Weise angreifen.

Huth, Peter/Volland, Ernst (Hg.): Dies Buch ist pure Fälschung. Frankfurt 1989. Das Buch beruht auf den Beständen des Bremer Archiv G.Fälscht. Vgl. Serviceteil.

Eine Vielzahl von Fakes und Fälschungen findet sich im World Wide Web. Unter dem Begriff „hoax" bietet einen ersten Einstieg: http://www.nepenthes.com/Hacks/index.html

Bedrohungen und Gefahren

Die (Staats-)Macht garantiert die Sicherheit und das Wohl aller. Sie hat die Dinge im Griff. Ihre Institutionen gewähren Schutz vor den dunklen Bedrohungen und Fährnissen des Daseins, vor den Fluten, dem Chaos, dem Unvorhersagbaren. Das Bild des sicheren, machtvollen Eigenen und des bedrohlichen Anderen ist ein Grundelement von Machtdiskursen.

Vor allem in den 80er Jahren versuchte eine Unzahl von Fakes, dieses Bild in Frage zu stellen. Potentielle Katastrophen, Bedrohungen und Gefahren, die in den Diskursen der Macht als unmöglich, beherrschbar oder harmlos erschienen, wurden im Fake zur simulierten Realität: Kernkraftwerke brannten durch, Bunker und Fluchtmöglichkeiten fehlten, Gift und Gefahren waren allüberall. Die Aussage dieser Fakes ist immer dieselbe: Im Gegensatz zu dem, was sie sonst behauptet, hat die Macht die Dinge nicht im Griff. Ihr Rezeptionsmodus ist: Alle wissen, daß die Lage katastrophal ist, und das Fake zeigt: es ist/wird noch viel schlimmer. Bei diesen Fakes, die vor allem im Zusammenhang mit der Ökologie- und Friedensbewegung entstanden, bleibt die Grundstruktur des Machtdiskurses unangetastet. Der Behauptung der Macht, Sicherheit zu garantieren, wird zwar vordergründig widersprochen, nicht aber der Vorstellung, daß dies ihre wahre Aufgabe sei.

Im Gegenteil: Es kommt der Wunsch zum Ausdruck, sie möge eben diese Aufgabe besser erfüllen. Das Begehren nach machtvoll garantierter Sicherheit bleibt unhinterfragt.

Chaos in Osnabrück

Während des Golfkriegs wurde die Stadtverwaltung von Osnabrück fast verrückt ob der zahlreichen gefaketen Hauswurfsendungen: Aufforderungen zu Notopfern, Bekanntgaben von Gasmaskenausgaben und Friedhofserweiterungen wurden wochenlang von ‚amtlicher' Seite verbreitet. Schließlich reagierte der Oberstadtdirektor mit einem Schreiben: „Hier wird mit den Gefühlen der Menschen Schindluder getrieben!" Sprachs, kündigte eine Strafanzeige an und forderte die Bevölkerung zur Mithilfe bei der Fahndung auf. Umsonst: auch dieses Schreiben war gefälscht.

Störungen der gesellschaftlichen Ordnung

Die Diskurse der Macht sind zugleich Ausdruck und Garant gesellschaftlicher Hierarchien, sie legitimieren Ungleichheiten. Nicht von einem guten Leben für alle ist die Rede, sondern von Leistung, Verdienst und Nutzen. Die Macht beschützt die Fleißigen und bestraft die Faulen und Unnützen. Wenn sie ihnen unverdiente Almosen zukommen läßt, verlangt sie zuvor Rituale der Demütigung und Unterwerfung (Jede, die schon einmal auf dem Arbeits- oder Sozialamt war, weiß, wovon die Rede ist.).

Nur gelegentlich scheint die Macht Amok zu laufen und beginnt plötzlich, unverdiente Belohnungen und Strafen zu verteilen. So erhalten zum Beispiel brave und fleißige Bürger unverständliche Vorladungen aufs Arbeitsamt, eine christliche Partei vergibt an arbeitslose Jugendliche Essensgutscheine für Nobelrestaurants, und alle, alle bekommen Freifahrscheine für die Straßenbahn. Diese Fakes haben zwei verschiedene Stoßrichtungen. Wenn unbescholtene Bürger unerwarteten Zumutungen ausgesetzt werden, scheinen hinter den Fassaden anerkannter Institutionen die dunklen Fratzen kafkaesker Bürokratien auf, die unberechenbare und bedrohliche Kehrseite der Macht.

Andere Fakes lassen Institutionen plötzlich unerwartete Wohltaten verteilen: In Westberlin wurden 1975 insgesamt 120.000 gefälschte Sammelfahrkarten im Wert von 360.000 DM verteilt. 1976 erhielten Obdachlose gefälschte Essensgutscheine und lösten sie großenteils ein. Zu beiden Aktionen bekannten sich die Revolutionären Zellen. Solche Fakes sind zunächst Fälschungen. Wer sie benutzt, weiß in der Regel sehr wohl, daß er keine Wohltaten zu erwarten hat. Dennoch wurden gefälschte Warengutscheine eingelöst, gefälschte Fahrscheine benutzt, und eine Gruppe arbeitsloser Jugendlicher ließ es sich nicht nehmen, auf Kosten der CDU im Berliner Kempinski zu speisen. Die Fälschungen bieten eigensinnigem und widerständigem Handeln einen gewissen Flankenschutz. Sie setzen dort an, wo ein Teil der Bürgerinnen selbst eine uneingestandene oder unterdrückte Lust daran hat, sich aufzulehnen. Die Ausrede „Das habe ich nicht gewußt" gibt ihnen die Möglichkeit, ein bißchen Alltagsrenitenz auszuleben.

ID-Archiv im IISG/Amsterdam (Hg.): Texte und Materialien zur Geschichte der Revolutionären Zellen und der Roten Zora. Bd. 1. Berlin 1993, S. 124–126.

Dieses Spiel kann unter Umständen ziemlich problematisch sein. Die Verteilung von gefaketen Freikarten für ein Prominentenbankett an Obdachlose kann beispielsweise nach hinten losgehen, wenn ein einzelner Berber in der Hoffnung auf ein gutes Abendessen erscheint und dann von den Ordnern hinausgeprügelt oder sogar verhaftet wird. Nicht nur die subversiven Faker gehen ein Risiko ein (diese sind sich dessen in der Regel bewußt), sondern auch die Adressaten. Und die sind, wenn sie die Wohltaten in

Chaos in Osnabrück .

Ein paar Tage später kündigte der Oberstadtdirektor des benachbarten Münster einen städtischen Zivilschutzlehrgang an. Die Reaktion war einhellig: Hä, Hä. Bis derselbe in eigener Person und mit rotem Kopf vor der Presse erschien und die Dinge klarstellte: Die Ankündigung war kein Fake sondern „reine Routine". Ehrlich.

Die Strategie der Nicht-Strategie

Am Ende des Jahrtausends und der Geschichte sehen sich die Reste der Linken in hoffnungslose Widersprüche verstrickt. Es scheint, als ob mit dem Ende der bürokratischen Verwalter des revolutionären Traums auch dieser Traum selbst seine Kraft verloren habe. Gleichgültig, ob Linke die ‚revolutionäre Heimat des Weltproletariats' zu ihrer eigenen gemacht oder sich in der Kritik an ihr eingerichtet hatten: Mit dem Untergang dieser Heimat ist auch der imaginäre Ort des Sprechens verschwunden, von dem aus sie ihre Vision von der revolutionären Veränderung des Bestehenden behauptet hatten. Der alte Satz „Links ist dann, wenn ich nicht zu Hause bin" erhält jetzt seine wahre Bedeutung: Es gibt keine Heimat für diese Vision, weder in der Realität noch in der Utopie. Und tatsächlich war das noch nie anders.

Die Linken, die stets geglaubt hatten, von einem sicheren Ort aus zu sprechen, stehen dieser Erkenntnis hilflos gegenüber. Ungeheure Energien hatten sie dareingesetzt, den Ort der revolutionären Wahrheit abzugrenzen und einzuzäunen, sich selbst dort einzunisten, ein gemütliches Häuschen zu bauen und alle anderen als Abweichler daraus zu verbannen. Nun kehren sich all diese Bemühungen gegen sie: Die imaginären Orte der sicheren intellektuellen Wahrheiten sind verschwunden, und nicht einmal die Lektüre der revolutionären Theorien spendet noch Trost. Im Gegenteil: Es ist, als hätten sie die gesammelten Werke von Marx, Engels und Lenin im Hals stecken und könnten sie weder ausspucken noch hinunterschlucken.

Anspruch nehmen, obendrein natürlich leichter faßbar als die Faker.

Kommunikative Wirkung erzielen solche Fakes erst dann, wenn sich die gefaketen Institutionen eindeutig positionieren müssen, indem sie beispielsweise dementieren, daß sie je auf die Idee kommen könnten, ein Essen für arbeitslose Jugendliche auszurichten.

Die Macht als Trottel

Der Diskurs der Macht betont die Rationalität und Objektivität von Entscheidungen sowie die Verantwortlichkeit für das allgemeine Wohlergehen. Demgegenüber sind viele Bürger der Meinung, daß es sich bei zahlreichen Vertretern der Macht um ausgesprochene Deppen handelt. Mit klammheimlicher Freude wird es deshalb gesehen, wenn sie durch subtile Fakes dazu gebracht werden, sich selbst als Trottel zu outen. Wer lautstark dementiert, irgendeinen offensichtlichen Blödsinn gesagt oder gemacht zu haben, impliziert dabei immer auch: „Aber denkbar wär's schon, daß ..."

Performatives Sprechen

Aussagen haben nicht nur einen sprachlich-diskursiven Aspekt, sondern können auch direkte materielle Wirkungen hervorrufen. Solche Aussagen sind Performative. Wem ein

Zum Klimagipfel Kühlschrank vor die Tür

Als ironischer Kommentar zur Weltklimakonferenz 1995 tauchte ein gut gefälschtes Flugblatt in den Berliner Stadtbezirken Kreuzberg, Neukölln und Friedrichshain auf: „Anläßlich der UN-Konferenz ‚Klima '95', die vom 28. März bis 7. April in Berlin stattfindet, hat die Senatsverwaltung für Stadtentwicklung und Umweltschutz beschlossen, ausgediente Kühlschränke kostenlos einzusammeln und fachgerecht entsorgen zu lassen."

Diese Ankündigung hatte in den folgenden Tagen nicht wenige Folgen. Offenbar nahmen viele Bürgerinnen das Angebot ernst und stellten, wie von der vermeintlichen

Sie sehen sich in jene Ortlosigkeit gestoßen, der sie durch ihr verzweifeltes Festhalten an den alten Formen des revolutionären Dogmas um jeden Preis entgehen wollten. Zugleich müssen sie erkennen, daß jeder Versuch, wieder festen Boden zu gewinnen, die Aussichtslosigkeit ihrer Situation nur noch deutlicher zu Tage treten läßt: Wo auch immer die Linke einen festen Ort zu behaupten und sich eine sichere Identität zu verschaffen glaubt, verfällt sie gerade dadurch der schlimmsten Rekuperation.

Glaubt sie, sich auf universale Werte berufen zu können, betreibt sie das Geschäft der alten wie der neuen Imperialisten. Hofft sie, die wahren Orte des revolutionären Kampfes an der Seite der unterdrückten Völker in den Peripherien zu finden, so ist es zuletzt nur ein Kampf für das gute Recht jedes Unterdrückten, selbst zum Unterdrücker zu werden. Manche suchen den Weg zur Umwälzung der Verhältnisse an der Seite der stigmatisierten Minderheiten der Metropolen. Sie reden von deren Recht auf Differenz und müssen erkennen, daß diese Differenzen nur zu neuen Käfigen werden, noch nicht einmal vergoldeten. Versuchen sie indes, dieser Falle mit der Rede von der Auflösung fester Identitäten im Spiel der Differenzen wieder zu entkommen, so leiern sie doch nur die alte Litanei des liberalen Universalgeschwätzes im bunten Kostüm der Postmoderne ein weiteres Mal herunter.

Suchen sie ihre Rettung in der Vergangenheit und beharren sie auf der ungebrochenen Wahrheit der alten Sprache der revolutionären proletarischen Bewegung, dann ist es, wie wenn ein Hund drei Tage lang auf einem abgenagten

Entlassungsschreiben oder ein Gerichtsurteil ins Haus flattert, der ist tatsächlich entlassen oder verurteilt, Diskurs hin oder her. Heerscharen von Funktionsträgern der Macht sind mit der Formulierung und dem Aussprechen von Performativen beschäftigt, von ‚Im Namen des Volkes' über ‚Ego te absolvo' bis hin zu ‚Bis daß der Tod euch scheidet'. Fälschungen, die darauf abzielen, materielle Wirkungen zu erzielen, beruhen gerade auf diesem Aspekt von Kommunikation. Dabei ist die Aufdeckung der Fälschung das letzte, woran ihr Urheber interessiert ist: Sie zerstört nicht nur die performative Wirkung, sondern hat auch sonst unangenehme Konsequenzen. Wenn sich Fakerinnen performativer Aussagen bedienen, geht es ihnen nicht in erster Linie um das eigene Wohlergehen, sondern um subversive Aspekte. Die materiellen Wirkungen von Aussagen entstehen im wesentlichen aufgrund stillschweigender Übereinkünfte und müssen nur in Ausnahmefällen mit materieller Gewalt erzwungen werden. Diese Übereinkünfte setzen voraus, daß performative Aussagen nur von denen getroffen werden, die dazu legitimiert sind – und daß die entsprechenden Wirkungen dann tatsächlich eintreten. Durch ein Fake und seine anschließende Aufdeckung soll diese Legitimität beschädigt werden und ihre Selbstverständlichkeit verlieren.

Ein Beispiel: Wenn die Stadtverwaltung in einer gefaketen Mitteilung die Bürgerinnen informiert, daß aus aktuellem Anlaß alte Kühlschränke abgeholt werden, dann

Zum Klimagipfel Kühlschrank vor die Tür .

Senatsverwaltung verlangt, „Altgeräte in der Zeit vom 31. 3. bis 2 .4. 1995 gut sichtbar an die Straße". Allerdings warteten sie vergeblich darauf, daß die Berliner Stadtreinigungsbetriebe BSR die Kühlgeräte wie angekündigt „in den darauffolgenden Tagen in einer einmaligen Sonderaktion" abhole. Die offiziellen Stellen reagierten in ihrem Dementi freilich völlig humorlos. Die „Aktion" sei eine „eventuelle Gefahr für die Umwelt" und gehe „zu Lasten aller Steuerzahler", lamentierten Senatsumweltschützer und Stadtreinigung. (taz 6. 5. 1995)

Knochen herumkaut. Tun sie aber nichts von alledem und verschreiben sich stattdessen dem Prinzip der reinen Kritik, so gibt es in der Tat nichts, was sie vom schlimmsten bürgerlichen Arschloch unterscheidet.
Ein gangbarer Mittelweg zwischen all diesen Fallgruben existiert nicht. Ihn zu suchen heißt, alle nacheinander abzugehen und dabei in jede einzelne hineinzufallen. Bleibt also nur die Resignation, die endgültige Absage an jeden Gedanken einer grundlegend anderen Welt?

http://www.pengo.it/luther oder http://www.pengo.it/blissett

In dieser Situation erscheint am Horizont eine seltsame Gestalt. Ihr Körper ist viele Körper, sie hat viele Gesichter. Sie ist weder männlich, noch weiblich, noch androgyn. Der Name dieser Gestalt ist LUTHER BLISSETT. Was aber bedeutet diese Gestalt?
Viele, die ihr begegnen, stellen diese Frage. Viele verfallen auf vorschnelle Antworten. Zwar sind diese Antworten nicht nutzlos, doch zeigen sie einen Mangel an vollständiger Erkenntnis. Die Natur von LUTHER BLISSETT ist subtil und nicht leicht zu begreifen; gerade dem, der glaubt, sie verstanden zu haben, entschlüpft sie unversehens. Ihr Name ist GEHEIMNIS.
Manche sagen richtig: Jeder kann den Namen von LUTHER BLISSETT verwenden. Doch sie folgern: wenn ein Name alle bezeichnen kann, so hat er keine eigene Bedeutung. Aber durch formale Semiologie läßt sich LUTHER BLISSETT nicht fassen. Denn LUTHER BLISSETT ist diejenige, die sich zwischen allen Zeichen und Zeichensystemen bewegt

stehen unter Umständen zur angegebenen Zeit tatsächlich viele Kühlschränke auf der Straße – entweder müssen sie dann von der Stadt tatsächlich abtransportiert werden, oder aber die Bürger fühlen sich verarscht. Im ersten Falle hätte die performative Aussage funktioniert, obwohl sie von den Falschen ausgesprochen wurde; im zweiten Falle wäre die Glaubwürdigkeit der Stadtverwaltung angeknackst. Es ist für die Reaktion öffentlicher Stellen auf Fakes typisch, daß die ‚Verunsicherung der Bürger' beklagt wird. Der erhoffte Keim der Subversion liegt für die Faker gerade in dieser Verunsicherung, die das selbstverständliche Funktionieren der diskursiven Ordnung für Momente in Frage stellt.

Der performative Aspekt von Fakes zwingt die Institutionen der Macht geradezu, durch ein Dementi die diskursive Ordnung vorläufig wieder ins Lot zu bringen und damit den von den Fakerinnen gewünschten Kommunikationsprozeß auszulösen. Hier liegt ein Double Bind für die Angegriffenen: Einerseits können sie das Fake nicht einfach stehenlassen, andererseits bewirkt das Dementi eine Thematisierung tendenziell unangenehmer Fragen, deren Diskussion möglicherweise die Faker, sicher aber nicht die Angegriffenen wünschen.

Das Cathouse for Dogs

1976 erschien in der Wochenzeitung village voice eine Anzeige für das ‚Cathouse for Dogs', eine Einrichtung, die für Hundebesitzer die lang vermißte Möglichkeit bot, ihren Lieblingen zu besonderen Anlässen eine kleine Freude zu bereiten: „Get your dog sexually gratified". Das Etablissement fand große Resonanz bei Hundebesitzern, aber auch bei Menschen, die eine besondere sexuelle Vorliebe für Hunde hegen. Die US-amerikanische Fernsehanstalt ABC war beeindruckt. Sie produzierte einen Dokumentarfilm über das ‚Cathouse', der für den ‚besten Dokumentarfilm des Jahres' vorgeschlagen wurde. Noch heute ist die Institution

und mit ihnen tanzt. Andere wiederum denken: Wenn ich, aber auch alle anderen LUTHER BLISSETT sind, kann die Macht mich nicht greifen. Auch diese haben zugleich Recht und Unrecht. Denn obwohl die Wachhunde der bürgerlichen Ordnung die kollektive Gestalt nicht fassen können, müssen sich die Individuen deswegen nicht weniger hüten: LUTHER BLISSETT ist kein sicheres Versteck. Nochmals andere fragen voll Zweifel: Wie kann LUTHER BLISSETT eine politische Strategie, eine klare Identität, eine erkennbare Praxis haben, wenn doch alle und jede unter diesem Namen tun und lassen können, was immer sie wollen? Und in der Tat ist es so: Wer diesen Zweifel durchschritten hat und diese Frage beanworten kann, für den manifestiert sich das Wesen von LUTHER BLISSETT in aller Klarheit.

Nur in der Spannung des Paradoxons läßt sich dieses Wesen fassen: LUTHER BLISSETT ist die Vertreterin einer umfassenden Strategie. Doch diese Strategie ist Nicht-Strategie. LUTHER BLISSETT ist die Besitzerin einer neuen Identität. Doch diese Identität ist Nicht-Identität. LUTHER BLISSETT ist die Inhaberin eines sicheren Ortes. Doch dieser Ort ist ein ortloser Ort.

LUTHER BLISSETT verfolgt keine Strategie, die sich benennen und vorhersagen ließe. Durch ihren multiplen Namen entgleitet sie den Festlegungen. Dennoch ist ihre Strategie nicht beliebig. Gerade, weil sie eine Position einnimmt, die jede formale Kohärenz ausschließt, kann sie nur durch die wahre Kohärenz existieren, die sich in ihrem Handeln

Kommunikatives Chaos

Kommunikatives Chaos entsteht in einer Situation, in der die Zuordnung von Sprechern und Aussagen endgültig unmöglich ist. Mit Fakes höherer Ordnung wurden solche Situationen wenigstens ansatzweise realisiert. Im Zusammenhang mit der umstrittenen Volkszählung beispielsweise spielten performative und kommunikative Wirkungen, Fakes und Dementis in vielschichtiger Weise zusammen. Das Ziel war eindeutig: Verwirrung stiften, falsche Kommunikationspfade legen – solange, bis keine der Beteiligten mehr weiß, was eigentlich Sache ist.

World War III will be a guerilla information war
without distinction between military and civilian population
(Marshall McLuhan)

Das Fake versteht sich als ein Angriff auf die Macht, auch wenn seine Technik dem Repertoire von Geheimdiensten ähnelt, die Methoden der Desinformation und der Fälschung benutzen. Gerade für diejenigen, die sich im Zeitalter der ‚Informationsgesellschaft' wähnen, sind solche Techniken ein Element der Kriegführung, der Auseinandersetzung um den Besitz der Macht geworden. Im Golfkrieg wurden Formen der medialen und außermedialen Desinformation umfassend eingesetzt.

Das Cathouse for dogs ...

in einem Buch für Hundeliebhaber aufgelistet. Der Gründer des Etablissements, Joey Skaggs, hatte sich viel Mühe gegeben, das „Cathouse" medienwirksam einzuführen. Zur öffentlichen Vorstellung des neuen Dienstleistungsunternehmens engagierte er 25 Schauspieler, die ihre sexuell befriedigten Hunde vorführten oder als Cathouse-Personal die knackigen Hündinnen präsentierten: „This is Luba, she has a preference for Dobermans, she is almost a virgin."

zeigt. Niemand kann diese multiple Gestalt besitzen, wer auch immer versucht, sie festzuhalten, dem entgleitet sie. Wo auch immer die Macht versucht, ihr einen festen Ort und eine feste Identität zuzuweisen, verschwindet LUTHER BLISSETT, nur um unversehens an derselben oder einer anderen Stelle wiederaufzutauchen. Sie manifestiert sich an vielen Orten zur selben Zeit und bleibt doch unbeweglich.

Die Praxis von LUTHER BLISSETT ist es, inmitten der Widersprüche zu handeln und sie durch dieses Handeln zu überschreiten. Dieses Handeln entspringt keiner festen Theorie, und doch ist es kraftvolle Praxis negativer Dialektik. Es ist kohärent, aber seine Kohärenz manifestiert sich nur in der Zeitspanne des Augenblicks, der Handlung. Sie ist nicht benennbar und garantierbar, noch erlaubt sie es, einen Diskurs über sie zu führen. Was sich aber nicht benennen läßt, das zeigt sich dennoch.

Die Widersprüche, in denen sich die Linke gefangen sieht, sind die Widersprüche dieser Gesellschaft, dieser Welt. Dort, wo die alte Linke sich in diesen Widersprüchen hoffnungslos verheddert, wo sie sinnlos umherrennt und dabei vollends vergißt, wo sie ihren Kopf liegengelassen hat, bleibt LUTHER BLISSETT unbeweglich gleich einem Berg. Dennoch ist sie in jedem Augenblick voll lebendiger Aktivität und manifestiert ihr Wesen in allen Richtungen. Sie ist Teil der widersprüchlichen Bewegungen, ohne in ihnen gefangen zu sein. Sie verharrt unbewegt im Zentrum des Sturms. Sie ist der Sturm. ⊙

Doch sind die Überschneidungen zum Fake geringer als es zunächst scheint, denn die Fälschungen der Geheimdienste zielen in der Regel auf die Information selbst. Die falsche Information soll Handlungen des Gegners beeinflussen, auslösen oder verhindern oder auch dazu beitragen, die eigenen Reihen zu schließen. Die geheimdienstliche Fälschung benutzt die Kommunikationskanäle in durchaus linearer Weise, und tauscht lediglich den Sender der Botschaft heimlich aus. Sie arbeitet nicht mit der Vieldeutigkeit von Information.

Anders als die geheimdienstliche Fälschung ist das Fake eine Sprechweise von ohnmächtigen Stimmen, die durch die diskursiven Ordnungsstrukturen zum Schweigen verurteilt sind. Als Instrument zur Delegitimation des Rederechts der Macht zielt es auf die Struktur des Kommunikationsprozesses selbst. In Auseinandersetzungen um den BESITZ der Macht wäre diese Form grundsätzlicher Kritik das letzte, was Sinn machen würde. Es ist kein Zufall, daß die Techniken des Fakes in kriegerischen Auseinandersetzungen keine wesentliche Rolle spielen. Weil das Fake nicht darauf abzielt, ‚strategische' Positionen zu erringen und im Kampf um die Macht mitzumischen, kann es seine eigene Aufdeckung einkalkulieren und zu einer Waffe der kommunikativen Subversion machen. Indem sie sich dem Spiel um die Macht zumindest in Augenblicken verweigern, gewinnen die Faker neue Möglichkeiten des Angriffs, der Subversion und der praktischen Kritik.

Das Cathouse for dogs .

Als der Dokumentarfilm gedreht wurde, vermittelte er Interviews mit zufriedenen Hundebesitzern und stellte den Filmemachern ein Video über das Cathouse zur Verfügung. Nach der Sendung des Films und zahlreichen Medienberichten war der Katzenjammer groß: Skaggs verschaffte sich einen zweiten großen Auftritt, als er verkündete: Ätsch, alles gefälscht!

Subversive Affirmation

„... man muß diese versteinerten Verhältnisse dadurch zum Tanzen zwingen, daß man ihnen ihre eigene Melodie vorsingt! Man muß das Volk vor sich selbst erschrecken lehren, um ihm Courage zu machen."
(Karl Marx 1843/44: „Zur Kritik der Hegelschen Rechtsphilosophie")

Eine wirkungsvolle Vorgehensweise zur Verfremdung gegebener Formen, Aussagen oder Regeln ist es, sie in einer übertriebenen und daher in einer gegebenen Situation ,unpassend' wirkenden Weise einzusetzen. Ein Paradebeispiel für übertriebene Zustimmung ist der Auftritt von Herrn und Frau Müller, die bei einer Diskussion im Schweizer Fernsehen anläßlich der Zürcher Jugendunruhen 1981 nicht die Meinung ,der Bewegung' vertraten, als deren Vertreterinnen sie eigentlich geladen waren, sondern stattdessen die Position ihrer Gegner grotesk zuspitzten (○ *Das Müllern*). Eine solche ,Subversive Affirmation' schafft Distanz zu den verwendeten Formen oder Aussagen, indem sie sie übertreibt. Damit verwandelt sich die vordergründige Bestätigung in ihr Gegenteil.

Ein praktischer Vorteil der subversiven Affirmation liegt darin, daß sie sich der äußeren Form der Zustimmung bedient. Die so geäußerte Kritik ist zwar deutlich erkennbar, läßt sich aber nicht einfach einordnen und kann kaum unterbunden werden. Insbesondere in Situationen, in denen Gegenveranstaltungen erwartet werden, die unter Umständen sogar in das Kalkül der herrschenden Politik passen würden, kann subversive Affirmation eine praktikable Methode sein, sich mit wenig Aufwand und viel Wirkung an den Sicherheitsvorkehrungen vorbeizumanövrieren. Mannigfaltige Gelegenheiten für die Erprobung der subversiven Affirmation bieten sich bei Wahlveranstaltungen: Übertriebener Applaus wirkt nicht als störende Kritik, solange er tatsächlich als frenetisches Abfeiern der beklatschten Person verstanden wird. Sobald aber deutlich ist, daß die falschen Personen klatschen und daß die gewählten Momente für den Beifall irgendwie daneben sind, applaudieren aus Sicht der Veranstalter bald nur noch die Falschen. Dabei kommt es auf die Situation und ihre Möglichkeiten an. Während bei Großkundgebungen in großen Hallen oder auf Marktplätzen durch geschickt eingesetztes Klatschen immerhin die Redezeit verkürzt werden kann, läßt sich bei kleineren und mittleren Versammlungen schon mal der ganze Verlauf einer Wahlveranstaltung umdrehen (○ *Der Herr Minister spricht zum Volk*).

Am 1. Juni 1994 unternahm es das Komitee „Mit Spaß gegen den Extremismus der Mitte", mit „der pfiffigsten und lustigsten Massenaktion, die es seit Jahren gab", Helmut Kohl während eines Wahlkampfauftrittes auszujubeln. Obwohl sich die lokalen Vertreter der beiden Großkirchen bereits im Vorfeld gegen diese „Schrei-Gewalt" wandten, jubelten ein- bis zweitausend Personen gegen die hochkarätige Lautsprecheranlage an und

„Togo bleibt deutsch"

hieß es auf Plakaten während der Stuttgarter CDU-Feiern zum 17. Juni irgendwann in den 60er Jahren. Sie wurden aber nicht von CDU-Mitgliedern getragen, sondern von Jürgen Holtfreter und Peter Grohmann vom ‚Druckhaus Wangen'. Beide hatten sich auf kunstvoll organisierte Störungen von antikommunistischen Kundgebungen spezialisiert. Sie beteiligten sich an solchen Veranstaltungen, indem sie dort aufmarschierten und Plakate mit sich führten, die das Anliegen der Konservativen deutlicher zum Ausdruck brachten, als diese selbst es konnten: „Togo bleibt deutsch: Es gibt keine DDR" oder „Todesstrafe für Verzichtpolitiker".

dem Bundeskanzler zu. Ein groteskes Bild entstand: Die Anhängerinnen Kohls waren zum Schweigen verdammt, während seine Gegnerinnen aufdrehten. Obwohl es den Jublerinnen nicht gelang, den Platz akustisch zu dominieren, konnte sich auch die Gegenseite trotz technischer Überlegenheit nicht als Platzherr inszenieren. Nicht nur in heißen Wahlkampfzeiten, sondern immer dann, wenn politische Ereignisse eine entsprechende Öffentlichkeit schaffen, ist subversive Affirmation eine gute Möglichkeit, die laufende Diskussion aufzugreifen und hegemoniale Positionen zu diskreditieren. Bei einer „Pro-NATO-Aktion" im Juli 1981 in Hamburg lauteten die Parolen der „Initiative für die deutsch-amerikanische Freundschaft" und zugunsten des us-amerikanischen Außenministers Alexander Haig: „Mittelstreckenraketen ? Ja, ja, ja! – Atomkrieg? Warum nicht?" oder „Sollen russische Kinder ewig leben?" Auf etwas verlorenem Posten stand hingegen ein Häuflein von Kruzifix-Anhängerinnen („Initiative Pro-Kruzifix), die im September 1995 versuchten, eine Kundgebung von CSU und Katholischer Kirche gegen das Bundesverfassungsgerichtsurteil zum Balkensepp vor der Münchner Feldherrenhalle zum Kippen zu bringen. Sie hatten zwar etliche witzige Affirmationen parat („Kreuz bleibt Kreuz", „Johannes Paul der Zweite, wir sind auf Deiner Seite", „Kruzitürken – Kruzifix – beim Herrgottswinkel sind sie fix", „Die Trennung von Kirche und Staat ist Verrat", „Kru, Kru, Kruzifix", „Wir sind nicht alle, es fehlen die Gekreuzigten"), doch da die Münchner Szene nicht mitzog, ging die Aktion medial unter, obwohl in der Kundgebung selbst einige Unruhe entstand.

ak - analyse und kritik Nr. 367, 8 .6. 1994.

SpassGuerilla. Münster 1994 (Berlin 1984), S. 37.

Bei der Hamburger „Pro-NATO-Aktion" war der offensichtlich parodistische Charakter der Affirmation im zeitgenössischen Kontext von 1981 (NATO-Doppelbeschluß und Friedensbewegung) relativ schnell und deutlich entzifferbar. Am wirkungsvollsten ist die Methode der Verfremdung durch Affirmation aber, wenn sie eine oszillierende Wahrnehmung bewirkt, d. h. wenn die Übertreibung offensichtlich genug ist, daß sie irritiert und verunsichert, aber doch so versteckt bleibt, daß sie nicht eindeutig zuordenbar und identifizierbar ist. Eine solche Vorgehensweise kann allerdings leicht in ihr Gegenteil umschlagen: Wenn das Element der Verfremdung nicht ‚rüberkommt', wirkt das Ganze einfach als Bestätigung der herrschenden Verhältnisse. Um ein einfaches Alltagsbeispiel zu wählen: Wenn ein Mann sich in übertriebener Weise als Macho präsentiert, ist das Risiko groß, daß diese Selbstinszenierung nicht als Bruch wahrgenommen wird, sondern einfach nur als extreme, aber nicht weiter verwunderliche Form eines gängigen Musters. Ebenso wird die übertriebene Affirmation von Weiblichkeit, die eine Frau zur Schau stellt, erst in dem Moment subversiv, wenn sie sich im Rahmen einer lesbischen Paarbeziehung abspielt (● *Crossdressing*).

„Togo bleibt deutsch": Mitte der 60er Jahre

So genügt es zumeist nicht, ein ,normales' Verhalten einfach zu übertreiben: Die Verfremdung wird deutlicher, wenn zugleich die falsche Person handelt oder wenn sich die Handlung auf das falsche Objekt bezieht. Polizisten, die vor dem New Yorker Rathaus für Lohnerhöungen demonstrierten, mußten erleben, daß sich Jugendliche aus dem Umfeld der

Yippies

○ *Yippies* über die Demonstration künstlich aufregten und sie lautstark mit den üblichen Kommentaren bedachten: „Go back to Russia, you hippie – commieanarchists", „Get a job" oder „Take a bath". Die Meinung, daß Demonstranten ungepflegte Gammler seien und lieber anständig arbeiten sollten, ist weit verbreitet. In diesem Falle ging die Beschimpfung allerdings von denen aus, die sonst beschimpft werden, und die demonstrierenden Ordnungshüter waren offensichtlich die ,falschen' Opfer. Wir haben es hier mit einer Umkehrung, einer „symbolischen Inversion" zu tun: Wie beim Aikido geht es bei der subversiven Affirmation darum, die gegnerische Kraft für die eigene Aktion auszunutzen, statt einen Angriff in Cowboy-Manier mit einem Faustschlag zu parieren.

Estrin, Marc (Hg.): Recreation. Some Notes on What's What and What you might be able to do about What's What. New York 1971 u. Kohtes, Martin Maria: Guerilla Theater. Theorie und Praxis des politischen Straßentheaters in den USA (1965-1970). Tübingen 1990, S. 167 u. 271 f.

Die Verfremdung durch subversive Affirmation basiert also darauf, daß die falschen Leute das ,Richtige' tun, oder daß das ,Richtige', d. h. das Normale, Erwartbare, im falschen Moment oder am falschen, unangemessenen Ort geschieht. Während der Kruzifix-Kundgebung des gesamtbayrischen Zentralkomitees verteilte ein Islamistenpärchen der Gruppe ,Al Dschîhad' Flugblätter. Ihr Text appellierte an die gemeinsame fundamentalistische Basis aller Gläubigen. Sie solidarisierten sich mit der „gerechten Sache des bayrischen Volkes" und wandten sich gegen die Trennung von Religion und Staat. Das Ergebnis war eine schöne Verwirrung. Während die einen den Auftritt als islamistisch-missionarische Provokation begriffen und entsprechend krachledernd ahnden wollten, nahmen andere die beiden in Schutz: „Wieso, die sind doch für uns."

Gruber, Klemens: Die zerstreute Avantgarde. Wien/Köln 1989, S. 132.

Die subversive Affirmation wirkt ähnlich wie die psychotherapeutische Methode der ,Paradoxen Intervention'. Dabei bestärkt die Therapeutin ihre Klientin so lange in ihren Ansichten, bis ihr die Sinnlosigkeit ihres Tuns oder ihrer Einstellungen selbst auffallen muß. Mit dieser Kommunikationsstrategie werden herkömmliche Kommunikationsstrukturen aufgebrochen: Die Antwort der Therapeutin fällt ganz anders aus, als die Klientin erwartet, und ermöglicht es ihr gerade dadurch, das eigene Verhalten selbst zu hinterfragen oder zu ändern (A: „Hier ist ein Mikrophon versteckt." B: „Nein, sicher nicht" wird dann zu „A: „Hier ist ein Mikrophon versteckt" B: „Ja, dann müssen wir den Raum so lange durchsuchen, bis wir es gefunden haben.").

Vgl. Watzlawick, Paul/Beavin, Janet H./Jackson, Don D.: Paradoxe Kommunikation. In: Dies.: Menschliche Kommunikation. Bern/Stuttgart/Wien 1985 (1969), S. 171-212.

„Alle reden vom Wetter. Wir nicht." SDS – Sozialistischer Deutscher Studentenbund"

1968. In der Stuttgarter Kunstakademie war eine Sektion des Sozialistischen Deutschen Studentenbundes (SDS) gegründet worden. Ulrich Bernhardt (,Zwiebel') wollte ein Plakat für den SDS anfertigen. Aus dem Werbeplakat der Bundesbahn „Alle reden vom Wetter. Wir nicht. Fahr lieber mit der Bundesbahn" und einigen ausgeschnittenen Köpfen bastelte er eine Collage. Es entstand das berühmte Plakat „Alle reden vom Wetter. Wir nicht. SDS" mit den Köpfen der Väter der Weltrevolution – Karl Marx, Friedrich Engels und Wladimir Uljanow Lenin. Über dieses Plakat waren die führenden Köpfe' des Stuttgarter SDS zunächst

Schwejk, der amtlich anerkannte, notorische Idiot, tut nur, was ihm gesagt wird: Sein Vorgesetzter weist ihn darauf hin, daß er blöd sei, und Schwejk grüßt ab sofort mit den Worten: Ich bin blöd! Gerade durch sein absolutes Verlangen, Seiner Majestät dem Kaiser „bis zum letzten Atemzug" zu dienen, untergräbt er die Grundsätze der k. u. k. österreichisch-ungarischen Armee.
Die literarische Figur des Schwejk wurde von Jaroslav Hašek (1883–1923), einem tschechischen Autor, geschaffen. In den Jahren 1920 bis 1923 war der Roman ‚Die Abenteuer des braven Soldaten Schwejk' in kleinen Heftchen als Fortsetzungsserie in Prag erschienen. Nach dem Tod Hašeks 1923 wurde ‚der Schwejk' von Max Brod einem größeren literarischen Publikum zugänglich gemacht. Mit dieser Figur taucht Anfang der zwanziger Jahre in der Öffentlichkeit eine literarische Gestalt auf, die bis dahin undenkbar schien. Es wurden Geschichten aus dem Soldatenleben eines „unbekannten Helden ohne den Ruhm und die Geschichte eines Napoleon" erzählt, Episoden voll Lachen und Spott. Vor dem Hintergrund der durchmilitarisierten Gesellschaften im Europa nach dem 1. Weltkrieg bedeutete die Gestalt des Schwejk eine Provokation. Militärischer Drill und eiserne Disziplin galten als notwendiges und unerschütterliches Fundament der bestehenden Ordnung. In dieser Situation erscheint nun eine Figur, die soldatischer als jeder Soldat auch bei der kleinsten Aktion über das Ziel hinausschießt und eben dadurch Zucht und Ordnung, Disziplin und Drill ins Absurde verkehrt.

Ende der 70er Jahre entwickelten die ○ Indiani Metropolitani in dieser Form der argumentativen Intervention eine beachtliche Kunstfertigkeit. Während einer Demonstration skandierten Studenten unter Anspielung auf zwei korrupte Politiker „Gui e Tanassi sono innocenti, siamo noi i veri deliquenti" (Gui und Tanassi sind unschuldig, wir sind die eigentlichen Schuldigen). Diese Umkehrung zeigte sofortige Wirkung. Einige sich solidarisierende Arbeiter rückten die Wirklichkeit gleich wieder zurecht: „Gui e Tanassi sono deliquenti, gli studenti sono innocenti" (Gruber 1989, S. 119). Eine andere, lapidare und prophetische Forderung lautete „Meno salario piu orario!" (Weniger Lohn, mehr Arbeit!)
Die Methode der subversiven Affirmation wurde bisher vor allem im Kunst- und Popkontext theoretisiert. Diedrich Diederichsen spricht im Zusammenhang mit Andy Warhol und Madonna von „affirmativer Subversion". Bazon Brock zieht für seine Vorstellung von einer „Strategie der Affirmation" bzw. „Revolution des Ja" einen roten Faden von ○ *Eulenspiegel*, dem Hauptmann von Köpenick und ○ *Schwejk* zu diversen Kunstpraxen der Gegenwart. Eine politische Praxis der subversiven Affirmation muß allerdings mehr als der Kunstbetrieb mögliche Ambivalenzen ihres Handelns bedenken, wenn sie mit der Zuspitzung herrschen-

Eulenspiegel

Diederichsen, Diedrich: Das Madonna-Phänomen. Hamburg 1993.

Brock, Bazon: Eulenspiegel als Philosoph – Affirmation als Vermittlungsstrategie. In: Brock, Bazon: Ästhetik als Vermittlung. Schriften. Köln 1977

„Alle reden vom Wetter. Wir nicht." .

---

entsetzt: „Das können wir uns als bewußte Genossen gar nicht leisten!" lautete der anfängliche Tenor. Sie favorisierten ein Plakat mit Paßbildern von Marx, Che Guevara und Martin Luther King: „Alles, was denkt, ist links!" und lehnten den Entwurf ab. Zwiebel druckte das Plakat auf eigene Faust. In der Mensa übertölpelte er einige ahnungslose Genossen und verkaufte sofort alle 50 Andrucke. Auch auf dem Vietnam-Kongreß in Berlin waren die mitgebrachten Exemplare schnell vergriffen. Die Deutsche Presseagentur veröffentlichte ein Funkbild der SDS-Werbung. Insgesamt wurde das Plakat 50.000fach vertrieben.

Die Subversivität des braven Soldaten Schwejk beruht hauptsächlich darauf, daß er lauthals verkündet, nichts anderes zu wünschen, als jederzeit und vorbehaltlos den militärischen und gesellschaftlichen Maschinerien zu dienen. Schwejks Fähigkeit, hundertfünfzigprozentig bedingungslosen Gehorsam zu leisten und die Regeln zu befolgen, ist die Voraussetzung seiner Methode. Er verbindet das wortgenaue Befolgen einer Anweisung mit einer ordentlichen Portion List und Tücke, die es ihm erlaubt, seine Vorgesetzten zu täuschen und sie glauben zu machen, er sei ein Dummkopf. Das bewahrt ihn nicht nur einmal vor dem Knast – hatte er doch nur das getan, was von ihm verlangt wurde. Seine große Stärke liegt im Verdrehen, dem Umkrempeln und Gegenrichten von Anweisungen, die ihm Vorgesetzte gegeben haben. Seine Art des ‚Ungehorsams', der auf den ersten Blick gar keiner ist, seine immer knapp am Rande des Erlaubten liegende Art, respektlos zu denken und zu handeln, sein Verhalten ‚in der Truppe' und seine hintersinnige Kommunikationstaktik machen ihn für seine Vorgesetzten zum Magengeschwürverursacher.

Die ‚Methode Schwejk' basiert auf einer Mischung aus ‚abweichender Decodierung' und ○ subversiver Affirmation. Die Bedeutung dieser literarischen Figur lag nicht zuletzt darin, daß sie den Militarismus ad absurdum führte und Hinweise darauf gab, wie soldatische Tugenden und die damit verbundenen Werte und Moralvorstellungen für die Herrschenden unbrauchbar gemacht werden können. ⊙

Eco, Umberto: Einführung in die Semiotik. München 1972 u. Hall, Stuart: Encoding/Decoding. In: Hall, Stewart u.a. (Hg.): Culture, Media, Language. Working Papers in Cultural Studies 1972-1979. London 1980.

der Positionen ihr Spiel treibt. Was für die Satire gilt, nämlich daß sie von der Realität recht schnell eingeholt werden kann, trifft auch auf die Übertreibung zu: Was heute noch gar nicht vorstellbar scheint, kann morgen bereits bitterer Ernst werden.

Brock ,Bazon: Strategie der Affirmation. ‚Besetzung' und ‚Bilderkrieg' als affirmative Strategien. In: Ders: Ästhetik gegen erzwungene Unmittelbarkeit. Schriften 1978-1986. Köln 1986, S. 293-303.

Nachher

Collage und Montage

Die Collage ist ein formales Mittel, das im Kunstbereich (Kubismus) entwickelt wurde und ursprünglich das Ziel verfolgte, selbstverständliche Wahrnehmungsmuster von Realität durcheinanderzubringen. Gemaltes und eingeklebte Fundstücke sind nicht mehr auf den ersten Blick unterscheidbar. Gegenstände und Materialien werden in einen neuen Kontext gestellt und durch Uminterpretation und sinnentstellende Verwendung ihrem ursprünglichen Sinn entzogen. Zugleich werden dabei Bedeutungen und Assoziationen von ‚außen' in das Kunstwerk übertragen.

Die Collage zerstörte traditionelle Konventionen des Malens und Zeichnens. Sie arbeitet in der Bildenden Kunst mit der Koppelung von Verstreutem und Zufälligem, der Aufnahme von Realitätspartikeln in Bilder (etwa Papierfetzen mit Wortfragmenten, Stoff- oder Holzstückchen). Auch in der Literatur sollen Collagetechniken eine Poetisierung des Ungleichen oder Unzusammenhängenden, des eigentlich nicht Zusammenpassenden bewirken. Wichtig ist, daß die verwendeten Elemente zu einem semantisch (inhaltlich) mehrdeutigen Gebilde zusammengesetzt werden.

Insbesondere im Zusammenhang mit dem Dadaismus (○ Dada, *Oberdada, Maodada*), „der Belle Epoque der Verneinung", läßt sich die Verwendung dieser ○ *Verfremdungs*-Technik als Versuch eines „Kulturputschs" beschreiben. Für die Dadaisten demonstrierte die Herstellung von Collagen ihre Ablehnung der etablierten Kunst.

Spies, Werner: Max Ernst und die Collage. Köln 1988, S. 11 ff.

Sie setzten der vorherrschenden Vorstellung von Künstlergenialität das Konzept einer Poesie des Zufälligen entgegen, die keine Genies mehr braucht, sondern quasi aus sich selbst heraus entsteht. Die Surrealisten experimentierten damit, durch das Zusammensetzen von intuitiv zusammengesammelten Versatzstücken neue und unerwartete Bedeutungszusammenhänge entstehen zu lassen. Sie gingen davon aus, daß sich durch Collagetechniken das kreative Potential des Unbewußten zum Vorschein bringen lasse.

Die Collagetechnik wurde im Kunstbetrieb im Gegensatz zur (Photo-)Montage (s. u.) zumeist nicht als explizit politisches Mittel angesehen. Heutzutage ist nur noch schwer nachvollziehbar, daß im April 1920 in Köln eine Dada-Ausstellung unter Beteiligung von Hans Arp, Max Ernst u .a. von der Polizei vorübergehend geschlossen wurde. Inzwischen sind Collagen Bestandteil des Kunstunterrichts in der Schule, von Beschäftigungstherapien oder Kreativitäts-Workshops, in denen *Brigitte* und *Quelle*-Kataloge gefleddert werden, um immer gleiche Kombinationen von Autos, Frauen und Kosmetikwerbungen auf farbigem Tonpapier zusammenzukleistern. Trotz dieser Vereinnahmung der Collage durch die Selbsterfahrungsecke liegt in der Methode, Fragmente aus unterschiedlichen Kontexten herauszunehmen und durch ihre Kombination neue Bedeutungszusammenhänge herzustel-

Vorher

len, ein subversives Potential. Durch Collagen ist es bespielsweise möglich, den gedruckten Verlautbarungen von Politikern oder Institutionen Texte und Bilder gegenüberzustellen, die deren Selbstdarstellungen ins Gegenteil verkehren, aufbrechen und delegitimieren.

Während die Collage mit der Ästhetik des Zufälligen arbeitet, sind Montagetechniken zielgerichtete und bewußte Formen politischer Agitation. Einer ihrer wichtigsten Vertreter war John Heartfield, der aus dem Berliner Dada kam. Seine explizit politischen, vor allem gegen den Faschismus gerichteten Arbeiten beruhen auf dem Zusammensetzen von Fotografien, Texten und grafischen Elementen. Die Photomontage diente den Berliner Dadaisten als künstlerische Ausdrucksform ihrer politischen Kritik, wobei sie Photos aus politischen Reportagen in den Illustrierten als Rohstoff verwendeten.

Montagen beschränken sich aber nicht auf graphische Arbeiten, sondern wurden seit den 20er Jahren auch im politischen Theater und im Film (Eisenstein, Vertov, Brecht, Piscator) eingesetzt. In den letzten dreißig Jahren ist insbesondere der Heidelberger Grafiker Klaus Staeck mit dieser Technik berühmt geworden. Aber auch nicht wenige Kommunikationsguerilleras greifen auf diese Technik zurück. Allerdings erlauben die technischen Möglichkeiten heutzutage viel exaktere und kaum noch erkennbare Montagen. Insbesondere beim ○ *Subvertising*, wie es beispielsweise von einer Zeitschrift wie ○ Adbusters betrieben wird, finden solche Montagen Verwendung. Auch bei ○ *Erfindungen* und ○ *Fakes* sind oft ähnliche Techniken von Bedeutung.

Von Patrioten zu Landesverrätern

Norwegische Faschisten hatten eine Gründungsversammlung für eine neue lokale Partei, die ‚Patriotenpartei', organisiert. Auf diesem Treffen sollten die Mitglieder über die Ziele der neuen Partei entscheiden. Antifaschistische GegnerInnen des Vorhabens versammelten sich, um die Zusammenkunft zu stören, aber als sie feststellten, daß sie mehr waren als die Faschisten selbst, änderten sie ihre Taktik. Sie nahmen an den Wahlen teil und setzten eine

Entwendung – Umdeutung

Unter Entwendung bzw. Umdeutung wird eine Methode der ○ *Verfremdung* verstanden, die den Blick auf allgemein bekannte Gegenstände oder Bilder verändert, indem sie sie aus ihrem gewohnten Kontext herausreißt und in einen neuen, ungewohnten Zusammenhang stellt. Diese Methode in der Popkultur Sampling genannt wird, erfolgt im visuellen Bereich zumeist über ○ *Collagen oder Montagen*, in-zwischen auch per Computer. Allerdings können ebenso Begriffe oder Sätze entwendet werden. Eine verbreitete Form der Entwendung ist die Parodie, bei der entweder die Ästhetik oder der Inhalt eines Textes aus dem ursprünglichen Zusammenhang gerissen und in einen anderen, zumeist die bisherige Aussage kritisierenden, Kontext überführt und damit umgedeutet werden.

Erstmals wird die Entwendung 1956 von den Situationisten (○ *Situationistische Internationale*) theoretisch definiert: „Die kulturelle Kreation, die man situationistisch nennen kann, beginnt mit den Projekten des unitären Urbanismus oder der Konstruktion von Situationen im Leben, so daß ihre Realisationen von der Geschichte der Realisierungsbewegung der gesamten, in der gegenwärtigen Gesellschaft enthaltenen revolutionären Möglichkeiten nicht zu trennen sind. Doch kann in der unmittelbaren Aktion, die in dem Rahmen durchgeführt werden muß, den wir zerstören wollen, eine kritische Kunst heute schon mit den den Mitteln des vorhandenen Ausdrucks – vom Film bis zu Bildern – gemacht werden. Das haben die Situationisten durch die Theorie der Entwendung zusammengefaßt."

Kunstkritische Einzelpersonen oder Künstlergruppen bedienten sich der Verfremdungsmethode der Entwendung. Bekannt geworden sind die „Ready Mades" von Marcel Duchamp; auch Joseph Beuys ging oft ähnlich vor. Hier muß auch der Plagiarismus genannt werden, bei dem nicht nur Ideen und Texte anderer als eigene ausgegeben werden, sondern auch aus dem ursprünglichen Kontext gerissene Bilder oder Photos.

Während Entwendungen und Umdeutungen im künstlerischen Bereich durch Musealisierung banaler und alltäglicher Gegenstände die Fragwürdigkeit des hochkulturellen Kunstverständnisses zeigen sollen, nahmen die Situationisten umgekehrt Formen der Popularkultur, der Alltagsgraphik und der Werbung und verknüpften sie mit politischen Analysen. Sie sahen etwa in Comics eine adäquate Ausdrucksform der Gesellschaft und gingen daran, sie aus ihrem gewohnten Kontext, der Groschen-Unterhaltungsliteratur, zu entwenden und mit neuen Inhalten zu versehen. In „Das Proletariat als Subjekt

Debord, Guy-Ernest/ Wolman Gil J.: Gebrauchsanweisung für die Entwendung. In: Ducasse, Isidor (Lautréamont): Poesie. Hamburg 1979, S. 5-15.

Die Situationisten und die neuen Aktionsformen in Politik und Kunst, 1963, zit. n. Debord, Guy: Rapport zur Konstruktion von Situationen. Hamburg 1980, S. 82 f.
In der aktuellen Situationistentextsammlung „Der Beginn einer Epoche" wird ‚Détournement' statt mit ‚Entwendung' allerdings mit ‚Zweckentfremdung' übersetzt. Der Beginn einer Epoche. Texte der Situationisten. Hamburg 1995.

Von Patrioten zu Landesverrätern .

neue Parteiführung ein. Die Mehrheit setzte nun eine Vielzahl abweichender Regeln durch und änderte den Namen in ‚Landesverräterpartei'. Das neue Parteiprogramm war strikt antirassistisch, und alle anwesenden Mitglieder mußten antirassistische Lieder singen. Die von den Faschisten herbeigerufene Polizei weigerte sich, einzuschreiten, weil alles legal gewesen sei.

„Wenn die Politiker zu immer erbärmlicheren Mitteln greifen, und die so geschaffenen Tatsachen einen deprimierenden Schatten über uns werfen, dann ist es eine Aufgabe der Kunst, diese Politik der Lächerlichkeit preiszugeben und für die Menschen das Lachen, die Erhabenheit, die Lebenslust und die Widerstandskraft wieder zurückzugewinnen. ... Kunst und Theater als öffentliche Operation; als öffentliche Inszenierung unserer Phantasie. Als sinnfällig-Machen von Realitäten, die nach Veränderung schreien. Phantasie als Motor für Kritik und Veränderung – das ist der Kern des ‚Büro für ungewöhnliche Maßnahmen'."
(Selbstdarstellung zit. n. De Schnüss 5/1988, Bonn)

In der Grauzone zwischen Kunst und Politik agiert seit 1987 das Büro für ungewöhnliche Maßnahmen in Berlin. Sein konzeptioneller Schwerpunkt liegt in politischer Aktionskunst und „Real-Montagen" im Öffentlichen Raum. Hervorgegangen ist es aus einer Kreuzberger Gruppe von Künstlerinnen, Designerinnen, und Autodidaktinnen, die sich 1977 zusammengeschlossen hatten, um für mehr Pep, Witz und Kreativität bei linken Plakaten, Kampagnen und Aktionen zu sorgen. Die Arbeit der Gruppe entwickelte sich im Laufe der Zeit von Service- und Layout-Leistungen hin zur Konzeption ganzer Aktionen („Demonstrations-Design").

und als Repräsentation" belehrt eine luxuriös gekleidete Schönheit ihr durch Kurzhaarschnitt und kantiges Kinn als Helden erkennbares Gegenüber mit erzürntem Blick über die Verfaßtheit des Proletariats, das durch die bürgerliche Klasse aufgebaute ideologische Bewußtsein und die Anforderungen der Revolution. Dies bringt den virilen Schönling am Ende der Episode zu Erkenntnissen über die Klassengesellschaft, das Spektakel des Nicht-Lebens und das Verhältnis von Sichtbarkeit und Essentialität des revolutionären Projekts.

Durch Entwendung von Bildern, Begriffen und Texten aus der hegemonialen Ästhetik oder aus den Diskursen der Macht kann deren zumeist verschleierte ideologische Funktion augenfälliger vorgeführt und dekonstruiert werden, als es durch analytischen Klartext möglich wäre. Dabei sind Entwendungen ein wirksames Mittel, um die soziale Konstruktion von Kategorien wie beispielsweise Geschlecht in ihrer Willkürlichkeit sichtbar werden zu lassen (○ *Textual Poachers*).

Der bewußten und gezielt eingesetzten Entwendung und Umdeutung steht eine andere populäre Form der Aneignung hegemonialer Strukturen gegenüber. Wie Michel de Certeau ausführt, ist der Alltag aller Individuen von ständigen momenthaften Aneignungen und Umnutzungen des Vorgegebenen bestimmt, sei es nun die Art und Weise des Konsums, die Wahl der Wege in der Stadt oder der

De Certeau, Michel: Kunst des Handelns. Berlin 1988.

Sanssouci – Floraglittus veg. epidermica

„Was sein muß, muß sein!" war der durchgängige Tenor der Besucherinnen, die zu Hunderten den Potsdamer Sanssouci-Park mit Immun-Schutzbezügen über ihren Straßenschuhen bevölkerten und ein illustres Bild abgaben. Ihr Ordnungssinn ließ sie einer schriftlichen Anweisung der Parkverwaltung folgen, nach der die Anlagen nur noch mit Überziehern zu betreten seien. Zu diesem Zwecke waren 1.000 in Operationssälen übliche Plastik-Überschuhe bereitgestellt – und schnell vergriffen. Diese Aktion der „Preußischen Schlösser und Gärtenschutz e.H.G." galt der Abwehr des Pflanzenbazillus Floraglittus veg. epidermica,

Beispielsweise wurden 1987 Proteste gegen die Aufhebung der Mietpreisbindung in Berlin lichtstark an Fassaden geworfen und zusammen mit Volkszählungsboykott-Initiativen Aktionen in der U-Bahn durchgeführt.

Anläßlich des Reagan-Besuchs im Sommer 1987 fand eine mehrstündige polizeiliche Totalabriegelung Kreuzbergs statt. SO 36 wurde in Vorbeugehaft genommen. Wenige Tage darauf, am 17. Juni, erhielt der Berliner Senat die entsprechende Antwort. Auf der Kottbuser Brücke nahm ein satirisch inszeniertes Spektakel seinen Lauf: die Errichtung eines „Anti-Kreuzberger-Schutzwalls". Davor posierte ein neu ernannter Senator für Inneres und Architektur in Frack und Zylinder. Den verblüfften Passanten wurde erklärt: „Liebe Berlinerinnen und Berliner, wir lassen unser schönes Berlin nicht von den Kreuzberger Anti-Berlinern kaputt machen … Aus diesem Grund hat der Berliner Senat nach dem durchschlagenden Erfolg der Kreuzberger Blockade zum Reagan-Besuch in geheimer Sitzung den Bau des Anti-Kreuzberger Schutzwalls beschlossen."

Die Macherinnen dieser Aktion bekamen eine ganz ordentliche Portion Ärger. Ihnen wurde zur Last gelegt, gegen das Versammlungsgesetz verstoßen zu haben und der „Verdacht der Nötigung" wurde von Senat bzw. Juristerei ziemlich schnell ausgesprochen. Die Aktion hatte nicht nur juristische Konsequenzen: In ihrer Folge wurde das ‚Büro für ungewöhnliche Maßnahmen' gegründet.

Als sich im September 1988 die „Herren der Welt" von IWF und Weltbank in Berlin ein Stelldichein gaben, war ‚das

Vgl. a. „Die sanfte Kunst des Umdeutens" in: Watzlawick, Paul/Weakland, H. John/Fisch, Richard: Zur Theorie und Praxis menschlichen Wandels. Bern/Stuttgart/Wien 1979, S. 116-134.

Umgang mit sogenannter Hochkultur. Dies legt die Schlußfolgerung nahe, daß Entwendung und Umdeutung gerade deshalb wirkungsvolle Vorgehensweisen sind, weil sie dem alltäglichen taktischen Umgang mit den gesellschaftlichen Gegebenheiten entsprechen und eine Parallele dazu darstellen.

Die Entwendung kann ganz verschiedenen Zwecken in der politischen Auseinandersetzung dienen. Sie kann helfen, Angriffe des Gegners abzuwehren, sie vermag es, den Gegner lächerlich zu machen, und sie kann dazu dienen, andere und ‚verkehrte' Lesarten von Realität zu verbreiten. Eine Entwendung und Umdeutung zugleich wäre etwa eine erfundene Reklamekampagne der Bundesregierung, in der sie die Vorzüge ihrer Politik für mehr Staatssicherheit (Stasi) und den „Großen Lauschangriff" erläutert. Dabei würde den Herrschenden der BRD ihr Kampfbegriff gegen die ehemalige DDR entwendet und gegen sie selbst gerichtet.

Ein wichtiges Mittel subversiver Kommunikation ist der radikale Gebrauch dessen, was allen scheinbar zu Verfügung steht: Sprache. Dabei ist Sprache nicht mehr nur Mittel zum Transport der jeweiligen Wahrheit, sondern ihre Strukturen werden selbst zum Ziel des Angriffes. Denn Sprache beschreibt nicht nur andere Dinge, sondern ist ebenfalls

Sanssouci …

der für Menschen völlig unschädlich sei, bei der empfindlichen Parkvegetation jedoch große Schäden verursache. Bedingt durch anhaltende Hitze und hohe Ozonwerte übertrage der Mensch mit dem Schuhwerk die in der Bitumenschicht des Asphalts ansässigen Keime. Seltsam war nur, daß bei der „Schlösser- und Gärten"-Oberdirektion wegen zahlreicher Anfragen ein Chaos ausbrach, weil dort niemand etwas davon wußte. Eigentlicher Urheber dieser Aktion war dann auch kein offizielles Amt, sondern das Büro für ungewöhnliche Maßnahmen. Sie wollten sich nicht mit der Ablehnung einer Anfrage, ob der

Büro' mit von der Partie. Es veranstaltete eine dreitägige Trommel- und Lichtsession auf dem Breitscheidplatz, die aufgrund massenhafter Teilnahme trotz Verbot stattfinden konnte. Auch an anderen Orten der Stadt waren sie mit theatralischen ○ Happenings präsent, die sich sowohl an ‚die Herren' als auch die ‚gemeine Berlinerin', den aus der gesamten Bundesrepublik angereisten Chaoten, Demonstranten, ‚Dritte-Welt'-Bewegte und nicht zuletzt die internationale Presse richteten. Die Aktion mit den drei B's, „Bürger beklatschen Banker", wurde den Beklatschten so lästig, daß die Cops nicht nur einmal den Kopf verloren und Applaudierende verdroschen.

Wut, Witz, Widerstand. Die IWF und Weltbank Kampagne. Stuttgart 1988.

Mit solchen ungewöhnlichen Formen Öffentlichkeit zu schaffen ist das Ziel des ‚Büros'. Mit immer wieder neuen und überraschenden Ideen tritt es oft unvermittelt auf. Immer wieder gelingt es dabei, sich mit spektakulären Aktionen die mediale Aufmerksamkeit zu sichern. Exklusiv zur ‚Berlinale' im Februar 1993 lud ‚das Büro' zum Staatsakt am historischen ‚Fluchtgelände' in der Bernauer Straße. Bei einem Sektempfang mit Vertetern von Regierung, Kirche und Europäischer Gemeinschaft erfolgte der 1. Spatenstich des „Asyl-Tunnels Berlin-Temeswar". Mit diesem Tunnel, so die Initiatoren, sei es der Bundesrepublik gelungen, einen entscheidenden Schlag gegen das internationale Schlepperbandentum durchzuführen und gleichzeitig das Grundgesetz zu retten: Jetzt könnten nicht mehr nur Flüchtlinge der „Jet-Set-Klasse" Asyl begehren, sondern auch „die wirklich Verfolgten" per Tunnel aus

ein Ding für sich, ein Regelwerk, das es zu verletzen, zu entwenden und umzudeuten gilt.
Sie ist ein Ordnungssystem, „dessen Macht nicht zuletzt darauf gegründet ist, als fraglos hingenommen zu werden". Es geht also darum, die friedliche Ordnung der Zeichen zu stören, um überhaupt auf dieses Ordnungssystem und seine stabilisierenden Funktionen aufmerksam machen zu können. Im besten Falle heißt das, sich der Leerstellen zu bemächtigen, das Ungesagte auszusprechen und gleichzeitig aufzudecken, wie das Entleeren und Schweigen in der Sprache selbst verborgen wirkt. Eine solche Entwendung und Umdeutung greift die symbolischen Fundamente der sozialen Ordnung an. Gruppen wie ○ *Radio Alice* verstanden Sprache daher als ein mögliches Feld strategischer Operationen.

Gruber, Klemens: Die zerstreute Avantgarde. Wien/Köln 1989, S. 104.

Barthes, Roland: Mythen des Alltags. Frankfurt/M. 1964.

Die mit der Entwendung und Umdeutung von Sprache angestrebte subversive Kommunikation setzt also nicht nur darauf, daß Medien einen gleichberechtigten Austausch ermöglichen oder eine ‚schmutzige' Sprache verwenden sollen, sondern auch auf sophistische Techniken. Eine subversive Sprache hat das Ziel, die offizielle Darstellung der Realität zu widerlegen, das Bild der Welt zu verrücken und die Koordinatentafel der Wahrheiten in Unordnung bringen, indem sie die institutionellen Codes unterläuft. Roland

Sanssouci .

Park nicht mit zeitgenössischer Kunst verschönert werden könne, abfinden. Daraufhin fand das Aktionsbüro mit dem Kunstwerk „Parkschoner", an dem sogar die Besucher und Spaziergängerinnen freiwillig aber unwissentlich teilhatten, einen Ausweg aus der kunstlosen Parktristesse. Der Kampf um den öffentlichen Raum wurde mit denselben preußischen Mitteln gewonnen, mit denen er fast beendet worden wäre: dem Glauben an die Vorschrift.

einem nicht-sicheren Drittstaat in die Bundesrepublik gelangen. Feierlich wurde der „Tunnel der Nächstenliebe" begrüßt, nicht jedoch ohne den Hinweis „Sollten allerdings Zigeuner, Kommunisten oder polnische Autoschieber dieses humanitäre Projekt verstopfen, kann der Tunnel im Rahmen des Kanalbauprogrammes auch jederzeit geflutet werden" (Neues Deutschland, 25. 2. 1993). ⊙

Barthes hat dieses Konzept von Subversion in Form einer Frage formuliert: „Ist die beste Subversion nicht die, Codes zu entstellen statt sie zu zerstören?"
Eine weitere Technik der Entwendung ist die Parodie. Sie zwingt die Zuhörerin auf wunderbare Weise genau, wenn nicht sogar mit zwei Ohren hinzuhören. Das eine Ohr für das Original in seinem ursprünglichen Kontext und das andere Ohr für die entstellte oder umgedeutete Version der Parodie. Zwischen den beiden Seiten liegt die Konfrontation zweier Sprachstile, welche auf das Unausgesprochene im ursprünglichen Text aufmerksam macht. Parodie macht lächerlich, ist aber keine Geste der Überlegenheit sondern ein Mittel des Kampfes im Hinterfragen von scheinbar natürlichen Formen wer über was wie nachzudenken und zu sprechen hat. Oder mit wem aufgrund der angeblich allen einsichtigen Hierarchien in dieser Gesellschaft das Sprechen nicht möglich ist. In der Regel.

Ludwigsburg 1985

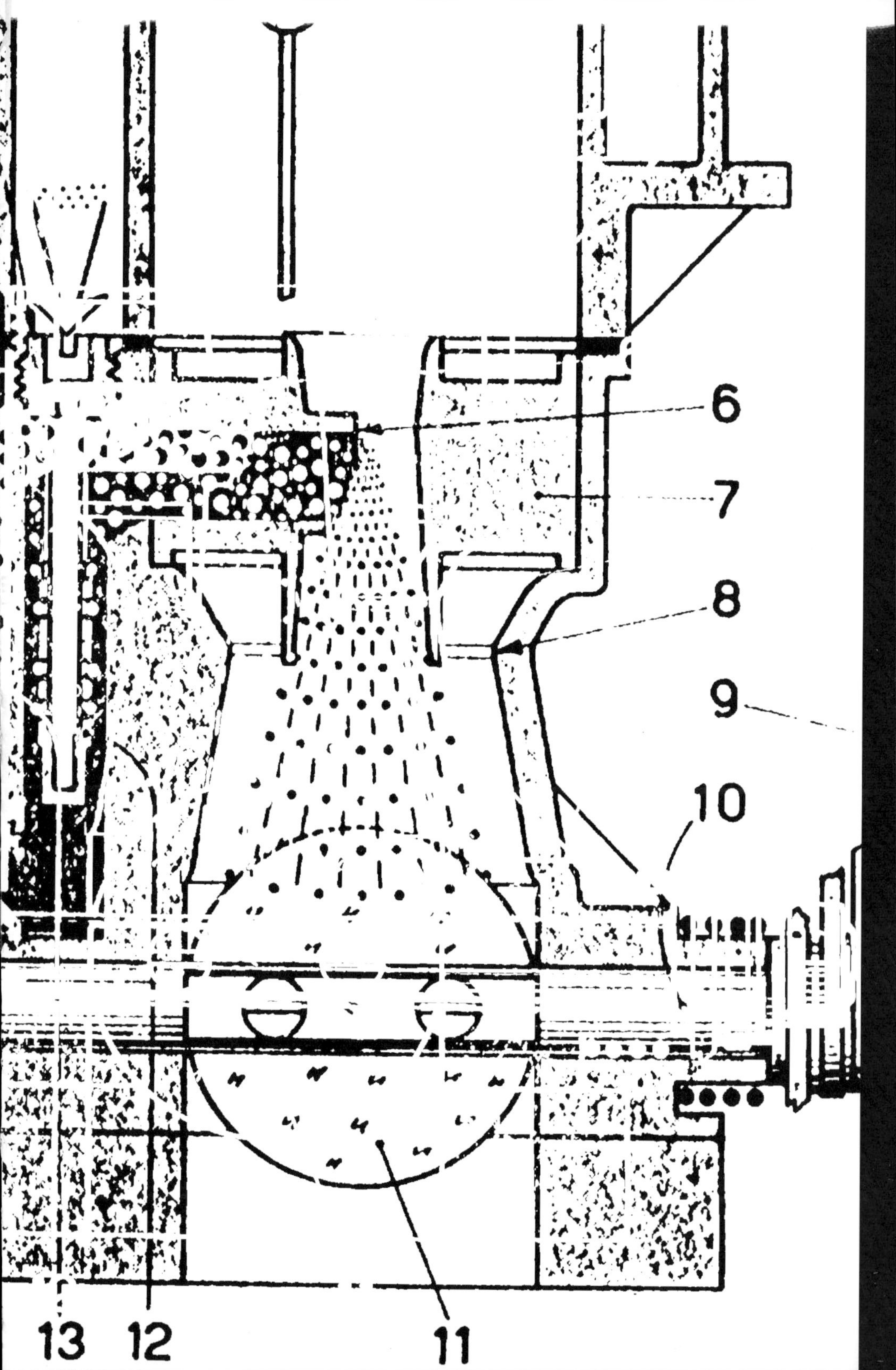
6
7
8
9
10
13
12
11

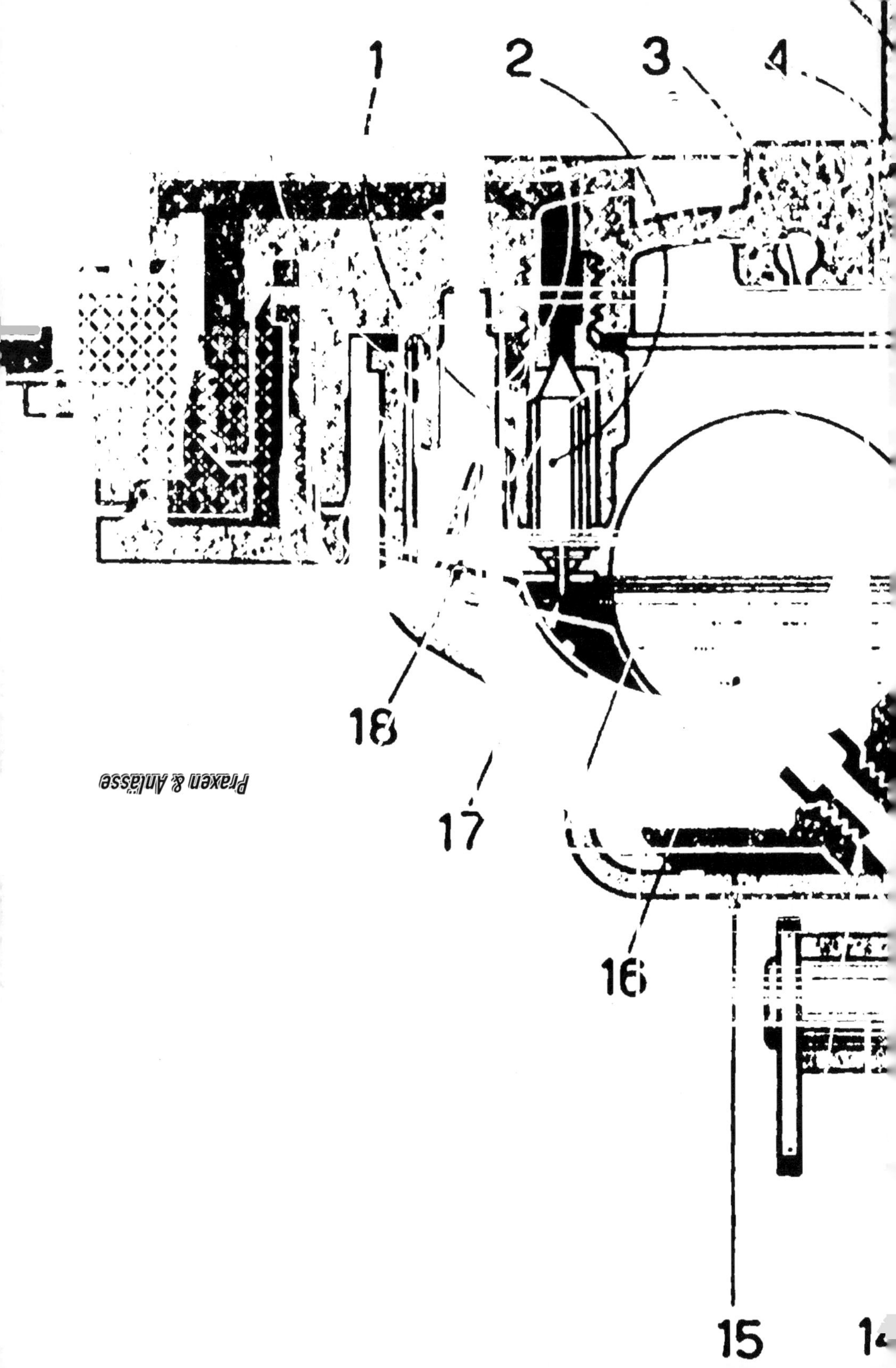
1
2
3
4
18
Praxen & Anlässe
17
16
15

Praxen & Anlässe

„Da unsere relative Vereinzelung uns zwingt, uns auf wenige, materiell wenig aufwendige, aber konzentriert wirksame Eingriffe in die materielle Umwelt zu beschränken, wird es zunächst in erster Linie darum gehen, mit den Definitionen des Raumes und der Zeit zu spielen, das Symbol-System zu untergraben, indem wir den städtischen Raum mit einer Art Wörterbuch durchsetzen; das in Objekten und Techniken ausfindig zu machen oder zu entwerfen ist das einzige Projekt, in dem heute Experimente des Schreibens, Malens oder Filmens ihre revolutionäre Dimension finden können." Bredlow, Lutz: Die Dimension der Abwesenheit in der Inszenierung des öffentlichen Raumes. In: anschläge (Berlin) Nr. 6/1983, S. 41-46.

Sniping – Hinterhältige Zeichen im öffentlichen Raum

Sniper sind semiotische Heckenschützen. Ihre Anschläge verüben sie nicht mit Gewehr und Zielfernrohr, sondern mit Spraydosen; ihre Spezialität ist das ‚hinterhältige', unbeobachtete Anbringen von Zeichen und Symbolen im öffentlichen Raum. Dabei geht es um die Veränderung, Kommentierung, Korrektur oder Verdeutlichung der (häufig unausgesprochenen) Aussagen von Plakaten, Denkmälern, Schildern und dergleichen oder auch um die ‚Zweckentfremdung' scheinbar inhaltsneutraler Mauern und Gebäudefassaden durch Graffiti: Die meisten Angriffe der Sniper sind zugleich unerlaubte Eingriffe ins Privateigentum.

Eine andere Bedeutung des englischen Worts ‚Sniping' ist ‚Schnipseln'. Die Sniperin arbeitet mit unterschiedlichen zeichnerischen oder textlichen, oft fragmentarischen Eingriffen. Sie nutzt das Material, das sie bei ihren Nacht- und-Nebel-Operationen auf dem Gelände des ‚Feindes', in dessen Räumen und auf seinen Objekten vorfindet. Sie ergänzt oder entstellt es mit ihren semiotischen Geschossen, mit Bruchstücken von Texten, Symbolen oder Bildern. Dabei wird die ursprüngliche Botschaft verfremdet *(➲ Verfremdung)* und unter Umständen in ihr Gegenteil verkehrt. Mark Dery spricht in diesem Zusammenhang von ‚künstlerischem Terrorismus' („artistic terrorism").

Dery, Mark: Culture Jamming. Westfield 1993 oder http://gopher.well.sf.ca.us:7/0/cyberpunk/cultjam.txt

„Als die Mauer fiel, haben wir gleich ... geschossen."

Join the

BILLBOARD LIBERATION FRONT

„Tauben nerven und haben den Tod verdient" – „Jedem seine eigene Werbetafel". Auch wenn sich die Mitglieder der Billboard Liberation Front (BLF) sonst nur selten einig sind: Hinter solchen Forderungen stehen alle Aktivistinnen der Gruppe, die seit 1977 in der Gegend von San Francisco wirkt, mit einhelliger Begeisterung.

Die Mitglieder der BLF kommen zum Teil aus der Grafikbranche und haben eigentlich nichts gegen Plakate und Werbetafeln („Billboards") einzuwenden. Im Gegenteil: Sie sind der Meinung, daß Werbung nicht nur ein paar finanzkräftigen Konzernen möglich sein darf, sondern alle Individuen gleichermaßen Zugriff auf Werbeflächen haben müssen. Daher vermeiden sie bei ihrer kreativen Beschäftigung mit Werbetafeln plumpe Beschädigungen. Ihre Arbeitsethik besagt vielmehr, daß Werbetafeln in jeder Weise verbessert werden müssen. Dabei sollen die inhaltlichen und ästhetischen Einriffe so professionell sein, daß nicht unmittelbar erkennbar wird, daß das Schild nachträglich verändert wurde.

Bei der konstruktiven Veränderung von Werbeflächen haben die einzelnen BLF-Aktivistinnen in jahrelanger Praxis individuelle Vorlieben und spezielle Fähigkeiten entwickelt. So wird berichtet, daß der Drogenexperte der Gruppe eine Aktion dadurch ermöglichte, daß er mehrere Leute mit einem Cocktail außer Gefecht setzte und anschließend aus der Arbeitszone entfernte. Es gibt einen Experten für Computer und deren Sabotage, und zwei Aktivisten arbei-

Billboard Banditry Zu den beliebtesten Zielen semiotischer Heckenschützen gehören Werbetafeln (Billboards) und Plakate. Während in der Bundesrepublik vor allem die Veränderung von Wahlplakaten geläufig ist, richtet sich Billboard Banditry in den USA, Kanada, Australien und England in erster Linie gegen Konsumwerbung. Dort hat sich eine ganze Szene dieser Praxis verschrieben: In der Zeitschrift ◘ *Adbusters* ist von „to correct an offensive billboard" (vom Korrigieren aufdringlicher Werbetafeln) die Rede. Die kalifornische ◘ *Billboard Liberation Front* (Billboard Liberation Front & Friends: The Art & Science of Billboard Improvement. San Francisco 1990.) spricht von „midnight billboard operators" und preist die „Art & Science of Billboard Improvement" (Die Kunst und Wissenschaft der Verbesserung von Werbetafeln). Vgl. a. Wieners, Brad: The Billboard Liberation Front's Greatest Hits. http://www.hooked.net/buzznet/sabotage/lsd/ index.html. Neben der BLF haben sich in den USA noch zahlreiche andere Gruppen der Billboard Banditry verschrieben, so zum Beispiel ‚Truth in Advertisement' in Santa Cruz, ‚Cicada Corps of Artists' oder ‚Artfux' in New Jersey. In Australien übt die Gruppe BUGA UP (Billboard Utilizing Graffitists Against Unhealthy Promotions) aufklärerische Konsumkritik mit der Spraydose. All diese ansonsten sehr unterschiedlichen Gruppen gehen davon aus, daß sich

Adbusters

Billboard Liberation Front

For those hard-to-reach spots

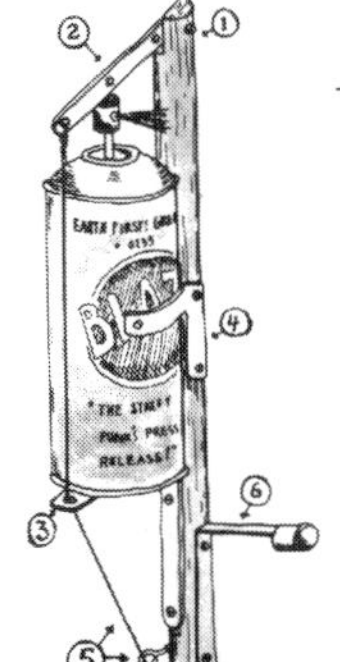

ten in Werbeagenturen und nutzen das dortige Equipment, um die ,Verbesserungen' der Werbetafeln professionell vorzubereiten. Andere wiederum gehören zur Sportlerfraktion und lassen sich, statt zu reden, lieber mit einem Seil um den Körper an einem Hochhaus hinunter, um an die (Billboard-)Objekte ihrer Begierde zu gelangen. Solange ihre Forderung „Werbetafeln für ALLE" nicht erfüllt ist, besteht die BLF jedenfalls auf ihrem guten Recht, die Botschaften auf solchen Tafeln in unvorhergesehener und für die eigentlichen Urheber unliebsamer Weise zu verändern.

Doch: the system strikes back. So benutzte eine Werbeagentur 1994 die Technik der ,Veränderung' von Werbetafeln als neue Methode, auf Kundenjagd zu gehen. Sie brachten auf ihren eigenen Werbetafeln Graffiti an, die vom Stil her einer BLF-Aktion ähnlich waren. Beworben wurden junge Erwachsene, die als potentielle Autokäufer angesprochen werden sollten. So fand sich auf den Werbetafeln aufgesprüht zuerst das Wort „Hi", das dann später zu „Hip" und „Chill" verändert wurde. Die BLF beschloss, ihre Aktionsform zu verteidigen und sich an der Werbeagentur zu rächen. Sie machte aus „Hip" das Wort „Hype" und brachte an den Kühlergrills der dargestellten Autos das Bild eines Totenkopfs an. Der Sprecher der BLF meinte dazu: „Wir können nicht danebensitzen und nichts tun, während andere unsere Aktionsform kopieren, vor allem wenn sie es derart schlecht tun. Das ist „substandard for midnight billboard operators".

Billboard Liberation Front & Friends: The Art & Science of Billboard Improvement. San Francisco 1990.

Werbebotschaften durch geeignete Eingriffe als Verführer impotent machen lassen. Mit ihrer Kritik an ,ungesunder' Werbung befinden sie sich (vielleicht nicht ganz zufällig) in zum Teil reichlich merkwürdiger Gesellschaft, die von Abstinenzlern bis zu militanten Nichtrauchern reicht ○ *Adbusters*.

Adbusters

Billboard Bandits nutzen die Aussagekraft der Texte oder Bilder auf den Werbetafeln und versuchen, diese durch geeignete Ergänzungen und Veränderungen ,umzudrehen':

Durch Hinzufügen oder Weglassen von Buchstaben bzw. Wörtern können inhaltliche Aussagen in ihr Gegenteil verkehrt werden: Go to [S]hell. Das Hinzufügen von Bildern oder Symbolen soll den Sinn einer Aussage eines Plakats oder eines Denkmales verfremden oder ins Absurde verkehren. Durch Sprechblasen, wie sie aus Cartoons geläufig sind, können neue und häufig überraschende Zusammenhänge hergestellt werden (eine von den ○ *Situationisten* häufig verwendete Praxis). Dabei dient die Hinzufügung oft einfach der Verbreitung eigener Aussagen, so beispielsweise, wenn zu Volkszählungszeiten der Marlboro-Cowboy plötzlich behauptet: „Ich lasse mich auch nicht zählen".

Erfahrene Billboard Bandits empfehlen kleinere Veränderungen, weil ein nur leicht verändertes Plakat eine größere Überlebensdauer besitze und die Änderungen

Nach Meinung der BLF ist die „Kunst und Wissenschaft der Werbetafelverbesserung" von allen praktizierbar. In ihrer Broschüre „The Art and Science of Billboard Improvement" geben sie detaillierte Beschreibungen der verwendeten Verschönerungspraktiken. Daraus ist auch das folgende kleine Märchen entnommen: Aim High! - Ein hohes Ziel! Es begab sich vor langer Zeit, daß fünf Baumpflanzer einer Kooperative Urlaub in Seattle machten. Da sahen sie eine Werbetafel, die einen phallisch emporsteigenden Düsenjet mit der Aufschrift „Aim High! - Ein hohes Ziel!" zeigte. Ein solches Ziel setzten auch sie sich. Sie erkletterten die Werbetafel, maßen sie aus und nahmen Farbproben von dem Text. Dann malten sie rote Buchstaben auf Metzgereipapier und besorgten sich Reißnägel und Kleister. Eines Abends, während der rush-hour, postierte sich einer in der Nähe der Werbetafel an der Autobahnbrücke, ein anderer an der Auffahrt in der anderen Richtung, beide mit Walkie-Talkies ausgerüstet. Die übrigen klebten das mitgebrachte und beschriftete Papier auf das Schild. Der Verkehr war so dicht, daß es sicherlich mehrere Minuten dauern würde, bis die Polizei zu diesem Ort kommen konnte. Innerhalb von 15 Minuten war die Werbetafel ‚korrigiert' und unsere Helden verstauten die Arbeitsgeräte an einem sicheren Ort. (...) Schon nach einem Tag wurde das Schild wieder mit dem Originalplakat überklebt. Es sah großartig aus, ... bis zum nächsten Regen, als die auf dem Metzgereipapier hinzugefügten Buchstaben durch das nasse Papier des Plakats wieder hervortraten. Neben „Aim High – Ein hohes Ziel!" waren die Worte zu lesen: „Blow up the Pentagon! – Jagt das Pentagon in die Luft!"

ausdrucksstärker und auch schneller zu bewerkstelligen seien. Eine ganze Reihe von Techniken hierzu sind schon aus der Schule bekannt und wirken möglicherweise als ‚Einstiegsdroge'. Dazu gehört etwa das ‚Hitlerizing', also das Hinzufügen eines kleinen viereckigen Bärtchens auf den Plakatgesichtern. Vor allem zu Wahlkampfzeiten sind solche ‚Verschönerungen' gegnerischer Kandidaten ziemlich beliebt, und zwar bei Anhängerinnen fast aller Parteien, obwohl sie zweifellos – wie die meisten hier dargestellten Praktiken – illegal und deshalb verboten sind.

Häufig mag auch der Widerwille gegen allzu glatte und gestylte Menschen auf den Werbeplakaten ein Antrieb zum Sniping sein. Verunreinigungen der Haut haben die meisten Menschen – außer den stilisierten Werbe- und Politikervisagen. Erste Gehversuche von Billboard Bandits bestehen daher häufig im Anbringen von Pickeln oder Mitessern, die die doch etwas künstlichen Gesichter wieder in ihre ‚natürliche' Ordnung bringen.

Freundinnen etwas eindeutigerer Symbolik versuchen es mit einem rot aufgetragenen Blutsturz aus dem Mundwinkel allzu schöner Menschen. Auch zwei schnell hinzugemalte weiße Flecken auf die Pupillen machen noch aus jedem Model einen schönen Zombie.

Craig, John: Adding the Blemish of Truth, In: Adbusters Winter 1996, S. 44-45.

Teeren & Federn

Seit 1934 blicken am Torturm von Marbach am Neckar mitten im historischen Stadtzentrum zwei Sandsteinkrieger auf einem Sockel stadteinwärts, zur Erinnerung an beim Töten getötete Soldaten. Nach 1945 blieb das „Schandmal" an seinem Platz stehen. Erst 1984 begann eine heftige Auseinandersetzung um dieses Nazi-Kriegerdenkmal, die schließlich in eine spektakuläre Aktion mündete. Ein bis dahin unbekanntes Frauenkommando ‚Blood, Sweat & Teer' bekannte sich öffentlich dazu, die beiden Soldaten geteert und gefedert zu haben. Das Kommando verurteilte „die ‚psychologische Kriegsvorbereitung', die mittels

Sniping in Form von Billboard Banditry läßt sich als eine Form von Alltagskritik verstehen, die das von Umberto Eco geforderte Rauschen in die Werbebotschaft hineinbringt und zugleich die auf ökonomischer Stärke beruhende Machtposition der Auftraggeber eines Plakates oder einer Werbung angreift und entzaubert. Gelungene Bearbeitungen helfen, verschlüsselte Bedeutungen zu entziffern und verleihen den veränderten Botschaften von politischen Plakaten oder Werbetafeln subversiven Charakter. Parodistischer Humor, Sprachwitz und gekonnte Verfremdung sind dabei besonders wirkungsvoll, während Beleidigungen oder Klartextparolen wenig subversive Kraft haben.

Eco, Umberto: Für eine semiologische Guerilla. In: Ders.: Über Gott und die Welt. München 1985, S. 146-156.

Graffiti: „Sie haben die Macht – wir haben die Nacht"
Über die Mauer als erogene Zone

Sniping kann über die Korrektur von mehr oder weniger expliziten Aussagen hinaus auf die symbolische Besetzung von Orten zielen, die sonst eher funktionalen Charakter zu haben scheinen: Mauern, Gebäude, Orts- und Verkehrsschilder, Züge, Wegweiser etc. Sniperinnen wissen indes, daß es keine ‚nicht-signifikanten' Orte gibt. Eine kahle Betonmauer oder eine frischlackierte S-Bahn sind im Gegenteil ausgesprochen bedeutungsgeladen. Die ‚Besetzung' erfolgt durch das Sprayen, das Auftragen von Schablonentext oder -zeichnungen, aber auch durch das Anbringen von Spuckis, Aufklebern, Plakaten, Transparenten oder Fahnen.

Jede Graffiti-Intervention im öffentlichen Raum vollzieht sich – bewußt oder unbewußt – vor dem Hintergrund der Tatsache, daß dieser Raum durch Architektur und andere Elemente in einer Art und Weise strukturiert ist, die Macht- und Herrschaftsbeziehungen in physisch faßbarer Form zum Ausdruck bringt (➲ *Orte und Räume*). Eigentümer und Auftraggeber von Gebäuden bestimmen zusammen mit den bürokratischen Institutionen, Planern und Verwaltern die Erscheinung des öffentlichen Raums; sie definieren die Möglichkeiten und vor allem die Beschränkungen der Bewegung und des Lebens in ihnen. Der Besitz von Gebäuden beinhaltet zugleich den Anspruch auf öffentliche Repräsentationswirkung. Die Besitzer haben das Privileg, das Erscheinungsbild ihres Ambientes zumindest im Rahmen der üblichen Langeweile individuell zu gestalten. Staatliche Bürokraten überwachen Baugesetze, verabschieden Bausatzungen, erstellen Planungen von Orten, Städten, Verkehrswegen. Als Vertreter der ‚öffentlichen Interessen' sind sie die bürokratischen Verwalter der protzigen Langeweile der Metropolen.

Graffiti unterlaufen ein Öffentlichkeitsverständnis, das die Gestaltung des öffentlichen Raumes an privates Eigentum und bürokratische Legitimation bindet. Daß das ‚Für-sich-haben-Wollen' des bürgerlichen Eigentumsbegriffs mit seiner Ausgrenzung Dritter

Teeren & Federn …

dieses und ähnlicher Ehrenmale betrieben wird." Städtische Arbeiter hatten danach alle Mühe, die „Riesensauerei" (Ludwigsburger Kreiszeitung) vom Sandstein herunterzubekommen. Bis heute wird das Denkmal immer wieder verschiedensten Veränderungen unterzogen. Für den 3. Oktober 1990 kündigten spezielle Anhänger der Wiedervereinigung die ‚Sprengung' des Denkmals an („Wir machen den Weg frei – für Deutschland"). Es blieb indes bei einer Dusche durch einen Rasensprenger. Die Polizei hatte dem Vorhaben von Anfang an mißtraut und war entsprechend vertreten, wodurch immerhin die langersehnten

Thoss, Peter: Gutachten zur Auslieferung Naeglis. In: Schweizerische Zeitschrift für Strafrecht 1983, S. 215-225.

Ferrell, Jeff: Crimes of Style. Urban Graffiti and the Politics of Criminality. New York & London 1993, S. 176.

sich auf den ganzen Raum erstrecken soll, erscheint den Sniperinnen dann doch zu frech. Ihre Graffiti machen die Flächen der Stadt zu einem offenen Raum ohne privilegierten Diskurs. Das ‚Wilde Schreiben' durchbricht durch ästhetische Sabotage die Hegemonie der staatlich-kommunalen Stadtplaner und privaten Bauherren hinsichtlich der Inszenierung des städtischen Raumes. In diesem Sinne ist die eigenständige Nutzung des öffentlichen Raumes selbst schon eine inhaltliche Aussage. Hier trifft Marshall McLuhans Satz „The medium is the message" tatsächlich zu. Graffiti kritisieren die Repräsentationsfunktion von Architektur und stellen das Recht auf eine ungestörte Fassade in Frage. Zugleich stehen sie auch für die symbolische Insbesitznahme der ausgewählten Orte bis hin zur Kennzeichnung von Territorien.

Als zeichnerischer oder textlicher Eingriff in vorhandene Flächen stehen Graffiti stets in Bezug zu den architektonischen Situationen. Die Architektur wird zum Träger der Veränderungen bzw. Aneignungen der Sniperinnen. Dabei folgen deren Bewertungen von wichtigen und weniger wichtigen Orten eigenen Kriterien. Sie interessieren sich vielfach nur am Rande dafür, welchen gesellschaftlichen Stellenwert die von ihnen bearbeiteten Flächen haben, d.h. ob es Bürogebäude, Rathäuser, S-Bahn-Waggons, Fabrikmauern oder Eisenbahnbrücken sind, sondern es geht vor allem um drei Dinge: 1. Wie riskant ist es, eine bestimmte Fläche zu besprühen (akrobatische Leistungen und Risiko, erwischt zu werden)?, 2. Wie gut eignet sie sich unter formalen Gesichtspunkten (Größe, Oberfläche)? 3. Wieviele Leute sehen das Ergebnis?

Oft machen Graffiti keinerlei inhaltliche Klartextaussage, sondern bestehen nur aus Bildern oder persönlichen ‚Markierungen', also ‚tags', die manchmal nichts anderes als „Ich war schon da" besagen. In einem traditionellen Verständnis von Politik gilt diese Form der Veränderung des öffentlichen Raums als eher unpolitisch: „Wer genau weiß, warum und wofür er sich engagieren will und daran interessiert ist, sein Anliegen möglichst effektiv zu publizieren, der lasse die Finger von der Spraydose, da das Anliegen zumeist hinter dem Spraycharakter verschwindet. Es sei denn, das wäre sein Anliegen." Die Aussage von Graffiti liegt häufig tatsächlich nicht in erster Linie in einer eindeutigen Klartextbotschaft, sondern in der Aneignung des öffentlichen Raums, zu welchem Zweck auch immer. Dabei können gerade Graffiti, die keine ausdrücklichen inhaltlichen Aussagen transportieren und sich somit dem Zwang zur Erklärung und zum ‚Sinn machen' verweigern, besonders provozierend wirken.

Schmid, Joachim: Graffiti: Das Medium derjenigen, die dagegen sind. In: Kerbs, Dieter (Hg.): Ästhetische Praxis - Politische Praxis. Sonderheft von ‚Kunst und Unterricht'. Seelze 1981.

Teeren & Federn .

Gruppenphotos von Nazi-Soldaten mit bundesrepublikanischer Polizei entstehen konnten. Traumatisch blieb für die Denkmals-Verfechter aber offenbar das Teeren & Federn. Weit mehr als die verschiedensten Sprühaktionen traf diese Aktion den Nerv der Freunde des deutschen Soldatentums. Bis heute beschwören sie bei jeder Gelegenheit diese ‚Schandtat'. Die Kritik ist offenbar verstanden worden.

Die spezifischen Bedingungen des Sprayens führen mitunter zu überzeugenden formalen Lösungen: „Das Wagnis des Zeitdrucks, die Heimlichkeit der nächtlichen Ausführung, die Beschränktheit der Mittel, die räumlichen Gegebenheiten: all dies sind paradoxe Fundgruben so mancher formaler Einfälle. Die Eile zwingt dazu, jegliches Protokoll zu mißachten und zur Sache zu kommen." Gerade die Illegalität macht das Graffiti-Sprayen insbesondere für Jüngere attraktiv. Von daher wird auch klar, warum Versuche, Graffiti zur Kunst umzudeuten, nur wenig bewirken. Die Tendenz, Graffiti-Sprayer als Künstler zu integrieren, Graffitiwände zur Verfügung zu stellen, ist beispielhaft für eine Reaktion mit Zuckerbrot und Peitsche und steht keineswegs im Widerspruch zu teilweise massiver Repression: In Berlin wurde eine Sonderkommission zur Verfolgung von Sprayern eingerichtet, und in den USA sind Leute wegen Graffiti schon eingefahren, weil sie mit der falschen Hautfarbe, den falschen Turnschuhen und am falschen Ort beim Sprühen erwischt wurden. Kommt dann noch eine Vorstrafe beispielsweise wegen Ladendiebstahls dazu, kann das in manchen Gegenden nach dem Baseball-Motto „Three strikes – you're out!" mittlerweile lebenslängliche Sicherheitsverwahrung heißen.

Thevoz, Michel: Die Mauer als erogene Zone. In: Bianchi, Paolo (Hg.): Graffiti. Basel 1984.

Selbst wenn es etwas absurd anmutet, daß beispielsweise der ‚Sprayer von Zürich' zu einer Zeit verurteilt wurde, in der seine ‚Arbeiten' endgültig in den Kunstkanon aufgenommen und die noch verbliebenen Exemplare unter Denkmalschutz gestellt wurden: Beide Strategien verfolgen dasselbe Ziel, den mit Graffiti verbundenen Angriff auf den öffentlichen Raum zu verhindern. Die legalisierte und geförderte Plazierung von Graffiti auf Bauzäunen, als bezahlte Fassadengestaltung oder sogar in Galerien entschärft deren subversive Wirkung dabei unter Umständen zuverlässiger als jede offene Repression.

Und genau darin liegt die Grenze dieser Art von Graffiti-Kunst. „Sie bringen die Architektur ins Spiel, aber ohne die Spielregel zu brechen." Wenn der ‚Sprayer von Zürich' Graffiti als die vielleicht erste Form ‚militanter Kunst" bezeichnet, kennt er den Unterschied zwischen Graffiti und Kunst genau. Er weiß genau, wozu Auftragsgraffiti dienen sollen: „Aber selbst wenn die Figuren, die ich in staatlichem Auftrag herstellen würde, besser und nicht schlechter wären, so wäre es doch eine grauenhafte Entzauberung der ganzen Aktion. Es wäre die staatliche Vereinnahmung und Unschädlichmachung. Ich glaube, daß alle Graffiti von der Autonomie lebt". Entsprechend gibt es nach wie vor ‚Writer', die ihre Graffiti als „Art Crimes!" bezeichnen.

Baudrillard, Jean: Requiem für die Medien. In: Ders.: Kool Killer oder Der Aufstand der Zeichen. Berlin 1978. S. 32.

Zürcher Sprayer: Mein Revoltieren, mein Sprayen. Bern 1979.

Vgl. im Serviceteil die „Art Crime Sites" des Internets.

Was sich mit Kriegerdenkmälern …

Denkmalpflege **Ein weiteres bevorzugtes Ziel von Sniperinnen sind Denkmäler.** Sie befinden sich auf öffentlichen Plätzen und zeugen von der Macht und den Möglichkeiten ihrer Stifter, eine bestimmte Sichtweise eines Ereignisses oder einer historischen Figur im öffentlichen Raum dauerhaft zu inszenieren. Denkmäler verkörpern nicht die historische Wahrheit. Sie drücken die Perspektive aus, die die Betrachterinnen gemäß dem Willen ihrer Erbauer gegenüber einem historischen Ereignis oder einer historischen Figur einnehmen sollen. Zugleich beanspruchen sie aber eine überzeitliche Wirkmächtigkeit. Denkmalpflege nennt sich jene Institution, die darüber wacht, daß die historische Form dieser Symbole erhalten bleibt.

Doch die Betrachterinnen haben ihren eigenen Blick auf die Denkmäler. Deren Botschaften werden im Laufe der Zeit, unter Umständen aber auch schon bei der Errichtung des Denkmals in Frage gestellt oder abgelehnt. Oskar Negt/Alexander Kluge stellen daher die Frage, „ob Denkmäler, die ... geschichtliche Stationen dokumentieren, nicht zweifach hergestellt werden müßten: das eine Denkmal, um einen bestimmten – möglicherweise Verzerrungen und Irrtümer enthaltenden – geschichtlichen Stand festzuhalten; das andere, damit es von den Menschen im weiteren Verlauf deformiert, verändert, korrigiert werden kann. Es ist notwendig, sowohl die Geschichte als auch die Differenz zur Geschichte in der Öffentlichkeit von Denkmälern festzuhalten."

Negt, Oskar/ Kluge, Alexander: Öffentlichkeit und Erfahrung. Frankfurt a.M. 1972, S. 451.

Nichts anderes unternehmen auch die Sniperinnen, die mittels verschiedener Arten symbolischer Intervention versuchen, ihre Differenz zur Perspektive der Denkmalstifter auszudrücken, indem sie die Denkmale beschädigen oder durch inhaltliche oder farbliche Zusätze verändern und verfremden. Die Kommunikationsguerillera interessiert sich hauptsächlich für die Veränderung. Es geht ihr nicht so sehr um das Zerstören, sondern hauptsächlich um die ○ *Verfremdung* und ○ *Entwendung* der vorgefundenen Symbole. Dabei lassen sich unterschiedliche Arten des Umfunktionierens beobachten.

Mitunter genügt es schon, eine Fahne hinzuzufügen, um die zeitweilige Besetzung eines ○ *öffentlichen Raumes* zu markieren und einem Denkmal zumindest temporär einen anderen Sinn zu verleihen. Auf dem Bonner Marktplatz wurde dem Beethoven-Denkmal jedesmal die schwarze Fahne aufgesteckt, wenn bei einer größeren bundesweiten Demo der ‚Revolutionäre Block' seine eigene Kundgebung unweit des Hofgartens abhielt. Als die ‚Rifondazione Communista' (RC) im norditalienischen Verona wie jedes Jahr 1995 ihr traditionelles einwöchiges Parteifest auf der ‚Piazza delle Poste' abhielt und dem dort in Gestalt eines Reiterdenkmals verewigten Nationalhelden (und Sozialisten) Guiseppe Garibaldi eine rote Fahne mit Hammer und Sichel in die Hände steckte, rief das die Kom-

... alles machen läßt

SPRAYER ○ von Zürich

Ende der 70er Jahre tauchten auf Betonwänden, Fassaden und Mauern in der Schweiz sowie in zahlreichen bundesdeutschen Großstädten tanzende Spinnenmenschen, Skelette und sanft geschwungene Augentiere auf. Mit sparsamen, zumeist schwarzen Sprühlinien entstanden seltsame Geschöpfe; hinter jeder Ecke konnte plötzlich eines von ihnen ins Blickfeld geraten und die Vorstellung einer geheimnisvollen Phantasiewelt mitten in der Großstadt erwecken. 1979 wurde der bis dahin anonyme Sprayer von der Zürcher Polizei gestellt und angeklagt. Vor der Revisionsverhandlung setzte er sich, nun namentlich als Harald Naegeli bekannt, nach Deutschland ab, wurde ausgeliefert und zu neun Monaten Haft ohne Bewährung verurteilt.
Die Begründung für das Urteil des Zürcher Obergerichts lautete: „Der Angeklagte hat es verstanden, über Jahre hinweg und mit beispielloser Härte, Konsequenz und Rücksichtslosigkeit die Einwohner von Zürich zu verunsichern und ihren auf unserer Rechtsordnung beruhenden Glauben an die Unverletzlichkeit des Eigentums zu erschüttern." Eine solche Formulierung wertet Naegelis Arbeiten nicht als künstlerischen Akt, auch nicht als vandalistische Sachbeschädigung, sondern als politischen Verstoß.
Wie ist es nun zu erklären, daß die seltsamen, liebenswerten Figuren Naegelis auf den Mauern braver Bürger und rechtsgläubiger Institutionen derart heftige Reaktionen auslösen konnten, wo sie doch – im Gegensatz zu den meisten Sprühschriften – keinerlei politische Äußerung zu transportieren schienen?

Müller, Michael (Hg.): Der Sprayer von Zürich. Solidarität mit Harald Naegeli. Reinbek bei Hamburg 1984, S. 97.

munalverwaltung auf den Plan, die forderte, die Fahne sofort zu entfernen, weil es „die Landschaft verschandele" (*L'Arena*, 15. 9. 1995).

Ebenso symbolhaft angelegt war die Aktion des ○ *Büro für ungewöhnliche Maßnahmen* zur Rettung des 18 m hohen Friedrichshainer Lenin-Denkmal in Ostberlin im Jahr 1991. Die Anwohnerinnen, aber auch die Neue Gesellschaft für Bildende Kunst und die Alternative Liste (AL) im Abgeordnetenhaus forderten statt des vom Berliner Senat forcierten Abrisses der 1970 errichteten Granitstatue eine „Denk-Stätte" sowie die Möglichkeit für jeweils einen Künstler, das Denkmal jedes Jahr kreativ zu verändern: „In zehn Jahren kann – nach mehrfacher ‚Wandlung' – das Denkmal der Natur überlassen werden." Es „würde sich Efeu, Wein oder Knöterich des Denkmales bemächtigen – zurück bleiben dann vielfältige und unterschiedlichste Erinnerungen ..." (Presserklärung). Eine erste Verwandlung besorgte das Büro mittels Hebebühne am hellichten Tag selbst. Lenin bekam den Wendespruch „Keine Gewalt" als gut lesbare Schärpe umgehängt.

Doch es half alles nichts: Wladimir Uljanov wurde umgelegt. Gerade die harte Linie gegen diese und andere realsozialistische Hinterlassenschaften in Stein zeigt, welche symbolische Bedeutung solchen Denkmälern nach wie vor beigemessen wird.

Tatsächlich ist diese Form der Besetzung und eigenmächtigen Gestaltung öffentlicher Räume gerade deshalb ein massiver Angriff auf bürgerliche Vorstellungen von Eigentum, weil sie nicht mit dem Anliegen, eine inhaltliche Klartext-Aussage machen zu wollen, zu entschuldigen ist, sondern das Recht auf eigenwillige ästhetische Veränderung einer Fläche ohne weitere Begründung in Anspruch nimmt (○ Sniping). Dieses Anliegen formuliert Naegeli auch selbst, wenn er Galerien und Museen als „entschärfte Plätze" bezeichnet, an denen es nichts zu provozieren gebe. Gleichzeitig besteht er darauf, mit seinen Bildern nichts zerstört, sondern etwas hinzugefügt, geschenkt zu haben. Naegelis Verurteilung führte zu heftigen Protesten; zahlreiche (v. a. sozialdemokratische) Künstlerinnen und Prominente wollten seiner Kriminalisierung entgegenwirken, indem sie seine Arbeiten im Bereich der Kunst verorteten. Paradoxerweise haben diese gutgemeinten Rettungsversuche sein Anliegen möglicherweise stärker zunichte gemacht als die Strafverfolgung. Seine Arbeiten wurden in genau den Kontext der Museen und Galerien gestellt, gegen den sie sich ursprünglich gerichtet hatten: „Alles, was man dort sagt und macht – es kann noch so verrückt sein – wird unter dem Begriff Kunst entschärft. Es ist eine Narrenfreiheit, hat keine Tabus" (Müller 1984, S. 101). Trotz aller Versuche der Vereinnahmung waren Naegelis Figuren als Auseinandersetzung mit Machtrepräsentationen aus Beton auch eine Vorwegnahme der Zürcher Jugendbewegung, die mit dem Spruch „Schade, daß Beton nicht brennt" auf ihre Weise ebenfalls die Bedeutung dieses Materials als Herrschaftssymbol kommentierte. ⊙

Daher werden insbesondere politische Denkmäler (Krieger- und Herrschaftsdenkmäler) häufig kommentiert oder ironisiert. Im Juni 1983 wurde auf dem Bonner Friedhof ein sogenanntes Gefallenenehrenmal mit der Inschrift „Unseren Toten aller Kriege" durch eine leichte Wortverschiebung ergänzt: „Allen Toten unserer Kriege" (*Bonner Generalanzeiger*, 23 .6. 1983). Weniger textfixiert ging 1985 die Marbacher Frauengruppe ‚Blood, Sweat and Teer' zu Werke. Sie teerten und federten kurzerhand die Sandsteinkrieger eines mitten in der Stadt stehenden Nazi-Kriegerdenkmales. Eine solche Aktion unterstreicht, daß es manchmal nicht auf den richtigen Text, sondern auf das richtige Bild ankommt. Mitunter dürften pink oder neongelb eingelassene Kriegerdenkmäler weitaus mehr Wirkung hinterlassen als das in diesem Zusammenhang zwar richtige, aber nichtsdestotrotz schon abgehangene Tucholsky-Zitat „Soldaten sind Mörder".

Konsum- und Werbekritik

Adbusters, das vierteljährlich erscheinende „Journal of the Mental Environment", bildet in Kanada und den USA die propagandistische Speerspitze der zeitgenössischen Konsum- und Medienkritik. Es ist ein Magazin wie ‚Tempo' oder ‚Wiener', thematisch aber von Anti-Alkoholikern, Anti-Rauchern und ausgesprochenen Fernsehhassern dominiert. Herausgeber ist die 1988 gegründete ‚Media Foundation'. Adbusters versucht, Subversion gemäß den kapitalistischen Prinzipien des Marketing zu verbreiten („beat them at their own game"). Die Anti-Werbung richtet sich in erster Linie gegen die Auswüchse der Konsumgesellschaft: „Winning environmental, cultural and ideolocigal battles and creating new paradigms is the name of the game." Auch wer diese Form des ○ Subvertising problematisch findet, kann in Adbusters immer wieder Anregungen für Kommunikationsguerilla-Aktionen entdecken. So publiziert die Zeitschrift regelmäßig eingesandte Entwürfe von entsprechenden Plakaten und berichtet über Werbetafelverbesserungen oder ○ Fakes.

Herausgeber Kalle Lasn in: Adbusters Culture Jammer's Calendar 1995.

„Adbusters" ist eine Wortzusammensetzung aus „Ad" (kurz für Werbung oder Anzeige) und „busting" (zerstören). Es dürfte eine Anspielung auf den populären Film „Ghostbusters" darstellen, wobei nicht ein fröhliches Geisterverjagen gemeint ist, sondern die Austreibung von Werbung, Konsum und Umweltverschmutzung. Diese „De-Marketing"-Aktionen haben ähnliche Ziele wie die der australischen Billboard Banditry-Gruppe BUGA UP (○ Sniping).

http://www.adbusters.org/adbusters/

Schöne bunte Werbewelt – Vom Advertising zum Subvertising

„Ich trinke Jägermeister, weil mein Dealer zur Zeit im Knast sitzt" war in der ersten Ausgabe des Jahrgangs 1981 in der Satirezeitschrift *Pardon* (einem Vorläufer von *Titanic*) der Slogan einer Anti-Werbung für das Produkt einer Braunschweiger Likörfabrik. In den USA, Kanada und Australien ist solches ‚Subvertising' eine wichtige Aktionsform der dort unter der Bezeichnung ‚Culture Jamming' bekannten Spielart von Kommunikationsguerilla. „Subvertising" ist ein Wortspiel mit dem englischen Verb für werben, ‚to advertise'. Gemeint ist die Produktion und Verbreitung von Anti-Werbung oder Werbeparodien. Dabei wird aus Promotion „Demotion" und aus Marketing „Demarketin". Texte und Bilder der Werbeindustrie werden benutzt, um Anzeigen oder Werbekampagnen durch ○ *Verfremdung* zu dekonstruieren. Bei der Bearbeitung der bekannten „Ich trinke Jägermeister, weil ..."-Kampagne wird durch den Begriff ‚Dealer' der Drogencharakter von Alkohol hervorgehoben und damit zugleich auf die Doppelmoral in der bundesdeutschen Drogenrepression hingewiesen (Das Ganze bescherte *Pardon* übrigens einen Prozeß, der sie an den Rand des Ruins trieb). Der Irritationseffekt entsteht dadurch, daß Stilmittel der Werbung in unerwarteten Momenten und Zusammenhängen verwendet werden. Das Jägermeister-Motiv fand sich zuvor bereits in Italien, als nach dem Giftgas-

Dery, Mark: Culture Jamming. Westfield 1993, S. 8 f.

United Colors of Bullshit

Adbusters verbreitet vor einem kulturpessimistischen Hintergrund eine Mischung aus klassischer ○ Gegenöffentlichkeit, Berichten über Billboard Banditry und eigener Anti-Werbung. Zur ○ Verfremdung des Erscheinungsbildes bekannter Markenprodukte oder Hersteller – als besonders schlimme Gehirnverschmutzer („archetypal mind polluters") gelten Budweiser, Marlboro, Bennetton, Coca-Cola, McDonalds und Calvin Klein – verwendet Adbusters Techniken der ○ Collage und Montage. Neben traditionellen Politikformen wie Petitionen oder öffentlichen Kampagnen propagiert die Zeitschrift in ihrem ‚Culture Jammer's Manifesto' auch die Störung von Fernsehsendungen („Television-hijacking") und Formen der Ökosabotage („monkey-wrenching").

Hauptsächlich aber zielt ihre Version des ‚Culture Jamming' darauf ab, über die bestehenden Kanäle der Massenmedien Gegenwerbung oder ‚soziales Marketing' zu betreiben. Ihre Macher glauben tatsächlich: „With your help, the revolution will be televised." Adbuster will die öffentliche Debatte um die Konsumgesellschaft anfachen und die Bürgerinnen in die Lage versetzen, ihre eigenen Interessen zu vertreten. So fordert die Zeitschrift eine multimediale Erziehungskampagne, mit der sie den Konsumentinnen die Kontrolle über ihren Konsum von Tabak, Alkohol, Mode, Kosmetika, Essen, Autos und Medien zurückgeben will. Sie beschwört die Macht der Medien und den Mythos vom Zusammenhang zwischen Bildschirmgewalt und realer gesellschaftlicher Gewalt. Unter der Rubrik „Subvertising" finden sich auch Anti-Fernseh-Plakate, und jedes Jahr wird eine internationale TV-Ausschaltwoche organi-

Indianer und P 38. München 1978, S. 38.

‚Unfall' in Seveso 1977 die Devise ausgegeben wurde: „Bevo Jägermeister perchè a Seveso c' è la diossina" („Ich trinke Jägermeister, weil Seveso voller Dioxin ist").

Inhaltlich geht es beim Subvertising darum, ein Produkt (oder zum Beispiel auch eine politische Position) schlecht oder lächerlich zu machen. Die Werbung für das Produkt wird aufgegriffen und ○ *entwendet*, wobei die Inhalte verschoben und die ursprünglichen Botschaften entwertet werden. Außerdem kann Subvertising auch darin bestehen, zu einer Werbung Klartext über die ‚eigentliche' Wirkung oder die Nebenwirkungen eines Produktes hinzuzufügen. Insbesondere Markenartikel und bekannte Warenzeichen bieten zahlreiche Angriffspunkte – „The United Colors of Advertising": Ein Stück Scheiße oder „United Bullshit of Advertising".

Häufig werden Texte und/oder Bilder auf öffentlich zugänglichen Werbeflächen wie Plakatwänden oder Firmenschildern verändert. Bei dieser eher handwerklichen Ausprägung von Subvertising (○ *Sniping)* stellt jedes Stück eine ‚Einzelanfertigung' dar. Eine weitere Form ist die Verbreitung von Werbeparodien oder Anti-Werbung durch professionell gestaltete Werbemittel, die auf Postkarten oder in Zeitschriften unters Volk gebracht werden.

Shell to Hell

siert: „Turn off your TV – Take back your life." Die Herausgeber produzieren in einer eigenen nichtkommerziellen Werbeagentur namens „Powershift" Werbespots für Greenpeace und andere Ökogruppen sowie eigene Spots, die von den US-amerikanischen Fernsehanstalten meist boykottiert werden. Sie arbeiten an einer eigenen TV-Serie über Medienaktivisten und bereiten derzeit ein Handbuch des Culture Jamming vor. Bisweilen betreibt Adbusters regelrechtes Culture Jamming-Merchandising mit Kalendern, Stickers, Plakaten, Videos etc.

Der Zeitschrift wurde 1994 für ihre Kulturkritik der „Western Magazine Award for Magazine of the year" zugesprochen. Sie hat auf dem nordamerikanischen Kontinent für eine bestimmte Szene große Bedeutung. Adbusters bündelt die Proteste vieler kleiner und lokaler Gruppen, die sich aus einem spezifischen, an den eigenen Körper und an individuelle moralische Maßstäbe gebundenen Gefühl politischer Verantwortlichkeit heraus artikulieren – eine Haltung, die nicht zufällig an das historische amerikanische Pionierprinzip erinnert. Das öffentlichkeitswirksame politische Aufbegehren der US-amerikanischen Neuen Linken verschob sich hin zu einem konsumkritischen Protest, der das gesellschaftliche System in der Regel unangetastet läßt.

In den USA und Kanada wird die Adbusters-Variante des Culture Jamming kritisiert, weil sie sich mit den ästhetischen Insignien des Hightech-Zeitalters und des Merchandising ans Werk macht. Problematischer allerdings erscheint, daß sich auch ihr Menschenbild nicht allzusehr von dem der Werbefuzzis unterscheidet. Wer in der Art

Subvertising ist der Versuch, aus der Rolle der passiven Rezipientin von Botschaften oder des Käufers von Waren herauszutreten und die öffentliche Auseinandersetzung über deren politische oder gesellschaftliche Bedeutung wieder aufzunehmen: „Eine wachsende Zahl von Künstlern, Aktivisten und Umweltschützern wollen Sand im Getriebe sein, um so Nordamerikas Bilderfabrik zu einem plötzlichen Stillstand zu bringen" (*Adbusters* Vol 3 No. 1, 1994, S. 80).

Die Bandbreite reicht von phantasievollen und lustigen, der Werbung nachempfundenen Interventionen bis hin zu den ziemlich öden Konsumkritiksprüchen des Ökobürgertums. Vor allem die verschiedenen Gruppen, die sich der Verschönerung von Werbetafeln verschrieben haben, verwenden oft keine allzu offensichtlichen Antiprodukt-Parolen, sondern machen durch kleine Veränderungen die eigentlichen Aussagen der Werbung lächerlich. Den meisten Gruppen, die sich in den USA und in Australien dem Subvertising verschrieben haben, geht es um konsumkritische Aufklärung gegen Alkohol-, Zigaretten- und Kosmetikwerbung. In dieser Richtung agieren vor allem die in Kanada und den USA erscheinende Viertelmonatszeitschrift ○ *Adbusters* und die Sydneyer Billboard Banditry-Gruppe BUGA UP. Dabei werden die Individuen missioniert: Trinkt keinen Alkohol, raucht nicht, seht nicht fern und kauft nichts! Diese Art von Protest reduziert die Kritik an der

Adbusters

Toleranz aus Stärke oder Arroganz der Macht

Der Stuttgarter CDU-Oberbürgermeister und Generalsohn Manfred Rommel, der sich gerne als leibhaftige Verkörperung des historisch gewachsenen schwäbischen Liberalismus inszeniert, warb in seinem zweiten Wahlkampf mit einem Plakat, auf dem in klassizistischer Schrift zu lesen war: „Manfred Rommel – Toleranz aus Stärke". Eines Nachts wurden zahlreiche Plakatständer mit einem neuen Plakat überklebt. Es verkündete in der gleichen Schrift und in der gleichen seriösen anzugblauen Farbe: „Manfred Rommel – Die Arroganz der Macht". Bis auf die Aussage war das neue Plakat dem alten exakt nachempfunden, so daß die Veränderung nicht sofort deutlich wurde.

von Adbusters an die Macht der Medien glaubt und den Spieß einfach nur umdreht, der nimmt die Medienkonsumentinnen keinen Deut ernster als die verhaßten „geheimen Verführer" und reduziert sie gleichermaßen zum Objekt. Politisch verortet sich Adbusters in der gesellschaftlichen Mitte, „weder rechts noch links". Dazu paßt die ökobürgerliche Konsumkritik sowie der auch hierzulande weit verbreitete reaktionäre Kulturpessimismus. Es ist also kein Wunder, daß vom Problem ‚Kapitalismus' in der Zeitschrift keine Rede mehr ist. ⊙

kapitalistischen Produktionsweise auf die Forderung nach Konsumverzicht und Selbstdisziplin. Dennoch kann Subvertising auch grundlegendere Kritik ausdrücken. Durch das Spiel mit Werbeparolen werden neue Sichtweisen auf die bunte Warenvielfalt ermöglicht. Subvertising kann dazu beitragen, die Reduzierung menschlicher Existenz auf den Aspekt des Konsumierens von Waren in Frage zu stellen, auch ohne daß sich das in konsumkritischen Puritanismus niederschlagen muß.

© Adbusters 1995

Consume your masters

von Sonja Brünzels & Kees Stad

Auch wenn Konsum in der letzten Zeit gerne als kreative oder gar subversive Praxis umgedeutet wird, war linke Gesellschaftkritik an der Bundesrepublik als ,Warendemokratie' immer auch Kritik an der Konsumgesellschaft. Massenkonsum ist ein wichtiger Garant für das Funktionieren des Kapitalismus. Als zentraler Bereich der Zirkulationssphäre und als Ort, an dem potentiell revolutionäre Wünsche, Begehren und Verlangen in Warenform gebracht und so politisch neutralisiert werden, ist er zugleich sozial integrative Kraft und Motor des Marktes. Sowohl in der Nachkriegszeit („Wirtschaftswunder") als auch im Zuge der Wiedervereinigung („Zonen-Gabis erste Banane") war die Bereitstellung von Konsummöglichkeiten eine Voraussetzung für politische Durchsetzungsfähigkeit und ein Garant für Stabilität. Auch für die Linke war ,Konsum' stets ein zentrales politisches Feld, wenn auch unter wechselnden Vorzeichen: Während die traditionelle Linke das Recht der Massen auf Konsum einzuklagen versuchte, haben Teile der Neuen Linken im Gefolge der Kritischen Theorie zumeist die falschen Bedürfnisse kritisiert. Es gab aber immer auch politische Strömungen, die weder einer Verzichtsideologie noch dem Fetisch Massenkonsum das Wort redeten. So war beispielsweise der Versuch, im Umfeld der neuen sozialen Bewegungen alternative Lebensweisen in Kollektiven und Kommunen zu verwirklichen, zugleich eine praktische Form der Kritik am kapitalistischen Massenkonsum.

Zu den Gruppierungen, die eine konsumkritische Position beziehen, gehören im englischen Sprachraum beispielsweise ○ Adbusters oder die BUGA UP-Aktivistinnen. Sie formulieren eine moralisierende oder an bestimmten Produkten orientierte Konsumkritik, ohne die Bedingungen der kapitalistischen Warenproduktion grundlegend in Frage zu stellen. Ihre Anziehungskraft bezieht die Vorstellung vom Konsumverzicht aber auch aus dem Traum von einer politisch handlungsfähigen Massenbewegung: Stell dir vor es ist Supermarkt und keiner geht hin. Dieselbe Kritik kann auch auf die entgegengesetzte Weise, durch die Forderung nach ungebremster Kaufwut, artikuliert werden. So brachte beispielsweise eine Tübinger Wohngemeinschaft 1994 in der Vorweihnachtszeit eine Leuchtschrift mit der Aufforderung: „Kauft mehr" an ihrer Hausfassade an. Im selben Gebäude residiert auch die Filiale der Deutschen Bank. Sie bestätigte die durchschlagende Wirkung des Aufrufs dadurch, daß sie dessen sofortige Entfernung verlangte.

Die einfachste Art des direkten Angriffs auf die Konsumgesellschaft besteht im nicht nur bar-, sondern völlig geldlosen Einkaufen. Klauen ist deshalb so beliebt, weil es eine politische Praxis mit ganz konkreten Alltagsbedürfnissen (Lust auf Sektfrühstück) verbindet. Allerdings wurden in linken Kreisen lange Diskussionen geführt, wer wen beklauen darf (Konzerne oder die eigenen Leute), wann klauen politisch korrekt ist und

wann es nur noch der individuellen Bereicherung dient. In den siebziger Jahren versuchten beispielsweise die italienischen ○ *Indiani Metropolitani,* das Konzept der „Autoriduzione", der selbstbestimmten Verringerung von Preisen, zu politisieren. Dabei konnten sie sich auf eine breite Praxis in der Bevölkerung stützen: Während vor allem Hausfrauen in Rom oder Neapel schon seit langem Miet- oder Strompreise nach unten korrigierten, praktizierten die Stadtindianer darüber hinaus auch den kostenlosen und unverbindlichen Besuch von Luxuskinos oder Feinschmeckerrestaurants. Schlemmen und Zechprellen in Nobelgaststätten wurde auch als Form des Widerstands gegen die Gentrifizierung (‚Veredelung') Kreuzbergs praktiziert. (Dagegen könnte das Scheiße-Werfen in solche Lokale eher unter dem Kapitel ‚Protestantische Verzichtsethik' gefaßt werden.)

Indianer und P 38. Italien: Ein neues '68 mit anderen Waffen.München 1978, S. 25 ff.

Die zentrale Bühne für das Spektakel westlichen Massenkonsums ist und bleibt das Einkaufszentrum. Der Einkaufswagen zwingt den Gehenden zwischen endlos scheinenden Regalreihen seinen Rhythmus monotonen Ratterns auf; die nach akribisch ausgearbeiteten Plänen des ‚Product Placement' aufgebahrten Waren zeigen die Wege vor (Süssigkeiten in Kinderaugenhöhe, Milch im letzten Winkel des Geschäfts); das graue Neonlicht und die narkotisierende Muzak, die sich durch die Gehörgänge ins Unbewußte einschleichen soll, sind auf Kaufmaximierung ausgerichtet. Doch diese Warenpräsentation produziert bei den Konsumentinnen nicht nur Kaufgelüste, sondern immer auch ein Bewußtsein über ihre eigene soziale Positionierung, das aus den Kaufmöglichkeiten ebenso erwächst wie aus dem Anblick derjenigen Waren, die sie sich nicht leisten können.

Phantasievolle, anarchische Gruppen machen sich dieses Janusgesicht des Konsums zunutze. Sabotageakte und Kommunikationsguerilla-Aktionen aller Art sind darum bemüht, den Warenverkauf zu behindern und darüber hinaus ein kritisches Bewußtsein über das Konsumverhalten zu wecken. Sie dringen in die Konsumtempel ein, bringen die Regeln durcheinander und träumen davon, daß sich die Konsumentinnen plötzlich fragen könnten, ob sie wirklich etwas kaufen müssen. Sie suchen nach dem Lachen der Erkenntnis, das das große, unmotivierte „Kauf mich!" der Werbung ungehört verhallen läßt.

Das Spiel mit dem Konsumwahn funktioniert besonders gut, wenn es die Kundschaft direkt einbezieht. In Utrecht wurde einmal ein ganzer mit Süßigkeiten gefüllter LKW geleert und sein Inhalt verschenkt. Solche Aktionen stellen letztlich keine Kritik an Konsumbedürfnissen dar, sondern beschränken sich darauf, mit der Konsumgier der Leute ihre Scherze zu treiben. Doch da sie sich der radikalen Senkung der Konsumkosten verschrieben haben, treffen sie auf ein Begehren der Konsumenten und können sich daher der mehr oder weniger stillschweigenden Anteilnahme der Umstehenden sicher sein. Eine

München fährt umsonst!

Im Juli 1992, kurz vor Beginn des Weltwirtschaftsgipfels in München, verkündete die Kundenzeitung des Münchner Verkehrs- und Tarifverbunds in U- und S-Bahnen: Während des Weltwirtschaftsgipfels könnten Busse und Bahnen umsonst benutzt werden, da die Stadt und der MVV einen Verkehrskollaps befürchte. Auch sollte „der Gratis-Service die Münchner für die Behinderungen während des Gipfels entschädigen". Angesichts der Kosten für das Treffen (40 Millionen DM) und für den Umbau einer Hotelsuite für Herrn George Bush (500.000 DM) sei laut Oberbürgermeister Georg Kronawitter Bürgernähe wichtiger als

der bekanntesten subversiven Gruppen, die sich dieses Feldes angenommen haben, war die englische King Mob-Gruppe. Sie ließ Plakate in Reklameästhetik drucken und hängte sie an die Mauern rund um die Einkaufszentren und Kaufhäuser. Die Plakate verkündeten, heute sei „free shopping day". Jede Kundin könne umsonst einen Einkaufswagen voller Waren mitnehmen. An diesem Tag hatten Ladendetektive und Personal des Ladens alle Hände voll zu tun, jede Käuferin einzeln davon überzeugen, daß sie wirklich zahlen mußte. Mitleid mit fehlgeleiteten und unschuldigerweise in Schwierigkeiten gebrachten Käufern wäre im übrigen vielleicht unangemessen. Das legt zumindest ein Beispiel aus Toulouse nahe: Als dort in einem Supermarkt das Kassenpersonal einen wilden Streik für Gehaltserhöhung einlegte, nutzten die Kunden die Gelegenheit, sich trotz verzweifelter Lautsprecheraufrufe der Geschäftsleitung zu Hunderten mit vollen Einkaufskörben an den unbesetzten Kassen vorbeizudrängeln. Nur sechs von ihnen hinterlegten einen Scheck.

Eine der erfolgreichsten King Mob-Aktionen fand am Tag vor Weihnachten statt, einem der Haupteinkaufstage des Jahres. Bekanntlich versehen die Konsumkonzerne ihre Läden um diese Zeit mit Unmengen an weihnachtlicher Liebe-Freude-Familie-Stimmung, um die Kaufbereitschaft zu steigern. Die Verkörperung der Umsatzmaximierung im Gewand des Weihnachtsmanns ernst zu nehmen hieß für King Mob, diesen seiner tatsächlichen Bestimmung zuzuführen: dem Verschenken. In der Londoner Oxford Street verteilten Aktivisten, die als Weihnachtsmänner verkleidet waren, in einem Höllentempo Waren aus den Kaufhausregalen an Kinder und Eltern. Ladendetektive rannten herum und mußten die Spielsachen von kreischenden und heulenden Kindern zurückstehlen. Und natürlich gingen viele Leute mit ihrem ‚Geschenk' einfach davon.

Doch nicht nur zur Weihnachtszeit wurden Einkaufszentren in wirklich kundenfreundliche Geschenkehäuser verwandelt. Nehmen wir zum Beispiel die Gruppe, die vor einem Laden Flugblätter verteilte, die besagten, daß alle mit einem kleinen schwarzen Punkt markierten Waren kostenlos seien. In der holländischen Stadt Nijmegen übernahmen Leute, die gegen die Verringerung von Sozialleistungen protestierten, das Lautsprechersystem eines großen Einkaufszentrums. Sie ließen verlauten: „Einkaufen in der nächsten Stunde ist kostenlos!" Noch raffinierter war ein Frankfurter Flugblatt, das das Geschenkvergnügen mit der Thematisierung der immer ausgefeilteren Sicherheitssysteme zusammenbrachte: „Kaufhof, das Erlebnishaus. Sehr geehrte Kunden und Kundinnen, wir wenden uns heute mit einer ungewöhnlichen Bitte an Sie: Prüfen Sie unser Sicherheitssystem, klauen Sie bei uns!"

Solche Aktionen sind darauf ausgerichtet, die repressiven Methoden von Kontrolle sichtbar zu machen, denen sich Käuferinnen unterziehen müssen und mit denen

München fährt umsonst! .

Sparsamkeit. Auf die gelungene Imitation des MVV-Telegrafs reagierte der MVV prompt: „Alles Quatsch", so eine Sprecherin, „natürlich müssen MVV-Kunden in dieser Zeit zahlen". Schwarzfahrerinnen aber hatten trotz des Dementis eine ziemlich gute Begründung, wenn sie in den fraglichen Tagen erwischt wurden – einen Hinweis auf den MVV-Telegraf: „Das ist ja wohl der Gipfel!

Plötzlich waren sie da, die Indiani Metropolitani. Doch genaues weiß niemand. Sicher ist nur, daß sie 1977 in Bologna und Rom erstmals in der Öffentlichkeit gesichtet wurden. Zwar waren ihre Vorboten schon die Feste des italienischen Underground im Mai 1975 oder der Artikel im ○ A/traverso desselben Jahres, der die Sprache der ‚Rothäute' aus den bekannten Western imitierte. Erst 1977 aber, als immer mehr die ewigen Jagdgründe der marxistischen Altlinken und deren antiquierte Kampfformen verließen, wuchs der Stamm der Indiani Metropolitani zu einer mächtigen Bewegung.

Zum politischen Hintergrund der Bewegung vgl. Moroni, Primo /Balestrini, Nanni: Die Goldene Horde. Berlin/Göttingen 1994, S. 356 ff. u. Indianer und P 38. Italien: Ein neues '68 mit anderen Waffen. München 1978.

Ihre Waffen waren farbige Kostüme und Plastiktomahawks. Als Überlebensstrategien in einer immer revolutionsresistenteren Umwelt erfanden sie einen extra starken Humor und zahlreiche Formen der Sprachverwirrung.

Wie schon bei ○ Radio Alice läßt sich auch hier als die treibende Kraft der Wille ausmachen, die von den bürokratischen Parteien dominierten Machtstrukturen aufzubrechen. Die Bewegung von 1977 setzte nicht mehr länger auf die linke ○ Gegenöffentlichkeit, sondern auf eine verwirrende Vielfalt des Sprachgebrauchs in den unterschiedlichen Taktiken der Gegeninformation: „Mehr Atomkraft und weniger Sozialwohnungen" – sagen, was niemand sagen würde, und so das Geschwätz über „momentane Einschnitte" oder „sozial verträgliches Kürzen" lächerlich machen. Sie bezogen Position indem

weniger zahlungskräftige Umherschweifende radikal ausgeschlossen werden. Eine Kölner Gruppe von Obdachlosen, die 1995 durch private Wachdienste von ihrem Stammplatz vor einem Kaufhaus vertrieben worden war, besorgte sich ein paar gute Anzüge und stellte sich an denselben Ort, um die Arbeit des Sicherheitspersonals tatkräftig zu unterstützen. Sie gingen auf schaufensterbummelnde Passanten zu und wiesen sie freundlich aber unerbittlich darauf hin, daß der Aufenthalt vor den Auslagen nur bei tatsächlichem Kaufinteresse gestattet sei und sie andernfalls sofort weiterzugehen hätten.

Hahne, Ron: Black Mask & Up against the Wall Motherfucker. London 1993.

Eine Gruppe namens ‚Black Mask' in New York führte mittels ○ *Unsichtbaren Theaters* einmal ein besonderes Stück auf. Sie gingen als Kassier, Kunde und Ladendetektiv usw. verkleidet in einen Supermarkt, und niemand wußte mehr, wer echt war und wer nicht. Waren wurden herumgeworfen, verschenkt und gestohlen. Als die Polizei kam, wurden zahlreiche unschuldige Kunden verhaftet.

Am irritierendsten wirken aber Aktionen, die einen Umgang mit Waren und Geld demonstrieren, der der kapitalistischen Wertordnung fundamental widerspricht. Als im August 1967 die ○ *Yippies* mit ca. 15 Aktivistinnen die New Yorker Aktienbörse auf der Wall Street heimsuchten, gelang ihnen eine Inszenierung, die keiner Erklärung mehr

Lamaodada

Der Gewerkschaftsführer Luciano Lama wagte sich im Februar 1977 in die schon seit Tagen besetzte Universität von Rom. Der erhobene Zeigefinger und eine mahnende Rede sollten die Studierenden zur Vernunft und auf die parteikommunistische Linie bringen. Diese beschlossen, ihn nicht rauszuwerfen, gleichzeitig aber die Einführung der Gewerkschaftslinie an der Universität zu verhindern. Die Situation roch regelrecht nach einer Aktion im Sinne des Maodadaismus. Schon im Morgengrauen war ein Lautsprecherwagen bereitgestellt und tagsüber von etlichen Gewerkschaftskadern bewacht worden. Ärger lag in der Luft: Links

sie die Aussagen der andern ins Absurde steigerten (○ Subversive Affirmation). Das Mißtrauen gegenüber der politischen Rethorik äußerte sich bei den Indiani Metropolitani in der Provokation, der verbalen Störung als linguistschem Anschlag oder auch im gesellschaftspolitischen Akt: im ○ Happening oder in der Aktion, die gegen die ○ Kulturelle Grammatik und den politischen Konsens verstießen. Der Ernst der Politik und deren falsches Pathos wurde von ihnen mit Spott auf die verkehrte Wahrheit aufgespießt.

Vgl. a. das Manifest französischer Intellektueller gegen die Repression in Italien in: Indianer und P 38, S. 134.

Auf lokaler Ebene, in verschiedenen Stadtvierteln (etwa in Turin), praktizierten die italienischen Hausfrauen die ‚Autoriduzione', die selbstbestimmte Preisherabsetzung schon lange bei den Mieten, den Telefonrechnungen sowie bei Strom und Gaszahlungen. Die Indiani Metropolitani jedoch erweiterten die Palette um den freien Eintritt in die noblen Kinos, die Plünderung von Läden zum Zwecke der Aneignung von Luxus und Konsum und das kostenlose Schlemmen in den Restaurants der Innenstädte (○ Consume your masters). Weitere Aspekte ihrer Kampfkultur, die weit über Italien hinaus Berühmtheit erlangten, waren die spontanen Darbietungen und Feste auf der Piazza, ihre schon erwähnten unsachlichen Forderungen, das Herabsetzen von Autoritäten durch das Stilmittel der degradierenden Verherrlichung (○ Imageverschmutzung), ihre Unsinnspoesie und nicht zuletzt ihre wundervollen Wandmalereien und Graffiti (○ Sniping). Diese knüpfen an jene Ideen

Vgl. a. das Theaterstück von Dario Fo: „Bezahlt wird nicht."

bedurfte. Zusammen mit einigen Touristen bestiegen sie die Zuschauertribüne und warfen, oben angelangt, sogleich Geldscheine in die Börsenhalle: „The big tickertape stopped and the brokers let out a mighty cheer". Das Ziel der Yippies war es, ein Szenarium zu provozieren, bei dem die Börsermakler auf den Knien rutschend Dollarnoten zusammenraffen: „Unser Ziel ist, ein Mysterium zu bleiben. Reines Theater... Geld auf den Boden der Börse zu werfen, ist reine Information. Es braucht keine Erklärung. Es sagt mehr als tausend antikapitalistische Traktate und Essays."

Rubin, Jerry: Do it! München 1977 u. Hoffman, Abbie: The best of Abbie Hoffman. New York 1989.

Kohtes, Martin M.: Guerilla Theater. Tübingen 1990, S. 188.

Während die Formen des kostenlosen Konsums als Angebot an die Passantinnen wirken können, sich spontan und anarchisch über die Ordnung und die Gesetze der Warengesellschaft hinwegzusetzen, versuchen andere Aktionen, die Warenästhetik zu erschüttern, indem sie die Waren entwerten oder unbrauchbar machen. In einem Roman von Julio Cortázar fängt eines Tages eine kleine Gruppe von lateinamerikanischen Aktivisten im Pariser Exil damit an, Zigarettenschachteln im Supermarkt durch andere, die sie vorher mit Müll gefüllt haben, zu ersetzen: „Wenn die Leute den einfachen Dingen, die sie kaufen, nicht mehr trauen können, werden sie überhaupt nichts mehr von dem glauben, was ihnen erzählt wird."

Cortázar, Julio: Album für Manuel. Frankfurt (1983).

Lamaodada ...

auf dem Hof die Studierenden mit den Indiani Metropolitani in ihren Reihen: Wilde Kostüme mit Stickereien, Perlen und Spiegel tragend, schwangen sie ihre Plasiktomawhaks bedrohlich über den Köpfen – rechts auf dem Hof die Anzugmänner der KP-Gewerkschaft. Eine Augenzeugin berichtet: „Nach einigen Wortspielen mit Lama sangen wir aus ‚Jesus Christ Superstar' unter Anspielung auf das von den Kommunisten unterstützte Sparprogramm der Regierung: ‚Lama Star / Lama Star / i sacrifici vogliamo far" (wollen Opfer bringen immerdar). Wir tanzten einen Ringelreihen um den Lama und ließen

über subversive Kommunikation an, die ähnlich wie bei Radio Alice darauf spekulieren, die städtischen Zeichensysteme durcheinanderzubringen. Ihre Graffiti scherten sich wenig um Regeln. Die spontanen Beschriftungen machten die Wand zum öffentlichen Raum, der keinen privilegierten Diskurs erlaubt. Alle, die eine Sprühdose oder einen Pinsel halten konnten, die übermalten, ergänzten, von vorne anfingen, trugen zur Multiplizierung der Stimmen bei. Aus „Fuan", der Abkürzung der neofaschistischen Studentenorganisation wurde „Va Fuan c." im Sinne von „Va fa'n culo" – leck mich am Arsch. Daneben wurde eine Replik gesprüht: „Vergogna, leggono anche i bambini" – „Schämt euch, das lesen die Kinder", um letztendlich mit der vorläufigen Antwort „Buoni, i bambini" zu schließen (Indianer und P 38, S. 34–66).

Das Erbrechen des guten Tons wurde nicht nur an der Wand sichtbar. Vielmehr verstanden sich die Indiania Metropolitani auch vortrefflich auf Happenings – wie etwa die Aktion gegen den kommunistischen Gewerkschaftsführer Luciano Lama auf dem Campus der Universität Rom 1977 anschaulich vorführt – , bei denen sie immer wieder den moralischen Imperativ von institutionellen Codes, Situationen und Personen zu knacken vermochten (Indianer und P 38, S. 80–83). ⊙

Die ‚Consumer Surrealisten' ließen sich von der Alltagspraxis unentschiedener Konsumenten inspirieren, die ihre Wege durch die Regale durch unvermitteltes Abstellen von doch nicht gekauften Sachen an völlig anderen Orten markieren. Sie haben daraus eine Praxis des Deplazierens von Waren zur Schaffung ästhetischer Erlebnisse entwickelt. Es ist allerdings die Frage, ob das von den Konsumentinnen überhaupt wahrgenommen wird – wahrscheinlich ist diese Methode vor allen Dingen gut für die Krampfadern oder schlecht für die Hühneraugen der Angestellten, die so einen guten Teil ihrer Arbeitszeit mit dem Zurückräumen der Sachen verbringen dürfen. Damit das Einkaufen tatsächlich ein Erlebnis wird, bietet sich dagagen die wohlüberlegte Veränderung des Warenangebots an: Wenn aus dem unteren Ende eines Tiefkühlgeflügels plötzlich kleine Plastikbeinchen ragen, wenn ein Steak dich perfide angrinst oder kleine wurmähnliche Stückchen gekochter Spaghetti in der Fischtheke drapiert sind, ist wirklich etwas geboten. Der unverhoffte Anblick einer toten Kakerlake zwischen den Uncle-Bens-Rice-Packungen oder eine mit Kondom verzierte Safer-Sex-Gurke sind Anblicke, die den Einkauf unvergeßlich machen. Hier geht es auch darum zu zeigen, daß beim Kauf einer Ware das reale Produkt hinter den Bildern, mit denen es in der Werbung konnotiert ist, zurücktritt; Ziel ist es, diese Assoziationsketten aufzubrechen und neue Blicke auf Waren zu eröffnen.

Lamaodada .

eine Puppe vor seinen Augen baumeln. Endlich platzte den Ordnern der Kragen und es kam zu diesem tollen Durcheinander, bei dem wir mit Wasserplastiksäcken warfen und mit Feuerlöschern sprühten. Wir ließen sie dann aber doch laufen und holten uns ihre Skalpe nicht – und was uns noch wichtiger war: Wir stiegen selbstverständlich nicht auf den Lautsprecherwagen, um zu reden. Denn ihren Ort der Politik samt seiner Sprache, den wollen wir nicht mal geschenkt."

Aktionen von lateinamerikanischen Guerilla-Gruppen verweisen dagegen darauf, daß in zahlreichen Ländern eine Kritik des Konsums der Wenigen immer auch das Recht auf Grundversorgung der Vielen beinhaltet. Hier geht es nicht um Konsum, sondern um die Befriedigung der grundlegenden Lebensbedürfnisse. In diesem Zusammenhang wären ‚Entführungen' von Lebensmittellieferungen zu nennen, mit denen verschiedene Guerilla-Gruppen in Lateinamerika die Armenviertel der Städte versorgten. Die peruanische MRTA Tupac Amaru forderte bei einer Entführung das Lösegeld in Form von Lebensmitteln für dasselbe Ziel.

Im Zusammenhang mit dem Vietnamkrieg artikulierten verschiedene militante Aktionen Kritik an dem Bewußtsein von Metropolenbürgern, die sich angesichts imperialistischer Kriege nur für die Befriedigung der eigenen Kaufgelüste interessieren. Ein drastischer Versuch in dieser Richtung war die Kaufhaus-Brandstiftung von Gudrun Ensslin, Andreas Baader und einigen anderen. Sie wollten demonstrieren, daß der durch das brennende Kaufhaus versinnbildlichte Angriff auf den Konsum mehr Wut und Empörung auslöst als tausende von brennenden Dörfern in Vietnam. Es ist allerdings die Frage, ob das moralische „Dort sterben Leute, und du kaufst ein" der Kaufhausbrandstifter tatsächlich im beabsichtigten Sinne ‚ankam'. Der Gegensatz zwischen der Empörung über das Bild brennender Kaufhäuser und der Indifferenz gegenüber dem Morden in Vietnam war zuvor bereits von der ○ Kommune 1 mit dem zynischen Flugbatt „Burn, warehouse, burn!" und dann in der anschließenden juristischen Auseinandersetzung medienwirksam thematisiert worden.

Die meisten Konsumguerilla-Aktionen in den Metropolen mischen Formen der Kommunikationsguerilla mit Sabotageakten. Sie wollen nicht einer Verzichtsethik das Wort zu reden und gemeinsam mit Politikern dazu aufzurufen, den Gürtel enger zu schnallen. Vielmehr richten sie sich gegen die Spielregeln von Konsum als wichtigem Rädchen im kapitalistischen Getriebe. Häufig handelt es sich um Mitmachaktionen, die den Käuferinnen ein unmoralisches Angebot machen: Verletze die Regeln des Konsums, sei anarchisch, nimm Dir mit was du magst, und nicht was du bezahlen kannst. Die Yippies sagten dazu: „Do it!"

Ist Cross-dressing subversiv? Das weiß niemand – außer Ihrem Friseur.

Männer, die Frauen spielen, haben seit langer Zeit ihren festen Platz auf Bühnen und bei anderen festen Gelegenheiten. Dabei weiß jedeR, daß Mary, die mit Glitzerfummel aufgetakelt in der Werbung eine Marmelade oder ein Milchprodukt anpreist, ein Mann ist. Auch bei den Schönen in der Travestie-Show gibt es keinen Zweifel über ihr Geschlecht; alle sind sich sicher, daß der Busen nicht echt ist und das enganliegende Kleid nur wegen eines einschnürenden Slips keine Beule an eben dieser Stelle aufweist. Solange das Ganze im Theater, im Kabarett, im Club vor heterosexuellem Publikum stattfindet, ist die Tatsache, daß die Darsteller aller Wahrscheinlichkeit nach homosexuell sind, exotisch und damit sicher im Bereich des ‚Anderen' aufgehoben. Die Identität des Zuschauers wird nicht in Frage gestellt, und es ist gut möglich, daß derselbe Zuschauer, der sich von einer der Drag Queens am Abend im ritualisierten Rahmen einer Performance noch das Kinn kraulen ließ, am nächsten Tag seinen schwulen Arbeitskollegen mobbt.

Noch viel weniger werden herkömmliche Vorstellungen von Geschlecht angetastet, wenn die Jungs vom Fußballclub beim Vereinsfest ein Ballett in kurzen weißen Röckchen aufführen oder wenn sie sich beim Karneval den BH von der Freundin/Mutter/Frau ausleihen und mit Wollknäueln aus deren Strickkorb bestücken. Lustig ist das ja nur deshalb, weil alle wissen, daß die Darsteller nachher wieder in umso männlicherer Selbstgewißheit aus ihrer Verkleidung hinausschlüpfen. Richtig komisch sind sie als Frauen aber vor allem deswegen, weil das, was unter den herkömmlichen Klischees von Frau läuft, selbst komisch ist, die piepsigen Stimmen, das hühnerhafte Getrippel und die exaltierten Bewegungen.

Auch im Film erfreuen sich als Frauen verkleidete Männer größter Beliebtheit. Allerdings löst sich das Verwirrspiel zum Schluß meistens in heterosexuelles Wohlgefallen auf, so zum Beispiel in „Tootsie": Die angebliche Frau erringt, sobald sie sich als Mann geoutet hat, das Herz der Geliebten. Eine Ausnahme von der langweiligen Regel, daß letztlich zusammenfindet, was laut Gesellschaft zusammengehören muß, bildet „Manche mögen's heiß" von Billy Wilder. Hier verkündet der Millionär, als er über das eigentlich männliche Geschlecht der Angebeteten aufgeklärt wird, daß ihn das gar nicht störe und er sie trotzdem liebe, und zusammen fahren sie mit dem Boot aufs Meer hinaus ...

Solange eindeutig zuordenbar bleibt, wer wohin gehört und wann das Ganze seinen Anfang und sein Ende hat, führt die Umkehrung der Geschlechterrollen viel eher dazu, Stereotypen durch Übertreibung zu fixieren als dazu, Brüche, wirklich beunruhigende Verwirrungen und anhaltende Verunsicherungen entstehen zu lassen.

Die Träume von Teen Talk Barbie und G.I. Joe

Wie jedes Jahr zu Weihnachten warf auch 1993 die Spielzeugfirma Mattel in den USA wieder Unmengen an Barbie-Puppen sowie das männliche Pendant, den martialischen GI-Joe im Tarnanzug, auf den Markt. Dieses Mal konnten die Plastikpuppen sogar sprechen. Teen Talk Barbie flötete: „I want to go shopping", GI-Joe grunzte: „Dead men tell no lies" und „Fire! Fire! Fire!" An Weihnachten gab es dann allerdings eine unerwartete Bescherung.
In zahlreichen Nachrichtenstationen der USA tauchten Bekennervideos auf. Die Barbie Liberation Organization (BLO) gab bekannt, daß ein Zusammenschluß von Spielzeugpuppen

Undurchsichtiger wird das Ganze im Kontext der Prostitution. Hier finden sich nicht nur Männer, die auf den Thrill der käuflichen Transvestitenliebe aus sind, sondern es gibt auch Drag Queens, die es darauf anlegen, heterosexuelle Männer, die sie für Frauen halten, an Land zu ziehen. Diese Grauzone des moralischen Tabus ist ein Feld, das auch für die Freier das Andere, das Heimliche und im normalen Leben Verborgene darstellt. Wenn sich hier Irritationen einstellen, bleiben sie vom Alltag abgetrennte Erfahrungen, die deshalb nicht unbedingt weitere Erkenntnisprozesse über Geschlecht nach sich ziehen.

Vor allem in schwul-lesbischen Zusammenhängen ist das Umgehen mit Verhaltensmustern und Kleidungskonventionen des anderen Geschlechts ein wichtiges Ausdrucksmittel geworden; das Spiel mit Stereotypen nicht als Bühnenshow, sondern als Alltagspraxis, geht hier sehr viel weiter. Dabei zeichnen sich tatsächlich Formen der Selbstdarstellung ab, die die auf Zwangsheterosexualität basierenden geschlechtsspezifischen Verhaltensweisen durcheinanderbringen, neu kombinieren und in andere Kontexte überführen.

Frequent Asked Questions - What is Crossdressing? http: //www.compu.net/ts/resource/faqs/cdressfaq.html

„Boys will be girls and girls will be boys" – Wenn es nicht die Biologie ist, die Frauen auf ein Frauendasein und Männer auf ein Männerdasein festlegt, wenn die soziale Kategorie Geschlecht tatsächlich ‚nur' in der ⭘ *Kulturellen Grammatik* existiert, dann könnte sich jede sein Geschlecht nach Lust, Laune, oder taktischen Überlegungen raussuchen.

Aber Geschlecht ist mehr als eine beliebig veränderbare Festschreibung; es ist ein wesentliches und immer wieder machtvoll durchgesetztes Ordnungsprinzip der Gesellschaft. Geschlechtliche Arbeitsteilung, der Lauf der Biographien, die Produktion von /Herstellung von/Selbstverortung in Identitäten, Zuständigkeiten und Verantwortlichkeiten, Machtgewinn und Machtverlust sind in großem Umfang von Geschlecht strukturiert. Wie wichtig dieses Ordnungsprinzip ist, läßt sich an den Anstrengungen ablesen, mit denen es wieder und wieder in unterschiedlichsten gesellschaftlichen Bereichen festgeklopft wird. Das Steuersystem funktioniert zugunsten der Kleinfamilie und bestraft diejenigen, die aus diesem Modell herausfallen. Jedes Hochzeitsfest ist in mehr oder weniger ausgeprägter Weise und trotz aller eventuellen Abweichungen und Brüche auf anderen Ebenen eine Artikulation von Geschlechterverhältnis, jede Eheschließung reiht sich ein in die endlose Kette der Repräsentationen von Geschlecht. Eben weil Geschlecht ein zentrales Ordnungsprinzip der meisten heutigen Gesellschaften ist, bietet es sich als Interventionsraum für Kommunikationsguerilla an.

Es gibt viele Möglichkeiten, in das System des Geschlechterverhältnisses zu intervenieren: in der Arbeitsteilung, in der Lebensplanung von Karriereentwürfen und Sorge

Die Träume von Teen Talk Barbie und G.I. Joe ...

gegen die ihnen aufgezwungenen Sätze protestiere. Deshalb seien in allen US-Staaten insgesamt 300 Barbies und GI Joes mit vertauschten Sprechmodulen in die Läden gebracht worden. Ziel sei es, die sexistische Beinflussung der Kinder als terroristischen Akt ins Bewußtsein zu rücken. Die Medien stürzten sich auf das Thema, brachten es in den Nachrichten und machten auch Kinder ausfindig, die versehentlich eine solche Gender-Bender-Barbie gekauft hatten. Sogar in der Fernseh-Comicserie „Die Simpsons" tauchte die neue Barbie-Version auf. Die Firma Mattel dementierte: Es sei keine einzige Reklamation

für Kinder, in der sexuellen Orientierung, in Veränderungen von tertiären Geschlechtsmerkmalen – wie zum Beispiel der Kleidung und Körpersprache.

Abgeschwächte Formen des Crossdressing sind längst Bestandteil des Modealltags: Seit den 20er Jahren haben sich Frauen eine Reihe von als männlich definierten Kleidungsformen erobert. Heute kann eine Frau ihre sexuelle Attraktivität für das entgegengesetzte Geschlecht gerade durch den Kontrast zwischen Männerkleidung und weiblichen Accessoires wie Lippenstift, Frisur oder Gestik hervorheben. Marlene Dietrich bleibt eine Frau, ihre erotische Ausstrahlung ist gerade durch die kontrastiven Männerhosen die einer Frau. Auch bei der Männermode läßt sich eine Zunahme von Pastelltönen, von gepflegten langen Haaren, von Parfum- und Schmuckgebrauch feststellen. Aber warum haben sie sich die Röcke und Kleider noch nicht angeeignet?

Unabhängig von allen theoretischen Fragen läßt sich festhalten, daß vor allem diejenigen Menschen, deren sexuelle Praktiken nicht den hegemonialen Konventionen der Zwangsheterosexualität entsprechen, mit Diskriminierung und repressiven Maßnahmen konfrontiert sind – nicht umsonst gehören Schwule und Lesben zu den gesellschaftlichen Gruppen, die Angriffen von Faschos besonders häufig ausgesetzt sind. Sowohl die geschlechtsspezifische Aufgabenteilung mit ihren hierarchisierenden Folgen als auch die gesellschaftliche Ächtung von Personen, die sich der als normal definierten Zuschreibung zu entziehen suchen, machen es deutlich: Geschlecht ist als Bestandteil der kulturellen Grammatik nicht das Privatvergnügen einzelner, sondern eine für das Funktionieren unserer Gesellschaftsform wesentliche politische Kategorie. Zweigeschlechtlichkeit ist mit all ihren Folgen wie Kleinfamilie, geschlechtlicher Arbeitsteilung und Sexismen eine für die Stabilisierung der gegenwärtigen Verhältnisse grundlegende Struktur. Allerdings ist dieser Sachverhalt bislang fast ausschließlich im Rahmen der Schwulen- und Lesbenbewegung, der ‚Queer Politics' thematisiert worden, und auch hier war das Verständnis von Crossdressing als politischem Akt nicht selbstverständlich. Bei Demonstrationen, am Christopher-Street-Day oder im Queer Theater ist Crossdressing eine der grundlegenden Methoden für das Spiel mit und das Infragestellen von Geschlechterstereotypen. Als jedoch bei den Bürgermeisterwahlen 1991 in Chicago zum ersten Mal ein Kandidat der „Queer Nation" auftauchte, löste das nicht nur unter Heterosexuellen Verwirrung aus. Joan Jett Black ging nämlich nicht als ‚Mann' ins Rennen und verkündete auch nicht mit Betroffenheitsgestus den unerbittlichen Kampf gegen die Unterdrückung von Schwulen, sondern es war eine Drag Queen, die sich den Wählerinnen vorstellte. Ihr Wahlspruch „Putting camp into the campaign" – ‚camp' ist die Bezeichnung für eine besondere Aneignungsform von Schrillem, Verquerem und Kitschigem, die vor allem für die Schwulenszene von Bedeutung ist – wurde

Die Träume von Teen Talk Barbie und G.I. Joe .

eingegangen. Doch die Erklärung dafür ist einfach. Die Kinder, die mit einer Cross-Gender-Puppe beglückt worden waren, dachten nämlich gar nicht daran, das gute Stück wieder abzugeben. Schließlich sind ein G.I. Joe, der gerne zur Schule geht und eine Barbie, die keine Gnade mit dem Feind kennt, viel interessanter als die langweilige Originalversion.

auch von schwulen Zeitschriften weitgehend ignoriert. Viele waren der Meinung, das sei zu flippig, zu exaltiert und würde die ernsthaften Ziele und Forderungen der Schwulen und Lesben diskreditieren.

Zudem ist bemerkenswert, daß sehr viel mehr ,Männer' sich als ,Frauen' crossdressen als umgekehrt. Diese Tatsache erklärt sich möglicherweise daraus, daß die Geschlechtlichkeit von Frauen im allgemeinen, dominanten Geschlechterdiskurs weitaus offensichtlicher ist, während Männer als ,Menschen' gesehen werden. Ein Mann kann sich als Frau darstellen, indem er einfach einige Attribute zu seinem sonstigen Auftreten hinzufügt: Etwas Lippenstift, ein Rock und ein lockerer Hüftschwung reicht zumeist aus. Frauen hingegen haben es, auch weil Männerkleidung für sie kaum noch ein Tabu darstellt, weniger leicht. Wenn sie typisch ,weibliche' Formen der Selbstdarstellung aufgeben und sich ,männliche' Verhaltens- und Kleidungsformen zulegen, entsteht nicht das Bild eines Mannes, sondern das einer unattraktiven Frau, denn das einzige eindeutige Signal für das männliche Geschlecht ist der Bart. Somit ist es für Frauen weitaus schwieriger, als geschlechtliche Männer und nicht einfach als geschlechtslose Frauen zu erscheinen, wenn sie die herkömmlichen Kleidungs- und Verhaltensnormen durchbrechen.

Trotz dieser Schwierigkeiten in der Durchführung erweist sich das Crossdressing als wichtige Praktik der Kommunikationsguerilla im Alltag, weil es nicht nur für das Publikum, sondern auch für diejenigen, die das Spiel wagen, stereotype und unbewußte Vorstellungen radikal in Frage stellt.

James T. Kirk (T. wie „Tomcat"), Captain der Enterprise, Mann aller Männer, jüngster Sternenflotten-Kapitän aller Zeiten, sieht sich vor ein ungewöhnliches Problem sexueller Orientierung und menschlicher Solidarität gestellt: Kirk und Spock sind auf einem Wüstenplanenten gestrandet, als Spock von Pon Farr, dem lebensbedrohlichen vulkanischen Paarungsfieber befallen wird.

Wenn ihm nicht auf der Stelle sexuelle Erleichterung verschafft werden kann, ist sein Tod unausweichlich. Langsam und widerstrebend kommt Kirk zu der Erkenntnis, daß er seinen Freund nur dadurch retten kann, daß sich als sein Sexualpartner zur Verfügung stellt. „Niemand zwingt dich dazu, es zu genießen", sagt er sich, als er zur Tat schreitet. Doch die Lösung des Problems ist nicht so einfach: Spock widersetzt sich, erbost über Kirks Verletzung seiner Privatsphäre, bis er sich schließlich seiner vernünftigen Einsicht, seinem Begehren, seiner Lust hingibt. „Erleichterung durchflutete ihn, und Kirk hielt für einen Moment inne, hielt Spock einfach in seiner Hand, ohne es zu wagen, ihn anzublicken. Unausgesprochen wußten beide, daß es funktionieren würde." Spock überlebt, Kirk erträgt es (oder war es doch etwas mehr als nur erträglich?), und beide kehren zurück auf die Enterprise. In der darauffolgenden Zeit wird Kirk von sexuellen Phantasien geplagt, und Spock findet durch die Analyse von Kirks Sperma („Faszinierend, Captain") zu einem spontaneren Ausdruck seiner Gefühle.

Jenkins, Henry: Textual Poachers. New York, London 1992.

Die ersten, noch sehr vorsichtigen Slash-Geschichten, d.h. Beschreibungen von homoerotischen Gefühlen und coming outs von supermännlichen Serienhelden, entstanden in den frühen 70er Jahren, als Fans zu vermuten begannen, daß Kirk und Spock viel mehr füreinander empfanden als für die wechselnden Frauen, die in den Originalepisoden ihr Leben streiften. Sie schrieben dazu eigene Texte, in welchen zumeist existentielle Krisensituationen zum „ersten Mal" führten. Slashes entstanden im Kontext einer breiten Fankultur, die sich in den USA bereits in den 70er Jahren entwickelte und in deren Rahmen zahlreiche Clubs und eigene Fanzines entstanden. In der US-amerikanischen Öffentlichkeit werden die Fans als hirnlose Konsumfreaks gesehen, die alles kaufen, was mit dem Label ihrer Lieblingssendung bestückt ist, oder als emotional und intellektuell unreife Geschöpfe, die Realität und Fiktion nicht auseinanderhalten können.

Eine Gegenposition zur Version der stumpfen Fernsehsüchtigen lautet, daß in den Fernsehserien, ihren Geschichten und Charakteren ein immenses subversives Potential verborgen läge, das die Weltsicht sowie die Rezeption medialer Sinnproduktionen in den USA grundlegend verändert habe. Auch gegenüber dieser euphorischen Haltung ist eher Vorsicht angebracht. Eine dritte Version geht davon aus, daß die Wirkung von Fernsehserien von der Art und Weise

Rushkoff, Douglas: Media Virus. Die geheimen Verführungen in der Multi-Media-Welt. Frankfurt/M. 1995.

des Umgangs ihrer Reziptientinnen damit abhängig ist: „Die vorgegebenen Erkenntnisse und Symboliken werden von Praktikern (Benutzern) gebraucht und manipuliert, die sie nicht gemacht haben. Die von einer gesellschaftlichen Klasse geschaffene Sprache hat die Fähigkeit, sich in ihre Umgebung auszudehnen, bis in die ‚Wüsten', über die es scheinbar noch keine vergleichbaren Aussagen gibt, aber dabei gerät sie in die Falle ihrer eigenen Aneignung: sie wird von einem Gestrüpp von Prozeduren assimiliert, das gerade aufgrund seines Siegeszugs für den Besatzer unsichtbar ist." Denn die Subjekte konstituieren sich nicht als geschlossene Individuen, sondern ihre fragmentierten und unterschiedlichen Erfahrungen eröffnen ihnen den Zugang zu einer ganzen Reihe verschiedener semiologischer Codes und Bedeutungsfelder. Daraus erklärt sich nicht nur, wie die unterschiedlichen Lesarten der Umwelt; d.h. hier der Serien, zustandekommen, sondern auch die unterschiedlichen Rezeptionsweisen, die diese Neuinterpretationen wiederum durch andere Leserinnen erfahren. Die Textual Poachers vor dem Fernseher schauen nicht auf den tendenziell hetero- bzw. asexuellen Haupttext, sondern lesen den homoerotischen Subtext und verarbeiten ihn zu neuen Erzählungen.

De Certeau, Michel: Kunst des Handelns. Berlin 1988.

Die ersten Slashes stießen innerhalb der Fankultur auf heftigen Widerstand und wurden als niveauloser „character rape", als Vergewaltigung der Bedürfnisse von Fans, sich mit ihren Idolen zu identifizieren, gebrandmarkt. Diese Diskussion dauert bis heute an und ist ein Zeichen dafür, daß Textual Poachers mit ihren kreativen Verarbeitungen an einem neuralgischen Punkt ansetzen und so eine nachhaltige Wirkung auf Fankultur und Identitätskonzepte ausüben. Während die kleinen alltäglichen Listen und Praktiken der Umnutzung nur schwer faßbar sind, hat sich durch die Textual Poachers eine ganz explizit greifbare Kultur der Entwendung und Bearbeitung von Seriencharakteren und -themen entwickelt. Slashes werden vor allem von Frauen verfaßt und gelesen. Sie verarbeiten weibliche konnotierte Körperbilder und Konzepte von Sexualität und finden in der Verfremdung durch das Genre der Trivialliteratur sowie der Verwendung männlicher Protagonisten eine Sprache für ihre erotischen Vorstellungen und Phantasien. Das utopische Potential dieser pornographischen Texte liegt darin, daß die in traditionellen Produkten dieses Genres üblichen reaktionären und sexistischen Darstellungen überstiegen werden. Anstelle von hartem Sex sind Gegenseitigkeit, Sensibilität und Zärtlichkeit zentrale Elemente der erotischen Beschreibung, wie in einer Sequenz mit den Serienbullen Starsky und Hutch, die in einer intimen Szene das wohlige Gefühl ‚danach' genießen: „Geschmeidige, seidige Arme umschlangen ihn. Hutch öffnete seine Augen und blickte in das Sonnenlicht, das vom Wasser reflektiert wurde, sonnige Wärme neben ihm, unter ihm, ... Sie küßten sich, bevor sie ein Wort sprachen."

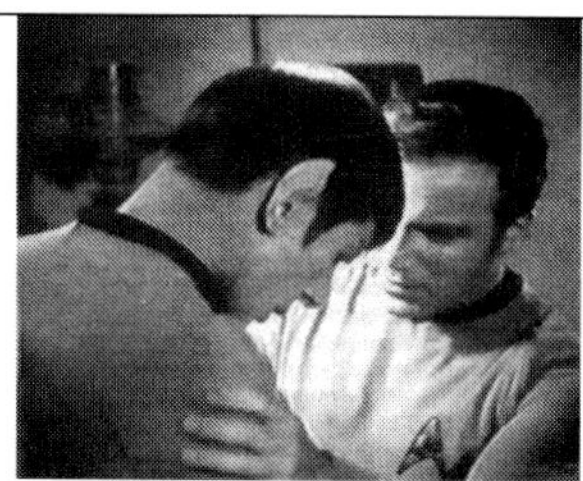

In den USA praktiziert vor allem in Kalifornien eine ganze Reihe von Gruppen bei ihren ‚Pranks' Formen der Kommunikationsguerilla. Dort brachte z.B. die Barbie Liberation Organization (BLO) mit einer medienwirksamen Austauschaktion („Reverse shoplifting") von Sprechmodulen zwischen ‚Teen Talk Barbie'- und ‚GI Jones'-Puppen Geschlechterbilder in Kinderspielzeugen durcheinander.

http://www.reed.edu/~cosmo/art/BLO/BLO.html

„Try the ‚Institute' on line at" http://sgvaserv1.ucsd.ed/~pbergman/pete.html

Das in San Diego ansässige Institute of Sociometry verteilt nicht nur „Official Member"-Cards und hält Sociometry-Messen ab. Es veranlaßte auch das Aufstellen neuer Highway-Warnschilder unmittelbar vor der Grenze zu Mexiko. Während die US-Grenzbehörde vor illegalen Einwandern warnt, die den Highway fluchtartig überqueren könnten, weist das Institute of Sociometry mit seinen Schildern auf die verfolgende Grenzpolizei hin. Darüber hinaus verschickt es den „Institute of Sociometry Report – by and for members", in deren ersten Ausgabe sich auch die „offiziellen BLO-Heimwerker-Anleitungen" finden. Gemäß ihrer Definition ist ‚Sociometry' die quantitative Analyse von Individuen und ihrer Beziehung zu Gruppen. Gleichzeitig betont das Institut, daß das alles nichts mit Mathematik oder Naturwissenschaften zu tun habe, vielmehr gehe es „Guerilla Sociometry".

Auch das Center for the Land Use Interpretation (CLUI) in Los Angeles ist eine „Nonprofit"- Forschungseinrichtung. Bei der ‚Interpretation der Landnutzung' interessiert sich das CLUI für ganz besondere Orte. 1996 stellte das Cen-

Homoerotische Geschichten von Serienidolen brechen die Norm des heterosexuellen Helden auf und entwickeln Gegenbilder zu den repressivsten Formen sexueller Identität. Mit ihren Imaginationen von Alternativen zum gegenwärtigen Geschlechterverhältnis stellen sie eine ebenso provozierende wie genußvolle Auseinandersetzung mit Körperbildern und Rollenzuweisungen dar.

Es ist niemals genau ermittelbar, in welcher Weise die Umnutzungen und Aneignungen wiederum von denen interpretiert werden, die sich damit konfrontiert sehen. Aber es ist möglich, die Normalität, den hegemonialen Diskurs zu beschreiben. Und wenn dieser durch solche interpretierenden und verändernden Eingriffe aufgebrochen wird, entsteht Raum für dissidente Interpretationen und ein Infragestellen eben dieser Normalität.

ter beispielsweise ein Erinnerungsmonument an jenem Ort in New Mexico auf, an dem 1957 ein B-36 Bomber eine Wasserstoffbombe verlor. Ein ebenso bedeutsamer Ort ist das Labor- und Testgelände in der Wüste von Utah, wo biologische und chemische Waffen entwickelt und erprobt werden (United States Army Dugway Proving Ground): „Einer der bemerkenswertesten amerikanischen militärischen Komplexe". Um solche Orte angemessen zu würdigen, stellt das CLUI dort PhotoSpot-Schilder auf, die die Vorbeikommenden auf diese ganz besonders fotogenen Plätze hinweisen. Das CLUI vertreibt zudem einen illustrierten Führer mit dem Titel „The Nevada Test Site: A Guide to Americas Nuclear Proving Ground". Weiterhin bietet es eine Miniatur-Touristenkamera an, mit der der Betrachter vom sicheren Zuhause aus beispielsweise eine „Nevada Test Site Tour" unternehmen kann. Ein T-Shirt mit dem von ihm kreiierten PhotoSpot-Zeichen („Be a walking PhotoSpot") ist ebenfalls erhältlich.

http://clui.zone.org/clui.html

Die Geschichte der Cacophony Society begann 1969 in San Francisco mit einem Tortenwerf-Wettbewerb (○ Tortenwerfen). Sie wandelte sich dann zum „Selbstmordclub", bis sie 1986 den Namen „San Francisco Cacophony Society" annahm. Es gibt weitere ‚Ortsgruppen' in Los Angeles, Portland und Seattle. Die Cacophony Society umfaßt 600 lose organisierte „merry pranksters", die alle möglichen Formen von Aktionen, insbesondere aber ○ Happenings und ○ Unsichtbares Theater, betreiben. Sie begreift sich selbst als politisch ungebundene Untergrundbewegung ohne

Happening und Unsichtbares Theater
- Umnutzung des öffentlichen Raumes

Unsichtbares Theater und Happening sind politische Interventionsformen, die den öffentlichen Raum auf ganz unterschiedliche Weise zur Bühne machen. Beide bedienen sich theatralischer Elemente: Während das Unsichtbare Theater zumeist verdeckt inszeniert wird, finden sich beim Happening ganz offen und für alle sichtbar Anleihen (Masken, Bühne, Requisiten etc.) aus dem Theaterfundus. Beide Formen beruhen darauf, im öffentlichen Raum die Initiative zu ergreifen und nutzen die sich dort bietenden Handlungsspielräume.

Happening - Revolution ist Straßentheater!

Happenings erlangten in den 60er Jahren ihre Bedeutung als politische Massenaktionen, die die steifen, streng durchorganisierten Demonstrationsrituale der grossen Parteien diskreditierten. Das Aufbrechen gesellschaftlicher Strukturen fand in ihnen eine angemessene politische Aktionsform. ○ *Situationistische Internationale*, ○ *Subversive Aktion* und ○ Yippies praktizierten vielfältige Formen des Happenings als symbolische Intervention, Stör-Aktion, Sit-In, Blockade etc. Dabei ist eine kontinuierliche Veränderung von einem anfangs rein symbolischen Aktionismus hin zu Konzepten, in denen die realen Verhältnisse – gebrochen und ansatzweise verändert – aufscheinen, abzulesen. In den 70er Jahren fanden die Happenings ihre Fortsetzung vor

Weihnachtsfestspiele des SDS

Der Berliner SDS veranstaltete 1966 an einem verkaufsoffenen Samstag im Dezember die legendäre „Spaziergänger-Demonstration" auf dem weihnachtlich geschmückten Kurfürstendamm. Maßgeblich beteiligt waren an diesen „Weihnachtsfestspielen" der antiautoritären Bewegung auch diejenigen SDS-Mitglieder, die später die Kommune 1 begründeten. Mit dieser Aktion protestierten sie gegen SPD-Innensenator Heinrich Albertz, der Demonstrationen durch die Verlegung in menschenleere Stadtteile unwirksam machen wollte. Auf Signale aus einer Trillerpfeife hin bildeten etwa

feste Strukturen, Regeln oder Vorsitzenden sowie als „often nonsensical". In Los Angeles werden regelmäßig Informationsblätter herausgegeben. Die Cacophony Society ○ erfindet Organisationen, ○ faket Ereignisse und veranstaltet illegale Partys als Happenings. Explizit politische Aussagen sind ihr fremd. Die Lust am Unsinn und Chaos („Support the powers of chaos in your community") dominiert die meisten Aktionen. Und ihre letzte „Helter Skelter"- Party mit den neuesten Charles Manson-Filmen war wirklich gut. ⊙

Tales from the Zone. Calendar of the Los Angeles Cacophony Society - http://www.alumni.caltech.edu/~reynard/la_caco/la_caco.html und in San Francisco: The Rough Draft - http://www.zpub.com/caco/

allem im Umkreis der italienischen Autonomia (○ Indiani Metropolitani) und danach als „Spaßguerilla" im Zusammenhang der 81 er Bewegung in Berlin.

Das Happening ist von Anfang an eng mit unterschiedlichen Kunst-Aktionismen und mit experimentellen Theaterformen verwandt. Zentral für sie alle ist der Gedanke einer Überschreitung der gegebenen Verhältnisse. Während aber im Kunst- und Theaterbereich an Überschreitung oft eher im existentialistischen oder metaphysischen Sinn gedacht ist (Bataille, Artaud, Beuys, Nitsch), geht es im politischen Happening um die Überschreitung sozialer Normen und hegemonialer Diskurse in einer konkreten Aktion: Tun, was nicht getan werden darf. Damit artikulieren Happenings stets auch eine Kritik an der bürgerlich-aufklärerischen Vorstellung von Öffentlichkeit und angeblich freiem Meinungsaustausch unter angeblich freien Individuen. Dagegen setzen sie die direkte und konfrontative Agitation, die provokative und witzige Auseindersetzung um einen öffentlichen Raum, in dem soziale Konflikte ausgetragen werden können. Happenings bieten die Chance, die Rollenverteilung zwischen Akteuren und Publikum, die Rituale des Sprechens und Zuhörens, des Handelns und Passiv-Bleibens für einen Moment aufzuheben. Sie stellen die ○ *Kulturelle Grammatik* des öffentlichen Raums momentan auf den Kopf und ermöglichen so eine auch spaßbetonte Form der Konfrontation mit der Macht.

Weihnachtsfestspiele .

200 Studenten mehrmals Demonstrationszüge und verteilten Flugblätter, um sich dann zu zerstreuen und an einem anderen Ort wieder aufzutauchen: „Um uns nicht zusammenschlagen zu lassen, ... , demonstrieren wir nicht in der alten Form, sondern in Gruppen als Spaziergänger." Wie vorgesehen reagierten die konfettiberieselten Bullen völlig hilflos. Sie rasteten aus und nahmen 74 Studenten, Schüler und Passanten fest, besonders solche mit Weihnachtspaketen unter dem Arm. Polizeibeamte in Zivil verhafteten Rudi Dutschke, der sich ebenfalls mit einem Päckchen getarnt hatte.

Kommune 1

Kommune 2 und Haschrebellen

Donnerstag, 6. April 1967. Axel Cäsar Springers ‚Bild' brüllt seine Leserinnen an: „Geplant – Berlin: Bombenanschlag auf US-Vizepräsident." Am Tag vor dem angeblich geplanten „Attentat" hoben die Bullen eine „Terror-Werkstatt" aus und beschlagnahmten eine seltsame, glibbrig-klebrige Substanz. Die Cop-Chemiker brauchten drei ganze Tage, ehe sie herausfanden, von welch besonderer Art der gefundene „Sprengstoff" war. Fritz Teufel, Rainer Langhans und Konsorten, allesamt Bewohner der Bürgerschreckzentrale Kommune 1 (K 1), hatten zehn Kilogramm Puddingpulver, Farbstoff und Mehl verköchelt und die süßesten Kalorienbomben gebastelt, seit es Präsidenten gibt. Diese liebevolle Hommage an US-Vizepräsident Hubert H. Humphrey, der Pudding öffentlich als seine Lieblingsnachspeise bekanntgegeben hatte, wurde ihnen nicht gedankt. Sie wurden beschuldigt, „unter verschwörerischen Umständen zusammengekommen" zu sein. Das „Puddingattentat" beschäftigte die Weltpresse; noch nie hatte jemand das Herstellen von Süßspeisen als Terrorismus bezeichnet. Auch wenn dieser Versuch letztlich ein Fehlstart war, sollten seine Initiatoren das Erscheinungsbild der antiautoritären Bewegung lange prägen.

Als „provisorisches Komitee zur Vorbereitung einer studentischen Selbstorganisation" sprengte die K 1 – mit Mao-Plaketten geschmückt – eine Versammlung des AStA der Freien Universität Berlin mit

Langhans, Rainer/Teufel, Fritz: Klau mich. Frankfurt/Berlin. o.J. (1968). Vgl. a. Interview mit Dieter Kunzelmann, in: Dreßen, Wolfgang u.a. (Hg.): Nilpferd des höllischen Urwalds. Berlin 1991, S. 202 ff.)

Große politische Analysen sind für das Happening weniger wichtig als regionale Bezüge und Anknüpfungspunkte (vom Kunst-Happening „In Ulm, um Ulm und um Ulm herum" aus den 60er Jahren bis hin zu den Aktionen der KPD/RZ in den 90ern). Spezifische soziale Räume (Kiez, Uni, besetzte Häuser etc.) und Medien (z.B. Radio Alice) wollen angeeignet oder verteidigt werden, ohne selbst autoritäre und bürokratische Formen zu kopieren. Es wird versucht, im entfremdeten, ‚urbanisierten' städtischen Raum Orte subversiver Möglichkeiten zu behaupten. Happenings sprechen im Gegensatz zum Agitationstheater des Agit-Prop keinen Klartext. Der Unterschied zwischen argumentativem Klartext, der auf Überzeugung angelegt ist, und dem indirekten, erfahrungsbezogenen Sprech-Handeln im Happening, läßt sich gut am Beispiel der *Tortenwerfer* aus dem Umfeld der Yippies zeigen. Der Unterschied zwischen Tomaten bzw. faulen Eiern, die auf irgendwelchen Politikerschädeln landen und einer gut plazierten Erdbeer-Sahne-Torte, die ihr Ziel, in kleinen Stücken in den Mund zu gelangen, knapp verfehlt und als Ganze mitten im Gesicht des Angegriffenen landet, ist offensichtlich: Tomaten und Eier sind kritisch, Torten sind komisch! Erst in bestimmten Kontexten und bei entsprechenden Zielen entfalten letztere ihr politisch-subversives Potential.

„Burn, warehouse, burn!" oder wie die K 1 eine Brandstiftung erfand

Am 24. Mai 1967 veröffentlichte die Kommune I ein Flugblatt („Neue Demonstrationsformen in Brüssel erprobt"). Sie erklärte ein Brandunglück im Brüsseler Kaufhaus ‚À l'Innovation', bei dem 300 Menschen den Tod fanden, nachträglich zum Ergebnis eines „Großhappenings" gegen den Vietnamkrieg, erfand einen politischen Hintergrund und gab es als zielgerichtete Brandstiftung aus. „Unsere belgischen Freunde ..." hätten es geschafft, „die Bevölkerung am lustigen Treiben in Vietnam wirklich zu beteiligen: Sie zünden ein Kaufhaus an, dreihundert saturierte Bürger beenden ihr aufregendes Leben und Brüssel wird Hanoi."

6.000 Studierenden. Dem Auditorium wurde ein „Fachidiotenflugblatt" mit der Aufforderung vorgelegt, die Uni zu verlassen, arbeiten zu gehen, vom verdienten Geld ein Haus zu kaufen und eine Kommune zu gründen. Dort sollten dann freie Liebe praktiziert werden und Parteischulungen stattfinden. Es gelte ○ Provos auszubilden, die in die Gesellschaft ausschwärmen und Störaktionen inszenieren sollten, um das Schwungrad der Revolution in Gang zu bringen.

Motiviert von dem Bedürfnis nach radikaler Veränderung, wollte die anti-autoritäre Bewegung, deren Produkt die K 1 war, die versteinerten Verhältnisse zum Tanzen bringen. Ihr gesellschaftsveränderndes Potential erhielt sie aus der Erkenntnis, daß individuelle und gesellschaftliche Ebene gleichermaßen politisch sind und nicht getrennt voneinander betrachtet werden können. Die eigene Veränderung sollte nicht, wie immer unterstellt wird, Privatvergnügen, sondern Beitrag zu einer grundlegenden gesellschaftlichen Veränderung sein.

In der Berliner Wohnung des Schriftstellers Uwe Johnson fanden die angehenden Kommunardinnen (Fritz Teufel, Rainer Langhans, Dieter Kunzelmann, Uschi Obermaier u.a.) kurze Zeit Unterschlupf. Sie proklamierten die Revolutionierung des Alltagslebens: An die Stelle der bürgerlichen Kleinfamilie müsse das Kollektiv treten. In der Öffentlichkeit wurde hauptsächlich ihre Aufforderung zur sexuellen Promiskuität wahrgenommen.

„Wer zweimal mit derselben (sic!) pennt, gehört schon zum Establishment"

Wer oder was aber bestimmt den Erfolg eines Happenings? Ist es die erreichte Publizität, ist es die Zahl der einbezogenen Menschen, die geglückte Durchführung oder andere eventuell erreichte Auswirkungen? Da sich in den wenigsten Fällen ‚meßbare' Resultate ergeben, ist der politische ‚Wert' solcher Aktionen oft umstritten. Doch Happenings sind symbolische Politik und es wäre verfehlt, sie an ihren realen Folgen zu bemessen. Denn es geht dabei nicht um ‚materielle Resultate'. Vielmehr wirken Happenings auf einer anderen Ebene. Sie bedienen sich eines politisierten Raumes oder einer Situation und bespielen denselben mittels diverser Kommunikationsguerilla-Techniken.

Ob symbolische Aktionen politisch sinnvoll sind oder nur der Selbstinszenierung dienen, läßt sich nur am jeweiligen Kontext, d.h. an den Zusammenhängen, in denen sie eingesetzt werden, oder eben an der Produktion von Selbstdarstellungen ablesen. Wie gut aber auch ambivalente Haltungen dabei funktionieren können, zeigt das Beispiel der Yippies aus den Vereinigten Staaten, die als strikte Anhänger von Marshall McLuhan das Operieren in und mit den Massenmedien vor jede inhaltliche Botschaft stellten. Sie gingen so weit, die Wirksamkeit kognitiver Erkenntnis und sprachlicher Informationsvermittlung an sich zu leugnen. Wenn sie 1967 das Pentagon zum Schweben bringen wollten, so ging es um eine spirituell-psychedelisch verbrämte „Revolution der Köpfe", die die Machtfrage

„Burn, warehouse, burn!" ...

Die belgische Polizei, so das Flugblatt, würde die wahre Ursache verschweigen, um nicht Nachahmungstaten zu provozieren.

In einem weiteren Flugblatt („Warum brennst Du, Konsument?") hieß es: „Ein brennendes Kaufhaus mit brennenden Menschen vermittelt zum erstenmal in einer europäischen Großstadt jenes knisternde Vietnamgefühl (dabeizusein und mitzubrennen), das wir in Berlin bislang noch missen müssen ... Wir, die wir dem Neuen aufgeschlossen sind, können, solange das rechte Maß nicht überschritten wird, dem Kühnen und dem Unkonventionellen, das bei

Die Aktionsformen der K 1 wurden bald international bekannt, zumal es in anderen Ländern Gruppen mit ähnlichen Politikvorstellungen gab. Im Umfeld der US-amerikanischen ○ Yippies beispielsweise erschien nicht nur ein Buch mit fast demselben Titel wie das bekannte „Klau mich" von Teufel/Langhans (Abbie Hoffman: Steal this book), auch in der Wahl der Mittel dominierte bei beiden die Provokation durch aggressive Polit- ○ Happenings.

An den Happenings nahmen meist einige hundert Demonstrantinnen in phantasievollen Verkleidungen teil. Die Heilsarmee geriet einmal bei einem Kurfürstendamm-Ständchen in arge Bedrängnis, weil die Polizei sie für verkleidete Kommunardinnen hielt. Mit taktischen Hase-und-Igel-Spielen nutzten sie jede Gelegenheit, unter Vermeidung von physischer Gewalt die Staatsgewalt zu provozieren und der Lächerlichkeit preiszugeben. Die Aktivistinnen der K 1 beherrschten die Taktik der Entlarvung autoritärer Strukturen bravourös. Ihre Aktionen provozierten massive polizeiliche Reaktionen, die auch die bürgerlichen Zuschauer nicht verschonten.

Zahlreiche Aktionen der K 1 trugen Züge dadaistischer Spontaneität. „Es ist nicht übertrieben zu sagen, daß die spezifischen antiautoritären Aktionsformen in dem Augenblick massenhaft produziert wurden, als der Sozialistische Deutsche Studentenverband mit einer Entwicklungslinie fusionierte, die historisch auf den Berliner Dadaismus zurückgeht."

Siepmann, Eckhard: Die Negation der Negation als brennender Weihnachtsbaum. In: Ders. (Red.): Heiss und kalt. Berlin 1988, S. 636-645.

gleich mit erledigen sollte. Diese Botschaft wurde nicht aufklärerisch ‚vermittelt', sondern für Beteiligte und (Fernseh)Zuschauer als Happening inszeniert.

Die symbolischen Momente verschwanden fast vollständig aus den Happenings der Berliner Spaßguerilla. Stattdessen wurden verstärkt „affirmative Strategien" (○ *subversive Affirmation*), wie sie vor allem in französischen Theoriezusammenhängen seit den frühen 70er Jahren diskutiert wurden, in die verschiedenen Formen sichtbaren und ○ *Unsichtbaren Theaters* eingearbeitet. Verkleidete Aktionistinnen (der Franz Josef Strauß-Verschnitt, die Dame im Nerz aus Grunewald, ein ‚junger Rechter' mit Kohl-Button u.a.) forderten vom konservativen Bausenator Heinrich Lummer während einer Veranstaltung immer wieder drastisch verschärfte Maßnahmen gegen Hausbesetzer und Demonstrationen, um so auf die rechtsextremen Verbindungen Lummers hinzuweisen. Die Eröffnung der großen Preußen-Ausstellung im Gropius-Bau wurde durch eine Darstellung von im Gesicht vermummten, aber ansonsten nackten Männerkörpern gestört, die als TUWAT formierten und damit auf den gleichnamigen Aufruf zu einem Kongreß der Autonomen verwiesen. Eine „Initiative für die deutsch-amerikanische Freundschaft" meldete gleichzeitig zur Großdemonstration gegen den Besuch des amerikanischen Außenministers Alexander Haig im September 1981 eine Demonstration für Haig an, die letztlich, nach langer Diskussion

„Burn, warehouse, burn!" ...

aller menschlichen Tragik im Brüsseler Kaufhausbrand steckt, unsere Bewunderung nicht versagen." Im letzten Flugblatt („Wann brennen die Berliner Kaufhäuser?") schließlich sah die Staatsanwaltschaft „unmißverständlich die unverhohlene Aufforderung, auch in Berlin mit brennenden Warenhäusern für Vietnam zu ‚demonstrieren' ": „Wenn es irgendwo brennt in nächster Zeit ..., seid bitte nicht überrascht ... Brüssel hat uns die einzige Antwort darauf gegeben: Burn, warehouse, burn!" Die verbalen Attacken der K 1 hatten einen

„Studentische ‚Horror-Kommune', die häufig wechselnden Geschlechtsverkehr institutionalisiert hat" (*SPIEGEL* 29/1967 über die K 1)

Die Massenmedien machten aus dem Experiment K 1 eine Bürgerschreckzentrale, und alle künftigen Vorurteile gegen Generationen von Wohngemeinschaften waren von diesem Zerrbild geprägt, obwohl der tatsächliche Alltag in der K 1 eher spießig war. Schnell hatte die K1 gelernt, mit Journalisten umzugehen. Die Photos von der Joint-rauchenden Uschi Obermaier waren sozusagen eine Auftragsarbeit für die Presse und wurden an ‚Stern' und ‚SPIEGEL' verkauft. Die Hetze der Springer-Presse stilisierte die K 1 zu gefährlichen Staatsfeinden; ihre Kriminalisierung führte dazu, daß im Umfeld viele wieder absprangen. Doch die Kommunardinnen, denen der Prozeß gemacht werden sollte, verstanden die Verhandlungen als ein Angebot des Staates, ihnen freundlicherweise eine Bühne für neue Happenings zur Verfügung zu stellen. Sie entlarvten die Gerichtsverhandlung als Machtritual. Ein Gerichtsreporter des, SPIEGEL' beklagte im März 1968 das äußere Erscheinungsbild von Teufel als „die totale Schändung der abendländischen Kleiderordnung". In diesem Prozeß fiel auch der legendäre Teufel-Spruch über das Aufstehen bei Gericht „Na ja – wenn's denn der Wahrheitsfindung dient". In einem Satz demontierte er den Unterwerfungsanspruch der bürgerlichen Justiz, den sie im Gerichtssaal mittels formalisierter Konventionen durchsetzt (○ Kulturelle Grammatik). Als Teufel aufgefordert wurde, sich einem psychiatrischen Gutachten zu unterziehen, wollte er dem durchaus nachkommen – vorausgesetzt, Richter und Staatsanwaltschaft würden sich ebenfalls untersuchen lassen.

innerhalb der ‚Bewegung', nicht zustandekam. Dafür gab es U-Bahntheater mit als Putzkolonne verkleideten Frauen und Männern, die auf mit Steinen aus Styropor werfende ‚Terroristen' trafen. Die Fahrgäste wurden in Diskussionen zwischen ‚arbeitender Bevölkerung' und ‚kriminellen Nichtstuern' verwickelt.

Die Spaßguerilla verstand sich als spezifische Ausdrucksform der 81er Bewegung und in strikter Abgrenzung zu den 68ern. Ihr „radikaler Spaß" kam aus der Einschätzung, daß ohnehin nichts zu verlieren sei („No future"). Im Nachhinein ist diese Abgrenzung immer noch sehr klar, was gesellschaftliche Utopien, mögliche kollektive Lebensweisen (Kommunen bis Alternativen), gesellschaftlichen Einfluß und auch die popkulturellen Bezüge (Hippies gegen Punks) angeht. Auf die spezifischen Aktionsformen bei Happenings bezogen, zeigt sich allerdings eine erstaunliche Kontinuität, die aus der 68er Bewegung in das neue, nicht-aufklärerische, konfrontative, auch linke Gewißheiten in Frage stellende Politikverständnis am Anfang der 80er Jahre einfließen konnte.

„Burn, warehouse, burn!" .

---

neuralgischen Punkt getroffen: das Kaufhaus als Symbol der kapitalistischen Warenwelt und Ausdruck der Normalität der Konsumgesellschaft. Allein die Vorstellung, daß der Ort des täglichen Konsumrauschs von terroristischen Angriffen bedroht sein könnte, war Provokation genug. Der nächste Akt des Schauspiels folgte im Gerichtssaal.

Die Kommune I symbolisiert eine Phase der antiautoritären Bewegung, in der permamente Lernprozesse und auch Anstrengungen zur Selbstveränderung im Mittelpunkt standen. Ihre ritualisierten Aktionsformen mögen in den „unwiderstehlichen Sog ineinanderwirkender Verwertungsprozesse" geraten sein und Teufel, Langhans und Konsorten tatsächlich zu „geistig durchtrainierten Provokateuren der kapitalistischen Mediengesellschaft" und „zu ihren „abhängigen Zulieferern" gemacht haben. Dennoch trugen sie zur Entfaltung von spontanem Handeln, kollektiver Initiative und Selbstorganisation in der Emanzipation des geschichtlichen Subjekts bei. Die Kommunardinnen setzten Kreativität gegen Staatsgewalt, Beweglichkeit gegen Waffen, Leidenschaft gegen Brutalität, Sprache gegen Knüppel. In der damaligen Situation erreichten sie, daß der Staat durch sein unverhältnismäßiges und brutales Vorgehen seine eigene Legitimität untergrub.

Spiegel-Spezial. Die wilden 68er. Hamburg 1988, S. 48.

Die K 1 prägte das gesellschaftliche Bild der 68er, auch wenn in der außerparlamentarischen Opposition (APO) zuletzt trockene Politik dominierte. Die immer schärferen Meinungsverschiedenheiten führten 1967 zum Ausschluß der K 1 aus dem SDS wegen „falscher Unmittelbarkeit", „Überschätzung" und „Realitätsflucht". Ungeachtet aller Differenzen setzte die K 1 ihre Aktionen fort, zum Teil zusammen mit Anhängern des SDS. Letztlich zerbrach das K 1-Projekt im Laufe des Jahres 1968 an seinen inneren Widersprüchen.

Voller Wix und bloße Körper

Jedes Jahr in der Nacht zum 1. Mai findet in Tübingen ein seltsames Frühlingsritual statt: Die Studentenverbindungen singen den Mai ein. Angehörige dieser Männerbünde versammeln sich abends in ihren Verbindungshäusern auf dem Österberg. Nach rituellem Alkoholkonsum ziehen sie kurz vor Mitternacht mit Fackeln, deren Tropfenfänger aus Bierdeckeln bestehen, auf den Holzmarkt, einen zentralen Platz in Tübingen, der von der Stiftskirche dominiert wird. Dabei tragen sie antiquiert anmutende Kleidung, an der besonders bunte Käppchen, über die Brust gespannte Bänder und kleine farbige Zipfelchen am Hosenbund auffallen. Vor der Kirche nehmen sie Aufstellung und singen drei Lieder: Ein lateinisches, das die Freuden des Studentenlebens preist, „Der Mai ist gekommen" und ein Lied aus dem Kontext der mißglückten Revolution von 1848 („Die Gedanken sind frei").

Der Gesang ist allerdings kaum zu hören, denn zum Ritual gehört ebenfalls, daß die Tübinger Linke und andere Schaulustige sich gleichermaßen kurz vor Mitternacht auf dem Holzmarkt einfinden, um die Demonstration konservativen Studententums zu stören, manchmal handgreiflich, immer aber untermalt von einer entsprechenden Lautkulisse (vom Töpfeschlagen, heißt's, bis zur „Internationalen"). Der handgreifliche Teil wird allerdings seit Mitte der 80er Jahre durch ein massives Polizeiaufgebot unterbunden. Die Ordnungshüter

Burschenschaftler 1995

Distanz zur K 1 hielten auch jene Frauen, die später die Männerherrschaft im SDS mit Tomaten attackierten. Die männlichen Kommunarden „schienen hauptsächlich darauf aus zu sein, Frauen zu gemeinsamen Sex-Objekten zu machen", kritisiert auch Gretchen Dutschke-Klotz das Politikverständnis der K 1. Sprüche wie „Was geht mich der Vietnamkrieg an – Ich habe Orgasmusschwierigkeiten" von Dieter Kunzelmann legten einen solchen Schluß nahe. Die alltägliche soziale Praxis der K1 war von sexistisch-patriarchalen Einflüssen geprägt. Paradoxerweise bereitete jedoch das Beharren auf dem subjektiven Faktor auch den Boden für die Infragestellung dieses Patriarchalismus. Zudem war die Idee einer sexuellen Revolution keine reine Männersache; auch für Frauen bedeutete ein offener Umgang mit Sexualität, Verhütung und die Idee einer kollektiven Gruppenverantwortung für die Kinder einen Schritt zur Befreiung. Eine solche Praxis wurde allerdings eher in der Kommune 2 (K 2) auch tatsächlich verwirklicht, die Jan Carl Raspe, Heike Brandt u.a. als Antwort auf Narzißmus, Starkult und den instrumentellen Umgang mit proletarischen Genossen innerhalb der K 1 gründeten. Die K 2 versuchte, Rudi Dutschkes Forderung nach „der Revolutionierung der Revolutionäre" als „Voraussetzung der Revolutionierung der Massen" in die Praxis umzusetzen, die die K 1 nicht einlösen konnte oder wollte.

Kommune 2: Kindererziehung in der Kommune. In: Kursbuch 17/1969, S. 147-178.

Gleichzeitig formierte sich der „Zentralrat der umherschweifenden Haschrebellen". Dieses Pseudonym war nicht zuletzt als Persiflage auf die studentischen Politgruppen gemünzt. Die Haschrebellen

sperren zwischen den beiden Gruppen einen breiten, leeren Raum ab und halten den Burschen damit faule Eier und ähnliche Unannehmlichkeiten vom Leibe. Dennoch hat die Gegenüberstellung zweier entgegengesetzter Gruppen den Charakter eines Schaukampfes behalten. Dieses alljährliche Ritual hat einen hohen Bekanntheitsgrad. Neuerdings finden sich in der Hoffnung auf spektakuläre Bilder immer häufiger Fernsehteams ein.

Die Szenerie ‚Tübinger Holzmarkt im Fackelschein bei Mitternacht' wird normalerweise von den Verbindungen und der bewaffneten Staatsgewalt choreographiert: Entsprechend der ordnungsrechtlich vorgesehenen Rollenverteilung sind sie die Akteure, während die anderen den Part der Zuschauerinnen übernehmen. Zwar gelingt es letzteren in der Regel, den Platz akustisch zu bestimmen, Anlaß und visuelles Territorium bleiben jedoch, unterstützt durch die Absperrungen der Polizei, fest in der Hand der Burschenschaften. 1995 vollzog sich das Ritual in leicht abgewandelter Form.

Unklar ist bis heute, von wem die zahlreichen Aktivitäten ausgingen, die bereits im Vorfeld Aufsehen erregten. So tauchte ein Flugblatt einer Fachschaft der Universität Tübingen auf, die als rechts dominiert bekannt ist und nun unter dem Motto „Aktiv in den Mai – Frisch ins Semester" zum „Ersten Tübinger Bändel- und Kappenwettbewerb" aufrief. Wer am meisten Bändel und Kappen von den Burschenschaftsuniformen abgeben würde,

Freedom & Sunshine for Giorgio Bellini

Giorgio Bellini, Zeitungsmacher der Zürcher Jugendbewegung beim ‚Eisbrecher' und Schweizer Staatsbürger, wurde im Februar 1981 von bundesdeutschen Grenzbeamten in Auslieferungshaft genommen. Ein italienischer Haftbefehl warf ihm „Bildung und Unterstützung" von kriminellen Vereinigungen vor. Anfang Mai führte ein Schweizer „Komitee für die Freilassung Giorgio Bellinis" eine spektakuläre Solidaritätsaktion durch.
Sekunden vor Beginn der Schweizer Tagesschau tauchten zwei Personen im Regieraum des Studios auf und erklärten den TV-Mitarbeitern: „Wir sind von der Kriminalpolizei.

propagierten eine militante Politik und den massenhaften Verstoß gegen die bestehenden Betäubungsmittelgesetze, veranstalteten im Berliner Tiergarten ,Smoke-ins', organisierten Rechtsbeistand für verfolgte Kiffer und forderten die Legalisierung von Drogen. In einem Flugblatt erklärten sie: „Wir kämpfen für eine freie Entscheidung über Körper und Lebensform. Schließt Euch diesem Kampf an. Bildet militante Kader auf den Dörfern und Metropolen. Scheißt auf die Gesellschaft der Halbgreise und Tabus. Werdet wild und tut schöne Sachen." Aus diesem Umfeld kam später auch ein Teil der ,Bewegung 2. Juni', die im Gegensatz zur RAF auch bei der Entführung des CDU-Politikers Peter Lorenz und bei Banküberfällen Reminiszenzen an antiautoritäre Aktionsformen beibehielt (etwa als 1975 bei zwei Banküberfällen Schokoküsse an die verschreckten Kunden verteilt wurden).

Mosler, Peter: Was wir wurden, was wir sind. Studentenrevolte – zehn Jahre danach. Hamburg 1977; Langer, Günter: Der Berliner ,Blues'. In: Siepmann, E. (Red.): Heiss und kalt. Berlin 1988, S. 649-657.

Mag vieles von den politischen Vorstellungen all dieser Gruppen aus der antiautoritären Bewegung heute als gescheitert gelten, „in einem subversiven, die Sozialformen verändernden Sinne aber hat sie einen niemals erwarteten, immer noch anhaltenden Erfolg errungen." ⊙

Kraushaar, Wolfgang: Fritz Teufel. In: Jacoby, Edmund (Hg.): Lexikon linker Leitfiguren. Frankfurt a.M., Olten und Wien 1988, S. 349-351.

sollte einen Preis gewinnen. Ungeachtet der vielen Glückwünsche für dieses entschlossene Auftreten distanzierte sich die gefakete Fachschaft von diesem Aufruf.

Offenbar intervenierten auch andere Gruppen mit ○ *Fakes* in das Geschehen. Etwa mit einem Plakat, daß ein ,Roundtable-Gespräch' zwischen dem linksliberalen omnikompetenten Tübinger Professor Walter Jens und dem konservativen Kandidaten für das Präsidentenamt der Universität, dem Juraprofessor Graf Vitzthum, anberaumte. Die Ankündigung der Verbindung ,Verein Deutscher Studenten' für den Abend des Maisingens lautete: „Deutsche Soldaten als Mörder und Vergewaltiger? Ein Literaturzitat im Spannungsfeld von Tübinger Gelehrtenrepublik (Korporationen) und gesamtdeutscher Geistes- und Rechtskultur (Weimar/Buchenwald)". Doch standen interessierte Zuhörerinnen vor verschlossenen Türen. Einige Leserinnenbriefe aus den Reihen der Burschenschaften stellten offenbar gleichermaßen Fakes dar.

Kurz vor Mitternacht herrschte auf dem Tübinger Holzmarkt eine gespannte Atmosphäre, ein paar Knaller explodierten, latente Aggression war spürbar. Doch als die Verbindungen gerade zum Singen ansetzten, wurden auf die Wand der Stiftskirche, die den Holzmarkt architektonisch beherrscht, quer über den Platz Dias in Fernsehblau projiziert, während gleichzeitig beschwingte Klaviermusik (Chopin) den Platz beschallte. Die Bilder:

Freedom & Sunshine …

Sie sind verhaftet – eine Drogensache." Die anschließende Verwirrung nutzten zwei weitere, mit Faschingsmasken und Zipfelmützen getarnte Personen für ihren Auftritt im Studio. Sie postierten sich neben dem Tagesschausprecher und hielten ihm, deutlich sichtbar für die TV-Zuschauer, ein Plakat vor die Nase: „Freedom and Sunshine for Giorgio Bellini". Anschließend bekam er einen Zettel, auf dem stand: „Bleiben Sie ruhig und fröhlich, Sie herzige Nikoläusli. Wir sind grad fertig und Sie können weiterschaffen."

Provos an die Macht? Niemals!

Provo never ruled – aber wer war Provo? Die Zeitschrift Kursbuch, das einstige Zentralorgan der Neuen Linken, analysierte 1969, auf dem Höhepunkt der Studentenbewegung: „Wiewohl die Existenz von Provo teilweise den Anstoß zur politischen Aktivität niederländischer und ausländischer Studentengruppen gegeben hat, können weder die theoretischen Überlegungen noch die organisatorischen Praktiken der Provos als Modell einer auf Veränderung des gesellschaftlichen Gesamtzustandes gerichteten politischen Bewegung gelten" Ganz anders schätzt heute, 1996, ein nachgeborener Sympathisant, der Amsterdamer Journalist Kees Stad, die Provos ein: „Der holländischen Provo-Bewegung war ein sehr kurzes Leben beschieden, aber sie hat das politische Leben in Amsterdam und in anderen Gegenden Hollands drastisch verändert. Und obwohl sich die Provos auflösten, sobald sie ‚reale' Macht erlangten, ist ihr Einfluß immer noch spürbar." Unpolitischer Firlefanz oder bedeutende politische Bewegung – wer oder was waren Provos denn nun wirklich?

Böhmer, Konrad/ Ton Regtien: Provo – Modell oder Anekdote? Zur Funktion und Ideologie einer Protestbewegung. In: Kursbuch 19 (1969), S. 129-150.

Die Störung des Friedens durch die Provos in Amsterdam begann damit, daß einige ominöse Künstler die Straße zu ihrem Aktionsraum erklärten. Einer von ihnen, Robert-Jasper Grootveld, konnte die Tabakindustrie nicht leiden und fing an, große „K"s (K wie Kanker, das holländische Wort für Krebs) auf die Werbetafeln für Zigaretten zu malen. Schon in den frühen 60er Jahren hatte er in seinem Haus, dem „Magischen Zentrum der Welt", Anti-Rauch-Ses-

nicht gleich zu erkennen. Ein strammer Turnverein. Altnazi und Arbeitgeberpräsident Schleyer (leider verstorben), der eine Rede hält, Männer und NS-Kriegsverbrecher. Es erschien der Schriftzug: „Verbindungen haben Tradition. Ihr Ende auch." Dann daneben: Ein fies grinsender Henker, der ihnen die Schlinge vor den Hals hält. Der ‚Wohlfahrtsausschuß Tübingen' bot sich in diesem traditionsbeendenden Sinne an: „Wir helfen gern – Sprechen Sie mit uns." Das Interesse der Menge verschiebt sich. Köpfe drehen sich. Lachende Gesichter. Nur noch wenige achten auf die fackeltragende Männergruppe, die jetzt am anderen Ende des Platzes im Abseits steht.

Ende der Diavorstellung. Erneuter Singversuch der Burschenschaftler, aber dann – in voller Lautstärke: Mit „Conquest oft Paradise" von Vangelis schallte jene Melodie über den von der Polizei abgeriegelten Holzmarkt, die ansonsten dem ostdeutschen Boxchampion Henry Maske als Einmarsch-Hymne in den Ring dient. Die Musik ist bombastisch, pathetisch, an diesem Abend wirkte sie geradezu faschistoid. Das Emblem des Wohlfahrtsausschusses – die Guillotine – untermalte das Motto der Aktion: „Vorsprung durch Technik".

Auf einmal tänzeln zwölf nackte Jünglinge über den abgeriegelten Platz, keiner weiß, woher sie kommen. Sie formieren sich auf der Stiftskirchentreppe unter dem sogenannten Brautportal und winken in alle Richtungen. Sie schwenken ihre Arme in der

Freedom & Sunshine .

Es folgte der Komödie zweiter Teil: Die beiden vermeintlichen Kripo-Beamten verhafteten die maskierten Störer und befreiten sie so aus den Fängen eines Technikers, der die beiden ‚Chaoten' festhalten wollte. Das Schauspiel klappte, die ‚Maskenträger' entkamen unerkannt (Basler Zeitung, 4./5. Mai 1981).

sions organisiert, auf denen zugleich eine Menge Dope geraucht wurde. Als sich im Sommer 1965 die Anti-Rauch-Magier mit den Anarchopazifistinnen um Roel van Duyns zusammentaten, wurden die mystischen Aktionen der ersteren zu Provokationen, und die Pazifistinnen betätigten sich als Provos, statt weiter Latschdemos zu veranstalten.

Irgendjemand entdeckte, daß eine berühmte kleine Statue, das „Lieverdje" am Amsterdamer Spui-Platz, von einem multinationalen Tabakkonzern gestiftet worden war. Statt sie, wie die Kursbuch-Autoren empfahlen, einfach in die Luft zu jagen, veranstalteten die Provos Freitag nachts um die Statue herum eigenartige Sessions, die mehr und mehr junge Leute anzogen. Die Statue wurde weiß angemalt, mit Kränzen und lodernden Flammen umgeben. Die Polizei gewöhnte sich an, jedes Mal, wenn das ○ Happening stattfand, Riots vom Zaun zu brechen. Was bedeutete, daß am nächsten Freitag umso mehr Leute kamen. Die Provos waren laut Dieter Kunzelmann in Europa die ersten, die angefangen haben, aus politischem Protest die Straße zur ‚Agora' zu machen, zum „Artikulationsfeld".

Dreßen, Wolfgang u.a. (Hg.): Nilpferd des höllischen Urwalds. Berlin 1991, S. 198.

Als einige jugendliche Rebellinnen eine Zeitschrift namens ‚Provo' gründeten, ging es erst richtig los. Aus der Szene um das Lieverdje, der entstehenden Vietnam- und Studentenbewegung, der Nachkriegsgeneration von jungen Künstlern und Politikern und einer Menge anderer mysteriöser Zutaten entstand ein hochkarätiger Cocktail, der

Luft, einige halten Transparente: „Versöhnet Euch. Tübinger Stadtmission", „Jesus liebt uns alle", die sie den uniformierten Burschenschaftern, dann der Zuschauermenge entgegentragen. Die Polizei versucht, sie von den Burschenschaftern zurückzuhalten. Doch keine Macht der Erde kann sie jetzt mehr stoppen. Die Burschenschafter wissen nicht, wie ihnen geschieht. Sie singen schon lange nicht mehr. Einige Erboste versuchen, über die Absperrgitter zu springen und zeigen sich äußerst gewaltbereit. Die Polizei hält sie zurück. Andere lachen, summen mit Vangelis. Was ist hier überhaupt los? Die zwölf Jünger des Herrn fungieren als Bodenpersonal Gottes und verteilen christliche Traktate an Polizistinnen und Burschenschafter. Dann ziehen sie sich langsam über den Platz zurück. Die Polizistinnen sichern geübt den Rückzug. Die Nackten bewegen sich – immer noch den Burschenschaftern zuwinkend – auf die Menge der Zuschauer zu, übersteigen vorbei an den Grünuniformierten die Absperrung und werden von der Menge auf den Brunnenrand am Ende des Platzes gehoben, wo sie armeschwenkend hinter ihren Transparenten ein modernes christliches Lied anstimmen. Während der „Himmel über allen aufgeht", beginnt eine weitere Runde für die sogenannte Deutsche-Kriegsverbrecher-Diashow.

Inzwischen ist es nach Mitternacht. Die Verbindungsmänner ziehen sich zurück, einige summen verstohlen die Melodie von „Conquest of Paradise". Im Nu hat die Polizei

‚Nackte Tatsachen' gegen Playboy

Im puritanisch ländlichen Iowa des Jahres 1969 sollte ein von der Universität geladener PLAYBOY-Manager einen Vortrag zum zeitgemäßen Umgang mit Sexualität halten. Dabei wurde der Experte in Sachen bildhafter Verdinglichung von Frauen selbst zum Objekt. Kaum hatte er zu sprechen begonnen, fand sich ein Dutzend für das Herrenmagazin untypische Leserinnen im vollbesetzten Hörsaal ein. Bereits ihre Schilder und Schrifttafeln mit Texten wie „Read PLAYBOY - your penis will grow one inch!" oder „Playmeat of the month" brachten seinen bis dahin souverän-jovialen Redefluß ins Stocken. Die Neuankömmlinge, Aktivi-

voll reinzog. Es verbreiteten sich Slogans und Symbole, die kein Mensch verstehen konnte („Klaas kommt!"). Aber viele verstanden trotzdem, daß der Ärger, der aus den Botschaften sprach, echt war. Ärger über die Plastikwelt – Provos waren die ersten, die mit der Umwelt rummachten. Ärger über die konservativen Massen, die sich von der Konsumgesellschaft ruhighalten und befriedigen ließen. Ärger über die Scheinheiligkeit des holländischen kollektiven Gedächtnisses: Die Provos rührten an schmerzhafte Stellen – den vergangenen Weltkrieg und die Tatsache, daß nicht nur die meisten Bürgerinnen nichts gegen die Nazis unternommen, sondern auch viele sie unterstützt hatten.

Vor allem aber zeichneten sich die Provos als Meister im Provozieren und Lächerlichmachen von Autoritäten aus. Sie erklärten sich zu Anarchistinnen, waren aber schlau genug, sich selbst niemals allzu ernst zu nehmen. Ihre großen Pläne waren immer übertrieben genug, um unrealisierbar zu bleiben.

Zuerst kam der „Witte fietsen plan", der die Vergesellschaftung des Hauptverkehrsmittels von Amsterdam vorsah. Weiße Fahrräder sollten im gesamten Stadtgebiet gratis zur Verfügung stehen, sie sollten überall weggenommen und stehengelassen werden können. Damit wollte Provo die Autos loswerden. Aber die Polizei schlug alle zusammen, die zur Präsentation des ersten Weißen Fahrrads gekommen waren. Andere „Weiße Pläne" bezogen sich auf Häuser (wöchentliche Publikation einer Liste leerstehender Wohnungen) und Schornsteine (Weiße Schornsteine

ihre Absperrungsgitter weggepackt. Die Menge verteilt sich über den ganzen Holzmarkt. Aus einer Seitenstraße klingt zunächst dumpfer, dann immer deutlicher werdender Technosound. Ein Lastwagen, umgeben von rosa Nebel und zuckenden Gestalten, fährt auf dem Holzmarkt ein, durchquert die sich auflösende, ausbreitende Menge, rollt durch die Fußgängerzone auf die Hauptstraße in Richtung ‚Sudhaus', wo für die Nacht vom Wohlfahrtsausschuß Tübingen ein Rave angekündigt wurde: „Vorsprung durch Techno".

Die Intervention des Wohlfahrtsausschusses Tübingen verschob die vorhandenen Bedeutungen gerade so weit, daß sie die Selbstinszenierung der Verbindungsstudenten zu deren Ungunsten verkehrte. Was als Bühne für das Maisingen gedacht war, wurde zum Schauplatz eines nicht auf den ersten Blick zu entschlüsselnden, aber zum Lachen anregenden Happenings mit künstlerischen Mitteln: Performance, Bild/Diashow/Collage, Ton/Musik. Allerdings Kunst im Zeitalter der technischen Reproduzierbarkeit: Vorhandene Bilder und Musik wurden neu kombiniert. Dabei erfuhr diesmal die Parole „Vorsprung durch Technik" eine etwas andere Art und Weise der Umsetzung: Mittels computergesteuerter Diaprojektoren konnten die polizeilichen Absperrungen überwunden, die Bilder auf die abgesperrte Kirchenwand projiziert werden. Phongewaltige Lautsprecherboxen hatten mit den paar Maisängern leichtes Spiel. Leistungsstarke Suchscheinwerfer lenkten die Blicke der

‚Nackte Tatsachen' gegen Playboy …

stinnen der Gruppe WITCH (Women's International Terrorist Conspiracy from Hell), setzten sich und hörten gelangweilt mehrere Minuten den schon unsicherer daherkommenden Männerphantasien zu. Dann standen sie plötzlich eine nach der anderen auf, um sich in aller Ruhe ihrer Kleider zu entledigen. Diese Szenerie bekam einen beinahe religiösen Anstrich, als ein männlicher Aktivist eine Gitarre in die Hand nahm und das Geschehen musikalisch begleitete. Angesichts einer solchen Demonstration nackter Tatsachen verschlug es dem Sexismus-Manager vollends die Sprache. Doch damit nicht genug; an das leise Strip-in schloß

gegen die Luftverschmutzung). Es gab einen Weißen Sex Plan, einen Weißen Schulplan, Weiße Pläne für Frauen (für kostenlose Abtreibung), Kinder, und die Polizei. Unter dem Motto: „Sei lieb zur Polizei" wurde vorgeschlagen, der Onkel Wachtmeister in weißer Uniform solle Streichhölzer für Raucherinnnen, Präservative für Minderjährige und Hühnerkeulen für hungrige Passantinnen mit sich führen. Überflüssig zu sagen, daß Provo immer weißgekleidet ging.

Provo machte deutlich, daß jeder mit einer guten Idee ein Provo sein könnte. Sie versuchten niemals, sich gegen Anschuldigungen von Politikern oder der Mainstream-Presse zu verteidigen, und antworteten jedes Mal, daß sie viel schlimmer seien als alles, was gesagt oder geschrieben würde. Ihre Happening-artigen Veranstaltungen mündeten üblicherweise in mystische Feiern, deren chaotischer Verlauf die Undurchschaubarkeit der Bewegung nicht nur für die Ordnungshüter, sondern auch für die orthodoxe Linke garantierte.

Amsterdam erlebte einige furiose Monate voller Riots, verwundeter Demonstrantinnen, eingeknasteter Provos und so weiter. Die Polizei knüppelte alle nieder, die weiße Jeans trugen. Seit den Demos der Provos war für Polizei jegliche Ansammlung zum staatsgefährdenden Akt geworden. Als am 14. Juni 1966 die Bauarbeiter streikten, kamen zum großen Mißfallen der Gewerkschaften auch Provos zu den Kundgebungen. Der Aufstand der Arbeiter wurde nun zum Provoaufstand umgedeutet. Bald schon erschien der holländischen Bourgeoisie jegliche politische Bewegung

Zuschauer weg von den Fackeln auf die nackten Männer auf dem leeren Platz hinter den Absperrungen. Hier endet allerdings das Spiel mit den technisch hervorgerufenen Virtualitäten, denn die Männer waren echt. Um sie auf den Platz zu bringen, wie auch zur Installation der Technik bedurfte es wohl viel lokalen Wissens um Orte und Zugänglichkeiten. Außerdem muß es, wie erzählt wird, nicht einfach gewesen sein, Mutige für diese Aufgabe zu finden. Kampferprobte Autonome kniffen in der Regel. Ihnen war die Aussicht, ‚unbewaffnet' in die Arena zu gehen, doch nicht ganz geheuer.

Der Rahmen einer Konfrontation zwischen Linken und den konservativ-reaktionären Verbindungen in einem von rechts definierten, ritualisierten öffentlichen Raum wurde durch ein Happening verschoben; es entstand Verwirrung. Verbindungsstudenten lachten an der falschen Stelle, über ihre eigenen Bloßstellung, sangen mit, gingen bei einer Veranstaltung ihrer politischen Gegner mit. Zuschauerinnen, die zum alljährlichen Maispektakel gekommen waren, lachten mit dem Wohlfahrtsausschuß, auch wenn sie mit einigen der im Klartext der Dias ausgedrückten politischen Aussagen keineswegs einverstanden gewesen sein mögen.

Das Lachen der Menge mag zum Teil auf eine verbreitete Ablehnung von Studentenverbindungen zurückzuführen sein, auch auf Lust am Spektakel. Aber noch etwas

‚Nackte Tatsachen' gegen Playboy .

sich noch ein lautstarkes Teach-in an. In weniger als einer halben Stunde blieben von der Playboy-Philosophie nur noch Fetzen übrig. Und dabei hatte er noch Glück: SCUM (Society for Cutting up Men) hätte es wohl nicht bei dieser vergleichsweise wenig handgreiflichen Form bewenden lassen. Die kurze Demonstration blieb nicht ohne Folgen: Das Parlament von Iowa witterte einen inneren Zusammenhang zwischen Obszönität, Gewalt und Radikalität und setzte einen Untersuchungsausschuß ein, der ein Verfahren einleitete – angeklagt wurde jedoch nicht der Phallosoph, sondern WITCH und die beteiligten Studentinnen. Männerlogik ...

außerhalb des Rituals nutzloser Parlamentsdebatten als Teil einer von den Provos angezettelten Verschwörung. Offensichtlich wurde die Obrigkeit durch die Provo-Angriffe auf die ○ Kulturelle Grammatik mehr verunsichert als durch herkömmliche Proteste. Statt eine Analyse der gesellschaftlichen Funktion von Polizei und Justiz anzubieten, agierte Provo auf der Grundlage subjektiver Emphase, die Konfrontation mit der Polizei betrachtete Provo als „ludiek evenement", spielerische Angelegenheit. Provo begann sich auszubreiten, viele andere Städte und Dörfer wiesen bald ihre eigenen Provos auf.

Als die Prinzessin und zukünftige Königin Beatrix 1967 den deutschen Prinzen und Nazi-Wehrmachtsangehörigen Claus v. Arnsberg heiratete, erlebte Provo einen Höhepunkt. Es gelang ihnen, den Hochzeitszug und die TV-Berichterstattung mit einem orangenen Nebel aus riesigen Rauchbomben aufzumischen. Bürgerliche Ressentiments gegen die Hochzeit der zukünftigen Monarchin mit einem Deutschen und Angriffe gegen die Monarchie gingen eine Koalition ein. „Ik wil mijn fiets teruk" stand mit Bezug auf die von den nazi-deutschen Besatzern gestohlenen Fahrräder auf vielen Häuserwänden. Die Polizei reagierte brutal. Da half es auch nichts, daß Provo anfing, orangefarbene Kleidung als Zeichen monarchistischer Gesinnung zu tragen.

1966 nahm Provo an den Gemeindewahlen teil: „Stem Provo – kéjje lachen" (Wählste Provo – kannste lachen) und bekam einen Sitz im Stadtrat. Das brachte ihnen den Vorwurf des Reformismus ein. Später traten sie auch bei den

kommt dazu: Der Kontrast zwischen den auf dem Platz exponierten Versionen von Männlichkeit. Der durch Bändel und Kappen formierte, uniformierte Männerkörper, der noch dem rundesten Kindergesicht ein hartes Kinn und eine rauhe Stimme verpaßt, die polizeilichen Schulterklappen, Schlagstöcke und taschenlosen Hosenböden, Breitbeinigkeit, Geradheit und Aufrechtheit, aber auch besoffenes Schwanken kontrastiert durch den ungewohnten Anblick nackter Männer. Nie waren sie so schön wie damals. Über dem nächtlich-romantischen Szenario des mittelalterlichen Holzmarkts, auf dem sich der Anblick ungewohnter Männlichkeiten bot, waren sie ein ironischer Kommentar, vor dem die Sänger und ihre Beschützer geradezu armselig wirkten. Die Transparente griffen das Pathos der Musik auf. Das biblische Zitat in Verbindung mit der gefühlsdräuenden Klanguntermalung wurde wiederum gebrochen durch die ungewohnte Bloßheit – kaum jemand konnte annehmen, daß der Aufruf zur Versöhnung ganz ernst gemeint war. Das ganze stimmungsvolle Szenario war ins Lächerliche gezogen. Dessen ungeachtet glauben heute in der Stadt nicht wenige, daß es wirklich eine christliche Sekte gewesen sei, die sich hier engagiert habe.

Scharfe Burschen 1995

nationalen Wahlen an. Ihr Kandidat war ein ehemaliger sozialdemokratischer Minister, der sich hatte antörnen lassen. Die Überreaktion der Amsterdamer Verwaltung und Polizei verursachte einige Skandale und zwang den Polizeichef und den Bürgermeister zum Rücktritt.

Am 15. Mai 1967 löste sich Provo öffentlich im Vondelpark auf, den sie zu einer Art Hyde-Park mit Seifenkistenrednern und allem Drum und Dran gemacht hatten. Aber wie üblich wußte niemand, ob das ernst gemeint war, denn gleichzeitig kündigte Provo neue Aktionen und Pläne an und forderte die Rückkehr des ehemaligen Bürgermeisters. Später erklärte ein bekannter Provo, der Augenblick, in dem sie den Sitz im Stadtrat gewonnen hätten, sei das Zeichen gewesen, sich zu zerstreuen. Von da an habe es jedem freigestanden, seinen eigenen Weg zu gehen.

Diejenigen, die „legale Politik" ernstnahmen, gründeten Parteien. Tatsächlich ist noch heute einer der leitenden Provos der 60er Jahre mit einer kleinen, esoterischen, „grünen" Partei im Stadtrat vertreten. Viele gingen andere Wege: Drogen, Selbstmord, Reisen, Literatur, Business ... Manche tauchen noch hier und da bei Aktionen auf. Auf jeden Fall ist es seit Provo ist es in Holland schwierig geworden ‚ernsthafte' Politik zu betreiben. Zumindest auf der linken Seite. Zu viele Leute haben gelernt, daß es andere Dinge gibt, die viel wichtiger und weniger langweilig sind. ⊙

Keep invisible! Unsichtbares Theater und politische Praxis

Theater wurde vielfach in politischen Kontexten eingesetzt. Während Agit-Prop-Theater die spielerische Form als Vehikel für eine klare, eindeutig formulierte Botschaft einsetzt, sind theatralische Ausdrucksmittel im Zusammenhang mit Kommunikationsguerilla darauf ausgerichtet, spontane Entwicklungsmöglichkeiten einer Situation zu eröffnen und die Grenze zwischen Agierenden und Zuschauern durchlässig werden zu lassen. Eine in diesem Zusammenhang wichtige Spielart ist das „Theater der Unterdrückten", das in Ländern des Trikont entwickelt wurde. Es handelt sich um eine Form von Aufklärung, die nicht explizit schulmeisterlich immer alles schon besser weiß. Das Theater der Unterdrückten versucht, in der Theatersituation in praktischer (nicht-diskursiver) Weise zumindest momentan auch eine ‚bessere', also herrschaftsfreie, gleichberechtigte und lebendige Praxis aufzuzeigen. Augusto Boal, einer der Begründer dieser Methode, formulierte 1978: „Das Theater der Unterdrückten will Unterdrückung sichtbar machen". Bei dieser Form des interaktiven Theaters werden Szenen häufig mehrmals gespielt und durch die Hinweise und das Eingreifen von Zuschauern verändert. Hieraus erwächst die Möglichkeit, Unterdrückung nicht nur aufzuzeigen, sondern ebenso die Überwindung von Unterdrückungsverhältnissen spielerisch denk- und vorstellbar machen. Die Schauspielerinnen spielen hier –

Boal, Augusto: Theater der Unterdrückten. Frankfurt 1979.

Schwarzfahrer

Eine Haltestelle irgendwo in Berlin. Die Straßenbahn fährt vor. Ein junger Schwarzer betritt die Tram als letzter und wählt einen Platz neben einer älteren Frau. Sie beschwert sich sogleich und schimpft, ob er sich nicht anderswo hinsetzen könne. Nun folgen all jene rassistischen Klischees, die der Wohlstandschauvinismus auf Lager hat. Die Mienen der Umsitzenden sind abweisend, neugierig oder zustimmend, aber niemand sagt ein Wort. Allein die türkischen und deutschen Jugendlichen im hinteren Wagenteil flirten, streiten und sprechen miteinander.

wie im ‚richtigen' Theater – einstudierte Rollen. Hauptziel ist es immer, den vermeintlichen Zuschauer, das passive Wesen, das Objekt, zum Protagonisten der Handlung, zum selbständig agierenden Subjekt des Geschehens werden zu lassen. Ob potentielle Mitspielerinnen mittun wollen oder nicht, bleibt stets ihre eigene Entscheidung.

Während das Theater der Unterdrückten insofern als Kommunikationsguerilla zu bezeichnen ist, als die Rollenzuweisungen verschwimmen und die gespielten Inhalte darauf ausgerichtet sind, über eine kreative Kommunikationsform Erkenntnisse anzuregen, ist das „Unsichtbare Theater" die üblichere Form für Kommunikationsguerilla. Hier werden die Zuschauerinnen so an einer Aktion beteiligt, daß sie gar nicht merken, in einen geplanten Ablauf verwickelt zu sein. Wenn sich Kommunikationsguerilleras dieser Technik bedienen, müssen auch ihre Ziele nicht in jedem Fall dieselben wie die des „Theaters der Unterdrückten" sein. Es geht ihnen nicht nur um das Thematisieren von Unterdrückungssituationen. Vielmehr meint Unsichtbares Theater hier, in gezielter Weise bestimmte Situationen theatralisch in Szene zu setzen, wobei Ort und Zeit von den Akteurinnen bestimmt werden. Dabei können aktuelle Themen aufgegriffen werden, bei denen anzunehmen ist, daß sie bei den Zuschauerinnen auf Interesse stoßen, Verblüffung hervorrufen und im besten Falle Denkprozesse anregen. Absicht ist es, die Zuschauerinnen zum Eingreifen, zum Handeln gegen Unterdrückung zu bringen oder auch mit ihrer eigenen Passivität und Indifferenz zu konfrontieren. Den Schauspielerinnen kommt hier eine Indikatorenrolle zu. Sie regen das Thema an und lassen die bislang unbeteiligten ZuschauerInnen das ‚Stück' weiterspielen.

Für eine Vielzahl von politischen Theaterformen wird in den USA seit Ende der 60er Jahre der Begriff „Guerilla-Theater" verwandt. Vgl. Kohtes, Martin Maria: Guerilla Theater. Theorie und Praxis des politischen Strassentheaters in den USA (1965-1970). Tübingen 1990.

Die Akteurinnen haben beim Unsichtbaren Theater die Möglichkeit, aktiv zu agieren, selbstbestimmt ihnen wichtige Themen zu benennen und in Alltagssituationen umzusetzen. Dabei kann nicht nur der öffentliche Raum als Bühne verwendet werden, auf der ein eigenes Stück aufgeführt wird, sondern bereits von anderer Seite aufgeführte Stücke können kreativ uminterpretiert werden: Beispielsweise bei Veranstaltungen aller Art (Politveranstaltungen, Festakte, Versammlungen ...) eignen sich Formen des unsichtbaren Theaters hervorragend zur Störung oder Umdeutung ‚gegnerischer' Inszenierungen (➲ *Der Herr Minister spricht zum Volk*). Die Formen des Unsichtbaren Theaters können in diesem Zusammenhang als ‚kommunikative Mimikry' wirken. Dabei müssen die eingenomenen Verhaltensweisen (anders als bei der Inszenierung von Situationen) nicht unbedingt ‚realistisch' (sprich im Einklang mit den Regeln der Kulturellen Grammatik) sein. Akteurinnen können auch Rollen einnehmen, die dem vollkommen entgegenstehen, was (beispielsweise wegen ihres Aussehens) zu erwarten wäre. Damit lassen sich Effekte erzielen, wie sie

Schwarzfahrer ...

Nach drei oder vier Stationen erscheint ein Straßenbahnschaffner. Überaus siegesgewiß kramt die Frau ihren Fahrschein aus ihrer Handtasche und mustert ihren Nachbarn kritisch bis spöttisch. Offenbar ist sie davon überzeugt, daß er ein ‚Schwarzfahrer' ist. Sie hält ihren Fahrschein demonstrativ wie ein Wahrzeichen ihrer Rechtschaffenheit in der Hand. Plötzlich schnappt ihr Nachbar den Fahrschein der Dame, zerknüllt, kaut und verschlingt denselben. Sie ist völlig durcheinander und als der Schaffner ihren Fahrschein sehen will, stammelt sie nur: „Der Neger hat ihn eben aufgefressen". Der Nachbar präsentiert gleichmütig seine

in der Psychologie unter dem Begriff der Paradoxen Intervention (➲ *Subversive Affirmation*) bekannt sind. Ein Beispiel: Störerinnen werfen keine Eier oder gar Steine auf den Herrn Kanzler, sondern spenden ihm massenhaft Beifall. Da er dies von langhaarigen und ungepflegten Punkern nicht gewohnt ist, wird er sehr schnell merken, daß hier etwas nicht stimmt, und möglicherweise kommt dann auch schon der Saalschutz und schmeißt die Leute raus – weil sie freundlich geklatscht haben.

Beim unsichtbaren Theater der Kommunikationsguerilla müssen sich die Formen nicht (wie etwa beim „Theater der Unterdrückten") an das klassische Theaterspiel anlehnen, sondern verweisen genauso auf das Repertoire von Aktionskunst und Happening. Sie können entlarven, übertreiben, verunsichern, belästigen, Gefühle vermitteln, Irritationen und Störungen auslösen, bestimmte Reaktionen provozieren. Unsichtbares Theater wird in der Öffentlichkeit gespielt; es gibt kein Bühnenbild, die Szene findet dort statt, wo sie in ‚Wirklichkeit' auch stattfinden könnte. Dabei ist entscheidend, daß eine erkennbare Theaterszene vollkommen anders wahrgenommen wird als eine scheinbare Alltagssituation. Unsichtbares Theater ist ein Versuch, dem belanglosen „Ist doch eh bloß Theater" zu entgehen. Daher muß jede Aktion, jede ‚Aufführung' ähnlich wie bei einem ➲ *Fake* so gemacht sein, daß sie von uneingeweihten Zuschauern nicht oder zumindest nicht sofort als solche erkannt werden kann. In dem Moment, in dem die ‚Unbeteiligten' merken, daß hier eine Inszenierung stattfindet, kippt die Aktion. Unter Umständen kann es zwar Sinn machen, wenn eine Gruppe der Schauspielerinnen enttarnt wird, niemals jedoch alle. Möglicherweise ist erst dann das Ziel zu erreichen, wenn Zuschauerinnen und der Rest der Schauspielerinnen sich gemeinsam mit der ‚Schauspielsituation' auseinandersetzen.

Unsichtbares Theater ermöglicht einen Umgang mit diskriminierenden Konfliktsituationen, in welchem frei Rollen gewählt werden können, so z.B. die des empörten Bürgers, der laut fragt, ob der pöbelnde Herr hier denn überhaupt keine Kinderstube genossen habe, oder auch lautstarke Beifallsbekundungen, die so übertrieben sind, daß Umstehende sich veranlaßt sehen, zu widersprechen.

Besonders wichtig ist eine vorausschauende Regie, wenn das Unsichtbaren Theater mit dem Ziel eingesetzt wird, Menschen mit Situationen zu konfrontieren, in denen sich gesellschaftliche Unterdrückungsverhältnisse eindeutig ausdrücken. Auch wenn die Reaktionen der Zuschauerinnen und potentiellen Mitspieler prinzipiell nicht vorhersagbar sind, ist es wichtig die möglicherweise ablaufenden Prozesse im Vorfeld anzudenken und sich verschiedenen Formen des Umgangs damit zu überlegen. Es muß möglichst sichergestellt werden, daß die beabsichtigte ‚Message' auch rüberkommt – notfalls auch ohne Mitwirkung der ‚nicht-eingeweihten' Zuschauerinnen. In keinem Fall darf eine solche Situa-

Schwarzfahrer ...

Monatskarte. Der Schaffner schüttelt nur den Kopf: „Eine dümmere Ausrede habe ich ja noch nie gehört." Der elfminütigen Kurzfilm ‚Schwarzfahrer' von Pepe Danquart (aus der Medienwerkstatt Freiburg hervorgegangen) aus dem Jahre 1992 wurde 1994 als bester Kurzfilm mit einem Oscar in Hollywood ausgezeichnet. Die Geschichte wurde von ihm nicht als erstem und auch nicht zum letzten Mal filmisch umgesetzt. Sie kursiert in vielerlei Formen als ‚Urban Legend', als moderne Fabel, die der Vetter einer Bekannten schonmal in irgendeiner europäischen Großstadt erlebt hat. Und das ist auch gut so.

„STEIGT AUS"' rufen die Yippies. „Die Revolution ist nicht das, was ihr glaubt; sie ist keine Organisation, der ihr angehört; sie ist nicht das, wofür ihr eure Stimmen abgebt. Die Revolution ist das, was ihr von morgens bis abends tut; sie ist eure Art zu leben".

Yippie!

Im Oktober 1967 wurden 75.000 Gegnerinnen des Vietnamkriegs nach Washington mobilisiert. Während die einen um einen geregelten und ordentlichen Ablauf der Veranstaltung im guten Einvernehmen mit der Regierung bemüht waren, träumten die anderen davon, das Pentagon (US-Verteidigungsministerium) zu stürmen oder zumindest andere große Dinge zu tun. Sie beschlossen, dem Pentagon den Teufel auszutreiben und gaben ihre Absichten auf einer Pressekonferenz bekannt: In einem „Holy Ritual of Exorcism" würden zahllose Heilige das Pentagon psalmodierend und Trommeln schlagend umringen. Mit zwölfhundert Menschen würden sie einen machtvollen Ring bilden, um es in die Luft zu erheben. Auf einer Höhe von 300 Fuß werde es dann orangefarben anlaufen, woraufhin alle teuflischen Energien entweichen würden. In diesem Moment wäre dann der Vietnamkrieg beendet: „Wir werden eine Gemeinschaft der Freunde an einen Ort bringen, wo allein das Geschäft des Mordes betrieben wird. Der nächste Schritt wird die Zertrümmerung aller wichtigen Einrichtungen der amerikanischen Gesellschaft sein" (J. Rubin). Infolge des Wirbels, den diese Aktion schon im Vorfeld erzeugte, tauchte die Vision vom Pentagon als Inkarnation des Bösen

Norman Mailer hat diese Aktion in einem Roman verarbeitet: Mailer, Norman: Heere aus der Nacht. München 1968.

Rubin, Jerry: Do it! München 1977.

tion einfach in der Hoffnung inszeniert werden, die Leute würden sich schon entsprechend verhalten.

Ganz grundsätzlich gilt dabei: Das von den Aktivistinnen erwartete Handeln der Zuschauerinnen muß individuell einlösbar sein. Bei der Thematisierung von Unterdrückungssituationen müssen Widerstandsmöglichkeiten notfalls durch die Schauspielerinnen aufgezeigt werden. Denn sonst bewirkt eine solche Aktion im schlimmsten Falle keine Thematisierung, sondern eine Verdoppelung von Unterdrückung.

Schwarzfahrer .

fast überall in den amerikanischen Medien auf. Dies war der Anfang einer politischen Bewegung in den USA, deren Mitglieder unter dem Namen Yippies bekannt wurden.

Der Begriff Yippie geht auf die Gründung der Y.I.P. (Youth International Party) in der Silvesternacht 1967/68 zurück. Der Begriff spielt mit der Doppelbödigkeit des Wortes ‚party' im Sinne von Partei und Fest. Er verweist auf ein Verständnis von Politik als psychedelischem Happening: „We're going to take the Pentagon and turn it into an LSD factory". Die kalifornische Bay Area, mit ihrem besonders starken Einfluß anarchistischer Ideen, war die Wiege dieser Bewegung. Hier verbanden sich Beatniks, Hippies und die Studentenopposition zu jener libertinären Subkultur, aus der die Yippies hervorgingen. Als Wortführer wurden vor allem Abbie Hoffman (beging 1989 Selbstmord) und Jerry Rubin (mutierte noch in den 70er Jahren zum Börsenmakler und starb 1995 bei einem Autounfall) bekannt.

Ihr Programm lautete: „Yippies glauben, daß es ohne eine Revolution des Kopfes keine soziale Revolution geben kann und keine Revolution des Kopfes ohne eine soziale Revolution" (J. Rubin). Sie vertrauten auf Pop-Art- und dadaistische Techniken, anstelle das ‚Böse' im Kapitalismus offen anzuprangern. Dennoch: „Die Yippies sind Marxisten. Wir stehen in der revolutionären Tradition von Groucho, Chico, Harpo und Karl" (J. Rubin). Mitunter wurden sie in Anlehnung an Harpo und Groucho Marx sowie John Lennon auch als „Marxists-Lennonists" oder als „Groucho-Marxisten" bezeichnet.

Miller, Tom: http://www.desert.net/disk$ebony/tw/www/tw/04-27-95/curr1.ht

Laßt 1000 Torten fliegen!

Kleine Geschichte des Tortenwerfens von Kees Stad (Amsterdam)
Übersetzung aus dem Holländischen von Malte Wendt

Der Stummfilm hat es vorgemacht: der Tortenwurf ins Gesicht verdutzter Buhmänner verfehlte – bei aller Vorhersehbarkeit – seine Wirkung beim Kinopublikum nie. Dieser anarchische Akt, der gegen alle guten Sitten verstößt, verwandelt gestandene Herren – etwa den tyrannischen Arbeitgeber eines gepiesackten Charlie Chaplin – im Nu in Witzfiguren. Die Demütigung ist dabei vollkommen und die wiehernde Schadenfreude groß. Meister wie Laurel & Hardy haben dieses wohl signifikanteste Slapstick-Element zur kunstvollen Performance erhoben. Ein Tortenwurf ist da nie auf den Akt an sich beschränkt. Seine ganze Wirkung entfaltet sich erst, wenn Oliver Hardy als Opfer in vermeintlich stoischem Gleichmut einzelne Tortenstückchen und Sahnereste von seinem Anzug entfernt, während Stan Laurel danebensteht, sein „Geschieht-dir-ganz-recht"-Gesicht aufsetzt und dabei wie zur Unterstreichung einmal energisch nickt. Den letzten Rest an Souveränität verliert Hardy dann, wenn sein Zorn eruptiv ausbricht und sich in einem Vergeltungstortenwurf in Laurels Gesicht entlädt.

Hochzeit als Happening: A. Hoffman

Eines ihrer Anliegen war es, gesellschaftliche Widersprüche auch für eher unpolitische Jugendliche sichtbar zu machen. So provozierten sie polizeiliche Übergriffe und versuchten dadurch, Repression ‚ästhetisch' am eigenen Leib erfahrbar zu machen und das wahre Gesicht des Systems zum Vorschein zu bringen. Ihre spektakulären Aktionen richteten sich gegen den Vietnamkrieg, die Polizei und den American Way of Life im allgemeinen. Sie versuchten, mit Spontaneität, Hedonismus und Individualismus politische Verkrustungen aufzubrechen. Aufgrund ihrer ungeheueren Medienpräsenz drückten die Yippies der Studenten- und Protestbewegung in einer Weise ihren Stempel auf, daß nicht wenige Amerikanerinnen sie mit der gesamten amerikanischen ‚Neuen Linken' assoziierten.

So ist es kein Wunder, daß die Yippies wie keine andere politische Strömung der ‚Sixties' von den Autoritäten als Staatsfeind Nr. 1 angesehen wurden. Das lag sowohl an ihrer Bereitschaft zur Militanz („All we are singing, is shoot Spiro first") und ihrer Fähigkeit, die weiße Mittelklasse-Jugend auf die Barrikaden zu bringen, als auch daran, daß sie mit afro-amerikanischen Gruppen wie den Black Panthers und anderen organisierten radikalen Minderheiten handlungsfähige Bündnisse anstrebten. Allerdings stießen die Yippies innerhalb der Linken vielfach auf Ablehnung; sie galten als theoriefeindlich und anarchistisch und wurden aufgrund ihrer „subjektivistischen Ausrichtung" mit „solipsistischen (tolles Wort; heißt aber letztlich nichts anderes als ichbezogenen) Zügen" kritisiert. Die Anklageschrift enthält noch eine Latte weiterer Vor-

Spiro Agnew war Vizepräsident in der Nixon-Administration.

Albert, Stew: http://elaine.teleport.com/~danw/stew/jerry.html

„Happiness is a Cream Pie"

Was eigentlich längst die Patina der Stummfilmzeit angesetzt zu haben schien, erfuhr durch die „Tortenbewegung" der 70er Jahre ein unverhofftes Revival. Sie löste in den höchsten Kreisen der Gesellschaft eine Welle der Angst aus. Die Vorstellung, nach einer Rede mit einem Gesicht voll Schlagsahne verewigt zu werden, brachte manch einen dazu, auf den öffentlichen Auftritt ganz zu verzichten.

In den USA hatte die Tortenbewegung einen ganz klaren Anführer, den ○ *Yippie* Aron Kay. 1976, im Jahre der 200-Jahr-Feierlichkeiten, machte dieser Großmeister der politischen Torte auf sich aufmerksam, als er dem rassistischen Nixon-Schoßhund und UNO-Botschafter Patrick Moynihan auf einer Wahlkampfveranstaltung für den Senat eine Mocca-Creme-Torte ins Gesicht pflanzte. Die Betortung und die Erklärung von Aron – „Ich machte es, um gegen die Auslandspolitik der Geheimdienste, denen Moynihan diente, zu protestieren." – erzielten weltweit mehr Aufmerksamkeit als alle Demonstrationen jenes Jahres zusammen. Mit verblüffender Schnelligkeit setzte Aron seine Beschießungen fort und „traf" dabei: den rechten Theoretiker William F. Buckley, den Künstler Andy Warhol, den New Yorker Bürgermeister Abe Beame, zwei ehemalige CIA-Chefs sowie eine ganze Reihe von Watergate-Persönlichkeiten. Seine Torten halfen, Beame aus dem Rathaus und den sogenannten progressiven Präsidentschaftskandidaten von 1980, Brown, aus dem Rennen zu jagen.

Aron Kay .

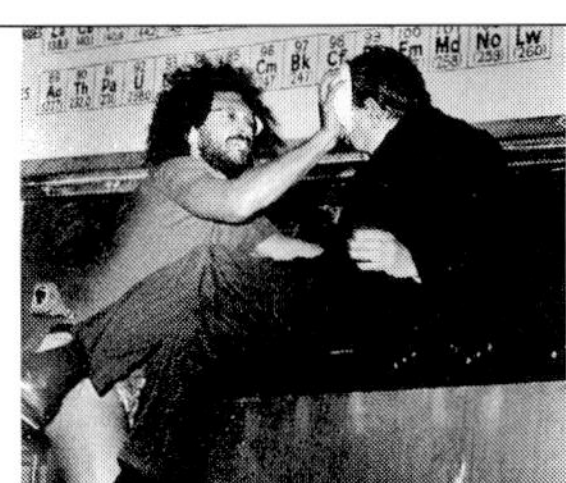

würfe wie Sprachskeptizismus, Zivilisationskritik und Negierung des intellektuellen Diskurses: „Sie spielten das Spiel des Faschismus, als sie einfache Slogans mühevollen Erklärungen und karikierende Bilder aufklärerischer Kritik vorzogen."

Farber, David: Chicago '68. Chicago/London 1994, S. 225.

Tatsächlich war für die Wortführer der Yippies „Ideologie eine Gehirnkrankheit", und sie stellten die nicht ganz falsche Frage: „Wer wird sein Leben in den Dienst einer Bewegung stellen, die sich im Debattieren erschöpft?" (J. Rubin) Gegenüber bloßem Reden propagierten sie das Handeln. Sie betrachteten die Aktion – im Gegensatz zur Diskussion und Reflexion – nicht nur als Propagandamittel, sondern selbst schon als befreienden Akt. Dennoch verfaßten auch sie schriftliche Dokumente wie z.B. das „School Stoppers Textbook – A Guide To Disruptive Revolutionary Tactics for High-Schoolers". Aus dem Titel wird die Zielgruppe deutlich: die bisher unpolitischen weißen Mittelklasse-Kids. Wer dieses Handbuch heute liest, fühlt sich zwar ein bißchen an die „Feuerzangenbowle" erinnert, doch waren diese „81 ways to trash your school" eingebettet in eine umfassende Ablehnung jeder Form von Macht und Autorität und damit ein bißchen mehr als reine ‚School-Pranks', als die sie heute gehandelt werden. Die Yippies betonten affektiv-visuelle Vermittlungsinstanzen; mit ihrem ‚Guerilla Theater' (○ Happening und Unsichtbares Theater) erhoben sie die ‚Theatralisierung der Politik' zum Programm und unternahmen innerhalb der Linken den vielleicht radikalsten Versuch, politischen Widerstand zu ästhetisieren. Ein

Phyllis Schlafly war eine der schärfsten Kritikerinnen des ERA-Änderungsantrags (Equal Rights Amendment), der Frauen in einer Reihe von Punkten Gleichberechtigung zugestehen sollte, und Wortführerin der leider erfolgreichen konservativen Kampagne dagegen. Sie wurde zum Opfer von Aron Kay, als ihr 1977 feierlich der ‚National Women's Freedom Award' verliehen wurde. Am nächsten Tag waren in jeder Zeitung des Landes Fotos zu sehen: Aron, der die Torte ins Ziel bugsiert, und Schlafly, die sie sich aus den Augen reibt. Die Feierlichkeiten selbst wurden völlig in den Hintergrund gedrängt. Sonderbarerweise wurde im Fernsehen nichts gesendet. Es geht das Gerücht, daß die TV-Anstalten vereinbart hatten, die „pieings" zu ignorieren – eine Rache gegen den Tortenanschlag, den Aron einige Wochen zuvor im Gebäude von NBC-Television verübt hatte. Später berwarb sich Kay mit dem Motto: „Wählt Kay – schiebt eine Torte ins Gesicht der Autoritäten" als Bürgermeister von New York und rief dazu auf, sich nichts aus der TV-Nachrichtensperre zu machen, sondern einfach eine landesweite Bewegung entstehen zu lassen: „Arbeiter, betortet eure Chefs, Jugendliche eure Lehrer, Mieter eure Vermieter."

Yipster Times, Mai 1977, zit n. Blacklisted News. Secret Histories, from Chicago '68, to 1984, S. 288-307."

Seit der öffentlichen Verbrennung von Wehrdiensteinberufungen für den US-Krieg gegen Vietnam und von Büstenhaltern hat keine Protestmethode soviel öffentliche Begeisterung hervorgerufen wie das Tortenwerfen. Nie um

Yippie march on Billy Graham

Als Präsident Nixon am 4. Juli 1970 das amerikanische Volk zum „Honour American Day" für den Vietnamkrieg mobilisierte, nahmen auch die Yippies die Einladung an und verabredeten sich zu einem „Independence-Smoke-in" am gleichen Tag. Mehr als 25.000 kamen am Washington Monument zusammen. Einige Hundert fanden die Vorstellung reizvoll, völlig bekifft die Ansprache des erzreaktionären Fernsehpredigers Billy Graham am anderen Ende des Reflection Pool, beim Lincoln-Memorial, aufzumischen. 200 sprangen in den Pool und wateten schweigend auf die Bühne des Predigers zu. Die restlichen Freaks

anschauliches Beispiel dafür beschrieb Abbie Hoffman unter dem Titel ‚Media Freaking'. Für eine Demonstration in New York hatten sie sieben Gallonen Blut in kleine Plastiksäckchen verpackt und an die Demonstrantinnen verteilt. Damit bewaffnet suchten sie die Konfrontation mit der Polizei, und als die Polizisten begannen, auf die Demonstranten einzuschlagen, drückten sich diese die Blutsäckchen blitzschnell über den Köpfen aus. Gleichzeitig wurden Rauchbomben gezündet und Maschinengewehrsalven ertönten aus Kassettenrekordern (➲ Burroughs' Cut-ups). Passantinnen liefen herbei und schauten. Der ganze Platz war blutgetränkt. Abbie Hoffman war überzeugt, daß diese Bilder mehr sagen und damit auch bewirken würden, als irgendwelche Spruchbänder, die das Ende des Krieges in Vietnam forderten.

Der Verzicht auf die Verbreitung alternativer politischer Ideen zugunsten von medienwirksamen Aktionen brachte den Yippies häufig den Vorwurf ein, sie seien bloße Hofnarrren der kapitalistischen Mediengesellschaft, Zulieferer der Sensationsindustrie. Tatsächlich glaubten sie nicht an die Wirksamkeit von Aufklärung und argumentativer Informationsvermittlung. Statt dessen behaupteten sie: „The myth makes the revolution" und versuchten, die Ereignisfixierung der US-Medien für diesen Mythos zu instrumentalisieren: „Jeder Guerillero muß wissen, wie er das Terrain der Kultur, die er zu zerstören sucht, nutzen kann!" (J. Rubin) Der Yippie-Mythos sollte keine konkrete Position beschreiben, sondern eine nur durch Andeutungen umrissene, offene Bühne schaffen, auf der Träume und

Phantasie verlegen, schmiß Kay auch Kuchen nach dem LSD- Promoter Tim Leary. Er bespuckte John Ehrlichman, als ihm Nixons Helfershelfer seine Torte entrissen, und verfehlte Ronald Reagan und Billy Carter (den Bruder von Jim) nur um ein Haar. Sein Lieblingsziel war jedoch wahrscheinlich „Holy Harvey" Balwin, ein Megaphon- Evangelist, der einmal einen Schwulenaktivisten in Kalifornien niederstach.

„Bildet Banden!"

Die meisten guten Tortenaktionen wurden von Teams durchgeführt. Vor allem die kanadischen Groucho-Marxisten aus Vancouver und die ‚Revolutionary 3 Stooges Brigade' (R3SB) aus Dayton, Ohio, waren lange Zeit erfolgreich tätig. Beide Gruppen führten zahllose „pie-jobs" durch, bei denen die Tortenwerfer durch Mitwirkung zahlreicher Helfershelfer ausnahmslos entkommen konnten. Ende des Jahres 1977 konnten kanadische Politiker, die gen Westen in Richtung Vancouver reisten, zuverlässig damit rechnen, daß von der Anarchistischen Partei Kanadas (groucho-marxistische Strömung) oder der New Questioning-Coyote Brigade ein Tortenanschlag auf sie verübt werden würde. Oppositionsführer Joe Clark plädierte öffentlich für eine „konservative Torte" und erhielt sie auch prompt mit Empfehlungen des New-Questioning-Mitglieds Brent Taylor, der zwar gefaßt wurde, jedoch keine gerichtliche Vorladung erhielt.

Yippie march on Billy Graham

folgten am Beckenrand. „The March on Billy Graham" nahm seinen Lauf. Als Graham seine Gemeinde aufforderte, einen Schritt nach vorne zu kommen, um den Segen Christi zu empfangen, hatten die Yippies gerade die Bühne erreicht und begannen „Fuck Billy Graham" zu singen. Weitere Sprechchöre wie „Ho Ho Ho Chi Minh" folgten. Als die Bullen begannen, die auf die Bühne drängenden Freaks ins Wasser zurückzuprügeln, beschlossen deren am Washington Monument zurückgebliebene Brüder und Schwestern, sie zu unterstützen. Gut tausend Menschen sprangen in den Pool, andere ballten die Fäuste und

Phantasien gelebt werden können: „Das Geheimnis des Yippie-Mythos besteht darin, daß er Unsinn ist. Seine fundamentale Aussage ist ein leeres Stück Papier" (J. Rubin). Parolen wie ‚Raus aus Vietnam' sind gemäß eines solchen Politikverständnis' zwar informativ, können aber keine Mythen schaffen. Gerade die scheinbare Sinnlosigkeit vieler Aktionen sowie die drastischen, medienwirksamen Bilder waren der Stoff, aus dem diese Mythen gewoben werden sollten. Rubin und Hoffman waren davon überzeugt, daß schon die öffentliche Berichterstattung über ihre oppositionellen Aktivitäten bewußtseins- und gesellschaftsverändernd wirken würde: „Die bloße Idee einer ‚Story' ist bereits revolutionär; denn ‚Story' impliziert Zerschlagung des normalen Lebens. ... Das Medium vermittelt keine ‚Nachrichten', es schafft sie. Ein Ereignis geschieht erst in dem Moment, wo es auf dem Bildschirm erscheint, es wird ein Mythos ... Es ist egal, was man über uns sagt. Die Bilder machen die Story" (J. Rubin). Hier wird der Einfluß deutlich, den Marshall McLuhans „The medium is the Message" auf die politische Praxis der Yippies nahm. Die europäische Studentenbewegung ließ sich von den Politikformen der Yippies (und den Aktionen der ○ Kommune 1, die zeitgleich in ganz ähnlicher Weise vorging) anregen. In den USA selbst hielt der Mythos der Yippies bis weit in die achtziger Jahre an und gab das Vorbild für unzählige Gruppen ab. ⊙

Zu den Opfern des Groucho-Marxisten Frankie Lee gehörten der einstige Radikale Eldrige Cleaver, der Psychochirurg José Delgado, der mit einer Mischung aus Rinderhirn und Tomatenmark verziert wurde, und zwei Minister der Regierung Trudeau. Jedem Volltreffer folgte ein deutliches Bekennerschreiben an die Presse.

Im Gegensatz zu den US-amerikanischen Medien, die über fliegende Torten begeistert berichteten, rügte die kanadische Presse die Politiker wegen ihrer lässigen Reaktionen. Ein Kommentator seufzte: „Fanatische Terroristen entführen Flugzeuge, Feiglinge schmeißen mit Torten ... Das Werfen von Torten ist eine Methode, billig davonzukommen." Kalorienbomben zählten in ihren Augen nichts. (Allerdings wurde Brent Taylor später als einer der Verdächtigen der Vancouver Five wegen ‚richtiger' Bombenanschläge, unter anderem gegen eine Fabrik von Cruise Missiles, zu 15 Jahren Haft verurteilt.)

Anders als die kanadischen Tortenbanden suchte die ‚Revolutionary 3 Stooges Brigade' ihre Ziele meistens unter lokalen Berühmtheiten – beispielsweise dem Sprecher von Daytons Elektrizitätswerken und einem Polizisten des Sondereinsatzkommandos SWAT. „Dies war ein typischer, lokaler Tortenmord, der keine nationale Bedeutung hat. Im Alltag spielen lokale Arschlöcher oftmals eine wichtigere Rolle als irgendeine abstrakte, nationale Persönlichkeit. Alle finden es doch toll, wenn der Typ, der ihre Stromrechnungen erhöht, von

Yippie march on Billy Graham

sangen: „Smoke Dope, get high, all the pigs are gonna die". Einige Christen hielten dagegen, doch die meisten verließen entnervt den Platz. Die Yippies hatten gewonnen. Am selben Tag kam es in den Prachtstraßen Washingtons noch zu heftigen Straßenschlachten.

einer Torte getroffen wird." Später leugnete der Strommann vor der Presse, jemals einen Tortengruß erhalten zu haben. „Möglich ist alles" reagierte die Brigade. „Aber dann läuft er wohl immer mit einem Gesicht voll klebrigem Gebäck herum" (Blacklisted News 1983, S. 288–307).

Vorsicht! Die Gegner schlagen zurück

Die Leichtigkeit, mit der Tortenschmeißer ihre Beute bekleckerten und sich danach aus dem Staub machen konnten, führte dazu, daß das kanadische Anarchoblatt *Open Road* die Woche vom 4. bis zum 11. November 1977 zur „Internationalen Torten-ins-Gesicht-Woche" ausrief. Dennoch leben Tortenschmeißer gefährlich. Billy Carter und Cowboykönig Roy Rogers mußten zurückgehalten werden, damit sie die Attentäter nicht zusammenschlugen. Immerhin hatte der Betorter des Cowboykönigs geschafft, woran Hunderte von Filmhelden gescheitert waren: Er traf ihn mit einem Sahne-Flanpudding genau zwischen die Augen. Der König winselte danach: „Ich würde ihm am liebsten einen Roy-Rogers-Hamburger in die Gurgel drücken."

Mindestens zwei Tortenwerfer landeten im Krankenhaus. 1978 betortete eine unbekannte Person Frank Rizzo, den ehemaligen Polizeichef und späteren Bürgermeister Philadelphias während eines Vortrags. ‚Ratzo' befahl seinen Schlägern, den jungen Mann fünfzehn Minuten lang vor den Augen des gesamten Publikums zusammenzudreschen, und besuchte ihn daraufhin im Krankenhaus, um ihm mit einer Anzeige zu drohen, falls er mit der Presse reden würde. Jener verzichtete darauf, und der Vorfall erschien nicht in den Medien.

Im Sommer 1973 hatte es Pat Haley, Redakteur des Underground-Blatts Fifth *Estate* auf sich genommen, den sonderbaren Zauber zu beenden, den einige ehemalige Politaktivisten um den Guru Maharaj Ji veranstalteten. Haleys Torte, in Blumenstraußvermummung, landete mitten zwischen des Gurus Kiefern. GOTT BETORTET!, prangten die Schlagzeilen. Die Schläger des Gurus sahen rot: Zwei von ihnen drangen in Haleys Wohnung ein und schlugen ihn mit Hämmern bewußtlos. Maharaj Ji erteilte ihnen einen Rüffel, und Haley hatte einen Schädelbruch.

Mit Torten gegen Zensur und moralisierende Heuchelei

Die erste politische Torte wurde von Tom Forcade, einem legendären ‚Geschäftsyippie', der der Bewegung mit Hilfe von Schmuggel weicher Drogen viel Geld einbrachte, am 14. Mai 1970 geschmissen. Forcade war offizieller Leiter des ‚Underground Press Syndicate' und erhielt deshalb eine Vorladung zur Aussage beim Zensurausschuß, dem „Präsidialausschuß für Obszönität und Pornogra-

phie". Er erschien als Priester verkleidet und verlas eine lange Liste von Underground-Blättern, die wegen ‚Pornographie' belangt worden waren, sowie eine zornige Stellungnahme, die mit dem Refrain: „Also verpißt euch, und verpißt euch mit eurer Zensur" endete. Danach kippte er dem Ausschußmitglied Otto N. Larson eine Torte ins Gesicht. Das Foto des Ereignisses erschien auf der ersten Seite der New Yorker Tageszeitung *Dailey News* und in nahezu allen anderen Zeitungen des Landes.

Sieben Jahre später versuchte der republikanische Bürgermeister von Cleveland, Ralph Perk, einen Kreuzzug gegen „Pornografie und Unmoral" zu starten, wozu er neben dem *Playboy*, Prostitution und Haschisch zählte. Bei der Eröffnung der Hauptkoordinationsstelle für die Kampagne zu seiner Wiederwahl betrat Yippie Sue Kuklick in langem Rock und mit einer Lockenperücke den Saal, um ihm eine Erdbeer-Rhabarbertorte ins Gesicht zu zentrieren. Sie wurde anschließend auf der Polizeiwache von den Beamten zum Kaffeetrinken eingeladen (Cleveland ist traditionsgemäß eine Demokratenstadt) und durch die Hintertür laufengelassen. Die Erklärung von Sue lautete, daß sie ihn wegen Mißhandlungen von Prostituierten und „dem Führen eines heuchlerischen Moralkriegs gegen die Pornographie" angegriffen habe, „während er strukturell die Interessen der Armen verleugnet". Er erlitt danach eine enorme Wahlschlappe.

Einen schwulenfeindlichen Erzbischof in Minneapolis traf der Zorn des Herrn in ähnlicher Form. Ein Schwulenaktivist (das Motto seines Klubs lautete: „Schmusen und Revolution") ging erst zum Frisör, kaufte dann einen Hamburger (falls es im Knast nichts zu essen geben sollte) und ging so vorbereitet zu einem Wohltätigkeitsbankett des Antischwulen-Erzbischofs. Dort ließ er sich händeschüttelnd mit ihm fotografieren und plazierte daraufhin eine beim örtlichen Bäcker erstandene Schokotorte in sein Gesicht.

Gouverneur James Rhodes hatte 1970 die Nationalgarde auf das Kent-State-Unigelände geschickt, um eine Antikriegsveranstaltung niederzuschlagen. Vier Studenten wurden erschossen. Er verlor einige Tage später die (Wieder-)wahl, tauchte 1974 aus der Versenkung auf und eroberte seinen Sitz zurück. Bei der Eröffnung der Ohio-State-Feierlichkeiten erhielt Rhodes seine wohlverdiente Bananen- Cremetorte. Es wird erzählt, daß auf der Autobahn kilometerlang vor Freude gehupt und gejubelt wurde, als die Nachricht im Radio kam. Rhodes ließ den Werfer festnehmen und versuchte, ihn wegen Körperverletzung durch Tortenwurf verurteilen zu lassen. Am Tag vor dem Prozeß bewies der Tortenschmeißer, daß das gar nicht möglich ist: Er brach alle Rekorde, indem er sich von Freundinnen und Freunden mit insgesamt 26 Torten bewerfen ließ (worüber alle lokalen Fernsehanstalten berichteten). Die Richter sprachen ihn denn auch prompt frei, auch wenn sie den Spaß des Anschlags nicht gerade einsehen wollten.

In Europa war das Betorten, soweit bekannt, nie sehr verbreitet. Selbstverständlich wurde mit allem möglichen nach öffentlich auftretenden Machthabern geworfen – der ehemalige niederländische Ministerpräsident Lubbers beispielsweise bekam wegen seiner heuchlerischen Ausländerpolitik auf einer Anti-Rassismus-Demo einen halben Gemüseladen um die Ohren, und wer erinnert sich nicht an die Eier, die dem Dicken aus Oggersheim von den Brillengläsern trieften – richtige Gebäckmorde kamen jedoch selten vor. Allerdings wurden in Großbritannien einige Anschläge registriert. 1977 wurde der konservative Spitzenfunktionär Michael Hesseltine während einer Rede an der Universität von Leeds mit einer Apfel-Sahnetorte bedacht. Sein Parteifreund David Frost mußte sich dagegen ganz bis nach New York begeben, um in den Genuß von ‚a pie in the eye' zu kommen. Anfang der achtziger Jahre wurde auch Prinz Charles während eines Besuch eines Nachbarschaftszentrums in Manchester von einer Tortenwerferin in die königliche Visage getroffen .Und Tony Benn, der Gottheit der linken Strömung innerhalb der Labour Party, wurde Gebäck um die Ohren gehauen, als er 1982 in Wales auf einer Gewerkschaftsversammlung über „Das Recht auf Arbeit" sprach. Das Publikum war so überrascht, daß der Tortenwerfer noch Zeit hatte, das Mikrophon zu greifen und „Hau doch ab mit deinem Recht auf Arbeit" zu rufen. Danach wurde er von der Bühne geschmissen und der Polizei übergeben, die ihn wieder laufenließ.

Belgisches Gebäck

Ein Fall für sich ist der Belgier Noel Godin. Er ist in Belgien und Frankreich, wo er bereits seit zwanzig Jahren ehrgeizige Philosophen, Politiker und Medienleute verfolgt, ein gefürchteter Gast. Vor kurzem schrieb er seine Autobiographie, „Cream and Punishment" (im Deutschen etwa „Schuld und Sahne"). Unter seinen Opfern befinden sich der mediengeile Jean-Luc Godard und die Schriftstellerin Marguerite Duras. Bei seinem jüngsten Gastspiel bei den Filmfestspielen in Cannes erwischte er den neuen französischen Kulturminister bei dessen erstem öffentlichen Auftritt. Lieblingsziel von Godin ist aber der französische ‚Meister'philosoph Bernard-Henri Lévy. Lévy, der so empfindlich ist, daß er einmal erzählte: „Wenn ich einen neuen Grauton finde, gerate ich völlig aus dem Häuschen", erklärte an anderer Stelle, daß Frauen nicht mit Geld umgehen sollten, und umschrieb seine eigenen Talente als „eine Landschaft, die keinen festen Platz in der klassischen Kulturtopographie" habe. Solchen Bemerkungen verdankte er die jahrelange Belagerung mit Torten. „Er ist der Schlimmste", erklärt Godin, „er ist das größte Ekel dieses Jahrzehnts."

Seine Beliebtheit erreichte Godin, über dessen Aktionen begeisterte Medienberichte erschienen, nicht zuletzt durch sorgfältige Auswahl seiner Zielscheiben. „Ich möchte nicht in eine bequeme Sensationslust verfallen. Für jedes Opfer muß eine plausible

Begründung vorgebracht werden können. Ich sehe meine Torten in einer Linie mit den Beleidigungsbriefen, die die ◐ *Dadaisten* unnützen Berühmtheiten sandten." Mittlerweile verlegt er sich immer mehr auf politische Torten. Erstaunlicherweise hat es bisher kein einziges der Opfer auf ein Verfahren ankommen lassen. „Sie würden es liebend gern tun", erklärt Godin. „Es wäre jedoch für dasjenige, an dem sie am meisten hängen, verheerend: ihr öffentlicher Ruf. Als ich festgenommen wurde, alberten die Polizisten meistens herum und kamen oft mit einer eigenen Liste gewünschter Zukunftskandidaten."

Tortenaktionen, so Godin, müssen sorgfältig vorbereitet und in Teams von mindestens vier Personen durchgeführt werden. Darunter sollte sich außer einem Helfer zum Anreichen des Gebäcks auch ein Kameramensch für die Live-Dokumentation befinden. „Es ist wichtig, die Torte nicht zu schmeißen, sondern zu plazieren", doziert Godin, „und sich nicht um einen Fluchtweg zu sorgen, sogar wenn das heißen sollte, daß Sicherheitsleute einen zusammenschlagen. Es ist ferner strengstens verboten zurückzuschlagen, wenn mensch physisch angegriffen wird. Nur das beste Gebäck ist gut genug und sollte kurz vor der Aktion bei einem kleinen Bäcker vor Ort gekauft werden. Qualität ist alles; wenn eine Aktion schiefgeht, essen wir schließlich alles selbst auf" (The Observer, 2. 7. 1995).

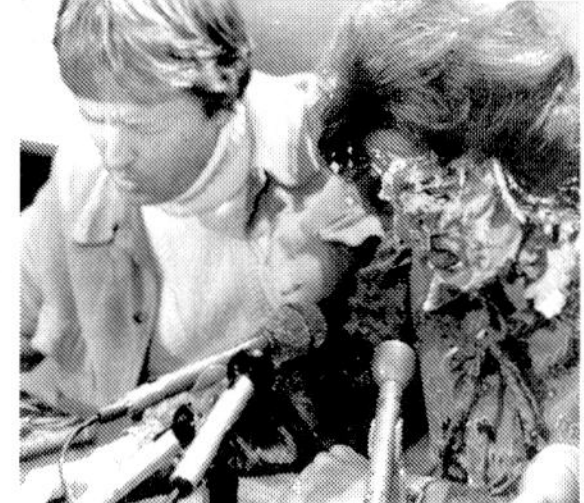

Image-verschmutzung

Imageverschmutzung ist eine Praxis, die einerseits auf Techniken wie ○ *Fakes* und Fälschungen und andere Techniken subversiver Kommunikation, andererseits aber auch auf militanten ‚Klartext' zurückgreift. Imageverschmutzung zielt darauf, den Ruf einer Person, einer Gruppe, einer Partei, einer Stadt oder eines Landes nachhaltig zu schädigen und so denjenigen einen Strich durch die Rechnung zu machen, die sich (zumeist auf Kosten anderer) positiv darstellen und mit dem Image einer schönen, heilen Welt brüsten. Das ist besonders dann wirksam, wenn Dritte (z. B. Konsumentinnen, Urlauberinnen oder eine Jury) mit von der Partie sind, deren Handeln oder Nichthandeln durch ein schlechtes Image des ‚Opfers' beeinflußt werden könnte.

Imageverschmutzung beruht dabei in einem gewissen Sinne auf einer Umkehrung des bürgerlichen Repräsentationsprinzips: Anstelle der legitimierten Vertreter versuchen nichtlegitimierte Gruppen, die Repräsentation der Allgemeinheit zu bestimmen. Die Chaotinnen vertrauen darauf, daß ihr schlechtes Benehmen auf eine ganze Gruppe (zum Beispiel ‚Deutsche', ‚Berliner' oder ‚Urlauber') zurückfällt oder daß dies zumindest von ‚offizieller' oder dritter Seite so gesehen wird. Das eigene schlechte Image wird dabei oft bewußt genutzt, indem die Schmutzfinken all das tun, was ihnen die Medien gerne unterstellen – Autonome machen oder drohen mit Randale, Punker stehen für Chaos und Krawall, Drogendealer dealen Drogen usw. So wird die Funktionsweise der Medien instrumentalisiert – es kommt den Imageverschmutzern nicht auf eine ‚gute' Berichterstattung an, sondern vor allem darauf, massenmedial präsent zu sein: „Die Medien werden nicht verwendet, um ein bestimmtes politisches Ziel als anstrebenswert zu präsentieren, sondern sie dienen zur Verbreitung einer bestimmten Mentalität." Schöne Beispiele für gelungene Imageverschmutzung sind die Aktionen gegen die Austragung der Olympischen Spiele in Amsterdam und Berlin. Wohlüberlegte Argumente gegen Kosten, städtebauliche Wahnsinnsprojekte und, in Berlin, die historische Problematik als Austragungsort wären wohl gehört, aber dennoch nicht berücksichtigt worden. Dagegen brachte die Strategie der Imageverschmutzung das Internationale Olympische Komitee (IOC) ebenso wie die lokalen Politiker und Medien durch eine Vielzahl verschiedenster Aktionen und die geschickte Ausnutzung medialer Funktionsweisen in Rage und ins Schwitzen.

Agentur Bilwet: Bewegungslehre. Berlin 1991.

NOlympics Wenn sich Städte für die Austragung von Olympischen Spielen bewerben, beauftragen sie heutzutage sogenannte Kommunikationsspezialisten, die sowohl die eigenen Bürgerinnen als auch die Mitglieder des Internationalen Olympischen Komitees (IOC) überzeugen sollen. Sowohl in Amsterdam (1984–1986) als auch in Berlin

(1992–1993) bildeten sich als Reaktion auf die offiziellen Bewerbungen, aber auch sogenannte NOlympics-Komitees, die im Gegenteil versuchten, den internationalen Entscheidungsgremien einen nachhaltig negativen Eindruck von der Lage in diesen Städten zu vermitteln. Da Olympia-Bewerbungen hauptsächlich als Image-Kampagnen konzipiert sind, bewirkte allein schon die mediale Präsenz der Gegnerinnen durchschlagende Effekte.

Amsterdam In Amsterdam erzielte eine relativ kleine Aktivistinnengruppe maximale Medienerfolge. Wichtig war vor allem, daß es gelang, die Medien auf den verschiedensten Ebenen zu instrumentalisieren: „Man bearbeitet die lokale Presse mit lokalen Argumenten, gebraucht in den eigenen Blättern eine etwas heftigere Sprache, bringt im Radio Bedenken von nationalem Interesse vor und läßt fortwährend Post mit den verschiedensten Briefköpfen an IOC-Mitglieder in der ganzen Welt zustellen" (Agentur Bilwet 1991, S. 92 f.). Das Olympia-Emblem mit den fünf Ringen wurde durch übermäßigen Gebrauch entwertet. Die Aktivistinnen agierten auf den verschiedensten Ebenen. So gelang es ihnen beispielsweise, der bürgerlichen Öffentlichkeit auch eine prominente Vertreterin des linksliberalen Lagers auf ihrer Seite präsentieren. Diese Frau hatte nichts mit den teilweise illegalen Aktionen zu tun und konnte somit als Moderatorin für legale Unternehmungen auftreten.

Die Amsterdamer NOlympics-Bewegung kopierte die Methoden ihrer Gegner. Das offizielle Vorbereitungskomitee hatte allen IOClern einen Videorekorder als persönliches Geschenk zukommen lassen. Passend dazu verschickte die NOlympics-Bewegung ein Video, das Amsterdam mit all seinen Vorzügen (Baugruben, Hundescheiße, Haschisch, Diebstahl etc.) ins rechte Licht setzte. Mit einem gefälschten Begleitbrief des Amsterdamer Bürgermeisters übersandten Unbekannte den IOC-Mitgliedern obendrein je ein Tütchen Marihuana: „Nach den südafrikanischen Diamanten schicken wir Ihnen nun etwas, womit Sie Ihren Geist erheitern können. Das Niederländische Olympische Komitee möchte Sie gerne Bekanntschaft machen lassen mit einem der Amsterdamer Erzeugnisse. Wir hoffen, damit einen positiven Einfluß auf ihre Entscheidung auszuüben. Unser nationales Erzeugnis ist an über 500 legalen Verkaufsstellen erhältlich. Geben Sie vor allem nichts auf den wachsenden Widerstand in Amsterdam" (Agentur Bilwet 1991, S. 93).

So kam eins zum anderen. Geladene Gäste der internationalen Sportföderation wurden während einer Grachtenrundfahrt mit Farbe, Eiern und faulen Tomaten beworfen, bei der 67. Internationalen Golfmeisterschaft waren drei Löcher vollständig umgegraben, und weitere Sabotageaktionen unterstrichen die Argumentation der NOlympics, daß Holland nicht in der Lage sein würde, die Sportveranstaltungen gegen solche ‚Anschläge' zu sichern.

Sylt für alle

Sylt im März 1995. Stimmen von Bürgerinnen („Sylter Bourgeoisie") werden laut, die aufgrund des sogenannten Billigtickets der Deutschen Bundesbahn (DB) eine „Überflutung" der Bonzenurlaubsinsel „mit Billigtouristen", befürchten. Daraufhin greift die „Strandguerilla Hamburg" zur Selbsthilfe. Unter dem Schlachtruf „Sylt für alle – sonst gibt's Krawalle" sammeln sich am 25. März 1995 in Hamburg-Altona um 5.30 Uhr (morgens!) ca. 200 Autonome zu einer Stippvisite bei den Sylter „Pfeffersäcken". Sie wenden sich gegen die geforderte Herausnahme Sylts aus dem Gültigkeitsbereich des 15-Mark-Wochenendtickets als

„Wir engagieren die ganze Welt für unsere Gaudi" postulierte die Gruppe SPUR in ihrem ‚Januar-Manifest' von 1961. „Boykottiert alle herrschenden Systeme und Konventionen, indem Ihr sie nur als mißratene Gaudi betrachet ... Durch die Realisierung der Situationistischen Gaudi werden alle Probleme der Welt gelöst: Ost-West-Problem, Algerienfrage, Kongo-Problem, Halbstarkenkrawalle, Gotteslästerungsprozesse und sexuelle Verdrängungen."
Der größte Teil der späteren Mitglieder der Gruppe SPUR rekrutierte sich aus Studenten der Malerei an der Münchner Akademie, die infolge ihrer Kritik am Kunstbetrieb aus dem normalen Unterricht ausgeschlossen wurden. Im Sinne der Kommunikationsguerilla wird die Gruppe jedoch erst um 1959 interessant, als sie eine Konferenz der ○ Situationistischen Internationale (S.I.) in München vorbereitete.
In ihren Texten ist eine ins klamaukhafte gewendete Faszination für den situationistischen Sprachduktus offensichtlich; auch ihre Proklamationen und Manifeste bedienen sich einer Wortwahl, die mystisch-religiöse, politische und literarisch-pathetische Elemente miteinander zu formelhaften und zugleich spielerisch-parodistischen Forderungen und Visionen verbindet. Nebenbei sei noch bemerkt, daß es sich bei der Gruppe SPUR um einen typischen 60er Jahre-Männerbund handelte, in dem die Damen vor allem zum Tittenschwenken und Frühstückmachen vorgesehen waren.

SPUR-Buch. München 1962. Darin Nr. 1-7 der Zeitschrift SPUR. München 1962.

Immer häufiger mußten die Mitglieder des offiziellen Bewerbungskomitees Stellungnahmen zur NOlympic-Bewegung abgeben. Doch langsam verstanden Offizielle und Medien das Konzept und reagierten mit Totschweigen. Als sich dann allerdings im August 1986 zwei Bombenattentate der Revolutionären Zellen mit ausdrücklichem Bezug auf die Olympia-Bewerbung ereigneten, war das Thema wieder in den Medien.

Der eigentliche Clou bestand aber in der Ausdehnung der Aktionen auf die internationalen IOC-Treffen. Störaktionen dort garantierten eine maximale mediale Verbreitung. Zur entscheidenden Sitzung des IOC in Lausanne im September 1994 reiste die Bewegung mit zwei Punkbands und weiteren einschlägigen Gruppen. Überall, wo sie hinkamen, hinterließen sie als Amsterdamer Bürgerinnen Berge von Müll. Vor dem Tagungsort wurden permanent Radau-Demos für die Weltpresse zu veranstalten („typische Amsterdamer Demonstration": raus aus dem Bus, ein Stündchen Lärm machen, Transparente in die Luft halten und wieder zurück in den Bus, bis zum nächsten Auftritt). Am Ende erhielt Amsterdam immerhin 5 von 130 Stimmen.

Sylt für alle .

„direkten Angriff gegen die proletarischen Massen" und rufen zu einem „Politischen Chaostag" auf der Insel Sylt auf. In Westerland kommt es schließlich zum Showdown: „50 Autonome" werden verhaftet, nachdem sie angeblich 30.000 DM Sachschaden in einem DB-Waggon verursachten (dpa, 26. 3. 1995).

Ihre blasphemischen Äußerungen erregten im politisch-kulturellen Klima Anfang der 60er Jahre große Aufregung. Einige ihrer Texte zogen eine Anklage vor dem Amtsgericht München nach sich. Dabei ging es um ausgesprochen ergötzliche Passagen wie: „Der Kardinal ist von uns gegangen. Vergebens warteten wir auf das Segnen der Bundeswehr bei dem Kreuzzug gegen den Osten. Ebenso warteten wir darauf, daß der Kardinal uns seinen Platz auf der Kanzel eines Tages zur Verfügung stellen würde, um neuen mythologischen Experimenten den Weg zu ebnen. Warteten wir doch auf die solang ersehnte Freigabe der Frauen- und aller anderen Kirchen, um sie ihrer eigentlichen Bestimmung, dem Feiern neuer orgiastischer Feste und ekstatischer Spiele, die auf der aktiven Teilnahme aller beruhen, zu übergeben". In der Berufungsverhandlung wurde die Strafe für „Verbreitung unzüchtiger Schriften, Religionsbeschimpfung und Gotteslästerung" von fünf Monaten und zwei Wochen auf immerhin ‚nur' noch fünf Wochen zur Bewährung herabgesetzt. Die Zeiten begannen sich zu ändern.
Ein weiteres zentrales Betätigungsfeld der Gruppe wurden Provokationen gegen den etablierten Kunstbetrieb, so z.B. anhand eines gefaketen (➲ Fake) Vortrags des Philosophen und Physikers Max Bense, dem späteren Hausphilosophen der Stuttgarter 68er Bewegung, in dessen Namen sie anläßlich einer Ausstellungseröffnung salbungsvolle Worte über Kontinuum, Koinzidenz, ästhetische Information, Perfektion, Zivilisation, von Zeichenwelt und Signalwelt vom Tonband abspielten.

Berlin Von Amsterdam lernen heißt siegen lernen, könnte das Motto der Berliner NOlympics-Bewegung („Gegen ein Olympia der Reichen – Volkssport für alle") gelautet haben. Wenn der Amsterdamer Widerstand auch in den betroffenen Vierteln eine relativ breite Basis hatte, bestimmte doch ein kleiner Kern von Aktivistinnen das Erscheinungsbild der holländischen NOlympics. In Berlin dagegen war die NOlympic-Bewegung durch Massenaktionen in Verbindung mit vielfältiger Militanz („Jugend trainiert für Olympia") gekennzeichnet. Mit über 70 militanten Aktionen gelang es der Berliner Szene einmal mehr, ihrem Ruf gerecht zu werden.

Ab 1992 begann eine Kette von Aktionen: eingeschmissene Fensterscheiben bei Olympia-Firmen, Störungen, die Stadt zusprühen etc. ... Als durch kleine Brandsätze in drei Kaufhäusern die Sprinkleranlagen in Gang gesetzt wurden, entstand ein Schaden in Millionenhöhe. Neben weiteren Anschlägen folgten auch öffentlichkeitswirksamere Aktionen wie im Januar 1992 die Entführung einer Gedenktafel für den Olympiaorganisator von 1936, Carl Diem, aus dem Olympiastadion. Als die Forderungen des Kommandos, das sich nach dem Geschäftsführer der Olympia-GmbH, Lutz Grüttke, nannte, nicht erfüllt wurden, wurde die Tafel wie angedroht zu Krähenfüßen verarbeitet. Das Anti-Olympia-Komitee (AOK) entwickelte sich zum Scharnier zwischen dem politisch legalen Flügel und

Berliner Bären

Situationistische Internationale 1958–1969. Band 1, Hamburg 1976.

Dreßen, Wolfgang/Kunzelmann, Dieter/Siepmann, Eckhard (Hg.): Nilpferd des höllischen Urwalds. Spuren in eine unbekannte Stadt – Situationisten, Gruppe Spur, Kommune 1. Berlin 1991.

Die Gruppe SPUR hatte nicht einmal ein Jahr Bestand. Schon 1962 mußte sie sich vor dem Tribunal der S.I. verantworten: „In Anbetracht der Opposition gewisser Elemente der deutschen Sektion gegen die S.I. seit der Göteborger Konferenz und vor allem des Inhalts der Nr. 7 der Zeitschrift ‚SPUR', des Mißtrauens sowie der Feindseligkeit dieser Gruppe gegenüber Genossen, die den Anweisungen der S.I. in Deutschland und außerhalb Deutschlands folgen, sowie ihrer jetzt unbestreitbaren Kollision mit einigen herrschenden Kreisen der europäischen Kultur" wurden fast alle Mitglieder der Gruppe SPUR in einem der üblichen Ausschlußrituale aus der S.I. exkommuniziert. Kurz darauf kam es zu Spannungen innerhalb der Gruppe, die schon bald zu ihrer Auflösung führten.

Ungeachtet dessen legte die Gruppe SPUR den Grundstock für das Politikverständnis und die Aktionsformen, die im Zentrum der Aktivitäten der Subversiven Aktion standen, einer Gruppe, die quasi als Nachfolgerin gegründet wurde. Die Subversive Aktion war, wie im Vorwort zu dem gleichnamigen Buch zu lesen ist, eine kleine Gruppe „esoterischer Intellektueller", die Anfang der 60er Jahre in dezentralen Zirkeln, sogenannten „Mikrozellen", über Psychoanalyse und Marxismus, Kritische Theorie und Surrealismus diskutierte. Ihr Politikansatz hatte aber auch in den folgenden Jahren

Böckelmann, Frank/Nagel, Herbert: Subversive Aktion. Frankfurt 1976.

den illegal militant operierenden Gruppen. Das funktionierte, weil im Falle Olympias auch die traditionellen Widersacher militanter Aktionen im alternativen Lager zumindest klammheimlich auf solche Aktionen setzten. Zudem bestand in diesem Fall der Vorteil, einmal nicht aus der Minderheitenposition heraus agieren zu müssen. Die Gelegenheit war günstig, die Auseinandersetzung mit Olympia-GmbH, Senat und IOC zu suchen. Eigentlich war es eine klassische Polit-Kampagne (Broschüren, Veranstaltungen und Demos), die vor allem durch die Übertreibung des gefährlichen und unberechenbaren Images der Berliner Autonomenszene den Charakter einer Kommunikationsguerilla-Aktion bekam.

Die IOC-Mitglieder erhielten, wie auch in Amsterdam, diverse Briefe, die ihnen die Vorzüge Berlins aus autonomer Sicht schilderten. Auch ein ‚Gewalt'-Video, das Bilder der breiten militanten Bewegung und ihrer wichtigsten Auftritte in der Vergangenheit zeigte, wurde versandt. In dessen Schlußsequenz jonglierte eine vermummte Person mit einem Pflasterstein und verkündete: „We will wait for you". Die NOlympics spekulierten darauf, daß sich die Adressaten aus Neugierde derartige Informationen ansehen und in jedem Falle ein negativer Beigeschmack haften bleiben würde.

Bei einer Demonstration während des Besuchs einer IOC-Delegation im April 1993 hallte es in den Straßen: „IOC – Nee, nee, nee! – Werft die Bonzen in die Spree", und

Berliner Bären

großen Einfluß auf die Politikformen der antiautoritären Bewegung, den Sozialistische Deutschen Studentenbund (SDS) sowie der Außerparlamentarischen Opposition (APO) insgesamt (○ Kommune 1).

Im Laufe der Zeit bildeten sich kleine Gruppen der Subversiven Aktion in München, Tübingen, Berlin, Nürnberg und Stuttgart, später auch Marburg und Frankfurt.

In der Anfangszeit sind die Schriften und Unternehmungen der Subversiven Aktion noch stark von einem den Situationisten nahestehenden Ansatz des symbolischen Aktionismus geprägt (was Kunzelmann 1975 als „bürgerlichen Scheiß" bezeichnet). Sie verstehen sich als „Rädelsführer des organisierten Ungehorsams" und fordern in „Unverbindliche Richtlinien 2": „Kritik muß in Aktion umschlagen. Aktion entlarvt die Herrschaft der Unterdrückung." Dahinter steht die Idee, daß Analyse nicht mehr einfach nur als Voraussetzung von Aufklärung zu sehen sei, sondern als ‚Sprungbrett', um in die Wirklichkeit einzugreifen; d. h. es ging um ein unmittelbares Aufeinandertreffen von Theorie und Praxis, die sich gegenseitig weitertreiben sollten.

Eine der ersten größeren subversiven Aktionen anläßlich des 80. Deutschen Katholikentags 1964 in Stuttgart sollte die Öffentlichkeit von einem nicht so leicht einordenbaren revolutonären Potential in Kenntnis setzen und gleichzeitig die schon bestehende kleine Gruppe in Stuttgart vergrößern helfen. Ziel war es, den Katholikentag in ein einziges großes Happening zu verwandeln und dabei auf die Reize eines ganz anderen Lebens aufmerksam zu

die Zeitungen funktionierten wie gewünscht: „Und dann kommt die Nacht, die Stunde der Autonomen und Vermummten ..." (*Stuttgarter Nachrichten*, 17. 4. 1993). Ebenso wie die Amsterdamer machten auch die Berlinerinnen einen Ausflug nach Lausanne, wobei einige Farbeier am IOC-Hauptquartier ihre Wirkung nicht verfehlten.

Auch in Berlin spielten die Medienreaktionen für das Konzept Imageverschmutzung eine zentrale Rolle. Ob gute oder schlechte Presse war egal. Hauptsache war, ‚Berlin und Olympia' blieben ständig im Zusammenhang mit unerquicklichen Schlagzeilen. Das generelle Interesse der Medien an Sensationen wurde von den Aktivistinnen instrumentalisiert. Obwohl dieser Mechanismus in den Medien durchaus registriert wurde, wußten sie sich der Wirkung der verschiedenen Aktionen nicht zu entziehen. Als dann Berlin im September 1993 aus dem Rennen flog, hatte das wohl mehrere Ursachen: Den Rassismus in Deutschland, die mehrheitliche Ablehnung durch die Berliner Bevölkerung und last but not least das Konzept der Imageverschmutzung.

Berliner Bär

machen. Allerdings blieb es bis auf eine Plakatieraktion bei dem Versuch. In der Folge fanden die ersten und einzigen Festnahmen in der Geschichte der Bundesrepublik aufgrund des Verdachts der Gotteslästerung statt. Da die Verhafteten unglücklicherweise eine Liste mit den Namen aller Beteiligten bei sich führten, waren sämtliche weiteren Aktionen damit vereitelt. Dabei hatten sie so schöne Dinge geplant: Erobern von Mikrophonen, um den Katholikentag mit eigenen Reden sprengen, den Gottesdienst ins Kaufhaus verlegen; sie schwelgten in Ideen wie der Anbringung eines Mercedes-Sterns auf dem Kreuz des Altars oder das Umschreiben der Wegweiser „Zum Katholikentag" in „Zum Mercedes-Werk" usw.
Eine Liste von Einfällen für die Kasseler Documenta kam allem Anschein ebenfalls nicht über die Phase des Spaßes an der Idee hinaus. Vorschläge waren u.a. „Verteilung von Freikarten für die Eröffnung an Oberschulen (Abiturklassen) und an wichtige Adressen aus dem Telefonbuch von Kassel", „Manipulation von Leserbriefen, die unseren Standpunkt (Kunst als Ware/Kunst als Absorbierung des Utopischen und Revolutionären) klarmachen", „Briefe vom Fremdenverkehrsverein Kassel an die high society mit der Bitte, gegen Beiträge von 2000 DM an Vernissage, Luxusjagden und Staatsbällen teilzunehmen" oder: „Am Schluß der Vernissage werden von zwei gutaussehenden Mädchen in Tracht (oder irgendeiner Uniform) Geschenkpackungen verteilt. In jeder dieser Packung(en) ist ein Stück Scheiße."

Beifall von der falschen Seite

Imageverschmutzung ist nicht nur im Rahmen großer Kampagnen denkbar und funktioniert auch nicht bloß dadurch, sich selbst durch ‚Klartextaktionen' zum Garanten eines schlechten Images zu machen. Autonome, Lesben oder Kommunistinnen können den politischen Gegner auch dadurch in eine peinliche Lage bringen, daß sie beginnen, ihn lauthals zu unterstützen. Nicht sonderlich gefreut haben dürfte sich beispielsweise US-Präsident Richard Nixon über einen Transparenttext wie „Homosexuals for Nixon – We love Dick", der 1973 beim großen Yippie-‚Fuck-In' zu sehen war. In der Logik des Gegners ist das eine Rufschädigung.

Wenn einem Reaktionär untergeschoben wird, er teile Positionen der linken Subkultur, dann kann damit zweierlei erreicht werden: Zum einen läßt sich auf diese Weise ein politisches Thema in der Öffentlichkeit plazieren, zum anderen haben diejenigen das Gesetz des Handelns auf ihrer Seite, die den politischen Gegner in Zugzwang bringen und ihn durch Beifall von der falschen Seite zu einem Dementi oder einer Richtigstellung zwingen. Beispielsweise benannten Anfang 1996 Koblenzer Autonome ihr besetztes Haus nach dem ehemaligen CDU-Oberbürgermeister der Stadt. Sie begründeten dies damit, daß sich derlei aufgrund schlechter Erfahrungen mit der sozialdemokratischen Verräterpolitik halt „logo so ergibt" (der amtierende SPD-Oberbürgermeister will das Haus räumen lassen)

Zuviele CDU-Autoaufkleber

Anläßlich der Einweihung eines Erweiterungsbaues des Deutschen Literaturarchivs in Marbach a. N. sollte Bundespräsident Herzog eine Ansprache halten. Im Vorfeld tauchten mehrfarbige, mit den Deutschlandfarben und dem roten Orginal-CDU-Signet versehene Aufkleber der CDU-Ortsgruppe auf, die diesen Besuch vollmundig ankündigte: „Der Bundespräsident kommt! Roman Herzog, 13. Mai ab 11 Uhr, Marbach-Schillerhöhe". Sie klebten ein paar Tage vor dem Besuch auf fast jedem Auto in Marbach und handelten der lokalen CDU nicht wenige Verwünschungen der Bürgerinnen ein. Schließlich distanzierte sich die CDU in

Die Faszination für das Religiöse blieb. Mit der Abhaltung eines „Hamburger Konzils", das den Versuch darstellte, eine einheitliche Linie in die verschiedenen Gruppen der Subversiven Aktion zu bringen, ging eine Wende in der Ausrichtung des Politikverständnisses einher. Subversive, kulturrevolutionäre Praxis galt von da an nur noch als (fragwürdige) Vorläuferin bzw. Ergänzung der nun vorherrschenden Arbeiterpraxis. Dabei löste, wie Böckelmann/Nagel kommentierten, „die Forderung Dutschkes, man müsse sein ganzes Leben ‚in den Dienst des Proletariats stellen', einen masochistischen und doch auch narzistischen Schauder aus".

In der Folgezeit versuchten die Mitglieder der Subversiven Aktion, innerhalb des SDS an Einfluß zu gewinnen, um eine breitere Basis für ihre Interventionen zu schaffen. Diese Bemühungen stießen auf heftigen Widerstand. Um auch gegen den Willen des SDS agieren zu können, wurde in München und später auch in Berlin eine „Aktion für Internationale Solidarität" gegründet, deren erstes Auftreten sich gegen den Staatsbesuch des Ministerpräsidenten des damaligen Belgisch-Kongo, Moise Tschombé richtete.

Die Konflikte innerhalb der Subversiven Aktion mündeten im Ausschluß des Begründers Kunzelmann aus der Gruppe. Von den anfänglichen Ansätzen des symbolischen Aktionismus hatte sich die Gruppe inzwischen völlig entfernt. Die Gründe dafür lagen zum einen im Wandel des Politikverständnisses, der zeitgleich mit den Versuchen der Unterwanderung des SDS vonstatten ging. Zum anderen hatten sich die Gruppen der Subversiven Aktion zunehmend

und sein Vorgänger „ihr großes Vorbild in Sachen Demokratie" sei. Da er eine Million aufgetrieben habe, um das Kaiser-Wilhelm-Denkmal am ‚Deutschen Eck' wieder aufstellen zu lassen, solle wenigstens er, im Gegensatz zum gegenwärtigen Amtsinhaber, nicht vergessen werden (Junge Welt, 7. 2 .1996).

Mit falschen Aussagen wahre Ereignisse schaffen

Manche Sozialdemokraten konnten bereits mit Erklärungen wie „Die Autonomen unterstützen den Kandidaten der SPD, weil er sich gegen den Jäger 90 und für mehr soziale Sicherheit einsetzt!" in unvermutete Schwierigkeiten gebracht werden, besonders dann, wenn irgendwelche ‚Chaoten' in der Woche zuvor mal wieder eine Scherbendemo verantstaltet hatten. Es lassen sich solchen Politikern auch Aussagen unterschieben, die sie gar nicht gemacht haben, die ihre Gegner im schwarz-gelben Lager ihnen aber liebend gern unterstellen würden, also etwa die Legalisierung von ‚Drogen', die Einrichtung von Fixerstuben oder die Entkriminalisierung bestimmter Delikte. Das ist eine prima Methode, Politiker (nicht nur) in Wahlkampfzeiten zu zwingen, Dinge zu sagen, die sie sonst aus (wahl-) taktischen Gründen freiwillig nicht sagen würden. Imageverschmutzung hilft so, mit falschen Aussagen wahre Ereignisse zu schaffen. Je glaubhafter eine Unterstützungserklärung klingt, desto größer sind ihre Erfolgschancen.

Zuviele CDU-Autoaufkleber ...

einer Presseerklärung: „Mit zahlreichen Aufklebern, versehen mit CDU-Buchstaben, waren Autoscheiben und Laternenmasten beklebt. Damit wurde vor einer Woche der Besuch des Bundespräsidenten angekündigt. Diese Aufkleber sind Fälschungen. Von uns stammen sie nicht. Nachdem das Ausmaß der Verteilaktion heute bekannt ist, sieht sich die CDU Marbach veranlaßt, dazu Stellung zu nehmen: Wir kämen nie auf die Idee, den Besuch des Bundespräsidenten parteipolitisch zu vereinnahmen, geschweige denn, die Bevölkerung mit lästigen Aufklebern zu verärgern. Durch diesen Lausbubenstreich hat die CDU Schaden genommen."

darauf konzentriert, sich in gegenseitigem Psychoterror die bürgerliche Fassade vom Gesicht zu reißen, was rückblickend vor allem von Frauen in der Gruppe wie Birgit Daiber und Sabine Goede thematisiert wird. So konnte von einer solidarischen Zusammenarbeit nicht mehr die Rede sein, und eine Spaltung und Auflösung war sowohl aus inhaltlichen als auch aus persönlichen Gründen fast zwangsläufig. ⊙

So auch bei den Grünen: „Als ‚überhaupt nicht spaßig' beurteilte eine Sprecherin des Frankfurter Amtes für multikulturelle Angelegenheiten einen Fake aus dem Umfeld der Flüchtlingssolidaritätsgruppen und des AStA der Universität. In einem mit der gefälschten Unterschrift von Multikulturdezernent Cohn-Bendit versehenen Brief an die ‚Frankfurter Bürgerinnen und Bürger' wurde unter anderem zum ‚Boykott gegen rassistische Geschäfts- und Gaststättenbetreiber' aufgerufen und die Bürgerinnen aufgefordert, ‚herumschnüffelnden Beamten der Ausländerbehörde' keine Auskünfte zu erteilen" (taz, 21. 10. 1991).

Eine zweite Variante funktioniert etwas anders. 1969 brachte die Guerilla Theatergruppe ‚Rapid Transit Guerilla Communications' (RTGC) den republikanischen Präsidentschaftskandidaten Richard Nixon in Schwierigkeiten, als sie ihn anläßlich eines Wahlkampfauftrittes in Chicago in Kostümen des Klu-Klux-Klans empfing und mit einem Transparent „The Klan Supports Nixon" grüßten. Diese Aktion war überaus wirksam, weil nicht wenige Medienvertreter eine solche Unterstützung tatsächlich für möglich hielten. In den USA war diese Form der Imageverschmutzung bereits Ende der 60er Jahre sehr verbreitet.

Hierfür gibt es in den USA ein regelrechtes Handbuch: Santoro, Victor: Political Trashing. Port Townsend 1987.

Allerdings müssen die Initiatoren von Aktionen mit großer Umsicht zu Werke gehen. Erfahrene Kommunikationsguerilleras empfehlen, auch dann auf

Zuviele CDU-Autoaufkleber .

Allerdings stellt sich die linke Szene bei solchen Aktionen auch ab und an selbst ein Bein. In diesem Fall gingen entschiedene CDU-Gegnerinnen, empört über soviel Frechheit der CDU, selbst daran, die Aufkleber von Autos zu kratzen und ihre Urheber dabei lautstark zu beschimpfen.

,Nebenwirkungen' zu achten, wenn diese auf keiner Packungsbeilage angezeigt sind. Häufig wird bei der Imageverschmutzung mit rassistischen oder anderern diskriminierenden Symbolen und Parolen gespielt, die jedoch nicht immer nur schockieren, sondern möglicherweise auch solche gesellschaftlichen Tendenzen verstärken und zu ihrer weiteren Verbreitung beitragen können.

Eine der Imageverschmutzung verwandte Praxis ist es, den politischen Gegner zur Verwendung von ihm mißliebigen Symbolen zu zwingen. Wenn Neo-Nazis auf einmal ganz offiziell und amtlich in einer Anne-Frank-Straße oder in der Erich-Mühsam-Straße residieren, finden sie das überhaupt nicht lustig. Es können Situationen geschaffen werden, in denen der Gegner zu Aussagen oder Handungen gezwungen ist, die er nicht will, aber aufgrund seiner eigenen Logik und Werte aber auch nicht verhindern kann. Mit einer falschen Aussage ein gewünschtes Ereignis zu schaffen, gelang in diesem Zusammenhang Anja Rosmus (Vgl. den Film „Das unmögliche Mädchen") in Passau, als sie eine Presseerklärung im Namen des CSU-Oberbürgermeisters verschickte, worin dieser bekanntgab, ehemalige jüdische Bürgerinnen der Stadt am Bahnhof empfangen zu wollen. Das hatte der zwar nie vorgehabt, er mußte aber, nachdem es in den Zeitungen stand, notgedrungen mitspielen.

Sich den Namen des Gegners ausleihen

Eine weitere Form der Imageverschmutzung entsteht dann, wenn Symbole, Zeichen oder Labels bewußt in einen negativ besetzten Kontext und unter Umständen sogar bei illegalen Aktionen verwendet werden. Ziel der Aktivisten ist dabei, den Zorn von Unbeteiligten auf den Gegner, dessen Namen für die Aktion entwendet wurde, zu lenken. Je ungebührlicher und aufdringlicher uns ganze Häuserzeilen mit einem hingesprühten „Wählt CDU!" schon morgens anlächeln, umso größer der Ärger für diese Partei. Anläßlich der bayrischen Kommunalwahlen im März 1996 prangte auf zahlreichen Regensburger Häuserwänden schlicht und einfach „CSU". Die Wirkung einer solchen Aktion ergibt sich einerseits aus der Wut über die ,Schmierereien', andererseits aus der Tatsache, daß die CDU/CSU nur schwer wird erklären können, warum ausgerechnet ihre Gegner Wahlempfehlungen für sie abgeben. Ein Leserbrief, der diese unerhörte Art, Wahlkampf zu betreiben, anprangert, hätte in diesem Zusammenhang ein übriges bewirken können.

Das gute Deutschland

Am 8. November 1992 versammelte sich in Berlin das ‚gute Deutschland'. Bundespräsident und Bundeskanzler hatten sich an die Spitze einer Demonstration gegen ‚Ausländerfeindlichkeit' gesetzt. Angesichts der Häufung von rassistischen Pogromen – am bekanntesten wurden die Angriffe auf Flüchtlingsunterkünfte und Wohnhäuser in Hoyerswerda, Mölln und Rostock – wollte dieselbe politische Klasse, die seit Jahren die Stimmung gegen Flüchtlinge und Menschen ohne deutschen Paß aufgeheizt hatte, sich selbst und ihr Deutschland als ausländerfreundlich präsentieren. Doch die Rechnung ging nicht auf. Denn unter die 300.000 Leute im

Bedeutsames ereignet sich alle vier bis fünf Jahre in Kommunen, Kreisen, Ländern und der gesamten Republik. Vertreter aller möglichen Parteien und Listen liefern sich Wahlkämpfe um Wählerinnenstimmen, um Sitze in Parlament und Abgeordnetenkammer. Die Linke allerdings hat alle paar Jahre ein Problem damit, wie sie sich zum Recht auf freie Wahl verhalten soll: Wahlboykott oder das ‚kleinere Übel'? Das einstmals laut geäußerte „Wer seine Stimme abgibt, hat nichts mehr zu sagen" ist verstummt oder ging über in ein leises Fiepen. Seit einigen Jahren beteiligen sich denn auch linksalternative Gruppen und Reste linksradikaler Zusammenhänge wieder rege an Wahlen aller Art, gestalten Litfaßsäulen und erstellen Kandidatinnenlisten. Allerdings anders als DKP, PDS oder Bündnis 90/Grüne sich das wünschen würden.

Gerade weil die bürgerlich-repräsentative Demokratie ihr Wahlspektakel als ungeheuer wichtiges Ereignis inszeniert, eröffnet sich ein weites Betätigungsfeld für Kommunikationsguerilleras. Beim Umrühren des Wahlquarks geht es ihnen vor allem darum, den inszenierten Ablauf, die Zeichen und Handlungen von Wahlkämpfen geschickt aufzugreifen und zu ○ *entwenden*. Gelegentlich bringen sie eigene Positionen in die öffentliche Diskussion, in erster Linie aber dekonstruieren sie den hegemonialen politischen Diskurs, die herrschenden Parteien und vor allem die bei Wahlen stattfindenden ‚Inszenierungen der Macht' selbst.

Nicht wenige Gruppen treten unter dem Label ‚Partei' bei Wahlen an. In Zürich, wo das ○ *Müllern* bereits über eine gewisse Tradtion verfügt, beteiligte sich 1994 eine Gruppe unter dem Namen ‚Die Müllernative' an den Stadtratswahlen. Namensgeber waren gleich zwei Herren: Herr Andreas Müller, 43, gemeinsames Zugpferd der bürgerlichen Parteien, und Herr Andreas Müller, Kandidat der ‚Müllernative' und gemeinsam mit Irene Müller Spitzenkandidatin bei der Stadtratswahl. Für den Fall, daß ‚Die Müllernative' als Sieger aus der Wahl hervorginge, wollte sich Andreas Müller den Präsidiumssitz aus Quotengründen mit Irene Müller teilen. Die Szene hatte ihren Alternativkandidaten unter insgesamt neunzehn Andreas Müllers aus dem Telefonbuch gefischt. Der zweite Andreas Müller wurde bereits im Vorfeld durch systematisch gestreute Gerüchte angekündigt. Nachdem er dann in Person die Bühne betreten hatte, sorgte eine professionell inszenierte PR-Kampagne dafür, daß die ‚Müllernative' regelmäßig in den Medien präsent blieb. Daß die Namensgleichheit für Verwirrung sorgen sollte, war bald allen Beteiligten klar, weil die Wählerinnen laut Zürcher Wahlrecht kein Kreuzchen machen, sondern den Namen der Kandidatin auf den Wahlschein schreiben müssen. Begreiflicherweise wollten die bürgerlichen Parteien sich dagegen wehren, daß mit ihrer Form von Demokratie Schindluder getrieben wurde. Sie konnten aber juristisch nicht gegen eine ‚zufällige' Namensgleichheit vorgehen.

Das gute Deutschland ...

Lustgarten hatten sich auch ein paar unauffällig gekleidete „autonome Eierwerfer" gemischt. Kaum hatte der Bundespräsident sein Rede begonnen, flogen auch schon Eier auf die Bühne. Aus diesen Eiern wurden in den deutschen Medien Steine, mindestens ebenso schlimm wie die gegen die Flüchtlingsheime geworfenen Brandsätze. Diese Störaktion hat das Image eines ‚guten Deutschland' vor einem internationalen Medienpublikum nachhaltig beschmutzt. „Weil uns unser Land am Herzen liegt. Und weil wir uns um Deutschland sorgen" (Frankfurter Rundschau, 9. 11. 1992) ***beklagten die Kommentatoren, „daß der kleinste gemeinsame Nenner,***

Als im Juni 1994 ,Die Unregierbaren – Autonome Liste' in den Europawahlkampf zogen, ging es ihnen in erster Linie um die Möglichkeit der kostenlose Verbreitung von Rundfunk- und Fernsehspots, sowie der Nutzung von kommunalen Plakatierflächen oder Räumlichkeiten. Auf diesem Wege wollten sie der bundesdeutschen Radio- und Fernsehgemeinde linksradikalen Klartext auf Auge und Ohr drücken. Darüber hinaus versuchte die Gruppe, im Wuppertaler Polizeipräsidium eine Veranstaltung zum Thema ,Innere Sicherheit' durchzuführen. Es ging nicht um Wählerstimmen, das Forum ,Wahlkampf' sollte für eine grundlegende Kritik der gesellschaftlichen Verhältnisse, insbesondere des staatlichen Rassismus, genutzt werden.

Inzwischen treten immer häufiger Gruppierungen an, die mit bürgerlichen Parteien wenig gemein haben. So diffus wie ihre Motivationen, so unterschiedlich sind auch ihre politischen Forderungen. Die ○ *KPD/RZ* (Kreuzberger Patriotische Demokraten/Realistisches Zentrum), die gleichermaßen auf bürgerliche wie (u.a. durch die Namensgebung von Partei und Gremien) linke Parteipolitik zielt, forderte anläßlich der Abgeordnetenwahl im Frühjahr 1989, „Deutschland in den Grenzen des Heiligen Römischen Reichs Deutscher Nation von 1195 (Heinrich IV.)" wiederzuvereinigen (taz 4. 4. 1994). Neben solchen Formen der Übertreibung und der ○ *Subversiven Affirmation* ,seriöser' politischer Positionen finden sich vollkommen absurde Aussagen. Forderungen wie die nach ,Rauchverbot in Einbahnstraßen' (KPD/RZ) greifen den ernsthaften Gestus der offiziellen Politik an, die Rhetorik von Vernunft, Verantwortung und Ernsthaftigkeit.

KPD/RZ

Zur Gemeinderatswahl im März 1993 in Offenbach trat die ,Liste NiemanD' an, die aus Resten einer linksradikalen Gruppe entstand. Dieses Wortspiel hat Tradition: Schon Till ○ *Eulenspiegel* hatte sich einem Reichen als ,Niemand' vorgestellt und ihn anschliessend beschimpft, geschlagen und ausgeraubt. Begeiflicherweise konnte dem Mißhandelten keiner helfen, als er sich beklagte, Niemand habe ihn schlecht behandelt. 1968 nominierten die Yippies in den Vorwahlen der Demokratischen Partei das Schwein „Pigasus" als Präsidentschaftskandidaten gegen Richard Nixon, und für die Wahlen selbst hieß ihr Kandidat ,Nobody' (Niemand), weil letztlich niemand gewinnt. Spätere ,Nobody'-Kampagnen anläßlich diverser Präsidentschaftswahlen folgten: „If nobody wins, everybody wins". Ihr Programm versprach unter anderem ewiges Leben sowie kostenlose saubere Klos für alle.

Eulenspiegel

„Nobody for President". Vgl. http://www.chessworks.com/nobody.htm

Die Liste NiemanD versuchte, der Form wie den Inhalten herrschender Politik eine praktische Kritik entgegenzusetzen, indem sie unter Verwendung des Namens ,Niemand' Klartext sprach. Als Wahlgeschenke versprach sie unter dem Motto: „NiemanD schenkt Euch was!" Jugendzentren, Kitas, gute Schulen, und anderes mehr. Slogans wie:

Das gute Deutschland .

den man (...) gefunden hatte, um das Deutschland-Bild im Ausland via Großdemonstration zu korrigieren, nicht bei allen trägt" (Stuttgarter Zeitung, 9.11.1992). ***Medien wie Politker sahen ihre vornehmste Aufgabe darin, dieses Bild zurechtzurücken: „Linke Krakeeler, gewalttätige Autonome, radikale Ideologen – sie haben wieder einmal zerstört und in Scherben geschlagen, was doch eigentlich gekittet werden sollte: das Ansehen der Republik, der Ruf des neuen, wiedervereinigten Staates"*** (Stuttgarter Nachrichten, 9.11. 1992). ***Nichts war es mit dem klaren Zeichen, „wo das gute Deutschland steht"*** (Südwestpresse, 9.11. 1992). ***Und das war wohl auch besser so.***

„Wählt NiemanD, denn NiemanD vertritt eure Interessen, wenn ihr es nicht selbst tut!" nutzten die Form bürgerlicher Wahlpropaganda, um durch paradoxe und mehrdeutige Formulierungen das bürgerlich-repräsentative Prinzip der Interessenvertretung zu kritisieren. Zugleich wurden die WählerInnen dazu aufgerufen, selbst politisch aktiv zu werden. Der letzte Coup der Liste war die Gründung eines Komitees für die Bewerbung Offenbachs für die Olympischen Spiele im Jahre 2008: „Gebt Offenbach eine Schanze!"

Solche Listen imitieren die gängigen Codes ‚echter' Parteien und veranschaulichen, wie der Wahlquark funktioniert. Die meisten haben eine gewählte Spitzenkandidatin, einen Vorstand und Briefpapier mit einem Parteilogo. Auch bei öffentlichen Auftritten versuchen sie, dem Erscheinungsbild der bürgerlichen Kandidaten und Abgeordneten möglichst nahezukommen. Erst auf den zweiten Blick wird deutlich, daß sie ziemlich weit von dem entfernt sind, was klassische Parteipolitik angeblich auszeichnet: Nämlich Seriosität, Exklusivität und die Beschäftigung mit angeblich politisch relevanten Themen. So übernahm etwa die ‚Liga für Sauberkeit und Demokratie' (LSD) in Würzburg zwar die Form einer Wählerliste und erklärte, immer noch glaubhaft, ihr Bürgermeisterkandidaten Hans Pfefferl wolle „mit dem Schmuddel in der Stadt aufräumen". Doch das den übrigen Parteien nachempfundene formale Erscheinungsbild war nur der Ausgangspunkt für eine ○ *Verfremdung*. Auf die Frage, warum er denn OB der Stadt Würzburg werden wolle, antwortete der LSD-Kandidat denn auch: „Um meiner Familie zu beweisen, daß ich, ohne das Einmaleins auswendig zu können, bekannt, schön, reich und begehrt werden kann".

Vas lefft, rlanger tadtzeitung r. 155.

Erst sehr spät kam Licht in das Dunkel der Aktivitäten der ‚Naturgesetzpartei', die den schwerfälligen konventionellen Politikbetrieb mit ihren gewichtigen Reden (und Politikern) in ungeahnte Sphären erhob und mit ihren ‚Yogischen Fliegern' eine gewisse Berühmtheit erlangt haben. Die Freundinnen und Freunde der ‚Naturgesetzpartei' fordern den Einsatz solcher ‚Yogischen Flieger', einer Art auf den Knien hüpfenden Brahmanen, in den Fußgängerzonen der Republik. In Ulm versprachen sie dem Wahlvolk, daß nur 40 von ihnen ausreichen würden, um die sinnlose Gewalt in der Stadt Ulm ein für alle Male verschwinden zu lassen. Die ‚Naturgesetzpartei' wird, so wurde uns berichtet, an ihrer Forderung auch bei den nächsten anstehenden Wahlen festhalten. Inzwischen wurde bekannt, daß die ‚Naturgesetzpartei' ein Ableger der italienischen ‚Partito della Legge Naturale' ist, die wiederum als ○ *Fake* von ○ Luther Blissett in Bologna aus der Taufe gehoben wurde.

Solche verfremdeten Formen bürgerlicher Parteipolitik produzieren auch deshalb Verwirrung, weil sie nicht auf gängige Art Opposition spielen. Für den Mythos von der

Schwul-lesbische Wahlkampfunterstützung

taz, 20. 10. 1995. Der republikanische US-Senator Bob Dole ist in Not: Schwulen- und Lesbenorganisationen haben ihm Wahlspenden überwiesen. Dole gilt als aussichtsreichster Präsidentschaftskandidat und Hardliner der US-Rechten. Seine Wahlhelfer schickten das Geld prompt und pikiert zurück, und plötzlich hatte Dole ein Problem: die öffentliche Meinung von Homosexuellen: „Ich glaube, daß meine Männer das Geld nicht abgewiesen hätten, wenn sie vorher mit mir gesprochen hätten", so der angeknackste Dole auf die Frage eines Journalisten in Ohio, der in der Rückgabe eine Verschärfung des Rechtskurses vermutete.

„Die Pläne der KPD/RZ sind gut, weil sie richtig sind!"

Sie wirken im Herzen der Bestie, mitten in Berlin. Seit 1988 sind sie, wie sie selber sagen, „die einzige Massenpartei der extremen Mitte": die Kreuzberger Patriotischen Demokraten/Realistisches Zentrum (KPD/RZ). Ein Blick in das Archiv des zuständigen ‚Referenten für Propaganda' beweist die Schlagkraft und die Entschlossenheit, mit der die Partei ihre Idee vertritt: „Kreuzberg zuerst!" (taz, 17. 6. 1995). Auf die Frage, was sie ihren Wählern versprechen, bekennen sie: „Wir versprechen alles und halten nichts." Die Bemerkung, dies unterscheide sie nicht von anderen Parteien, fegen sie locker vom Tisch: „Der Unterschied ist, daß wir von vorneherein sagen, daß wir bestechlich sind."

Berge von Agitationsschriften, ständig klingelnde Handys und die PCs im Büro der KPD/RZ geben ihr Bestes. In einer Ecke stehen große Kartons. Inhalt sind Massen von T-Shirts sowie Baseballmützen mit dem Logo der Partei. Der ‚Referent für Propaganda' weist bei einem Besuch auf das neueste Produkt hin: Auf dem Cover einer CD mit dem Untertitel „Der Soundtrack zur Demokratie" reichen sich der „wahre Heino" und Bela B. von der Gruppe „Die Ärzte" kraftvoll die Hände. Der Inhalt der Scheibe ist brandaktuell: Nach einer „sanften Einführung in die Parteipolitik" erklingt das Lied „Kreuzberg zuerst!", es folgen ein Vortrag zur Parteienfinanzierung, ein Original Wahlwerbespot und anschließend „Wissenswertes über politische Parteien unter besonderer Berücksichtigung der KPD/RZ". Zu alledem wird allen „Glück und Geld" gewünscht.

demokratischen Legitimation der herrschenden Politik ist eine Opposition, die ‚mitspielt', unabdingbar. Wer ein wenig Pfeffer in den Wahlquark schüttet, kann versuchen, das wenig demokratische bürgerliche Repräsentationsprinzip zu entzaubern und zeigen, welche Farce diese Art von verfassungsmäßig verankerter Herrschaftsausübung im Grunde darstellt.

Allerdings schließen die Wahlquark-Aktionen einiger Spaßparteien (ungewollt) an die reaktionär-populistische Version der medial inszenierten ‚Parteiverdrossenheit' an. Was aus dem Wahlquark herausgelesen wird, ist nicht automatisch links. Unbedachte Sprüche gegen ‚die da oben' oder ‚die' Politiker können nach hinten losgehen und die reaktionäre Kritik an der bürgerlichen Demokratie stärken.

Oft fängt der Ärger dann an, wenn sich die zur Wahl Angetretenen mit fünf und mehr Prozenten als gewählt betrachten können, sollen, oder müssen. Wer einmal die Spielfläche des ‚Vier-Jahre-Verfahrens' betreten hat, der läuft Gefahr gewählt zu werden, und das heißt, sich mit den parlamentarischen Spielregeln herumschlagen zu müssen. 1993 ereilte dieses Schicksal bei der Rüsselsheimer Stadtratswahl gleich zwei Gruppen, die ‚Liste Rüssel' und die ‚fNEP' (Liste ‚Für NichtwählerInnen, ErstwählerInnen und ProtestwählerInnen') (taz, 14. 3. 1995). Beide Gruppen sammelten Stimmen aus dem alternativen und linken Lager und erhielten zusammen 12%. Das Resultat war eher deprimierend: Ende

Schwul-lesbische Wahlkampfunterstützung .

Mittlerweile ist der Republikaner wieder im Lot, was seine Haltung zur Schwulen- und Lesbenbewegung anbelangt. Nun ließ Nelson Warfield, der Pressesprecher aus seinem Wahlteam, zu dieser „künstlich aufgeblasenen Story" mitteilen, daß man, um weitere Verstimmungen auszuschließen, weiterhin jede ähnliche Zuwendung abschlagen werde.

Kontinuierlich seien sie, sagt der Propaganda-Referent. Die Chronik der Partei derjenigen, die „Kreuzberg seine Würde zurückgeben" wollen (Überschrift des Wahlprogramms von 1995), bestätigt ihn. Auf die Gründung 1988 folgte im Februar 1989 die Vorstellung des ‚Blücherplatzpapiers', welches als Grundsatzprogramm gilt. Vielfältige Maßnahmen sollten der noch jungen Partei auf die Sprünge helfen: Öffentliche Vorstandssitzungen, der Entwurf eines Parteiemblems, Geldbeschaffungsaktionen, Erstellung von Mitgliederrundbriefen etc. Am 1. Mai 1992 wurde es für die Kreuzberg-Aktivisten richtig spannend. Zum ersten Mal nahm der Vorstand der KPD/RZ die große Parade zum 1. Mai ab. Wenige Tage später führte die Partei mit großer Resonanz eine Informationsveranstaltung unter dem Titel durch: „Trinker fragen, Politiker antworten".

14 Tage später fanden die Berliner Kommunalwahlen statt. Mit Stolz erzählt der Vorsitzende, daß in manchen Wahllokalen in Kreuzberg sensationelle 17% der Stimmen erzielt werden konnten. Aufgrund des überwältigenden Erfolgs wurden in Brandenburg und im Saarland Landesverbände der KPD/RZ gegründet. Mit steigendem Zuwachs füllten sich auch die Beitragssäckel.

Am 1. Mai 1994 landeten die unermüdlichen PoltikerInnen der KPD/RZ einen weiteren großen Coup. Eine 1. Mai-Demo startete um 21 Uhr am Marheinkeplatz in Berlin, um dem Bild der am 1. Mai marodierenden autonomen Gewalttäter (Zitat der KPD/RZ: „Die kommen überwiegend von auswärts, selbst von Potsdam sind welche dabei")

1994 verließ die ‚fNEP' ein Koalitionsbündnis aus CDU, FDP, Grünen und der Liste Rüssel. Vor einem ähnlichen Problem stand die ‚Liste Alz' in Regensburg,. Unter dem Motto: „Vergessen wir, was war", trat sie bei den bayrischen Kommunalwahlen 1996 mit ihrem Spitzenkandidaten, einem gewissen Josef Alzheimer, an. Es läßt sich darüber streiten, ob es sinnvoll ist, mit einer solchen Namensgebung auf Kosten von meist älteren Menschen mit dem gleichnamigen Krankheitsbild ‚die' Politiker zu kritisieren. Die Liste, entstanden aus einer Mischung von Parteienverdrossenheit und Kneipenblödelei, war überaus erfolgreich. Sie führte eine Großkundgebung vor dem Regensburger Rathaus mit 4.000 Zuhörerinnen durch, bei der der Spitzenkandidat in einer schwarzen Limousine vorfuhr und vom Balkon des Rathauses eine bewußt unsägliche Ansprache hielt, die schließlich in das Bekenntnis mündete: „Ich bin ein Regensburger!" Im Bayrischen Fernsehen versuchten Journalisten vergeblich, einen vernünftigen Satz mit einer verbindlichen Aussage aus ihm herauszulocken. Was während des Wahlkampfes noch durchhaltbar war, wurde nach dem phänomenalen Wahlerfolg (zwei Sitze) immer schwerer. Denn nun versuchen die Medien wie auch die konkurrierenden Parteien, die ‚Liste Alz' auf konstruktive parlamentarische Mitarbeit festzulegen. Mit Erfolg: Die beiden Stadträte der Liste gaben sich nach der Wahl größte Mühe, sich in die Kommunalpolitik einzuarbeiten und irgendwelche ‚vernünftigen'

etwas entgegenzusetzen. Die KPD/RZ rief auf, an dieser Demo teilzunehmen, um sich „gegen nächtliche Ruhestörung und sinnlose Gewalt" auszusprechen. Die „Mutter aller Demonstrationen" zog zweieinhalbtausend Menschen in ihren Bann, und durch die dunklen Straßenschluchten hallte es sinnerfüllt: „Nächtliche Ruhestörung ist verwerflich!" Als am Ende der Demo ein paar Bullen meinten, sie müßten auch einmal zum Zuge kommen, wurden sie mit der Parole „Deutsche Polizisten, Gärtner und Floristen" wieder verabschiedet. Auch die Slogans „Ein Kampf, ein Wille: Mut zur Stille", „Wir wollen schlafen" oder „Ruhe, sonst knallt's" (taz, 3. 5. 1994) kamen bei den bestens gelaunten Maiausflüglern gut an.

Nachdem die Initiative für die Beibehaltung der alten Postleitzahlen leider gescheitert war, bewies die KPD/RZ mit der Herausgabe einer Sonderbriefmarke zum Erhalt der „Kreuzberg 36-Identität", daß sie ihr Handwerk versteht. Kurz darauf wurde der neue, fälschungssichere Parteiausweis eingeführt. Bei den Wahlen zum Abgeordnetenhaus und zur Kreuzberger BVV errang die Partei 4,7% in Kreuzberg und wuchs damit zur viertstärkste politischen Kraft im Kiez. Ein Blick in das Selbstdarstellungspapier zur Wahl hilft, den Erfolg der KPD/RZ zu verstehen: Forderungen nach dem Verbot von Kriminalität aller Art, nach flotteren Melodien für Polizei-, Feuerwehr und Rettungsfahrzeuge, der Einführung einer Rückkehr- bzw. Dortbleibprämie für Schwaben usw. Im Bereich der Kulturpolitik wurden mehr Glück für ortsansässige Sportvereine sowie ein Ausgehverbot für Männer bei Außentemperaturen über 30°C ver-

Positionen zu entwickeln. Offenbar ist die ○ *Kulturelle Grammatik* so stark, daß eine solche Wahlkampftaktik im Parlament kaum fortgesetzt werden kann. Aber das heißt nicht, daß es keine Auswege gibt. Eine Möglichkeit haben die niederländischen ○ Provos vorgeführt. Sie lösten sich nach ihrem ersten Wahlerfolg offiziell auf.

Es besteht immer die Gefahr, daß der Wahlquark ungewollt dazu beiträgt, die Ödnis parlamentarischer Politik zur Belustigung des Wahlvolks mit ein paar bunten Klecksen in der grauen Parteienlandschaft aufzumöbeln. Wie jede Satire kann auch Wahlquark bedeuten, daß man sich im Bestehenden einrichtet. Die Kunst bei dieser Art von Politaktionen ist es, Elemente einzubauen, die dem Publikum kein allzu selbstzufriedenes Grinsen ermöglichen und einen möglichst heftigen Schluckauf bescheren.

KPD/RZ Wahlkampf

Kathrin Fahrenz

Spitzenkandidatin der KPD/RZ

für das Amt des Oberbürgermeisters in Potsdam:

„In der Mitte ist kein Platz für zwei"

langt. Legendär wurde die Forderung nach einem Rauchverbot in Einbahnstraßen aus dem Ressort Gesundheit. Auch im Bereich der Verkehrspolitik konnte sich die KPD/RZ mit der Idee eines Rotationsprinzips für Straßennamen profilieren. Das erklärt so manches.

Der Oktober 1995 brachte Berlin auch den Ruf ein, die erste Stadt mit einer genehmigten Straßenschlacht zu sein. Am Heinrichplatz kämpfte die KPD/RZ gegen die „ostdeutschen Sozialdemokraten" von der AG Junge GenossInnen der PDS. Die KPD/RZ zieht ihr Fazit: „Der Aggressor PDS erleidet eine furchtbare Niederlage, von der er sich nicht mehr erholt. Die Sozialdemokratie gilt als besiegt". Und das, obwohl sie in guter alter überheblicher sozialdemokratischer Manier vorher vollmundig gedroht hatten: „Der Heinrichplatz wird euer Waterloo". War mal wieder nix. Kruzifix.

Am 20. April 1996 verkündete der Vorsitzende der KPD/RZ den ‚Kreuzberger Appell'. Er prangerte die sogenannte Bezirksreform an, welche von der „blutsaufenden Stahmer-Diepgen-Bande" (taz, 22. 4. 1996) geplant werde, um Kreuzbergs Identität endgültig zu zerschlagen. Angesichts dieser „Kontinuität des Terrors" wissen die Verantwortlichen jedoch eindeutig Stellung zu beziehen: „Nicht mit uns!" Außerdem wurde eine Kreuzberger Landwehr gegründet, in die sich viele als Mitglieder einschrieben. Wie es weitergeht mit der „Partei der extremen Mitte", wird sich zeigen. Eines allerdings wird niemand in Zweifel ziehen: „Die Pläne der KPD/RZ sind gut, weil sie richtig sind!" ⊙

Das Müllern

Medienpräsenz ist eine zweischneidige Angelegenheit. Werden soziale und politische Bewegungen nicht totgeschwiegen, dann werden sie oft entweder in entschärfter, glattgebügelter Weise dargestellt oder auf einfache Abziehbilder („Jugendgewalt", „Orientierungslosigkeit" usw.) reduziert. Besonders kritisch ist es, wenn Vertreterinnen solcher Bewegungen ihre Position in Fernsehdiskussionen darstellen sollen. Denn im Rahmen dieser Veranstaltungen werden sie meist auf bürgerliche Diskussionsformen (‚konstruktiver Dialog ...') festgelegt oder aber wie exotische Tiere einfach vorgeführt. Eine Möglichkeit, mit den Gegebenheiten einer öffentlichen Diskussion umzugehen und sie für die eigenen Zwecke zu nutzen, zeigt die Vorgehensweise von „Herr und Frau Müller", die ihren Auftritt in den Medien für eine Taktik der subversiven Affirmation nutzten:

Im Mai 1980 entstand aus den Auseinandersetzungen mit der städtischen Kulturpolitik um ein autonomes Jugendzentrum die Zürcher Jugendbewegung. In den folgenden Wochen eskalierte die Konfrontation zwischen Staatsgewalt, Politik und Bewegung. Im Juni/Juli breiteten sich die Proteste der Jugendlichen in vielen Städten der Schweiz aus. Auf die Versuche

Bögeholz, Hartwig: Wir haben Grund genug zum Weinen – auch ohne euer Tränengas. Hintergründe des Aufruhrs in Zürich. In: Kritik Nr. 26/1980, S. 142–154 u. Canetta, Maurizio: Zürich gegen Zürich. Herausgegeben von der eidgenössischen Kommission für Jugendfragen. Zürich/Locarno 1981.

Herr und Frau Müller anno 1980

Telefonmann°

Im süddeutschen Raum kamen 1995 Kassetten in Umlauf, die von Jugendlichen als Geheimtip weitergegeben wurden und auf zahllosen Parties für minutenlange Lachanfälle sorgten. Bespielt waren sie mit nichts anderem als dem Wortwechsel zwischen einem Anrufer und verschiedenen Telefonistinnen bei der Auskunft. Ein Sprachjongleur türkischer Herkunft, der vier Sprachen fließend beherrscht (Türkisch, Deutsch, Türkisch-Deutsch und Schwäbisch, dazu noch etwas Italienisch-Deutsch) führte darauf alle Möglichkeiten des Nicht- und Falschverstehens vor, die den Alltag von Deutschen und Nichtdeutschen prägen.

Erste Szene:

Er: „Bitte Telfonummer. Des isch in Hrrb."
Die Telefonistin: „Was?"
Er: „In Furrb."
Die Telefonistin (genervt):„Ich kann sie nicht verstehen."
Er (leicht verzweifelt): „Fhrrubb!"
Die Telefonistin (empört): „So macht man im Kindergarten, gell, aber nicht bei uns. Bitte gescheit buchstabieren. K wie Konrad oder C wie Cäsar?"

der staatlichen Gewaltorgane, die Demonstrationen in Scharmützel zu verwandeln, reagierte die Bewegung mit unkonventionellen Demonstrationsformen. Das Motto einer der ersten Demos „Nackt gegen Gewalt" war wörtlich gemeint, entsprechend fiel der Aufzug der Teilnehmer aus.

Am 2. Juli organisierte das deutschsprachige Schweizer Fernsehen DRS eine Diskussion zum Thema Widerstand gegen Staatsgewalt, bei der Jugendliche und lokale Prominente miteinander ‚dialogisieren' sollten. Die zehn jugendlichen Diskussionsgäste aus der Bewegung erschienen in fastnächtlichen Kostümen und beschränkten sich auf nonverbale Störaktionen: Pfeifen, Johlen, Klatschen; Luftballons und Seifenblasen schwebten über den Bildschirm. Die Prominenz hatte Mühe, zu Wort zu kommen, und die Sendung wurde vorzeitig abgebrochen.

Einige Tage später unternahm das DRS als Reaktion auf das „bürgerkriegsähnliche Vorgehen" der Zürcher Stadtpolizei (*Frankfurter Allgemeine Zeitung*) einen weiteren Versuch des ‚Dialogs mit der Jugend'. Wiederum stand ein Zusammentreffen zwischen Bewegung, Vertretern der Staatsgewalt und linksliberaler Prominenz an. Zu der illustren Runde gehörten ein Stadtrat und eine Stadträtin, der Polizeikommandant von Zürich, der Präsident der Züricher Sozialdemokratie sowie der Diskussionsleiter.

Squatting Reality – Hausbesetzerfilme sind schöner *Von Kees Stad*

1995 sollte in einer Amsterdamer Straße die Räumung eines besetzten Hauses gefilmt werden, und zwar für einen Film von Matthijs van Heijningen auf der Grundlage eines Romans von A. F. Th. van der Heyden. Im Buch geht es unter anderem auch um den Tod eines Hausbesetzers im Amsterdam der 80er Jahre. Die Erzählung hat große Ähnlichkeit mit einem tatsächlichen Todesfall: 1985 starb der Hausbesetzer Hans Kok in Polizeigewahrsam. 250 Bullen waren angeheuert worden, um sowohl sich selbst als auch die Hausbesetzer zu spielen. Gerüchten zufolge hatten die Filmleute am Tag zuvor vergeblich versucht, im

Er: „Entschuldigung, i kann nicht richtig gut deitsch spreke."
Die Telefonistin (ultimativ): „Ja, dann tut's mir leid, dann lernen sie's und kommen dann wieder." (legt auf)
Er (wütend): „Du Arschloch!"

Ein solches Gespräch beschreibt den Alltag von Menschen ohne bundesdeutschen Paß in Deutschland. Wenn Deutschsprachige sich mit einer solchen Situation konfrontiert sehen, fühlen sie sich auf der richtigen Seite und vergessen das Ganze schnell. Für nicht Deutschsprachige kann Deutsch wie auch die jeweiligen Dialekte ein unüberwindliches Hindernis darstellen. Was aber diesen Fall von anderen unterscheidet, ist, daß diese Anrufe bei der Auskunft nicht dazu dienen, Telefonnummern zu erfahren, sondern ein Spiel mit Sprachverwirrungen und amtlicher Kommunikation treiben. Nach einigen eher kurzen und wenig erfolgreichen Versuchen begann unser Sprachjongleur, die Gespräche mit den Telefonistinnen auf Längen über zehn Minuten auszudehnen und legte sich – manchmal sogar in ein und demselben Telefonat – mehrere Rollen zu. Er spielte gleichzeitig neben dem radebrechenden Türken auch den holprig sprechenden Italiener und den breit schwäbelnden Einheimischen.

bitte umblättern »>

Theus, Balz: Spiel mit dem Feuer. Ein Jahr Jugendbewegung in Zürich. In: Haller, Michael (Hg.): Aussteigen oder rebellieren. Jugendliche gegen Staat und Gesellschaft. Hamburg 1981, S. 49-70, S. 53.

Im Vorfeld der Fernsehdiskussion herrschte die Einschätzung vor, daß sowohl die Zusammensetzung der Diskussionsrunde als auch die Fragestellung der Sendung die Vertreter der Bewegung in eine Verteidigungsposition drängen würden. Angesichts des allgemeinen politischen Klimas würde es leicht fallen, die Bewegung anzugreifen. Angesichts dieser Situation entwickelte die Bewegung eine neue Taktik. Ihre beiden ‚Abgeordneten' gaben sich während der Sendung als das Ehepaar Müller aus. Dieses ‚Müllern' ging in die Geschichte ein. „Müllern heißt: den Gegner in dessen eigener Rolle bloßstellen, die Vorurteile und Wünsche aussprechen, die sich dieser nicht zu sagen traut. Müllern heißt: sich maskieren, um seinen Gegner zu entlarven. Oder auch: sich als Spießbürger ausgeben."

„Herr und Frau Müller" kehrten die Rollen um: Als engstirnige Kleinbürger (Frau Müller trat mit Lockenwicklern vor die Kamera) forderten sie harte Maßnahmen gegen die revoltierenden Jugendlichen. Sie traten offensiv auf und spielten die ‚Stimme des Volkes', die die Politiker gemeinhin hinter sich glauben. Das funktionierte nicht nur deshalb, weil die Angegriffenen als gemäßigte Politiker erscheinen wollten, sondern vor allem, weil sie unfähig waren, mit der nicht vorgesehenen Rollenverteilung umzugehen. „Herr & Frau

Squatting Reality ...

ehemaligen besetzten Haus „Vrankrijk" echte Punks aufzutreiben, weil ihnen die Polizisten nicht häßlich genug gewesen seien. Ein Security Team sollte die ‚echten' Hausbesetzer vom Drehort fernhalten. Als alles drehfertig war, stürmten 40 echte Hausbesetzer den Platz und besetzten das Gebäude. Trotz mehrmaliger Aufforderung weigerten sie sich, den Drehort zu verlassen und protestierten dagegen, daß der wahre Grund des Todes von Hans Kok im Film nicht gezeigt würde. Eine Frau gab ihrer Enttäuschung über mangelnde Authentizität des Films lautstark Ausdruck: „ ... und es sieht nicht mal aus wie das besetzte Haus von 1985!"

zweite szene:

Er (Salvatore): „Ik mökte Nummer von Caraza."

Die Telefonistin: „Können Sie das buchstabieren?"

Er: „Das ist mit eine Sä. Sie musse mage jetzt die Ha. Un dann die Www."

Die Telefonistin (hilflos): „Ich verstehe Sie nicht. Gibt es bei Ihnen niemand, der deutsch kann?"

Er: „Oügen, Oüüügen, kommsch du mal bei de Telefon nei?" (Pause; Eugen spricht aus dem Hintergrund) „Was wittsch?" (Pause, spricht dann in den Hörer:) „Kußmaul, Jetz, was isch?"

(Die Telefonistin bittet ihn, den Namen zu buchstabieren.)

Er (Eugen): „Erscht a Ze ond dann a A ond noh a R wie Ranza voll."

Sie (nicht mehr auf hochdeutsch, sondern nun ebenfalls in breitem schwäbisch): „Mir send net aufm Baurahof!"

Er (Eugen): „Werdet se net frech, i kennt Ihr Vadder sei. Do kennt mr durchs Telefo langa ond dir oene an Riesel nahaua. Da kennt i grad kotza, was i vor acht Dag gfressa han. I bin grad narred wia d'Sau!"

(Eugen Kußmaul buchstabiert zu Ende. Es stellt sich heraus, daß es unter dem gesuchten Nachnamen drei Nummern gibt. Eugen meint, die Nummern könnte nun auch wieder Salvatore aufsagen. Salvatore liefert sich mit der Telefonistin ein Wortgefecht aus für beide Seiten unverständlichen Silben, dabei bringt er die Telefonistin dazu, selbst zu

Müller" verschärften ihre Stellungnahmen von Diskussionsrunde zu Diskussionsrunde und forderten am Ende gar die Abschaffung der Jugend überhaupt. Die anderen Diskussionsteilnehmer versuchten zwar immer wieder, sie auf ihre ‚eigentliche' Rolle als Jugendbewegte festzulegen, aber Hans und Anna Müller entfalteten einen geschickten rhetorischen Stil und wechselten ihre Sprechpositionen häufig. So gelang es ihnen, dem ‚Dialog mit der Jugend' zu entwischen und die Strategie der ○ *subversiven Affirmation.* ○ und *Verfremdung* bis zum Ende durchzuhalten:

„Der Ablauf: Zuerst ein Hin und Her über den Hergang der Straßenschlachten. Stadtrat Frick betont das Fehlen eines Gesuchs um Bewilligung der Demonstration. Fünfschilling erwidert, jugendliche Gesuchsteller hätten mit Verhaftungen rechnen müssen. ‚Anna Müller' wirft ein, die Polizei habe sich zu sehr zurückgehalten. ‚Hans Müller' packt Gummigeschosse aus und fordert, die Polizei solle größere verwenden, um die Verletzungsgefahr zu erhöhen. Die ‚Müllers' hindern Polizeikommandant Bertschi , der ein gewaltinspiriertes Flugblatt vorlesen will, am Sprechen, indem sie immer wieder dazwischenrufen, man müsse endlich die Armee gegen die Jungen einsetzen und alle Aufrührer an die Wand stellen. Schließlich wird Frau Stadträtin Lieberherr giftig und verkündet mit vor Wut funkelnden Augen, sie lasse sich ihre Toleranz für die Jungen nicht vermiesen. Moderator

Squatting Reality ...

Den Drehtermin zu verschieben, hätte Tausende von Gulden gekostet. So hatten die Produzenten nur zwei Möglichkeiten: Entweder die Polizei zu bitten, die Demonstrantinnen aus dem Gebäude zu prügeln, dabei den Drehort zu ruinieren und dem Film schon im Vorfeld eine ziemlich miese Publicity zu verschaffen, oder zu verhandeln. Während die Verhandlungen begannen, liefen echte und gespielte Polizisten, Hausbesetzer-Schauspieler und echte Hausbesetzer, Kamerateams von Nachrichtensendungen und Kamerateams der Spielfilm-Truppe durcheinander, so daß niemand mehr wußte, was Wirklichkeit und was Fiktion war.

buchstabieren. Als nichts mehr geht, mischt sich Eugen Kußmaul wieder ein.)
Er (Eugen): „Salvatore, du bisch riegeldomm."
Die Telefonistin (lacht im Hintergrund und wiederholt, ohne zu merken, daß sie gehört werden kann): „Salvatore, du bisch riegeldomm. Hihihi!"
(Es stellt sich heraus, daß der angegebene Ort falsch war. Salvatore versucht nun, ihn zu buchstabieren)
Er (Salvatore): „L wie Lugabeitel. Unten wie Hund. Mu wie Mustafa. S wie Siege."
(Die Telefonistin bittet darum, wieder Eugen an den Apparat zu holen, dessen schwäbisch auch nicht zur Erhellung beiträgt. Zahlreiche weitere Verwicklungen stellen sich ein.)
Repeat and Fade.

Telefonstreiche sind etwas für Kinder und nicht als Instrument für politische Alltagsaktionen geeignet. Oder? Abgesehen von dem Ärger der armen Telefonistinnen, die in ihrem Job mit unzähligen seltsamen Angeboten und Belästigungen leben müssen, besteht die Bedeutung dieser Aktion und ihre Wirkung darin, daß die Gespräche nicht nur als Privatvergnügen inszeniert, sondern auf Kassetten vervielfältigt in Umlauf gebracht wurden. Der Witz der Sache liegt nicht nur in der Schadenfreude des Streichs. Über die Situationskomik vermittelt sich eine ganze Reihe von

Kriesemer kommt von Anfang an kaum zu mehr als einem schüchternen ‚Könnten Sie nicht ...' oder ‚Moment, Moment!' Sein Schlußwort versinkt im Trubel. Die Behördenvertreter zetern und brummen, ‚Hans Müller' ruft, einen dicken Stumpen paffend: ‚Da kann ich nur noch sagen: Moskau!' ..."

Zit. n. Jürgmeier, Howald Regula/Salzmann, Rolf/Scheucher, Peter: Die Angst der Mächtigen vor der Autonomie. Aufgezeigt am Beispiel Zürich. Horgen 1981, S. 62 f.

Die anderen Diskussionsteilnehmer merkten sehr wohl, daß sie hier nicht ernstgenommen wurden, versuchten aber dennoch, eine ernsthafte Diskussion weiterzuführen. Die durch die „Müllers" verfolgte Taktik setzte die Beteiligten unter Handlungszwang. Sie glaubten sich irgendwie verhalten zu müssen, fanden aber keine angemessene Gegenstrategie. Offenbar erlaubte die Form ‚Fernsehdiskussion' und der Abbruch der Diskussion zwei Wochen zuvor keinen weiteren Eklat. Die angefangene Diskussion mußte bis zu ihrem bitteren Ende geführt werden. „Die Gegenseite, Behörden und Polizeivertreter, reagierte ratlos, weil sie ihre eigene Position durch die ‚Müllers' ins Extremistische gesteigert sah."

Eine Stadt in Bewegung. Materialien zu den Zürcher Unruhen. Hrsg. von der Sozialdemokratischen Partei der Stadt Zürich. Zürich 1980, S. 65.

Das Müllern war die Konsequenz einer von vorneherein schlechten Ausgangsposition. Die Übermacht der Gegner zwang die Bewegung, die Spielregeln zu verändern. In einem Leserbrief an den *Tagesanzeiger* analysierte ein

Squatting Reality ...

In einer Situation, in der es für die Filmfritzen keine angemessene Reaktionsmöglichkeit gab, hatten die Besetzer die Chance, die Realität ihres eigenen Protests gegen deren mediale Vermarktung zu stellen. Unbeabsichtigt hatten sie nicht nur die Filmrealität, sondern auch die Realität des Filmproduzierens, des Agierens und des Nachrichtenmachens unbeabsichtigt durcheinandergebracht. Doch statt das Spiel der fröhlichen Begegnungen zwischen fiktionalen und realen Bullen, Hausbesetzern und Medien auf die Spitze zu treiben, forderten sie, „mehr Realität" in den Film zu bringen. Nachdem der Regisseur die Einblendung eines

Erkenntnissen, in welcher Weise Sprache die Ausgrenzung von Minderheiten im Alltag fortschreibt, aber auch darüber, welche Vorurteile gegenüber Nichtdeutschen bestehen. Selbstverständlich sprechen viele Immigrantinnen der ersten Generation nur wenig deutsch; durch die Sprache, die Deutsche ihnen gegenüber häufig wählen, nämlich in ebenso bruchstückhaftem „Ausländerdeutsch", grenzen sie sie ein weiteres Mal aus. Nicht wenige Deutschsprachige gehen von vorneherein davon aus, daß, wer nichtdeutscher Herkunft ist, sowieso weder willens noch fähig sei, sich in ganzen deutschen Sätzen zu äußern. Was diese Einstellung in den Telefonaten sichtbar macht und in Frage stellt, ist, daß der Anrufer den schwäbischen Dialekt in gleicher Weise einsetzt, wie das Türken- oder Italienerdeutsch. Das Schwäbische erscheint in diesem Kontext genauso skurril und unverständlich, und dadurch werden die Hierarchisierungen der verschiedenen Sprachen aufgebrochen. Die Gedanken, zu denen dieser Telefon-Prank anregen, gehen aber noch weiter: Es ist auf einmal nicht mehr selbstverständlich, daß daß Türkisch-Deutsch eine defizitäre, wertlose Ausdrucksweise ist, sondern es ist in der Zwischenzeit zu einer eigenen Sprache geworden. Diese Spache wird, neben anderen, souverän beherrscht und in den entsprechenden Alltagssituationen selbstbewußt eingesetzt, vergleichbar mit dem Englisch der Afro-Americans in den USA, das sich nicht nur als Alltags- sondern auch als Musiksprache etabliert hat. ⊙

gewisser F. O. die Fallstricke dieser Situation: „Die Regierung verlangt von den Jugendlichen, daß sie sich strukturieren, das heißt sich in die schon vorgegebene Struktur des Staates einordnen sollen. Wäre es aber so, so würden die Jugendlichen unweigerlich den kürzeren ziehen. Darum wollen sie ihre eigene Struktur. Das zeigte mir die „CH"-Sendung ganz deutlich. Statt sich an die Regeln der Diskussion zu halten, mit denen sie sich kaum hätten durchsetzen können, wählten sie ihre eigenen und verwirrten wohl damit nicht nur die Zuschauer, sondern ebenso die übrigen Diskussionsteilnehmer. Diese konnten es fast nicht ertragen, daß nun nicht sie, die ja das Gesetz hinter sich haben, die Szene beherrschten, sondern eben die Vertreter der Jugendbewegung."

Sieber, Markus/ Loggia, Patrizia/ Krampke, Thomas: Züri brännt. Das Buch zum Film. Broschüre des Videoladen Zürich. Zürich 1981, Gruppe Olten (Hg.): Die Zürcher Unruhe. Texte. Orte. Verlage.o.J., S. 92 u. SpassGuerilla. Münster 1994 (Berlin 1984), S. 84.

Die Schweizer Medien schäumten: „Was mit dieser Sendung jedermann, der das Ereignis dieses monströsen Mißbrauchs mit ansah, nochmals und hoffentlich zum letztenmal vor Augen geführt wurde, ist dies: daß der Geist der neuen Revoluzzer ein Geist der Verhöhnung und der zerstörerischen Provokation ist." Soweit die *Neue Zürcher Zeitung*. Die *FAZ* brachte die Intentionen der „Müllers" auf den Punkt: „Daß der Sozialdemokrat Fünfschilling wegen des vielfach als zu hart empfundenen Polizeinsatzes Klage gegen die Stadtverwaltung erwägt, nutzt ihm gegenüber

Squatting Reality ...

Textes über den Tod von Hans Kok im Abspann versprochen hatte, zogen sie befriedigt ab. Was aber wäre gewesen, wenn die Besetzerinnen die Spannung ausgehalten hätten, die sich aus der Konfrontation von gleich mehreren Realitäten in diesem Moment ergab? Wie, wenn die ‚echten' Bullen die ‚echten' Besetzer tatsächlich hätten hinausprügeln müssen, damit die Filmbullen und die Filmbesetzer ihre Produktion von Filmrealität hätten fortsetzen können – das Ganze vor den laufenden Kameras der Nachrichtenjournalisten? Jean Baudrillard wäre angesichts dieser Vision von Realität als Hypertext vor Neid erblaßt. Aber auch so kam am

den Müllers und denen, die sie ins Fernsehen geschickt haben, gar nichts. Gerade er und Emilie Lieberherr müssen als Demonstrationsobjekte dafür herhalten, daß nicht eine bestimmte Politik abgelehnt wird, sondern die Politik als Geschäft der Politiker überhaupt". Tatsächlich erklärt ‚die Bewegung' später: „Wir entwerten die Symbole des gängigen Rechtsempfindens, indem wir die Rituale umkehren und lächerlich machen" (*Tagesanzeiger*).

Nach der Sendung setzte eine Hetzkampagne gegen „Herrn und Frau Müller" ein. Der an der Sendung beteiligte Stadtrat Frick und der Polizeikommandant Bertschi rächten sich, indem sie die Klarnamen von „Herrn und Frau Müller" in den Medien bekanntgaben. Die Faschisten von der ‚Nationalen Aktion' forderten nun die „Ausschaffung" der im Irak geborenen „Verbalterroristin" und die Aberkennung der Staatsbürgerschaft von „Anna Müller". Ihre unfreiwillige Berühmtheit brachte „Frau Müller" Fanpost bis hin zu Morddrohungen ein. In der Folge erstattete sie Strafanzeige gegen den Stadtrat und den Polizeikommandanten als Urheber der Hetzkampagne.

„Herr Müller" wurde im März 1982 wegen eines anderen Deliktes zu vierzehn Monaten Gefängnis verurteilt. Offenbar sollte er zum Buhmann der Bewegung aufgebaut werden. Bei der Urteilsverkündung war er nicht zugegen. Stattdessen gab ein „Komitee Schauprozesse" bekannt, daß „Herr Müller" von Stammesgenossen entführt worden sei. Auf der Pressekonferenz wurde außerdem ein Video vorgeführt, in dem „Herr Müller" durch die Zürcher Straßen wandert und unter anderem versucht, „einem Kind das Strafgesetzbuch als Leckerbissen schmackhaft zu machen" (SpassGuerilla, S. 67).

In dem Film „Züri brännt" des Zürcher Videoladens über den „heißen Sommer 1980" wird die Literatur als „neue Sprache der Revolte" bezeichnet. Auch ‚das Müllern' ist Teil dieser neuen Sprache: „Der Begriff ‚Autonomie' wird behutsam und teilweise aus seiner Abstraktion geschält, wird erlebbar, sowohl fürs Auge, als auch für tieferliegende Sinne. ... Die neue Sprache entsteht, neue Wörter, farbenprächtige Sinnbilder beginnen durch die ausgetrockneten Kanäle der schweizerischen Massenmedien zu rieseln. Verschlüsselte Nachrichten, ganz leise erst, doch dann, ... ätzt sich unauslöschlich und mit riesigen Lettern das Wort ‚Verweigerung' in den blütenweißen Medienhimmel".

Squatting Reality .

Abend desselben Tages die Aktion in den 20-Uhr-Nachrichten, ganz wie in der guten alten Zeit, nur daß der Anlaß für die knalligen Räumungsbilder keine Hausbesetzung, sondern ein Spielfilm war. Die Realität ist auch nicht mehr das, was sie mal war.

Wann ist Kommunikation Guerilla?

Wann ist Kommunikation Guerilla?

Das ‚Konzept Kommunikationsguerilla' bezeichnet nicht nur eine Aufreihung mehr oder weniger ‚politischer' Gruppen oder ein Sammelsurium verschiedener Aktionsformen, sondern auch und vor allem eine bestimmte *Haltung* gegenüber politischer Kommunikation und politischer Praxis im allgemeinen. Die folgenden Überlegungen versuchen eine Haltung zu umreißen, die sich einerseits der Logik traditioneller Politik mit ihren Konzepten von Aufklärung, Überzeugung und Wahrheit entzieht, aber andererseits auf eine aktive Kritik des Bestehenden nicht verzichtet. Zugleich geht es um die Reflexion des gesellschaftlichen Kontexts von Kommunikationsguerilla. Welche Chancen gibt es, kritsche Interpretationen der sozialen Wirklichkeit zu ‚entfesseln' oder zumindest nahezulegen? Wo die Möglichkeiten und Grenzen von Kommunikation liegen, muß immer wieder von neuem überlegt werden. Zu ‚Guerilla' wird sie dann, wenn sie einer radikalen Kritik der Gesellschaft den Weg weist, wenn es ihr gelingt, sich den vielfältigen Vereinnahmungsstragtegien immer wieder zu entziehen und an dem Ziel festzuhalten, die ‚Ordnung der Dinge', den Horizont der bestehenden Wirklichkeit immer wieder zu überschreiten.

Warum hört mir keineR zu? (oder Wie funktioniert Kommunikations-guerilla?)

„Kommunikation ist unmöglich" (radikale Konstruktivistinnen)
„Man kann nicht nicht kommunizieren" (Paul Watzlawick)

Wer kennt nicht folgende Situation: Da bringst du ein Flugblatt heraus, auf dem du zu einer Demo gegen eine der üblichen Sauereien aufrufst. Du hast die ganze Sache auf Konsens diskutiert, die politische Analyse ist von bestechender Logik, die Konsequenzen sind kristallklar und die Forderungen prägnant formuliert – und keiner hört dir zu: Auf der Demo erscheint nur das übliche linke Szenepublikum. Das nächste Mal machst du es besser: Du verteilst nicht bloß ein Flugblatt an den üblichen Plätzen, sondern gibst gleich eine ganze Stadtteilzeitung heraus, die alle Bürgerinnen erreicht, machst eine Sendung im Stadtradio und setzt das Ganze auch noch auf irgendeiner Homepage ins Internet – aber wieder reagiert kein Schwein.

Du hast deine Botschaft so eindeutig wie möglich formuliert, zur Verbreitung alle verfügbaren Kanäle genutzt, und daß die Empfängerinnen deine Botschaft einfach nicht kapieren, nimmst du auch nicht an. Woran liegt's dann, daß dir keiner zuhört? Vielleicht ja weder an der Botschaft noch an der Tatsache, daß linke Gruppen im allgemeinen keinen Zugang zu den 8-Uhr-Nachrichten haben. Vielleicht liegt ein Problem schon in

Eulenspiegel und der Raubritter Kunz

Der Raubritter Kunz betritt die Wirtsstube und verlangt ein Essen, das er noch nie zwischen den Zähnen hatte, Todesstrafe bei Zuwiderhandlung. Eulenspiegel serviert ihm einen gebackenen Kuhfladen. Der wilde Kunz läßt es sich munden. Anschließend sagt Eulenspiegel ihm, was er gegessen habe – eine offene Kampfansage. Kunz, im sicheren Bewußtsein seiner Machtfülle, bestellt den Herausforderer auf seine Burg – eine Geste, deren Bedeutung allen Beteiligten klar ist: Eulenspiegels Tod ist abzusehen. Als er sich der Burg nähert, hetzt der Raubritter seine Hunde auf ihn. Doch Eulenspiegel läßt ein Kaninchen aus dem Rucksack

der Vorstellung, daß mir die Leute schon zuhören müßten, wenn ich nur die richtigen Dinge sage, und in dem dahinterstehenden Kommunikationsverständnis. Wenn wir im folgenden einen Blick auf verschiedene Kommunikationsmodelle werfen, dann werden wir daraus zwar keine Strategie ableiten können, die Frusterlebnisse der oben genannten Art zuverlässig vermeidet. Aber vielleicht verhilft die Beschäftigung mit solcher Theorie nicht nur zu einer klareren Vorstellung darüber, warum ‚mir keiner zuhört', sondern auch zu einer Bereicherung der politischen Praxen.

Traditionelle linke Politik verläßt sich häufig vor allem auf die Kraft linker Inhalte. Das Vertrauen darauf, daß die bloße Vermittlung solcher Inhalte eine wirksame Form politischen Handelns darstellt, ist schwer zu erschüttern. Linke Inhalte sollten und sollen das Netz manipulierender Botschaften zerreißen, mit dem die Medien das Bewußtsein der Massen beeinflussen. Die von der Frankfurter Schule entfaltete Kritik an der Kultur- als Bewußtseinsindustrie entwickelte sich in den 60er Jahren zum Gemeinplatz von den Möglichkeiten allumfassender medialer Manipulation. Umgekehrt entstand auch die Vorstellung, daß diese Möglichkeiten gegebenenfalls auch im Sinne von Aufklärung umkehrbar seien. Wie H. M. Enzensberger es 1970 einmal zugespitzt formuliert hat: „ ... *Die Frage ist nicht, ob die Medien manipuliert werden oder nicht, sondern wer sie manipuliert.*"

Adorno, Theodor W./Horkheimer, Max: Kulturindustrie: Aufklärung als Massenbetrug (1944).

Enzensberger, Hans-Magnus: Baukasten zu einer Theorie der Medien. In: Kursbuch Nr. 20/1970, S. 159-186.

In der Konsequenz hieß das, in Anlehnung an die „Enteignet Springer"-Kampagne eine eigene ‚linke' Bild-Zeitung schaffen zu wollen. Das Hauptproblem einer solchen Vorstellung ist das verkürzte Modell von Kommunikation, das sich hinter der Annahme verbirgt, wer die Sender besitze, der könne das Denken der Menschen kontrollieren. Die Implosion des Bürokratischen Sozialismus hat diese Vorstellung ins Reich der Fabel verwiesen: Obwohl die Bürokraten die Medien nahezu vollständig kontrollierten, konnten sie nicht verhindern, daß die Menschen abweichende Lesarten der vermittelten Informationen bzw. eigene Gedanken entwickelten.

Kommunikationsmodelle sind stets reduzierte und häufig sehr technizistische Bilder für einen komplexen Prozeß. Dennoch können sie dazu dienen, die Voraussetzungen verschiedener Vorstellungen in bezug auf Kommunikation und Massenkommunikation klarer zu benennen. Die obengenannte Manipulationsthese entspricht einem sehr einfachen Kommunikationsmodell, das nur den – im Falle der Massenkommunikation zentral und industriell organisierten – ‚Sender', den ‚Kanal', auf dem die Information transportiert wird, und deren ‚Empfänger' betrachtet, also eine lineare Kommunikationskette (Sender/Quelle >– Kanal –< Empfänger) annimmt. Dieses Modell unterstellt, daß die von einem Sender ausgesandten Informationen nicht nur tatsächlich via Kanal beim Empfänger ankommen,

Eulenspiegel ...

und lenkt die Meute dadurch ab. Zum zweiten Mal hat er seinen Hals gerettet, doch schon wird das nächste Duell eröffnet. Beim Essen erklärt Kunz: „Wer seine Suppe nicht löffelt, hängt." Er hat seinem Widerpart wohlweislich keinen Löffel gegeben. Eulenspiegel löffelt mit einem ausgehöhlten Brotkanten und gibt zurück: „Wer seinen Löffel nicht frißt ... " (Kehle-Durch-Geste). Der geistig nicht sehr bewegliche Ritter läßt sich in seiner eigenen Logik fangen: Eine Herausforderung muß angenommen werden. Kunz frißt zwar seinen Holzlöffel, aber das Duell geht weiter. Sie wechseln die Waffen. Nun ist Wettsaufen angesagt.

sondern auch im vom Sender beabsichtigten Sinne interpretiert werden. Eine Veränderung von Bewußtsein würde sich demzufolge direkt durch die Veränderung der TV-Sendungen, die Beförderung des Wahrheitsgehalts der Werbung oder des Genauigkeitsgrades von Zeitungsmeldungen ergeben.

Aber selbst wer Form und Inhalt einer Botschaft vollständig kontrolliert, kann deshalb das Bewußtsein ihres Empfängers nicht zwangsläufig in einer bestimmten Richtung beeinflussen. Schließlich besitzt der Empfänger jene(n Rest von) Freiheit, eine Botschaft anders zu lesen, als vom Sender vorgesehen. Und das ist gut so.

Umberto Eco bezeichnet diesen Sachverhalt als das Prinzip der Interpretationsvariabilität: Die Welt der (Massen-)Kommunikation ist voller abweichender und gegensätzlicher Interpretationen. Nehmen wir die Berichterstattung über militante Auseinandersetzungen während einer Demonstration: Bilder von Polizisten, die Demonstrantinnen und Unbeteiligte zusammenschlagen, flimmern über den Bildschirm. Auch wenn solche Bilder in einem (polizei)kritisch-aufklärerischen Sinne kommentiert werden, müssen sie beim Fernsehzuschauer nicht unbedingt die Assoziation „Scheiß Bullen" hervorrufen. Eine abweichende Lesart („Geschieht dem arbeitsscheuen Pack ganz recht") ist ebenso möglich. Welche Lesart, Zustimmung oder Ablehnung, gewählt wird, hängt von verschiedenen Faktoren beim Empfänger ab. Der Sender kann allenfalls versuchen, eine bestimmte bevorzugte Lesart der übermittelten Informationen nahezulegen, hat aber letztlich (zum Glück) keine Möglichkeit, diese sicher durchzusetzen. Und dieses Problem stellt sich für alle Sender gleichermaßen: Wenn die Linke via (Massen-) Medien emanzipatorische Inhalte verbreiten möchte, handelt sie sich die gleichen Schwierigkeiten ein wie jeder andere Sender im System der Massenkommunikation auch.

Eco, Umberto: Für eine semiologische Guerilla. In: Ders.: Über Gott und die Welt. München 1985a S. 146-156.

Die übermittelte Botschaft ist stets durch die Art und Weise (mit)bestimmt, in der Informationen interpretiert werden. Diese Mehrdeutigkeit wirkt sich in der direkten, reziproken Kommunikation deshalb weniger stark aus, weil Rückfragen möglich sind: Der Empfänger der Informationen kann sich vergewissern, ob er sie tatsächlich im Sinne des Senders versteht. Allerdings ist auch das kein Allheilmittel gegen Mißverständnisse, wie jede aus ihrer Alltagserfahrung weiß.

In der Massenkommunikation ist Mehrdeutigkeit allgegenwärtig: Eco geht so weit, das Phänomen der Interpretationsvariabilität als ihr Grundgesetz zu bezeichnen. Die Informationen werden zwar von einer zentralen Quelle ausgesandt, zugleich aber von Menschen rezipiert, die sich in sehr unterschiedlichen Situationen befinden und die übermittelten Informationen sehr verschieden interpretieren. Die Art und Weise, in der

Eulenspiegel .

Die Trinkgefäße werden immer größer – schließlich ist Eulenspiegel beim Faß angelangt. Größer geht's nicht. Kunz erkennt, daß er in Eulenspiegel einen würdigen Gegner gefunden hat, und ernennt ihn zu seinem Minister. Denn was Kunz nicht besiegen kann, muß er sich einverleiben.

übermittelten Informationen Bedeutungen zugeordnet werden, bezeichnen wir als (semiologischen) Code. Erst das Zusammenspiel zwischen dem Adressaten einer Botschaft, der Situation, in der kommuniziert wird und dem entsprechenden Code bestimmt, wie die Botschaft gelesen wird. Interpretationsvariabilität ergibt sich aus der Tatsache, daß stets verschiedene Codes zur Interpretation einer bestimmten Botschaft verwendet werden können. Eco veranschaulicht diesen komplexen Prozeß durch das Beispiel eines Mailänder Bankangestellten, der eine Kühlschrankwerbung wahrscheinlich als Kaufanreiz sieht. Einem arbeitslosen Landarbeiter in Kalabrien kann sie dagegen vor Augen führen, in welchem Maße er aus der Wohlstandswelt ausgeschlossen ist, und ihm so eine Kritik an seiner sozialen Situation nahelegen. Deshalb könne Fernsehwerbung in bestimmten gesellschaftlichen Konstellationen als revolutionäre Botschaft wirken. Entscheidend für die Wahl des Codes ist der Rahmen, in dem die Interpretation stattfindet. Ein und dieselbe Information kann in zwei verschiedenen Kontexten (Mailänder Bankangestellter oder arbeitsloser kalabresischer Landarbeiter), gemäß verschiedenen Codes interpretiert, ganz verschiedene Bedeutungen bekommen.

Gehen wir von einem solchen Kommunikationsmodell aus, dann sind massenmedial kommunizierte Botschaften grundsätzlich offen und interpretationsfähig. Das industriell vorgefertigte und vom Sender via Medium verbreitete Programm erhält erst durch das ‚Lesen' und die dabei getroffene Auswahl aus vielen möglichen Interpretationen seine volle Bedeutung. Erst die Nutzerin macht es zu einem sozial relevanten Sachverhalt. Nicht nur massenmediale Botschaften sind in diesem Sinne vieldeutig (polysemisch), sondern ähnliches gilt in abgeschwächter Weise auch für die direkte, reziproke Kommunikation.

Fiske, John: Television Culture. London/New York 1987.

Krotz, Friedrich: Kommunikation als Teilhabe. Der ‚Cultural Studies Approach'. In: Rundfunk und Fernsehen 40 (1992) 3, S. 412-431, S. 424.)

Die Interpretationen der Medienkonsumentinnen hängen von vielen Faktoren ab. Unterschiedliche persönliche Geschichten und Erfahrungen, soziale Beziehungsgefüge und sozio-ökonomische Lagen finden in die Sicht- und Deutungsweisen Eingang. Die Medienkonsumentin ist in einer solchen Betrachtungsweise nicht einfach ein ‚freies Individuum'. Wenn wir im folgenden stattdessen von ‚Subjekten' reden, dann sind bei diesem Begriff kulturelle und gesellschaftliche Einflüsse mitgemeint. „Im Subjektbegriff ist mithin nicht nur wie beim Begriff des Individuums seine Differenz zu anderem und anderen mitgedacht, sondern auch seine soziale und kulturelle Formung, seine durch unterschiedliche gesellschaftliche Agenturen erzeugte Gebrochenheit und Widersprüchlichkeit und die diskursive, perspektivenabhängige Struktur seines Handelns und Erlebens." Ein so verstandenes Subjekt ist ‚fragmentiert', denn die

von dem dahinterstehenden Menschen in verschiedenen sozialen Zusammenhängen gemachten Erfahrungen sind untereinander widersprüchlich. Widersprüchlich ist auch die Art und Weise, in der die Menschen mit diesen Erfahrungen umgehen, sie interpretieren und in Bedeutungssysteme einordnen. Deshalb kann ein und dieselbe Person denselben Sachverhalt unterschiedlich interpretieren: Die Interpretation ist auch durch die augenblickliche Kommunikationssituation (Ort, Zeitpunkt, sozialer Rahmen) mitbestimmt. Veränderungen von Kommunikationsituationen können daher die Interpretationen eines Sachverhalts verändern und unter Umständen in ihr Gegenteil verkehren.

Aus dem Spannungsverhältnis von übermittelter Information, früheren Erfahrungen und den in einer gegebenen Situation verwendeten Interpretationsweisen (Codes) entsteht bei der Rezeption medial vermittelter Informationen der subjektiv konstruierte ‚Text'. Die Rezeption beinhaltet einen Prozeß der Bedeutungskonstruktion, der in einer gegebenen Situation zwischen medialer Information und sozial positionierter Rezipientin jeweils neu ausgehandelt wird. Dabei sind die Interpretationen der Rezipienten nicht völlig frei. Vielmehr werden in der Regel bestimmte Interpretationen bevorzugt, die gesellschaftlich mehr oder weniger naheliegen und als ‚normal' empfunden werden. Zugleich reproduziert sich dadurch diese ‚Normalität' in einer Endlosschleife, die nur schwer zu durchbrechen ist.

Andererseits sind den Subjekten stets auch abweichende, ‚dissidente' Lesarten einer gegebenen Information möglich. Auf der Grundlage des Funktionsprinzips von Verstehen im Rahmen der Massenkommunikation und der Interpretationsvariabilität beschäftigt sich Eco auch mit Fehlinterpretationen oder ‚misunderstandings', die in der Mediensoziologie gemeinhin als Kompetenzdefizit abgehandelt, von ihm aber als Resultat bewußt eingesetzter sozialer Taktik verstanden werden. Dabei wird der Code des Senders mit einer „abweichenden Decodierung" konfrontiert. Es zeichne sich „die Möglichkeit einer Taktik der Decodierung ab, wobei die Botschaft als signifikante Form unverändert bleibt". Das heißt, eine Botschaft sehr verschiedenen Interpretationen auszusetzen, sie zu kommentieren und zu diskutieren und schließlich „die Bedeutung dieser Botschaft umdrehen" (Eco 1985a, S. 154.) ist die Grundlage aller Entwendungen und Umdeutungen. Die eigentlich spannende Frage ist daher aus unserer Sicht, wie in einem Komunikationsprozeß Bedingungen zustandekommen können, in denen von der Normalität abweichende Bedeutungskonstruktionen relevant werden.

Eco, Umberto: Einführung in die Semiotik. München 1972, S. 441.

1848 decodierte beispielsweise der bäuerliche Protest klassisch bürgerliche Forderungen in seinem eigenen Sinne. Die Nachricht von der Aufhebung des „Preßgesetzes" und von der Freiheit der Presse entzifferten sie als nichts anderes, als das Ende „von allem

Krieg der Welten

New York, 30. Oktober 1938: Orson Welles inszeniert im Radiosender CBS zusammen mit seiner Radio Theater Group ein Hörspiel des Science-Fiction-Klassikers „Krieg der Welten". Marsmenschen landen auf der Erde, töten Hunderte mit Hitzestrahlen und erobern Amerika. Anstelle der herkömmlichen Erzählform wählt Welles die Live-Reportage und schneidet aktuelle Meldungen zwischen Tanzmusik und Wetterbericht. Die Folgen waren kollosal: Eine Massenhysterie brach aus, Tausende verließen die Städte, und noch Tage später wurden verängstigte Menschen in Wäldern und U-Bahn-Stationen aufgegriffen.

Sprache ist ein Virus aus dem All

Die Grundlage von William S. Burroughs' Theorie der Cut-ups ist es, die Sprache als Virus zu begreifen. Da diese Theorie bis heute nicht widerlegt wurde, kann sie genausogut wahr sein wie jede andere Erklärung auch. Im allgemeinen werden Cut-ups nur im Zusammenhang mit seinem literarischen Werk beachtet, doch Burroughs' Anliegen ging weit darüber hinaus. Er setzte sie nicht nur in seinen Romanen ein, sondern experimentierte auch damit, wie mit einer bestimmten Schnittechnik Manipulationen der Umwelt erreicht werden können, wie sich die verschiedenen „Sprachviren", die latent vorhanden seien, durch Tonbandaufnahmen aktivieren lassen.

Burroughs, William S.: Die elektronische Revolution. Bonn 1994. Vgl. a. Re/Search #4/5. William S. Burroughs, Brion Gysin and Throbbing Gristle. San Francisco 1982.

Burroughs beschreibt genaue Versuchsanordnungen mit drei Tonbandgeräten, die Tests zur Tauglichkeit der Techniken ermöglichen. T-1, das erste Gerät, „ist der potentielle Wirtsorganismus für einen Grippevirus. T-2 ist der Mechanismus, mit dessen Hilfe der Virus in den Wirtsorganismus eindringt, (...) T-3 ist die Wirkung, die der Virus im Wirtsorganismus hervorruft." Als Zielgruppe für den Einsatzbereich der Aufnahmen nennt er Personen wie z. B. einen politischen Gegner, für den folgendes Arrangement das politische Aus bedeuten würde: Tonband 1 zeichnet seine Reden und Privatgespräche auf (allerdings müssen sie live sein und nicht aus Fernsehen oder Radio), wobei noch Stottern, Versprecher und mißglückte Formulierungen zusätzlich hineingeschnitten werden. Auf Tonband 2

Zit. n. Wirtz, Rainer: Widersetzlichkeiten, Excesse, Crawalle, Tumulte und Skandale.' Soziale Bewegung und gewalthafter sozialer Protest in Baden 1815-1848. Frankfurt/M./Berlin/Wien 1981, S. 182 ff.

Druck und Gepresse der herrschaftlichen Abgaben". Dabei übersetzten sie zentrale Schlüsselwerte des bürgerlich-liberalen politischen Systems ins Materielle und lösten sie aus ihrem ideologischen Zusammenhang. Derart verdinglicht wurden sie unmittelbar handlungsrelevant. Hoffnungen auf eine Freiheit von Pressionen wurden ergänzt durch Vorstellungen von Freiheit zu Pressionen, die schließlich in den Agrarunruhen mündete: „Es ist die Freiheit, um alle die zu drücken und zu pressen, die dies bisher mit uns getan haben."

Eco zieht aus seinen Betrachtungen zur Interpretationsvariabilität die Konsequenz, daß es nicht unbedingt sinnvoll ist, einen möglichst umfassenden Zugriff auf die ‚Sender' der Massenkommunikation anzustreben. Eine Strategie die, zugespitzt formuliert, in erster Linie darauf hinausläuft, die Sessel der Fernsehchefs zu besetzen (bzw., realistischer, sich eigene Massenkommunikationsmedien zu schaffen), lehnt er ab. Denn dahinter steht die Vorstellung, es genüge, zwei Momente der Kommunikationskette unter Kontrolle zu bekommen: Quelle und Kanal. Allerdings läßt sich, sollte die oben skizzierte Vorstellung von Kommunikation zutreffen, damit nicht die Botschaft, sondern allenfalls ihre leere Form kontrollieren, die erst der Empfänger mit Bedeutung füllt.

Satanists 4 Life

Ungebetene Unterstützung erhielten nordamerikanische Abtreibungsgegner, als sie im April 1996 in Chicago die ‚Pro Life Action Network Conference' abhielten. Vor dem Veranstaltungsort führten schwarzgekleidete, bei aller Düsternis gut gestylte Satanistinnen ein teuflisches Ritual auf. Sie bliesen die Trompete des jüngsten Gerichts und grüßten den Wortführer der ‚Pro Choice'-Bewegung mit: „Hail Satan, Hail Scheidler!". Sie skandierten: „Don't Abort the Anti-Christ!", „Save a Soul For Satan!", „Hey, Hey, Ho, Ho, Women's Rights Have Got To Go!"

werden seine Sexgeräusche aufgenommen, nach Möglichkeit zusammen mit einem für ihn unzulässigen Sexpartner wie z.B. seiner minderjährigen Tochter, und Tonband 3 ist mit haßerfüllten Stimmen bespielt. Diese Bänder werden zerschnippelt, mit 24 Schnitten pro Sekunde in willkürlicher Reihenfolge wieder zusammengesetzt und in Hörweite des Politikers abgespielt. Das Ergebnis bewirke – laut Burroughs – seinen völligen Zusammenbruch.
Burroughs behauptet obendrein, diese Methode sei dem CIA wohl bekannt, nur so lasse sich erklären, warum im Zusammenhang mit dem Watergate-Skandal so viele private Aufnahmen von observierten Personen gefunden wurden. Er selbst erprobte die zersetzende Wirkung von Cut-ups vor einer Espresso-Bar, in der ihm verschimmelter Käsekuchen vorgesetzt worden war, und fand die Ergebnisse sehr überzeugend. Er beschreibt auch, wie Straßendemonstrationen zur Eskalation gebracht werden können, wenn nur einige Leute ein entsprechendes Tonband mitbringen, wie man Unfälle provozieren und alle möglichen Geschehnisse hervorrufen könne. Das in diesem Zusammenhang vielleicht wichtigste Manipulationinstrument für Burroughs ist der SEX. Er imaginiert haltlose Exzesse, die durch die zusammengeschnittenen Tonbänder von vielen verschiedenen Sexgeräuschen zu provozieren seien: „Parks voll nackter irrsinniger Menschen, die scheißen, pissen, ejakulieren und schreien. So könnte ein bösartiger Virus wirken, der alle Selbstkontrolle ausschaltet, und das Ende wären Erschöpfung, Krämpfe und Tod". Mögliche Einsatzbereiche für Cut-ups aller Art seien unter anderem die Verbreitung von Gerüchten, die Diskreditierung von

Angesichts des Problems der Interpretationsvariabilität gelte es, so Eco, für einen emanzipativen Mediengebrauch nicht beim Sender, sondern bei den Empfängerinnen massenmedialer Botschaften anzusetzen. Zentral sei hierbei, im Moment der Ankunft der Botschaft bei möglichst vielen Rezipientinnen eine Konfrontation ihrer Empfängercodes mit denen des Senders zu provozieren und abweichende Lesarten in den Vordergrund zu rücken. In diesem Sinne wäre eine politische Gruppe dann fähig, den Inhalt einer Botschaft zu verändern, wenn es hier gelänge, mit ihren Mitteln vor Ort zu intervenieren: *„Es kommt darauf an, überall in der Welt den ersten Platz vor jedem Fernsehapparat zu besetzen ..."* (Eco). Allerdings verrät Eco nicht, wie das zu bewerkstelligen wäre, und so bleibt das von ihm formulierte Konzept einer ‚semiologischen Guerilla' ziemlich unbestimmt (Dauerfernsehen als das neue Subversionsprinzip? Naja. Und dann auch noch überall gleichzeitig!).

Aber auch grundsätzlich ist das Konzept von Eco (oder zumindest die Art und Weise, wie er es formuliert) problematisch. Wenn er fordert, anstelle der gesendeten Informationen *„die Botschaft und ihre vielfachen Interpretationsmöglichkeiten zu kontrollieren "*, dann stellt sich die Frage, ob daran irgendetwas wünschenswert ist. Eco kann sich nicht so recht entscheiden, ob nun jene Erzieherlogik im Vordergrund steht, die den Schäfchen durch Intervention von Dritten die ‚richtige', ‚kritische' Interpetationsweise

Satanists 4 Life ...

In einem Flugblatt gaben die ‚Satanists 4 Life' ihrer Solidarität mit der „Operation Rescue" – einer Rettungsaktion der Abtreibungsgegnerinnen für ungeborene Kinder – Ausdruck. Sie stellten fest: „Weniger Abtreibungen bedeuten mehr Seelen für Satan und daher mehr Vergewaltigungen, mehr Mord, mehr Krieg und Sünde – alles im Namen der traditionellen Werte der Familie. Die Satanistinnen begrüßten die unermüdlichen Anstrengungen der Choice'-Bewegung, die engen Kontakt zu Bürgerwehren und Mitgliedern des Ku-Klux-Klan hält, und plädierten für eine Reinigung der Abtreibungsfabriken mit „unheiligem Feuer".

politischen Gegnern und das Scramble (Zerhacken) und Deaktivieren von Assoziationsreihen der Massenmedien.

Die verschiedenen Techniken der Toncollage, der Schnitte, Überblendungen und Verzerrungen sah Burroughs als Möglichkeit, Kontrolle über mißliebige Personen auszuüben und politische Gegner unschädlich zu machen (➲ Collage und Montage). Als ehemaliges Mitglied der Scientologen kannte er sich mit Manipulationstechniken aus, und es ist nicht auszuschließen, daß er diese auch für die Entwicklung der Cut-up-Techniken einsetzte.

Köhler, Michael /Weissner, Carl (Hg.): Burroughs. Eine Biographie. Berlin 1994, S. 77.

Im übrigen ist es sicher kein Zufall, daß seine Ideen hinsichtlich der destruktiven oder subversiven Einsatzmöglichkeiten von Medien in einer Zeit entstanden, in der die Vorstellung von solchen Medienwirkungen heftige Diskussionen auslöste. So wurde z. B. in den USA das Schneiden von zehntelsekundenlanger Werbung in Fernsehsendungen für eine kurze Zeit erlaubt und dann schnell wieder verboten; dies wie auch die Thesen von Marshall McLuhan brachten Diskussionen über unbewußte Medienwirkungen in Gang. Seitdem bildet die Vorstellung, Medien seien mit ‚subliminal seductions' (unterschwelligen Verführungen) angereichert, einen der verbreitetsten Großstadtmythen.

Vielleicht ist dieser moderne Mythos von der unbewußten Beeinflussung das wichtigste an den Vorstellungen von Burroughs, wichtiger als die Frage, ob das Konzept von Sprache als Virus eine nette Dekonstruktion ist oder doch

nahelegt, oder ob es darum geht, daß die Adressaten medialer Angebote selbst in die Lage versetzt werden sollen, „die Botschaft und ihre vielfachen Interpretationsmöglichkeiten zu kontrollieren". Die erste Lesart wird duch Formulierungen wie die folgende nahegelegt: Mit der massenmedialen Kommunikation habe sich die „Art und Weise verändert, wie man ihm (der Medienkonsumentin) beibringt, frei und bewußt zu sein". So gelesen, wäre Ecos ‚semiologische Guerilla' nur ein fortentwickeltes Manipulations- bzw. ‚Erziehungs'konzept. Es ginge dann nicht mehr nur darum, bloß „richtige Nachrichten" zu verbreiten, sondern statt dessen „richtige Interpretationen" zu bewirken. Doch damit würde im Grunde nur jene instrumentelle auf Hegemonie zielende Umgangsweise mit Kommunikation verdoppelt, die sich in dem Begriff der Kontrolle ausdrückt, der Ecos Formulierungen in diversen Schattierungen durchzieht.

Eco, Umberto: Die Multiplizierung der Medien. In: Ders.: Über Gott und die Welt. München 1985b, S. 157-162, S. 160.

Trotzdem lenken Ecos Überlegungen die Gedanken in eine Richtung, in der sich möglicherweise ein Konzept von politischer Kommunikation entwickeln läßt, das diese instrumentelle und erzieherisch-manipulatorische Haltung überwindet. Eco quasi vom Kopf auf die Füße zu stellen, heißt nicht die Interpretationsmöglichkeiten *kontrollieren* zu wollen, sondern Kommunikationssituationen zu schaffen, die abweichende und divergente Lesarten von Informationen oder Situationen zu *entfesseln* vermögen.

Satanists 4 Life .

Die Verbindungslinien zwischen Fundamentalismus, christlicher Identität und Satanismus seien vielfältig, daher erhofften sie sich einen gemeinsamen, siegreichen Kampf.

Der „spirituelle Führer" der militanten ‚Pro-Choice'-Bewegung wurde als wahrhaft böser Genius gefeiert, der die Nachfolge des okkulten Faschisten Adolf Hitler antrete, welcher bekanntlich sofort nach seiner Machtübernahme die Abtreibung verboten hatte.

nur biologistischer Bullshit (obwohl natürlich Viren einen weiteren mächtigen Mythos ins Spiel bringen), und auch wichtiger als die Frage, ob Burroughs' CIA-Manipulationstheorien stimmen oder nicht. Dieser Mythos knüpft an Alltagserfahrungen an, wird doch sedierende Hintergrundmusik im Herzschlagrhythmus zur Stimulation von Käufern eingesetzt.

Obwohl Burroughs' psychedelisch-wahnhafte Vorstellungen von der Wirksamkeit von Cut-ups auf den ersten Blick eher von literarischem Wert zu sein scheinen, wurde die manipulative Macht von Tönen seit der „Elektronischen Revolution" immer ernsthafter in Betracht gezogen, untersucht und gezielt eingesetzt. Solche Überlegungen haben auch die literarische und filmische Phantasie beflügelt: In Stanley Kubricks „Clockwork Orange" wirkt die Musik von Beethoven auf den gewalttätigen Jugendlichen Alex als Aphrodisiakum; nach einer ‚Umprogrammierung' im Gefängnis ruft dieselbe Musik Krämpfe und Übelkeit hervor, bis er am Ende wieder ‚reprogrammiert' wird. Im Film „Decoder" (1984), von Klaus Maeck, der auch Burroughs selbst als Gaststar zeigt, geht es um eine fiktive Welt, in der alle Töne durch das System kontrolliert werden. Dort experimentiert der Hauptdarsteller „F. M." mit der Muzak eines Hamburger-Restaurants und bastelt ein Tape, dessen Geräusche alle, die mit ihm Kontakt kommen, in Panik versetzen. In Italien entstand Anfang der 90er Jahre eine gleichnamige Zeitschrift.

Viele, die sich mit kommunikativen Subversionskonzepten auseinandersetzten, waren ebenfalls von den Cut-up-

Der Begriff Kommunikationssituation verweist auf den Sachverhalt, daß der Inhalt von Kommunikation sich nicht aus dem sozialen Prozeß herauslösen und von ihm abgrenzen läßt. In einem Kommunikationsprozeß werden Botschaften stets auf mehreren Ebenen transportiert. Marshall Mc Luhan hat die Vorstellung, daß nur der Klartext der medial vermittelten Informationen die Botschaft bestimme, umgedreht und behauptet: „The medium is the message." („Das Medium ist die Botschaft.") In ihrer zugespitzten Form bedeutet diese Aussage, daß es egal ist, was gesendet wird. Aber auch wenn diese Zuspizzung kritisiert werden kann, läßt sich doch nicht bestreiten, daß das Medium als Teil der Kommuikationssituation wesentlich ist. Betrachten wir beispielsweise die Frage, in welchem Sinne ein Medium wie das Fernsehen herrschaftssichernd wirkt, dann ist offensichtlich, daß hier die Form des Mediums (alle sitzen vor der Glotze und konsumieren passiv Bilder und Informationen) ebenso wichtig sein kann wie die gesendeten Inhalte.

Es gab (und gibt) daher zahlreiche Versuche, eine Veränderung der Kommunikationssituation auf der Ebene des Mediums zu bewirken, indem reziproke Elemente in die massenmediale Kommunikation eingeführt werden. Schon 1932 hatte Brecht gefordert, daß aus dem reinen Distributionsapparat Radio ein wirklicher Kommunikationsapparat mit der Möglichkeit entstehen müsse, „daß das Publikum nicht nur belehrt werden, sondern

Chaoten spielten Wagner-Musik

Die Bild-Zeitung schreibt: „Während der Schlacht am Nollendorfplatz spielten Chaoten über große Lautsprecher aus einem besetzten Haus das Wagnerlied ‚Ritt der Walküren' aus dem Anti-Kriegsfilm ‚Apocalypse Now'. An die Wände hatten sie Haßparolen wie ‚Kill Reagan now' (Tötet Reagan jetzt) geschmiert" (Meldung anläßlich des Berlin-Besuchs von US-Präsident Ronald Reagan 1982).

Dery, Mark: Culture Jamming. Westfield 1993.

Ideen fasziniert und ließen sich von ihnen inspirieren. Vor allem bei Medien- und Kommunikationsguerilleras in den USA, aber auch in Europa, stieß Burroughs' Einsatz von Kassettenrekordern auf offene Ohren. Zwar wurden die komplizierten und in ihrer Wirkung fragwürdigen Schnittechniken nicht weiter erprobt, doch Tonbänder mit Geräuschen und Parolen wurden auf einer Reihe von militanten Demonstrationen abgespielt; die ○ Yippies wandten diese Technik bereits Ende der 60er Jahre an. In Berlin waren anläßlich der Anti-Reagan-Demonstration 1982 Hunderte von Kassettenrekordern im Einsatz, die alle zu einem festgesetzten Zeitpunkt Kriegslärm, Helikoptergeräusche und Schüsse, vermischt mit Anti-Reagan-Parolen, abspielten. Und auch in Zukunft werden Kommunikationsguerilleras wohl weiter mit dem modernen Mythos von der unterschwelligen Manipulation spielen: Es funktioniert – irgendwie. ⊙

Brecht, Bertolt: Der Rundfunk als Kommunikationsapparat. Rede über die Funktion des Rundfunks. In: Brecht, Bertolt: Über Kunst und Politik. Frankfurt a. M. 1971 (1932), S. 19-24.

auch belehren muß". Zahlreiche alternative Radios und andere Medien haben versucht, den Konsumentinnen aktive Sprechmöglichkeiten zu geben. In manchen Fällen, wie zum Beispiel bei ○ Radio Alice wurde daraus ein komplexes Konzept entwickelt, um dissidente, von der Normalität abweichende Formen des Sprechens und der Interpretation zu entfesseln und zugleich die ‚offiziellen' Lesarten massenmedialer Informationen zu desartikulieren. Bei traditionellen Massenmedien wie Radios findet eine solche Praxis allerdings Grenzen, die durch die Struktur des Mediums bedingt sind, das vollständige Reziprozität nicht zuläßt. Neue interaktive Kommunikationsmedien (Internet, Netzkommunikation) bieten hier möglicherweise umfassendere Möglichkeiten, neuartige Kommunikationssituationen zu schaffen.

Auch bei anderen Formen als der medialen Kommunikation ist die Kommunikationssituation dafür wesentlich, ob und in welcher Weise eine Botschaft vermittelt wird. Ein Beispiel wäre eine politische Ansprache, bei der sich eine Person mit einem Mikrophon vor eine Menge von Leuten stellt, Ruhe und Aufmerksamkeit erwartet und einen Platz oder Raum mit ihrer Stimme beschallt. Wenn dann keiner zuhört, kann es teilweise auch an dieser Kundgebungssituation liegen, möglicherweise noch kombiniert mit einem bestimm-

Chaoten spielten Wagner-Musik .

Diese „Schlacht" ist eine der legendärsten militanten Auseinandersetzungen in der Geschichte der antimilitaristischen Bewegung bzw. der Berliner Hausbesetzerszene. Unabhängig davon, ob es wirklich so gewesen ist: Die musikalische Untermalung wurde vorher und hinterher selten so angemessen ausgewählt.

ten Jargon oder einer politischen Fachsprache. Schon aufgrund der Beurteilung der (sprach)ästhetischen Ausdrucksform (z.B. Begriffe wie ‚Imperialismus') werden zahlreiche Menschen bestimmte Vorannahmen über das Gesagte hegen. Und auch wenn zugehört wird, hängt es von weiteren Faktoren der Kommunikationssituation ab, ob überhaupt eine Bereitschaft entsteht, sich auf die Botschaften des Senders (hier: Sprechers) einzulassen.

Das Konzept der Kommunikationsguerilla läuft nun aber nicht darauf hinaus, im Sinne einer Werbestrategie Botschaften, die wir den Leuten beibringen wollen, besser zu ‚verpacken' und dadurch endlich gehört zu werden. Viel eher geht es davon aus, daß sehr unterschiedliche Interpretationsmöglichkeiten allen Subjekten prinzipiell zur Verfügung stehen. Kritische und dissidente Interpretationen von Ereignissen und Sachverhalten ergeben sich aus dem „Alltagsverstand" (Gramsci) und müssen niemandem erst beigebracht werden. In vielen Situationen werden aber nur diejenigen Interpretationsmuster genutzt (aus wohlverstandenem Eigeninteresse, um keinen Ärger zu kriegen oder was auch immer), die ‚normal', quasi naturalisiert sind. Diese ‚normalen' Interpretationsmuster sind diejenigen, die Macht und folglich auch Herrschaft reproduzieren und affirmieren. Eine mögliche Kommunikationsstrategie besteht darin, lokal begrenzte Situationen zu schaffen, die abweichende Sichtweisen aktivieren helfen. In diesem Sinne ist es bereits subversiv, die ‚normalen' Interpretationsmuster zu stören. Hierzu bedarf es keiner abstrakten Theorie dessen, was in einer Kommunikationssituation abläuft. Es genügt eine ‚Alltagstheorie', sprich Wissen über das, was ‚normal' ist und was nicht. Und darüber verfügt jede.

Für uns bleiben zwei Absichten emanzipativer Politik zentral: Die Dekonstruktion herrschender Codes und die Verbreitung eigener, alternativer bzw. emanzipativer Codes. Für ersteres eignen wir uns die Codes der hegemonialen ‚Kulturellen Grammatik' in der Absicht an, sie zu stören, zu verwirren und zu verschieben. Ganz klar ist natürlich, daß derlei ‚Störungen' nicht im Sinne einer manipulativen Strategie eingreifen können, sondern nur offene Situationen schaffen. Was daraus wird, was die Beteiligten mit dieser Situation machen, kann nicht exakt vorherbestimmt werden. Ob uns die Lesarten, die die Menschen dann entwickeln, gefallen oder nicht, muß offen bleiben. Gleichzeitig ist aber immer zu bedenken, daß wir nur dann in der Lage sind, die Utopie eines anderen Lebens zumindest aufscheinen zu lassen, wenn wir den sozialen und politischen Kampf nicht als das Verbindlichmachen einer besseren Ideologie mißverstehen.

Zum Wirksamwerden emanzipativer Codes müßte noch genauer überlegt werden, in welcher Art wir Sprache nutzen. Jean Baudrillard geht davon aus, daß heutzutage „das Wissen über ein Ereignis nur die reduzierte Form dieses Ereignisses" sei. wird Was heißt das? Gemeint ist damit, daß die Darstellung

Baudrillard, Jean: Die fatalen Strategien. München 1991.

Gedenkplatten zu Sowjetsternen

eines Ereignisses in den Medien nicht die vielfältigen und widersprüchlichen Dimensionen desselben erfasst, sondern mittels vorgefertigter bzw. bereitstehender Raster und Wahrnehmungmuster nur immer wieder den gleichen Aspekten Ausdruck verschafft: „Wenn also das Wissen in seinen Modellen das Ereignis vorwegnimmt, anders gesagt, wenn dem Ereignis (oder der Meinung) seine reduzierte Form (oder seine simulierte Form) vorausgeht, wird all seine Energie von der Leere absorbiert." Offenbar ist das Prinzip der Repräsentation das Problem. Dabei geht es nicht ausschließlich darum, WER etwas sagt, sondern in erster Linie darum, WIE etwas gesagt wird. „Deswegen können auch Dritte von anderen sprechen, aber nicht über sie! Wer Sprache gebraucht, muß sie als eine Praxis begreifen und nicht als ein System der Repräsentation. Denn Repräsentationen setzen nichts frei, eröffnen keine neuen Veränderungen, sondern besetzen, okkupieren!"

Reimann, Andreas: Für eine Barbarei ohne Ästhetik. In: RadioConText 15/1995, S. 32-40, S. 33ff.

Damit wäre es notwendig, Sprachformen zu finden, die über ein Konzept von Sprache als erwartbarer Repräsentation hinausgehen und zu dessen Unterminierung beitragen können. Eine These in Anlehnungen an die Vorstellungen von Radio Alice und ○ A/Traverso könnte lauten: alternative, emanzipative Codes dürfen nicht mehr geschlossen und eindeutig sein und zu einem anerkannten Sinn beitragen. In der Konfrontation mit den geschlossenen Codes der gesellschaftlichen Normalität können solche offenen Codes Störungen bewirken, die dazu führen, daß für einen kurzen Moment inhaltliche Leere produziert wird. Dieser Augenblick der Leere stellt eine Möglichkeit dar, bislang Unhinterfragtes in einem neuen Zusammenhang zu interpretieren. Die ‚Botschaft', der kommunizierte Inhalt derartiger subversiver Aktionen, besteht schon im Angriff auf scheinbar selbstverständliche ästhetisch-kulturelle Formen. Sie transportieren eine Kritik an Selbstverständlichkeiten und schärfen zumindest den Blick dafür, daß ein scheinbar sachliches, rein verbales, mitunter unpolitisch angelegtes Event immer auch ein politisches Ereignis darstellt. Und ein solcher Angriff ist politisch nicht geringer zu bewerten als die Intervention mittels eines Klartext-Diskurses. Zwar läßt sich die Botschaft einer argumentativen Kritik eindeutiger benennen; sie wiegt diejenigen, die sie aussprechen, in der Sicherheit, ihre Positionen eindeutig und unmißverständlich klarzulegen. Doch schon dadurch, daß sich eine solche Form der Kritik an gesellschaftlich hegemonialen Kommunikationsweisen orientiert und hegemoniale Diskurse dadurch indirekt als legitim anerkennt, stellt sie immer auch eine Stabilierung der herrschenden Verhältnisse dar.

Eine verbindliche Utopie allerdings läßt sich mit solchen offenen Codes nicht formulieren. Aber die Vermittlung eigener Utopien ist wohl in jedem Falle nur durch eine entsprechende eigene soziale Praxis möglich. Es geht dabei darum, zumindest in Augen-

Gedenkplatten zu Sowjet-Sternen .

Nach jahrelangen lokalpolitischen Auseinandersetzungen verschwand im September '96 in Tübingen die Gedenktafel der 78. Infanterie- und Sturmdivision der Wehrmacht, die an den Naziverbrechen in der Sowjetunion beteiligt war. Ein Teil der Platte wurde der Lokalzeitung von den „Jungen Pionieren der Roten Armee/Fraktion Tübingen" zugeschickt: „Sauber mit der Flex ausgesägt, blieb von der rechteckigen Tafel nur ein roter Stern. ... ‚Mit unserer kleinen Aktion wollen wir des antifaschistischen Widerstands der Roten Armee gedenken'", heißt es in dem Bekennerschreiben, das anregte, nun den Stern am Gedenkstein anzubringen.

Datendandies – und ewig rauscht der Kanal

Medien sind das Thema der Zukunft. Medientheorie ist der absolute Hype in der gegenwärtigen Theorielandschaft. Neue Medien, Medientechnologie, Netzkommunikation, Simulation, Konstruktion, Medienwirklichkeit – nirgendwo lassen sich die abgedroschensten post- und nachpostmodernen Phrasen mit mehr Effekt publikumswirksam vermarkten.

Gegen das allgemeine Mediengeblubber setzen die Amsterdamer Theoriemixer der Agentur BILWET (Bevorderung va de illegalen wetenschap) schaurigschöne Theorievisionen. Sie greifen den Mainstream des medientheoretischen Geschwätzes auf, übertreiben seine Floskeln und stellen ihn auf den Kopf: „Wir zitieren viel, sind aber nicht einig mit den Postmodernen und deren Kontext, in dem sie die Zitate plazieren. Wir haben kein Fin-de-siècle-Gefühl, sind im Gegenteil sehr optimistisch, ohne prophetisch zu sein. Alles was auf uns niederkommt, wollen wir durch den Gebrauch kontrollieren. Wir wollen handelndes Subjekt sein. Du wirst kein Opfer der Medien, solange du sie gebrauchst. Darum schwelgen wir in den Medien auf eine rabelaiske Manier. Die Signale sind für uns nicht immateriell, sondern taktil. Wir wälzen uns im Medienschlamm". Bilwet hat so wunderbare Theorieerfindungen fabriziert wie den Gedanken der Souveränen Medien. Den postmodernen Gemeinplatz von der Übernahme der Realität durch die Medien steuern

Zit. nach Lovink, Geert: Hör zu – oder stirb! Fragemente einer Theorie der souveränen Medien. Berlin 1992.

blicken inmitten der Langeweile gesellschaftlicher Normalität eine „andere Wirklichkeit" aufscheinen zu lassen, „in der unter uns erlebbar und spürbar wird, wofür es sich morgen noch lohnt zu kämpfen" (Eco 1985a). Wir wissen, wie schwer das unter dem ständigen Druck ist, der nicht nur von außen, sondern auch aus dem eigenen Begehren nach Einordnung in eben diese Normalität kommt.

Fernsehmassaker

sie mit ihrer Vision von Medien „in outer space" in die Hyperlogik. Schließlich offenbart sich als sonderbare Vision das Konzept eines Paralleluniversums der Souveränen Medien, befreit von Zuhörern, der Notwendigkeit zur Konstruktion langweiliger Allerweltsrealitäten enthoben.

Die Souveränen Medien schirmen sich gegen die Hyperkultur ab. Sie suchen keinen Anschluß, sondern sie koppeln sich ab. Sie schaffen weder Information noch Gegeninformation. Als negative Medien wollen sie sich nicht positiv definieren. Sie sind zu nichts gut, erheischen keine Aufmerksamkeit und stellen auch keine Bereicherung der Medienlandschaft dar. Sie bieten auf der Erscheinungsebene keine radikale Kritik der kapitalistischen (Kunst-)Produktion. Sie sind dem gesamten politischen Geschäft und der Kunstszene entfremdet. Sie entziehen sich dem technologischen Hype und verwirklichen technologische Zukunftsprojekte, indem sie Einstiegsluken in den Cyberspace aus abgewrackten Kassettenrekordern basteln, aus nutzlosen Programmen, Kanälen mit eingebauten Rauschgeneratoren, Elektronikmüll und Datenschrott.

„Ohne das Gehabe einer geheimnisvollen Existenz, bleiben die Souveräne unbemerkt, da sie sich im blinden Fleck, den die scharfen Medienausstrahlungen auf dem Auge verursachen, aufhalten. Als gesonderte Kategorie sind souveräne Medien darum so schwer erkennbar, weil die Gestalt, in der sie erscheinen, nie im vollen Glanz erstrahlen kann. Ihre Programmproduzenten lassen sich nicht sehen,

Agentur Bilwet: Medien-Archiv. Bensheim/ Düsseldorf 1993.

Gegenöffentlichkeit, Medientheorie & Informationsfetisch

Der Blick auf Kommunikationstheorien begründet, warum eine Kommunikationsguerilla nicht mehr ausschließlich auf die traditionellen Aufklärungsstrategien linker Gegenöffentlichkeit setzt. Allerdings werden dadurch bisherige Formen politischer Arbeit nicht obsolet. Die Kritik an linke Gegenöffentlichkeitskonzepten bedeutet nicht, die Notwendigkeit eines „Streit(s) um Fakten und Realitätsdeutungen" in Abrede zu stellen und sich von Gegenöffentlichkeit zu verabschieden. Allerdings muß sie sich derselben Frage stellen, die auch an jede Aktion der Kommunikationsguerilla gerichtet werden wird: Unter welchen Bedingungen, in welchen Situationen vermittelt Gegenöffentlichkeit den Adressatinnen einen kritischen Blick auf die alltägliche Normalität; unter welchen Voraussetzungen und bei wem kann sie gesellschaftsveränderndes Handeln bewirken? Für die Frage nach der aktuellen Funktion von klassischer Gegenöffentlichkeit ist ein Blick auf die bisherige Praxis hilfreich. In Anlehnung an Geert Lovink halten wir es für sinnvoll, die Medien der linken Gegenöffentlichkeit hinsichtlich ihrer Funktion idealtypisch in ‚alternative' und ‚eigene' Medien zu unterscheiden. ‚Alternative' Medien spiegeln sich vornehmlich an den bürgerlichen Medien, indem sie beständig eine inhaltlich korrigie-

Görg, Christoph: Wenn das Megaphon in die Sub(kultur) fällt. Zur Kritik der ‚Bewegungsle(e/h)re'. In: links 28 (1996) 312/313, Mai/Juni 1996.

Lovink, Geert: Hör zu – oder stirb! Fragemente einer Theorie der souveränen Medien. Berlin 1992.

„Der VfB Stuttgart grüßt den tapferen ..." – Heute im Stadion: Peter Grohmann

man sieht allein ihre Masken, in den für uns unbekannten Formaten. Jedes erfolgreiche Experiment, das als künstlerische wie politische Äußerung gedeutet werden kann, wird direkt der Verschmutzung ausgesetzt. Die Mischer von Haus aus provozieren nicht, sondern beschmutzen den zufälligen Passanten mit verseuchten Banalitäten, die sich in all ihrer freundlichen Nichtssagendheit präsentieren. Unentwirrbare Knäuel der Sinngebung und Ironie machen es dem geübten Medienleser unmöglich, sich zurechtzufinden." (Lovink 1992)

Das Konzept greift Elemente auf, die teilweise bereits in der Praxis von Radios wie ⊃ Radio Alice angelegt waren und in Amsterdam von den Macherinnen von Radio Vrije Keijzer, Radio 100 und Radio Pa Radio Alice entwickelt wurden. Traditionelle Konzepte alternativer Gegenöffentlichkeit werden überschritten, indem das Konzept der ‚Information' selbst relativiert wird: Gleichrangig steht ihm das Prinzip der „Deformation" gegenüber; das von anderen Sendern Ausgesendete wird zum Gegenstand des Mischens, zum Material einer verwirrenden Medienpraxis, die sich konventionellen Formen der Sinngebung (und dem darin immer eingeschlossenen Dialog mit der Macht) entzieht.

Ebenso wie bei den meisten anderen Konzepten der Theorieguerilleros von Bilwet läßt sich kaum herauskriegen, ob sich hinter dem Gedanken der Souveränen Medien nun eine Zukunftsvision des alternativen Mediengebrauchs verbirgt, die lustvolle Dekonstruktion von Utopien und Schreckensvisionen der ‚Mediengesellschaft' oder einfach Spaß

rende und das bestehende Informationsspektrum ergänzende Aufgabe wahrnehmen. Vor allem in den 70er und 80er Jahren gelang es ihnen, abweichende Lesarten sozialer und politischer Widersprüche bereitzustellen und so zur Konstituierung einer ‚liberalen' Öffentlichkeit beizutragen. Dagegen setzten ‚eigene' Medien nicht in erster Linie auf die Bewußtwerdung der ‚anderen', sprich auf eine direkte Beeinflussung und Bereicherung der ‚Öffentlichen Meinung'. Im Unterschied zu den ‚alternativen' Medien positionierten sie sich selbst außerhalb des gesellschaftlichen Zentrums; sowohl inhaltlich durch explizit linke Stellungnahmen und Diskussionen als auch durch das Aufgreifen subkultureller Themen und Codes. ‚Eigene' Medien sind Orientierungspunkte für die soziale Praxis linker Szenen und Subkulturen; sie bieten Foren für spezifisch linke Diskussionen und stabilisieren unter Umständen soziale Identitäten. Zwar bewegen sie sich in einem durch Slang und Gangart ihrer subkulturellen Basis eng begrenzten Raum, doch gerade dies ermöglicht einen relativ dichten Austausch zwischen Publikum und Macherinnen.

Diese Überlegungen zeigen, daß soziale Beziehungsrahmen und außermediale politische und kulturelle Praxen wichtig sind, wenn die Bedeutung linker Medien eingeschätzt werden soll. Die Bedeutung dieses Bezugs wurde aber in den Diskussionen um linke Gegenöffentlichkeit weitgehend außer acht gelassen, solange überzogene Vorstellungen

„Der VfB grüßt den tapferen ..."

Die Rede soll sein von einer Aktion, die an einem kalten Samstagnachmittag ein fast vollbesetztes Neckarstadion in Stuttgart erreichte – bei der abendlichen Sportschau dann gleich etliche Millionen und – als Nachklapp – in den Sonntag- und Montagszeitungen nochmal einige hunderttausend Leserinnen quer durch die Republik. Am 17. November 1967 spielte der VfB Stuttgart gegen Borussia Dortmund. Dieses eine Mal ging auch die linke politisch-literarische Szene ins Neckarstadion, genauer gesagt in eine Stehplatzkurve.

am Fabulieren. Bilwet betreibt eine Theorieproduktion, die sich selbst nie ganz ernst nimmt, die stets an der Grenze zum Trash operiert und gerade deshalb spannend bleibt. Im übrigen stehen Mixturen wie die Theorie der Souveränen Medien in einer seltsamen und produktiven Spannung zu den sonstigen Aktivitäten der Gruppe. Weit davon entfernt, bloße Theorieclowns zu sein, verfolgt Bilwet gerade im Kontext des Internet wesentlich eine Politik ,traditioneller' Gegenöffentlichkeit, der Verbreitung von Gegeninformationen und ihrer Verteidigung gegen Zensurversuche. Nur eben: Sie machen all das eher unauffällig, ganz sicher aber ohne den üblichen großmäuligen Medienhype. ⊙

Agentur Bilwet: Der Datendandy. Mannheim 1994.

Lovink, Geert/Schulz, Pit (Hg.): Netzkritik. Berlin 1997 u. Agentur Bilwet: Bewegungslehre. Botschaften aus einer autonomen Wirklichkeit. Berlin 1991.

von den Möglichkeiten einer medialen linken Intervention in die bürgerliche Öffentlichkeit dominierten. Es wurde, zugespitzt formuliert, davon ausgegangen, daß nur genug Aktivistinnen an möglichst vielen Stellen Gegenöffentlichkeit herstellen müßten, wodurch dann irgendwann eine gesellschaftsverändernde Kettenreaktion ausgelöst würde. Eine Vielzahl linker Medienprojekte stellte sich aus dieser Logik heraus die Aufgabe, die in den bürgerlichen Medien unterbliebenen Nachrichten zu verbreiten. Diese Konzeption von Gegenöffentlichkeit bezeichnet Lovink als „Megaphonmodell", denn sie unterstellt unausgesprochen einen kausalen Zusammenhang zwischen Information, Bewußtsein und Handeln. Dahinter steht letztlich ein lineares Kommunikationsmodell, demzufolge es ausreicht, die ,falschen' Ideen durch die ,richtigen' zu ersetzen: Wenn die Menschen nur lange genug ,die Wahrheit' hören, werden sie irgendwann ihre Meinung ändern und sich gegen die herrschenden Verhältnisse wenden.

Die Erfahrung der letzten Jahrzehnte hat gezeigt, daß ein solches auf die Übermittlung der ,richtigen' Informationen fixiertes Verständnis von Medien und Medienrezeption zu kurz greift. Nicht zuletzt durch die Existenz von Gegenöffentlichkeit wurden zumindest hierzulande auch gesellschaftskritische Informationen relativ leicht zugänglich. Heute mangelt es in der bürgerlichen Gesellschaft nicht an solchen Informationen, sondern

„Der VfB grüßt den tapferen ..."

In jenen Jahren waren die Fans noch brav und durften Fahnen, Transparente oder was auch immer in die Stadien mitnehmen. Wir nahmen zusätzlich noch zwei; drei Buddeln Schnaps mit – einerseits gegen die Kälte, andererseits für den Mut, schließlich zur Bestechung des uns umringenden Publikums.

Nach rund einem Drittel des Spiels – die Menge blickte voller Konzentration auf das Spielfeld – entrollten wir wie abgesprochen ganz langsam das erste Transparent:

„Borussia – grüßt – die – Kumpel – in – Ha – noi."

das Hauptproblem ist deren absolute Folgenlosigkeit. Das heißt nicht, daß es dieser Informationen nicht mehr bedarf. Allerdings erscheint ein Politikkonzept problematisch, das hauptsächlich oder ausschließlich auf ihre Kraft vertraut.

In „Öffentlichkeit und Erfahrung" haben Negt/Kluge darauf verwiesen, daß die Subjekte sich „die bloße Abbildung der Realität" nur dann aneignen, wenn sie zugleich wissen, wie sie aktiv die sie bedrückenden Verhältnisse verändern können: „Erst aus dieser Handlungsmöglichkeit könnte sich ihr Interesse am Realismus rekrutieren." Das macht deutlich, daß Medienpraxis in einem umfassenderen Kontext von sozialem, politischem und kulturellem Handeln gedacht werden muß. Wichtig ist oft nicht, ob etwas in der Zeitung steht, sondern daß und wie Leute über Sachverhalte reden. (Gegen-)Öffentlichkeit ist dann mehr als Bildschirm, Radio oder Zeitung. Strategien, die allein auf mediale Informationen setzen, überschätzen deren Wirkung. (Dabei befinden sie sich übrigens in gutbürgerlicher Gesellschaft, wie die Diskussionen um Mediengewalt zeigen.)

Negt, Oskar/ Kluge, Alexander: Öffentlichkeit und Erfahrung. Zur Organisationsanalyse von bürgerlicher und proletarischer Öffentlichkeit. Frankfurt 1972.

Hier erscheint uns ein weiterer Aspekt wichtig: Die Vorstellung, daß die herkömmlichen Massenmedien sich – einmal im Besitz der richtigen Leute – als ein Instrument zur demokratischen Willensbildung einsetzen lassen, ist grundsätzlich fragwürdig, denn Massenmedien im bisherigen Sinne sind nicht demokratisch. Ihre Kommunikationsform beruht auf dem Prinzip der Vervielfältigung von Informationen in nur eine Richtung, von den Produzierenden hin zu den Konsumentinnen. Sie reproduzieren durch die Einbahnstraße ihres Kommunikationskanals Machtpositionen und machen einen wirklich gleichberechtigten Austausch unmöglich: Massenmedien setzen einen eng gesteckten Rahmen, was von wem in welcher Weise mitgeteilt werden kann und wer zum Schweigen verurteilt ist. Aufgrund dieser Nicht-Reziprozität können sie für die Empfängerinnen allenfalls in sehr reduzierter Weise Ausgangspunkt oder Element von über den reinen Medienkonsum hinausgehenden sozialen Praxen werden (für die Macher mag das anders aussehen).

Gegenöffentlichkeit und soziale Praxis

Diese Kritik an einem verbreiteten linken Medienverständnis rückt auch die vielbeschworene Krise alternativer Medien in ein anderes Licht. Möglicherweise war es gar nicht so, daß linke Gegenöffentlichkeit früher besser ‚funktionierte'. Eher machte die relative Stärke der sozialen Bewegungen Unzulänglichkeiten der medialen Vermittlung unsichtbar: Wo man glaubte, durch Aufklärung weitergekommen zu sein, war es vielleicht in Wirklichkeit gar nicht die schlagende Brillanz der Argumente aus der Gegenöffentlichkeit, die bei vielen Leuten ein Interesse für

„Der VfB grüßt den tapferen ..."

Es ist ein altes Vorurteil, daß es den Fußballbegeisterten an politischer Bildung mangelt: Das Publikum wußte sofort, daß mit den Kumpeln in Hanoi die Württemberger gemeint sein mußten, was sie vor allem am schwäbischen Ausdruck ‚Ha noi' erkannten (für Nichtschwaben übersetzt etwa ‚Ach ... nein', etwas nachdenklich, resignativ auszusprechen: ‚Ha ... noiii'). Das Spiel wurde wegen des Transparents nicht unterbrochen: Wenn es unten auf dem Spielfeld spannend war, blickten die Zehntausende auf das Spielfeld, wenn es unten langweilig wurde, blickten Zehntausende auf den Gruß, der aus Dortmund kam.

bestimmte Themen und Sichtweisen und ein Bedürfnis nach entsprechenden Informationen hervorrief. Vielmehr war dieses Interesse Ausdruck von Veränderungen der eigenen Lebenszusammenhänge vor dem Hintergrund jener gesellschaftlichen Entwicklung, in deren Zuge auch die ‚neuen sozialen Bewegungen' ihre Bedeutung gewannen.

Auf unsere Fragestellung bezogen heißt das, daß nicht nur die (linken) Medien zur Ausbreitung der politischen Bewegungen beitrugen, sondern daß auch die Stärke der Bewegungen vor dem Hintergrund einer spezifischen gesellschaftlichen Situation linken Zeitungen, Zeitschriften und Radios zu ihrer Wirkung verhalf. Die Friedens-, die Anti-AKW- oder die feministischen Bewegungen boten konkrete Handlungsangebote und -zusammenhänge. Die Informationen ‚alternativer' Medien konnten sich vor diesem Hintergrund eines besonderen Interesses sicher sein. Darüber hinaus hatten diese Medien eine wichtige Funktion für die Vernetzung und Selbstvergewisserung innerhalb der sozialen Bewegungen. Das Problem, daß mediale Informationen ohne im Rahmen einer sozialen Praxis gegebene Handlungsmöglichkeiten zumeist wirkungslos bleiben, fiel damals gar nicht weiter auf; so konnte sich die Vorstellung halten, daß Medieninformation per se zu politischem Handeln führt. Heute aber wird vor dem Hintergrund des Fehlens starker politischer und sozialer Bewegungen deutlich, daß die Medien der ‚Gegenöffentlichkeit' diesen Anspruch nicht einlösen können. Diese Entwicklung unterstreicht die Richtigkeit von Negt/Kluges Analyse, daß Information per se nichts bewirkt, wenn nicht eine soziale Praxis damit verbunden ist.

Campaigning Betrachten wir über den Tellerrand der linken Medienpraxis hinaus den Mainstream der bürgerlichen Massenmedien, so scheint es zunächst, dass ein solcher Blick unsere These „Informationen bleiben tendenziell folgenlos" widerlegt. Themen, die eigentlich in den Bereich der klassischen Gegenöffentlichkeit (Ökologie, Rüstung) gehören, wurden Gegenstand großangelegter und in ihrem selbstgesetzten Rahmen auch erfolgreicher Medienkampagnen. Auf kurzfristige Ziele bezogen, erreichten die Greenpeace-Proteste gegen das Versenken der Shell-Bohrinsel in der Nordsee sowie gegen die französischen Atomversuche auf dem Mururoa-Atoll relativ große Breitenwirkung. Naja, Greenpeace ...

Aber solche Aktionen, die die Funktionsweise öffentlicher Medien genau kalkulieren, um eine möglichst breite Wirkung zu erzielen, sind auch in anderen Bereichen möglich. Während kleine politische Gruppierungen seit Jahren versuchten, Solidarität mit dem politischen Gefangenen Mumia Abu Jamal zu organisieren und nur relativ bescheidene Erfolge erzielen konnten, gelang es in einer breiten Medienkampagne, den staatlichen Mord an Mumia zumindest vorläufig zu verhindern. Offenbar ist es also durchaus möglich, durch eine bestimmte Form der Nutzung bürgerlicher Medienöffentlichkeit nicht nur

„Der VfB grüßt den tapferen ..."

Manch einer fragte sich natürlich, ob das mit dem ‚Hanoi' wirklich auf die Schwaben gemünzt sei – und so hub immer wieder ein allgemeines Raunen an, begleitet von Zehntausenden Blicken auf sechs tapfere Stuttgarter Revolutionäre.

Nachdem der erste Akt erfolgreich verlaufen war, läuteten wir zum zweiten: Wir reichten unsere Schnapsflaschen weiter. Die Kälte besiegte das Mißtrauen – es bestand auf beiden Seiten. Wenn auch Gewalt bei Fußballspielen damals die Ausnahme blieb, waren doch die Losungen „Rübe runter" oder „Geh doch nach drüben", „Arbeitsdienst", „Ab nach Sibirien"

ist obszön
wie der Klassenkampf

In den italienischen Großstädten kam es in den 70ern zu einer folgenschweren Begegnung: Aus den Reservaten am Rande der Gesellschaft heraus entwickelten die dort lebenden Jugendlichen, die ‚Stadtindianer' (○ Indiani Metropolitani), äußerst spannende und bissige Techniken der Rebellion gegen ihre entfremdeten Lebensbedingungen. Skrupelloses Zusammenbringen von sowohl sozialrevolutionären als auch avantgardistischen Ansätzen und Methoden prägte die kulturellen und politischen Auseinandersetzungen im Dreieck Mailand–Bologna–Rom und piesackte gleichermaßen die herrschenden Eliten wie die Parteikommunisten. In den kulturellen Auseinandersetzungen forderte die Bewegung für die Massen das, was die Hochkultur nur der Avantgarde zugesteht, nämlich Regelverstoß, sprachliche Improvisation und Expression ohne Kontrolle, kurz: die gängigen Koordinaten der Wahrheit in Unordnung bringen. Daraus ging auch das Radio Alice in Bologna hervor.

In Bologna, der roten Stadt Italiens, glühten nicht nur die Ohren der Hörinnen von Radio Alice. Das Radiokollektiv störte einerseits die gängigen Hörgewohnheiten, und andererseits holten sie sich die in den Massenmedien verlorengegangene Grundlage von Kommunikation, das permanente Feedback, zurück. Im Zusammenfallen von Ohren und Mündern zu einem Subjekt wurde das Radio zur virtuellen Piazza, zum sozialen Raum, wo sich Personen, Aktivitäten und Subjektivitäten mischten, gelang „die Radikalisierung des Mediums Rundfunk zum Kommunikations-

gesellschaftliche Resonanz, sondern auch konkrete Erfolge zu erzielen. Bedingung für eine solche Mediennutzung, die wir hier als ‚Campaigning' bezeichnen, ist allerdings, sich den Funktionsmechanismen bürgerlicher Medien weitgehend zu unterwerfen. Professionalisierung, Effizienz und Medienkompatibilität werden hierbei zu wesentlichen Kriterien politischen Handelns. Der Medienfetisch ‚Ereignis' bestimmt, was berichtet wird. Das Spektakel der Greenpeace-Aktionen bedient diesen Fetisch ebenso wie die Darstellung von Mumia („Der Mann, der ein Buch aus der Todeszelle schrieb"). Der Erfolg dieser Art von ‚Campaigning' liegt nicht zuletzt darin, daß es sich auf kurzfristige, punktuelle und ‚realistische' Interventionen beschränkt, in deren Rahmen der Medienkonsumentin konkrete Handlungsanweisungen angeboten werden, an denen jeder im Rahmen seines Alltages mitmischen kann: Tankt nicht bei Shell, kauft keine französischen Produkte, schreibt an Richter Sabo.

Diese Handlungsanweisungen stellen das grundsätzliche Handeln bzw. die Lebensweise der Adressatinnen nicht in Frage, sondern ermöglichen es ihnen, sich als kritische Teilhaberinnen am politischen Geschehen wahrzunehmen, ohne die Verfaßtheit der Gesellschaft als Ganzes zu kritisieren. Das massenmedial vermittelte gesellschaftliche Handeln erschöpft sich darin, im Einklang mit zumindest Teilen der Herrschenden in

„Der VfB grüßt den tapferen ..."

usw. usf. allgemeines Volksgut. Die Bereitschaft, mal jemanden ordentlich zu verprügeln oder auch die Zähne einzuschlagen, zählt zum deutschen Brauchtum. Unter uns: Wir waren damals schon schlechte Schläger. Der Mut hatte uns dennoch nicht verlassen – wir entrollten nun das zweite Transparent, wieder in Komposition mit dem Spielverlauf: „Der VfB – – grüßt den tapferen –. Und da machten wir erstmal eine Pause. Als wir das letzte Wort entrollten, ging fast ein Stöhnen und Ächzen durch das Stadion: „Vietcong". Jetzt war die Katze aus dem Sack.

Gruber, Klemens: Die zerstreute Avantgarde. Wien/Köln 1989, S. 57.

mittel". In der Vielstimmigkeit drückte sich aber auch Auflehnung gegen den festgelegten Sinn der Wörter aus und ein Bruch mit dem gesellschaftlichen Konsens. Radio Alice zeichnete sich durch radikale Offenheit als ein medialer Treffpunkt aus, an dem alle miteinander in Dialog treten konnten. Wichtigstes technisches Mittel dazu war das Telefon und eine bestimmte Spielart der ○ Verfremdung: „Sprich, Hörer, und tue es schmutzig aber verständlich. Zieh den verborgenen Sinn des Textes durch den Dreck." Zweierlei Formen der Verfremdung bewährten sich in der praktischen Kritik der Verhältnisse durch Sprache: der indirekte und der kritische Kommentar. Der indirekte Kommentar ist nichts anderes als das bewußte Aneignen der sowieso permanent praktizierten Raffinesse der allen geläufigen (Aus-)Sprache. Dabei wird die allgemein übliche Art und Weise, wie ein Inhalt verständlich gemacht wird, als Kommentar eingesetzt, ohne das ausdrücklich zu benennen. Ein Beispiel ist die in die Länge gezogene Intonation: Bist Duuu heute aber schöööön.
Der indirekte Kommentar stellt den Text gezielt von den Füßen auf den Kopf: demonstrative Unbeteiligtheit, Dialekt und falsche Betonung, Aussprachefehler, komischer Tonfall, Wörter vertauschen, Buchstaben verwechseln, Silben zerdehnen, irritierende Pausen setzen, unwichtiges Überplappern, schwieriges Stolpernlassen und dann nochmal ärgerliches Knurren, unangepaßtes Schweigen, gefolgt von neuem Singsang der endlosen Wiederholung bestimmter offizieller Redensarten – pur oder deformiert.

Einzelfragen zu intervenieren (Weizsäcker und Kinkel für Abu Jamal). Dabei entsteht weniger eine soziale Praxis als eine (mediale) Simulation derselben – in demselben Sinne, wie sich die Lichterketten als eine Simulation von Anti-Rassismus interpretieren ließen, die eine nicht existierende anti-rassistische Alltagspraxis ersetzte. Während sich eine Handlungsaufforderung wie „Kauft nicht bei Shell!" massenmedial erfolgreich vermitteln läßt, ist eine soziale Praxis, die auf grundlegendere Veränderungen der Gesellschaft abzielt, nicht in solche Anweisungen zu kleiden. Sie erfordert Diskussionen, Versuche, Mut zum Unfertigen und Unrealistischen – all das, wofür in der Einbahnstrasse massenmedialer Kommunikation kein Platz ist.

Don't believe the Hype? Gegenöffentlichkeit im Internet

Auch wenn wir fragen, welche Chancen sich für eine linke Gegenöffentlichkeit aus neuen technischen Entwicklungen ergeben, interessiert uns nicht in erster Linie, welche neuen Kanäle der Informationsübermittlung Mailboxen und Internet allgemein bieten. Vielmehr geht es darum zu klären, wo solche Medien im sozialen Raum positioniert sind und welche neuen (Handlungs)perspektiven sie eröffnen. Auch die Diskussionen um das Internet als neuen Ort linker Medienpraxis kreisen in erster Linie um den Fetisch ‚Information, Information,

„Der VfB grüßt den tapferen ..."

Alle Umstehenden gingen – Schnaps hin, Schnaps her – etwas auf Distanz. Unten im Stadion, am Rande des Spielfelds, kamen nun jede Menge grüne Männchen im angemessenen Schritt zur Oberkante des Stadions, was uns nun nicht nur die Beachtung des Publikums, sondern auch die des Fernsehens und der Fotoreporter sicherte.
Merke: Je mehr grüne Männchen, umso mehr Medien. Als uns die Polizei erreichte und die Transparente abnahm, hatten wir die pralle Aufmerksamkeit des Stadions – sogar die Spieler ließen den Ball ins Aus rollen ...

Alice verwandelte das Radio in ein Medium, bei dem alle Register gezogen werden können, um die Worte zum Buckeln zu bringen und die Sprache zu verhöhnen. Wessen Sprache? Dies stellt der kritische Kommentar klar. Neuigkeiten entschlüsseln, amtliche Ausdrücke übersetzen und Informationen korrigieren, Euphemismen entschleiern: „Können oder dürfen die Löhne nicht Schritt halten?" Radio Alice prangerte diese Unmöglichkeit jedoch nicht als solche an, sondern machte das Unmögliche möglich: qua telefonischer Liveübertragung. Zahlreiche dieser maodadaistischen (➲ Dada) Aktionen basieren auf dem Umstand, daß das Telefon ein strategisches Instrument gegen jene ist, die gewöhnlich unerreichbar sind:

Eines schönen Morgens, der damalige Ministerpräsident und Verbinndungsmann zur Mafia in der Regierung, Guileo Andreotti, schlummerte noch selig, als das Telefon auf seinem Nachttisch schrill klingelte. Nicht der digitale Wecker störte seine Träume, sondern Gianni Agnelli. Der einflußreiche Inhaber und Chef von FIAT war der frühe Anrufer. Er forderte sofortige staatliche Unterstützung, um seine renitenten Arbeiter wieder in den Griff zu bekommen. Als der schlaftrunkene Andreotti seine diesbezügliche Loyalität und Hilfe unterwürfigst zusagte, ahnte er natürlich nicht, daß Agnelli nicht Agnelli war, und am anderen Ende der Leitung die Hörerinnenschaft von Radio Alice lachte sich ob der wenigstens einmal anschaulich vorgeführten Theorie vom staatsmonopolistischen Kapitalismus (Stamokap) ins Fäustchen.

nochmal Information, und zwar für alle. Berauscht von der Tatsache eines riesigen, internationalen und deswegen kaum zensierbaren Informationsflusses bleibt die Diskussion häufig an diesem Punkt stehen.

Dabei ist auch hier zu fragen, welcher Stellenwert solcher Information zukommt. Es wird hier von Medien in einer Weise gesprochen, als seien sie die Öffentlichkeit selbst: „Die Rede von der Mailbox als universelles Medium erweist sich vollends als Mythos, wenn der Austausch von Daten und politischen Informationen zum puren Selbstzweck wird, falls diese sich am Ende nicht in politischer Praxis materialisieren. Das heißt, die Anwendung dieser neuen Technologie (für sich genommen) erreicht nichts!" Einmal mehr wird zwar technikfixiert über Informationen und Kanäle diskutiert, nicht aber über die Bedingungen der Rezeption, über politisches und soziales Handeln.

Die spannendere Frage wäre aber aus unserer Sicht, was von Vorstellungen zu halten ist, die das Internet auch und gerade als potentiellen Ort neuer sozialer Praxen verstehen. Es darf nicht übersehen werden, daß sich das Internet von traditionellen Medien insofern wesentlich unterscheidet, als es die Möglichkeit einer

Eine diesen Aspekt stärker berücksichtigende Version dieses Kapitels ist an anderer Stelle veröffentlicht: Autonome a.f.r.i.k.a.-gruppe: Bewegungsle(e/h)re. Anmerkungen zur Entwicklung alternativer und linker Gegenöffentlichkeit. Update 2.0. In: Lovink, Geert/Schulz, Pit (Hg.): Netzkritik. Berlin 1997.

Kunz, Thomas: Medien, Mythen, Mailboxen: In: links 26 (1994) 3.

„Der VfB grüßt den tapferen ..." .

Die Transparente lagern vermutlich bei der Stuttgarter Polizei, die damals, wenn mich nicht alles täuscht, noch kommunal war. Meines Wissens wurden nicht einmal die Personalien aufgenommen – mehr als schlampig. Weil jedoch der Medienerfolg überwältigend war, verzichteten wir auf eine Dienstaufsichtsbeschwerde. Die Presse ließ vorwurfsvolle Töne anklingen: Jetzt tragen sie die Politik sogar in den Sport. Der VfB Stuttgart dementierte übrigens ein paar Tage später (beim Fußball dauern die Schrecksekunden länger) und ließ verlauten, er habe zu keiner Zeit den Vietcong gegrüßt. Ich bin mir da nicht sicher.

Denn merke: es geht nicht darum, Recht zu bekommen, sondern manchmal erscheint es sinnvoller, derart zu provozieren, daß der andere oder die Struktur sich selbst demaskiert.
Radio Alice versuchte, gegen die massenmediale Nicht-Kommunikation eine Stimme zu erobern. Es ging um eine Stimme, die niemandes Sprachrohr sein wollte: nicht Verkünder der Wahrheit noch Animateur der Massen. Vielmehr dehnte Alice die politische Intervention „auf den gesamten Zyklus der Information" aus und begründete damit „die methodische Dekonstruktion der herrschenden Medienrealität" durch die ‚Informationsguerilla' (Gruber 1989, S. 45 ff.).

Das Radio der ‚Stadtindianer' wurde im März 1977 unter tatkräftiger Mithilfe des PCI, der kommunistischen Partei, zerschlagen. Vielleicht weil es gefährlicher war als andere Formen linker ○ Gegenöffentlichkeit. ⊙

[D]en letzten [p]olizeilich-[m]ilitärischen Akt [d]ieser Verfolgung [ü]bertrug Radio [A]lice live. [V]gl. Kollektiv [A]/traverso: Alice [i]st der Teufel. [B]erlin 1977.

reziproken und interaktiven Kommunikation bietet. Besteht die Aussicht, sich in diesem Rahmen selbstbestimmte Orte zu schaffen, „temporäre autonome Zonen" (Hakim Bey), in denen die gesellschaftlichen Regeln zumindest zeitweise außer Kraft gesetzt (bzw. noch gar nicht verbindlich formuliert) sind? Und wenn ja, welche Auswirkungen hat das auf die soziale Existenz außerhalb der Netze?

Die Kritik an solchen Vorstellungen wird häufig von einer Position aus formuliert, die offen oder implizit die ‚authentischen' Formen von Kommunikation, Interaktion und sozialer Praxis in der ‚wirklichen' Welt der Scheinwelt des Cyberspace gegenüberstellt. Uns erscheint eine solche unterschwellig naturalisierende Gegenüberstellung und Bewertung fragwürdig. Vielleicht bietet gerade die reduzierte und ‚unauthentische' Kommunikation im Netz die Chance, ansonsten festliegende soziale Identitäten zumindest teilweise außer Kraft zu setzen. Allerdings bleiben kritische Fragen: Wer sind die Akteure im Internet? (90 % männliche weiße Metropolenmittelschichtsbürger, genau wie in der Linken ...) Wie lange wird es dauern, bis die bestehenden Spielräume in Netz juristisch und polizeilich domestiziert sind? Inwieweit besteht die Gefahr, einmal mehr die Funktion der Avantgarde im kapitalistischen Modernisierungsprozeß zu übernehmen, deren Praxen dann in kommerzialisierter und entschärfter Form in den gesellschaftlichen Mainstream

Das Oster-Hochamt 1950

Kurz vor dem Pariser Osterhochamt in der Kathedrale Notre Dame schlüpfte 1950 eine kleine Gruppe von Lettristen, einer Vorläufergruppe der Situationistischen Internationale, unbemerkt in den hinteren Teil der Kirche. In einem Nebenraum ergriffen sie einen Priester, knebelten ihn, zogen ihn aus und fesselten ihn. Michel Mourre, der früher einmal selbst vorgehabt hatte, das Ordenskleid anzulegen, zog die Priesterkleider an und stieg, kurz bevor der Gottesdienst begann, die Stufen zum Altar hinauf. Nach einem Moment respektvoller Stille setzte er ein: „Heute, am Ostersonntag des heiligen Jahres, hier im

eingehen? Wesentlich erscheint es uns auf jeden Fall, sich bei der Diskussion nicht selbst in den Cyberspace zu katapultieren, sondern das Verhältnis von Cyber-Netzkommunikation und Kommunikation im ‚realen' Echtzeitleben im Auge zu behalten. Sonst laufen wir stets Gefahr, allzu technologiezentriert zu diskutieren oder gar dem Mythos der ‚Informationsgesellschaft' aufzusitzen.

„Vorwärts und viel vergessen!"

Es bleibt die Frage, was aus unseren Überlegungen für die linke Medienpraxis folgt. Das Hauptziel derzeitiger linker Politik müßte unseres Erachtens sein, alternative Vorstellungen von gesellschaftlichen Beziehungen gegenüber dem bestehenden hegemonialen Konsens wieder denkbar zu machen. Dabei muß berücksichtigt werden, daß sich anders als früher ein inhaltlich klar umrissener hegemonialer Diskurs kaum mehr ausmachen läßt: Die herrschende Ideologie vermittelt sich auch und vor allem durch die Formen der Repräsentation. In bezug auf alternative Medien heißt das, daß deren Formen absorbiert und deren Inhalte neutralisiert werden (so, wenn die in den alternativen Medien entwickelten innovativen kulturellen Servicefunktionen mittlerweile die ökonomische Grundlage von Stadtmagazinen à la *Prinz* geworden sind). Aufgrund des mit dieser Entwicklung einhergehenden Funktionsverlusts sehen sich die Medien der ‚Gegenöffentlichkeit' auf die Rolle von Fanzines zurückgeworfen, die sich nur noch an eine relativ kleine soziale Gruppe wenden.

Als solche sind sie allerdings keinesfalls funktionslos. Linke Medien können nach wie vor einen Ausgangspunkt bilden, um bestimmte Informationen in eine (auch bürgerliche) Öffentlichkeit zu tragen und dort Momente einer Delegitimierung der herrschenden Ordnung zu bewirken. Außerdem sind gerade für Teilöffentlichkeiten und Subkulturen funktionierende Kommunikationsstrukturen überaus wichtig: Eigene Medien machen den Raum auf, in dem Abweichendes und Alternatives gedacht und diskutiert werden kann.

Es gilt aber, die Beschränktheit einer solchen Funktion von Medien zu reflektieren und um Möglichkeiten und Spielräume sozialen Handelns außerhalb der virtuelle Welt der Medien zu ringen (Catchen? Boxen? Aikido?). Eine gesellschaftsverändernde soziale Praxis bedarf der konkreten Utopie von einer anderen Gesellschaft, und diese entsteht nicht auf medialer Ebene. Gesellschaftliche Veränderung beginnt auch und in erster Linie im sozialen Alltag. Die Utopie einer anderen Gesellschaft läßt sich nicht in Buchstaben, sondern allenfalls in kulturellen Formen artikulieren, nicht als fertiger Text, sondern stets fragmentiert und unvollständig. Und in einem solchen Kontext haben die linken Medien einen wichtigen Platz, auch wenn derselbe den Machern (welche bekanntlich gerne große und weitreichende strategische Gedanken formulieren) nicht behagen mag. Als Selbstver-

Das Oster-Hochamt 1950 ...

Zeichen der Basilika von Notre Dame, klage ich die universelle katholische Kirche des tödlichen Mißbrauchs unserer lebendigen Kräfte für einen leeren Himmel an". Er schloß seine Ausführungen mit den Worten: „In Wirklichkeit sage ich Euch, Gott ist tot!" Es dauerte einige Minuten, bis die versammelte Gemeinde verstanden hatte, was da vor sich ging. Der vermeintliche Priester entkam durch eine Hintertüre aus der Kirche, jedoch stellte ihn der rasende Kirchen-Mob an den Quais und versuchte, ihn zu lynchen. So war Michel Mourre gezwungen, sich der Polizei zu ergeben, um seinen Hals zu retten. Allerdings besagt ein

ständigungsmittel sind linke Medien unverzichtbar. Gemessen an alten Illusionen mag das wenig sein. Mehr als nichts ist es allemal.

Das Konzept Kommunikationsguerilla steht daher nicht im Widerspruch zu einer Praxis der Gegenöffentlichkeit. Eher ergänzen sich beide Konzepte gegenseitig. Denn was nützen Methoden und Praktiken subversiver Kommunikation, wenn keine Denkangebote vorhanden sind, die sich den hegemonialen gesellschaftlichen Vorstellungen entgegenstellen? Und was bringt eine Politik der Gegenöffentlichkeit, wenn sie keine Ausdrucksformen findet, die gehört und zur Kenntnis genommen werden. Kommunikationsguerilla kann lediglich versuchen, den hegemonialen Konsens aufzubrechen und offene Kommunikationssituationen zu schaffen. Sie ersetzt keine inhaltliche und organisatorische Arbeit, keine Antifa-Aktionen und auch keine eigenen Medien. Basta!

Das Oster-Hochamt 1950 .

Gerücht, daß dieses Osterhochamt letztlich auch bei den Lettristen für Verwirrung sorgte: Angeblich war der falsche Priester von seinem Auftritt so beeindruckt, daß er sich schließlich doch noch in den Schoß der heiligen katholischen Kirche begab.

Das wilde Lachen
Über die subversive Macht der Ambivalenz

Die Autorität hat eine Nase aus Wachs, man kann sie beliebig verformen.
Alain de Lille, 12. Jh.

Sichern Sie sich bei der Apokalypse den Platz in der ersten Reihe.
Werden Sie Luther Blissett.
Luther Blissett, 20. Jh.

Es ist ein Text, ein Sprechen über das Lachen: ein gefährliches Lachen, riskant für die Lachenden, bedrohlich für die herrschende Ordnung. Doch die hoffen, hier Grund zum Lachen zu finden, verstehen es falsch: Dieses Sprechen erklärt und rationalisiert; es bindet das Lachen in eine vernünftige Ordnung. Aber wer in dieser Ordnung verharrt, kann das Wilde Lachen nicht verstehen. Deshalb: Wenn ihr den Text gelesen habt, zerreißt ihn, bastelt Papierkronen daraus und schreibt NEURONOMICON darauf. Oder nehmt die Zettel, verseht sie mit den Namen der sieben wichtigsten Industrienationen in alphabetischer Reihenfolge und hängt sie umgekehrt aufs Klo. Rezitiert dabei von rückwärts eine Denkschrift der Bundesregierung zur Sicherung des Standorts Deutschland. Tut, was immer ihr wollt. Aber wehe denen, die dabei lachen!

Denn es gibt nichts zu lachen. Die Erde fiebert. Ozonloch und schmelzende Polkappen sind die Vorboten einer globalen Klimakatastrophe. Die Artenvielfalt verringert sich in alarmierender Weise, die Wälder sterben. Die Erdbevölkerung explodiert, die Energie- und Wasservorräte werden knapp, die Umweltverschmutzung nimmt dramatisch zu.

Abermals steht die Zeit im Zeichen der apokalyptischen Reiter: Tod, Krieg, Hungersnot und Seuchen überziehen die Kontinente. Aids, Allergien, Rinderwahnsinn und neue Viren bedrohen die Körper; Pest und Cholera sind wieder auf dem Vormarsch.

Die Gesellschaft bricht auseinander. Die Familien zerfallen. Sekten und Okkultismus, Ketzer und Hexen treiben ihr Unwesen. In den Medien, in den Schulen und auf den Straßen nimmt die Gewalt überhand. Organisiertes Verbrechen, Atomschmuggel, Überfremdung und Verkehrskollaps bedrohen den Standort Deutschland. Renten, Pflegekosten, Krankengelder, Sozialleistungen werden unbezahlbar.

Die abendländische Rationalität ist an ihre Grenzen gestoßen. Kirche und Wissenschaft befinden sich in einer tiefgehenden Krise. Nur noch wenige glauben daran, daß die Erde der Mittelpunkt des Universums ist. Wissenschaftler verschiedenster Disziplinen entdecken das Chaos, die Philosophen läuten das Ende der Moderne und der Geschichte ein.

Wie macht man einen psychischen Angriff von Luther Blissett

1. Psychische Angriffe sind nicht ohne Vorläufer, sie haben ihre Wurzeln in einer Reihe alternativer Traditionen des Arbeiterkampfes. Im 19. Jahrhundert pflegten die streikenden Arbeiter der Piemonteser Textilindustrie sich mitten in der Nacht vor den Häusern von Streikbrechern zu versammeln und „Miserere" zu singen. Das erschreckte diese mit Sicherheit zu Tode. 1967 machten die Yippies einen Versuch, das Pentagon zum Schweben zu

Die Ordnung der Angst

Gleichgültig, ob diese Bilder aus Zeitungen, Politikerreden, Expertenstellungnahmen oder Esoterikblättern stammen, ob sie Ausdruck gegenwärtiger oder mittelalterlicher Ängste oder beides sind: Die Sprache der apokalyptischen Bilder ist die Sprache des Mythos. Sie erzählt von der allumfassenden Bedrohung, vom Ende der bekannten Ordnung der Dinge; sie beschwört die dumpfe Angst vor dem Weltuntergang. Alle realen Ängste werden zu Zeichen, die auf die eine, die allumfassende, die Kosmische Angst hinweisen: In den konkreten Ängsten findet der Mythos von der großen Bedrohung seine Bestätigung.

Die Kosmische Angst verwandelt die kleinen Ängste des Alltags. Sie sind nicht mehr Anlaß zum Protest, nicht mehr Ursache für politische Forderungen, nicht mehr Grund zum aktiven Handeln, noch Quelle des Wunsches nach Veränderung. In der Ordnung der Angst haben konkrete Mißstände keinen Namen mehr. Was auch immer zu kritisieren wäre, ist nur konkreter Ausdruck der übergreifenden und abstrakten Bedrohung; der Blick auf diese Bedrohung, der Blick der Kosmischen Angst, ist der lähmende Blick auf die große Schlange. Sie nährt sich vom Gefühl des Ausgeliefertseins und der Hilflosigkeit der einzelnen. In ihrer Ordnung verliert der Wunsch, das eigene Leben bewußt zu gestalten, jeglichen Sinn. Selbst für die kleinsten reformistischen Forderungen, und sei es nur die nach einer funktionierenden Rentenversicherung, ist in dieser Ordnung kein Platz.

Schutz vor der allumfassenden Bedrohung scheinen allenfalls noch die stärksten Bollwerke zu bieten – die Kirche des Mittelalters, der Staat der Gegenwart. Bei den großen Institutionen der Macht suchen die Menschen die letzte, wenn auch stets gefährdete Zuflucht: Nicht durch Protest oder durch Vertrauen in die eigene Kraft, sondern durch Identifikation mit der Macht dämmen sie ihre Angst ein. Angst vor Gewalt? Der Staat vergrößert die Befugnisse der Polizei. Angst vor Aids? Der Staat rät zu Monogamie. Angst vor der Rezession? Der Staat spart für alle. Die Verwaltung der Angst wird dem Staat anvertraut, und im Angesicht dieser unermeßlichen Erleichterung werden Kleinigkeiten wie der Sozialabbau gerne in Kauf genommen.

Doch ist es nicht der Diskurs der Macht selbst, der den Mythos der Kosmischen Angst erschafft, ist er es nicht, der die Konjunkturen der Angst bestimmt? Die Macht erklärt, wo Gefahr ist, und sie schafft das Rettende gleich mit. Sie festigt die gewohnten Muster, bindet die Angst in ‚sichere' Diskurse ein und stellt neue bereit. Die Ordnung der Angst verleiht Unterdrückung und Gewalt, die von den Institutionen der Macht ausgehen, einen Sinn. Nur die Macht bietet Sicherheit: So ist ihr Handeln stets gerechtfertigt. Ob Rezession mit der Abschiebung politischer Flüchtlinge beantwortet wird, Gewaltverbrechen mit dem Ruf nach Kontrolle der Medien, oder die Angst vor Krieg mit Kommunistenhetze –

Wie macht man einen psychischen Angriff ...

---

bringen, um die bösen Geister des Militarismus und Nationalismus zu vertreiben. 1993 boykottierte die Neoist Alliance ein Stockhausenkonzert in Brighton, Großbritannien, indem sie einen psychischen Angriff durchführte und den Konzertsaal zum Schweben brachte. Diese Technik der Telekinese-Guerilla wurde in letzter Zeit von Luther Blissett perfektioniert. Die folgenden Hinweise stellen eine grundlegende Anleitung dar.

all dies hat seine Logik in der Ordnung der Angst: „Die berechtigten Ängste der Bürger müssen berücksichtigt werden."

Tanzen mit dem Vulkan: Das Wilde Lachen

Ironie und Satire, Spielzeuge des Intellekts, spielen mit den konkreten Ängsten ihr kritisches Spiel. Auf der Hochebene des Denkens entlarven sie den Mythos als Lüge, decken seine Widersprüche auf. Aber das Lachen über Satire bleibt begrenzte, intellektuelle Grenzüberschreitung, zu schwach, die zugleich umfassende und unausgesprochene Ordnung der Angst zu erschüttern. So wird es schon in den Schulen gelehrt, muß doch Satire stets versuchen, „durch die Darstellungsweise dem Leser die durch den dargestellten Gegenstand ausgelöste Unlust erträglich zu machen". Wie ist es, wenn die Leserschaft der *taz* über eine Fotomontage von Kohl als Sozialhilfeempfänger lacht: sie bestätigt sich ihr Wissen, daß der Aufruf vom Gürtel-enger-Schnallen nicht an alle gerichtet ist. Doch die Kraft von Gefühlen, von der subjektiven Angst vor der Angst wird so nicht gemindert. „Man gönnt sich ja sonst nichts", sagen selbstgerecht die Spaß-muß-sein-Jünger und lachen ein freudloses oder schadenfrohes Lachen. Indem sie die Angst betäuben, liefern sie sich der Angst vor der Angst aus.

Wer sich kleinmütig mit der Macht identifiziert, tanzt überhaupt nicht. Wer wie die resignierenden Zyniker AUF dem Vulkan tanzt, ignoriert das Beben der Erde. Doch im Angesicht der Angst gibt es auch den Tanz MIT dem Vulkan. Sein Name ist: Das Wilde Lachen. Wo die Krise zum Alltag gehört, entsteht ein Wissen, das den Mythos der Angst überschreitet. Selbst vor die Angst gestellt, als Intellektueller während der Stalin-Ära aus dem Zentrum der herrschenden Kultur an deren Rand verbannt, fand der russische Lachforscher und Literaturwissenschaftler Michail Bachtin eine solche subversive Haltung im karnevalesken Lachen der Renaissance. Aus der Marginalperspektive erkannte er die emanzipatorische Kraft des vom Zentrum Wegdrängenden, die sich im Lachen des Renaissance-Karnevals manifestierte. Dieses subversive Lachen erschallt nicht im Zentrum, sondern an den Rändern der herrschenden Ordnung.

Bachtin, Michail: Rabelais und seine Welt. Frankfurt 1987.

Zu einer Zeit, als die Welt kopfzustehen schien, die Erde aus dem Zentrum des Universums weggerutscht war, die einige und unteilbare Kirche sich gespalten hatte, die Strukturen der Gesellschaft sich umwälzten, verlachte der Karneval der Renaissance das mythische System der Kosmischen Angst. Wenig hat das derbe Lachen dieses Karnevals mit seiner Betonung sämtlicher Funktionen des Körpers und seinen deftigen Beschimpfungen mit den eingezäunten, folklorisierten und disziplinierten Formen von Karneval und Fastnacht zu tun, die wir heute kennen. Und was hätte eine Kommunikationsguerilla mit der Langeweile der MainzBleibtMainzer zu schaffen?

Wie macht man einen psychischen Angriff ...

2. Macht euren Angriff mit Flugblättern, Presseerklärungen, Plakaten und allen anderen notwendigen Mitteln publik. Wählt ein sensationelles Ziel, aber seid in euren Aussagen nie vorhersehbar. Wenn ihr auf die Pauke haut, habt ihr die Chance, die Aufmerksamkeit der Medien auf eure Aktion zu ziehen. Luther Blissett hat es öfter geschafft, Probleme, Zweifel und Schwierigkeiten aufkommen zu lassen, als ihr euch vorstellen könnt.

der erste Kommunikationsguerillero

Eines ist klar: Eulenspiegel mochte die Herren nicht, aber auch nicht die Handwerker. Till Eulenspiegel ist eine historisch überlieferte Gestalt, die als „Spaßvogel, reiner Tor, Zyniker, Wahrheitsfanatiker und Weiser" gilt. Wir dagegen erfinden ihn als den ersten Kommunikationsguerillero.
Denn es hat insbesondere in Deutschland Methode, Unliebsames und Infragestellungen von Macht als Narretei abzutun. Gerade Till Eulenspiegel wurde zu einer Witzfigur verharmlost, und bis heute ist der Vorwurf hofnärrischer Klamaukmacherei bevorzugt aus den Reihen der ‚aufgeklärten Kritik' zu hören. Damit macht sie sich einmal mehr mit der Macht gemein, die zu allen Zeiten versucht(e), radikalere Kritik als lächerlich erscheinen zu lassen.
Till Eulenspiegel soll gegen Ende des 13. Jahrhunderts in Kneitlingen bei Braunschweig geboren worden sein. Die älteste erhaltene schriftliche Überlieferung geht auf das Jahr 1515 zurück, in der der Eulenspiegel-Gestalt nachgesagt wird, daß der tölpelhafte Bauer durch die Lande gezogen sei und sich als Hofnarr des polnischen Königs Kasimir hervorgetan habe. Die Legende besagt außerdem, daß Eulenspiegel von allen verspottet und geprellt worden sei und daraufhin den Spieß umgedreht habe. Meist werden dabei Situationen überliefert, in denen er mit Wortwitz die Lesart seiner Handlungen selbst bestimmt:
Als Eulenspiegel versprach, für 200 Gulden dem Landgrafen von Hessen meisterliche Bilder in sein Schloß zu

Doch das Lachen der Gaukler, Schelme und Narren, die Possen und Eulenspiegeleien, das wilde und zügellose Lachen über die ganze Welt kann einer solchen ‚Guerilla' vieles zeigen: Gegen die Ordnung der Eindeutigkeiten und Sicherheiten mit ihren Ausschließungsprozessen schafft der Große Karneval mit Genuß eine Kultur der Ambivalenzen. In der Vieldeutigkeit finden sich Ausgangspunkte für emanzipatorische Veränderung des Bestehenden. Bachtins Beschreibung zeigt, wie das Lachen dieses Karnevals in die herrschenden Zeichensysteme, in die kulturelle Grammatik einer Gesellschaft in der Krise eingreift: Wandel und Krise werden als primäre Lebensbedingungen erlebt, sie verschwinden zwar nicht, doch ihr magischer Bann ist gebrochen. Die Macht verliert, wenn auch nur für einen begrenzten Zeitraum, ihre Funktion als Verwalterin der Angst. Denn das, wovor sie Schutz bieten will – das Auseinanderfallen der göttlichen Schöpfungsordnung – wird in unzähligen Karnevalsspielen und -messen auf den öffentlichen Plätzen dargestellt und von unbändigem Lachen begleitet. Dort sprechen lachende Stimmen aus, was nicht gesagt werden darf: Die Welt ist tatsächlich aus ihren Fugen geraten, alles könnte ganz anders sein, als es erscheint, alles ist ganz anders: Der Tod geht in Gestalt einer alten Frau schwanger, die Hosen werden auf dem Kopf getragen, die Knechte werden zu Herren. Niemand braucht mehr die Macht, denn die Unordnung wirkt zugunsten der einfachen Leute.

Wie macht man einen psychischen Angriff ...

3. Auch Leute, die nicht pyhsisch bei der Aktion anwesend sind, können am Psychischen Angriff teilnehmen, obwohl die Effektivität eurer Aktion von der Sichtbarkeit der parapsychologischen Krieger abhängt.

malen, verprasste er den halben Lohn innerhalb einer Woche. Da er aber des Pinselstrichs ganz und gar nicht mächtig war, zog er sich folgendermaßen aus der Affäre: Er führte nach Abschluß der ‚Arbeiten' dem Landgraf sein nicht vorhandenes Werk vor, nicht ohne ihn jedoch zuvor darauf hingewiesen zu haben, daß nur derjenige die Bilder auch sehen könne, der ordentlich ehelich geboren worden sei. Narrenfiguren wie der Eulenspiegel (und der ○ Schwejk) zeichnen sich durch ihr Bemühen aus, Dienst nach Vorschrift, Recht nach den Buchstaben des Gesetzes und Verständnis nach der formalen Definition von Begriffen zu praktizieren. Sie lassen sich diese Vorschriften, Gesetze und Definitionen in aller Bescheidenheit von der Gesellschaft vorgeben und erlauben es sich, „unser alltägliches Tun und Treiben, unsere selbstverständlichen Urteile und Rechtfertigungen ganz ernst zu nehmen. Und das heißt, sie wortwörtlich zu nehmen." Eulenspiegels Erfolge beruhen auf hervorragenden Kenntnissen der ○ Kulturellen Grammatik und auf seiner Fähigkeit, die Bedeutung scheinbar eindeutiger Aussagen unversehens zu verschieben:

Eulenspiegel wird von seinem Landesherren bei Androhung härtester Strafen zum Verlassen des landesherrlichen Grund und Boden verurteilt. Kurz danach stellt der Landesherr Eulenspiegel auf einem mit Erde beladenen Eselskarren. Als er nun Eulenspiegel aufgrund des höchstrichterlichen Urteils

Brock, Bazon: Strategie der Affirmation. ‚Besetzung' und ‚Bilderkrieg' als affirmative Strategien. In: Ders.: Ästhetik gegen erzwungene Unmittelbarkeit. Die Gottsucherbande. Schriften 1978–1986. Band VIII, Teil 5. Köln 1986, S. 293–303. u. Aller gefährliche Unsinn entsteht aus dem Kampf gegen die Narren oder Eulenspiegel als Philosoph..., ebd., S. 287–292.

Dieses unbändige Wilde Lachen entzieht sich den Ängsten nicht, es packt zu, nimmt sie aus der mythischen Ordnung der Kosmischen Angst heraus und verlacht die ganze Welt: die Obrigkeit, die eigenen Eitelkeiten, Normalitäten und Ängste. Es bricht aus der beängstigenden Unsicherheit aus und überschreitet die Grenze des Raums, in dem die Möglichkeit der Befreiung aufscheint. Und diese Möglichkeit entsteht im Zeichen der anderen, der ‚verkehrten' Welt.

Die Wahl der Narrenkönigin, die derben Witze von der Kanzel, die momentane Umkehrung sozialer Hierarchien und gültiger Werte, das ritualisierte ○ *Crossdressing*, all das zeigt für Bachtin ein „Wissen um die Möglichkeit einer vollständigen Abkehr von der gegenwärtigen Ordnung". Das Lachen des Großen Karnevals ist noch keine Forderung nach sozialer Verbesserung, nach Revolution. Doch stimmt es der herrschenden Ordnung nicht zu: Zwar mag, wer das Lachen des Karnevals oder die Haltung des Wilden Lachens am modernen Konzept des sozialen Protestes mißt, sie als affirmativ bewerten, sie sogar als Ventil verstehen, das den gesellschaftlichen Druck erträglich macht. Doch ihre subversive Kraft liegt vor dem Reich des sozialen Protests, des Kampfes um Arbeiterrechte, vor Streiks und Demonstrationen. Griff der soziale Protest des 19. und 20. Jahrhunderts über einzelne Bestandteile der hegemonialen Ordnung die Klassengesellschaft an, so stellte der Karneval

Wie macht man einen psychischen Angriff ...

4. Zum festgesetzten Zeitpunkt begebt euch einzeln oder in einer Gruppe vor das Ziel, visualisiert eure Feinde mit gebrochenem Hals. Wenn ihr das zu schwierig findet, verbrennt stattdessen ein Photo der Zielpersonen, während ihr mörderische Gedanken auf ihr Bild projiziert.

belangen will, entgegnet ihm Eulenspiegel, daß er sich völlig an den Wortlaut des Urteils gehalten habe. Die Erde auf dem Karren sei fremde Erde, und der Karren gehöre ihm – Eulenspiegel.
Eulenspiegel weiß nur zu genau, wie die Macht mit denen umspringt, die sich ihr entgegenstellen. Die Schwachen haben keine andere Möglichkeit, der Macht entgegenzutreten, als deren Ansprüche soweit auf die Spitze zu treiben, daß sie sich gegen die Macht selbst wenden (⊙ Subversive Affirmation).
Wo Eulenspiegel auftauchte, warnten die Eltern vor ihm, sein schlechter Einfluß mache die Kinder wollüstig, und die ehrenwerte Gauklergilde wollte mit einem, der sie mit seinen Kunststücken verspottete, auch nichts zu tun haben. Alsbald nahmen die Buchschreiber diesen Disput auf. Für die einen ist der gute Eulenspiegel der, der konstruktiv das Denken und Handeln der Menschen beeinflußt, bei den anderen bleibt er die moralisch verwerfliche Gestalt, die nichts anderes im Sinn hat, als Unruhe und Zwietracht unter das Volk zu bringen.
Die Figur des Eulenspiegel, der, so er denn gelebt hat, wohl ein ziemlicher Halsabschneider, Schurke, Gauner und Betrüger war, findet seit nunmehr 450 Jahren ihren Niederschlag in der Literatur. Seit Mitte des 18. Jahrhunderts arbeiten die Erzieherinnen an einer Umwertung des Eulenspiegels, der nunmehr eher zur Erheiterung als zur Abschreckung dienen soll. Heute dürfen sogar die Kinder in der Theater-AG der Schulen das Leben des Eulenspiegel nachspielen. ⊙

der Renaissance die symbolische Ordnung der Welt im Ganzen in Frage: Er nahm dem mythischen System der Kosmischen Angst mit seinem Katalog von Sanktionen (Himmel, Hölle und Fegefeuer) und Bußritualen, wenngleich nur für begrenzte Zeit, seine Unantastbarkeit.

Noch nicht um die Durchsetzung einer besseren Ordnung ging es dabei, sondern darum, die bestehende Normalität der Welt ins Absurde zu überführen. Die Stilmittel des Karnevalesken sind groteske Verschiebungen des Bestehenden. Nicht eine einfache Umkehrung der Machtstrukturen macht die ‚verkehrte Welt' des Großen Karnevals aus. Die Verschiebung, durch die sie entsteht, überschreitet die Strukturen der Macht ebenso wie deren Umkehrung. Sie zieht die ganze herrschende Ordnung der Welt in den Strudel des Wilden Lachens. In diesem Lachen öffnen sich die Diskurse, lösen sich unumstößliche Wahrheiten auf, erhalten die Dinge neue und vielfältige Bedeutungen: Der Große Karneval propagiert die Wahrheit der Relativität der Wahrheiten. Die Lachende bewegt sich in einer Zwischenwelt, in der sie sich weder vollständig an die restriktive Kultur anpaßt noch zum offenen Angriff übergeht. Wenn die Zeit reif ist, wird sie sich entscheiden können. Noch gibt sie das Leben nicht auf, das sie nur innerhalb der bestehenden Welt fortführen kann, aber sie verzichtet auch nicht auf die Ahnung einer anderen im Spiel der karnevalesken Verkehrung.

Wie macht man einen psychischen Angriff ...

5. Hebt die Arme über den Kopf, so daß sich Ellenbogen und Fäuste berühren, und stellt euch breitbeinig hin. Laßt die Fäuste während des Angriffs zusammen. Atmet tief ein und dann aus, während ihr das Wort „Kassandraruf" ausstoßt. Wiederholt das dreizehnmal. Jetzt seid ihr bereit.

Dort regieren Anti-Hierarchie und fröhliche Relativität der Werte, heitere Anarchie und Verspottung aller Dogmen; dort zeigt sich die Vielzahl der Perspektiven. So legt das Lachen eine zweite Ordnung über die Welt, und diese zweite Ordnung ist den Menschen ebenso verständlich wie die offizielle, gewohnte und alltägliche. Die Haltung des Wilden Lachens selbst ist noch kein Aufruhr gegen die Macht, aber sie macht den Aufruhr möglich.

Bachtin beschreibt den Karneval der Renaissance nicht als Gegenkultur, sondern als „hybride Kultur", die mit der offiziellen Kultur im Austausch steht, sich zugleich von ihr abgrenzt und mit ihr verschwimmt. Er geht von einer unauflösbaren Verflechtung von Karneval und parodierter, grotesker Version von offizieller Kultur aus. Das Wilde Lachen ist zugleich innen und außen, es ergreift Elemente der herrschenden Ordnung und setzt aus ihnen ein neues Zeichensystem zusammen, eine neue Erklärung der Welt. Gerade das Hybride des Karnevals treibt den einen Sinn, auf den die Kultur der Eindeutigkeiten baut, auseinander. Weil das Lachen und die Groteske mit der offiziellen Kultur verschmelzen, lassen sie sich nicht einfach verbieten, aus dem Verkehr ziehen, eliminieren. Gerade in der Verschmelzung von Volkskultur und Hochkultur wittert der alte Mönch Jorge von Burgos in Ecos „Der Name der Rose" Gefahr: „Würde jedoch eines Tages jemand die Kunst des Lachens zur schneidenden Waffe schmieden, würde alsdann die Rhetorik des Überzeugens ersetzt durch eine Rhetorik des Spottens ..., dann würde der Furz und der Rülpser sich anmaßen, was nur allein dem Geist gebührt, nämlich zu wehen, wo er will."

Eco, Umberto: Der Name der Rose. München/Wien 1986.

Das Wilde Lachen mußte und muß von der Macht immer wieder unterbunden werden, denn ihre Sprache funktioniert nur dann, wenn ihre geschlossenen Diskurse voll ungeheurer Bedrohungen, einziger Lösungen (heutzutage: Sachzwänge) und eindeutiger Wahrheiten ernst genommen werden. Das ist der Grund, weshalb die Katholische Kirche, die alleinseligmachenden Wahrheit in der Renaissance, immer wieder versuchte, den Karneval zu verbieten: „Wenn das Lachen die Kurzweil des niederen Volkes ist, so muß die Freiheit des niederen Volkes in engen Grenzen gehalten, muß erniedrigt und eingeschüchtert werden durch Ernst." (Eco 1986) Deshalb muß bei Eco der alte Jorge als Bewahrer der Macht zum Lachfeind werden. Und deshalb wurde Kosje Koster in den Amsterdamer

○ *Provo*-Jahren verhaftet, nur weil sie Rosinen an Passanten verteilt hatte – eine von vielen scheinbar harmlosen und in ihrer Lustigkeit gefährlichen Aktionen, die zusammengenommen den Zweifel an der eindeutigen Richtigkeit der Ordnung der Dinge geschürt hatten. Das Wilde Lachen ist gefährlich – für diejenigen, die es leben, aber auch für die Macht.

Der Gott des Mittelalters wie der ‚Standort Deutschland' der Gegenwart sind Zeichen für die Angst des Knechtes vor dem Herrn, Signifikanten für die mythische Ordnung

Wie macht man einen psychischen Angriff ...

6. Richtet eure Blicke auf das Ziel oder in dessen Richtung. Summt laut die Silbe „Ohm", bis ihr euch erleuchtet fühlt. Wenn ihr ein Gefühl der Atemnot bekommt, laßt euch nicht beunruhigen. Es ist nicht gefährlich, weiterzumachen, aber auch wenn ihr aufhört, könnt ihr sicher sein, daß der psychische Angriff zumindest teilweise erfolgreich war und die Zielpersonen durch diese Aktion demoralisiert wurden.

der Angst. Aus dem verschollenen Buch über das Lachen, um das sich Ecos Roman spinnt, könnte „das neue und destruktive Trachten nach Überwindung des Todes durch Befreiung von Angst entstehen". Das Wissen um das Wilde Lachen muß daher im Roman geheim bleiben – und vielleicht ebenso in der Wirklichkeit unserer Welt.

Zwar darf offiziell gelacht werden, zu Mainz und anderswo. Doch streng bleibt dort das Simulakrum von „Spaß muß sein", Vergnügung und Heiterkeit getrennt von Leiden, Krieg und Tod: Die Welt der Ambivalenzen und Unsicherheiten hat keinen Platz im Treiben des gegenwärtigen Karnevals noch im bunten Theater der 57 Fernsehkanäle. So wurden im Jahr des Golfkriegs, als nicht nur in den Medien das große Ritual der Kosmischen Angst beschworen wurde, die Karnevalsfeiern abgesagt. Die Feiern mußten nicht verboten werden, denn in jedem einzelnen Faschingsfreund sprach die Stimme der Moral und verbot die ungebührliche Vermischung von Lachen und Leid.

Im Zeichen des Wilden Lachens wäre das Wissen um ein derartiges Endzeitereignis vielleicht Anlaß gewesen, den ekstatischsten, ausuferndsten Karneval aller Zeiten zu feiern. Denn das wilde Lachen bezieht sich auf die ganze Welt und schließt Tod, Leid und Unterdrückung ein. Es überschreitet die Grenzen der Angemessenheit.

Das Wilde Lachen ist kollektiv; der Karneval des Wilden Lachens gleicht einem Schauspiel ohne Bühne, in dem die Zuschauer spielen und die Schauspielerinnen zuschauen. Im Wirbel des Wilden Lachens lösen sich die Grenzen zwischen den einzelnen auf. Dies war zu spüren, als 1975 in Bologna der Große Karneval ausbrach, ungestüm, gewalttätig und zügellos: Das Fest der Krise und gegen die Krise war wieder da, befreit aus dem Korsett der Folklore, voller Aufsässigkeit, Rebellion, Zügellosigkeit und Liederlichkeit. Auch wenn es wieder verschwunden ist – im kollektiven Gedächtnis hat es seine Spuren hinterlassen.

Und die Mißachtung der kulturellen Ordnung, die die Rhetorik des Überzeugens der des Spottens vorzieht, kam zum Ausdruck, als junge Menschen eine Veranstaltung der Republikaner nicht militant störten und auch keine Flugblätter verteilten, sondern einfach in nächster Nähe ein rauschendes Fest feierten.

Nicht das satirische Lachen, nicht das bittere Lachen des Wir-haben's-ja-gewußt oder das dumpfe Spaß-muß-sein bringt Mut und Gelassenheit, nicht das überhebliche blöd-sind-die-anderen-Lachen gefährdet die Ordnung der Dinge. Solange Lachen für die linke politische Praxis bestenfalls ein Bonbon ist, mit dem sich die geplagte Aktivistin den Feierabend versüßt, ist es für niemanden bedrohlich und auch für die Lachenden nicht gefährlich. Aber wenn die Haltung des Wilden Lachens Teil allen Handelns und Denkens wird, wenn das Lachen aus seinen eingezäunten Reservaten ausbricht und die symbolische Ordnung der Dinge angreift, entfaltet es seine subversive Kraft: Dann ist eine Spaßguerilla

Wie macht man einen psychischen Angriff .

---

7. Die Aktion muß durch Luther Blissett ausgerufen und legitimiert werden, aber ihr könnt dazu einfach mich, Luther, uns oder euch selbst anrufen.

„Was ist Dada? Eine Kunst? eine Philosophie? Eine Feuerversicherung oder Staatsreligion? Ist Dada wirkliche Energie? Oder ist es gar nichts, d.h. alles?" Zumindest eines ist sicher: „Dada" ist ein „haarstärkendes Kopfwasser" der Firma Bergmann & Co aus Zürich.

Der Dadaismus wurde 1916 in einer kleinen Zürcher Kneipe, dem Cabaret Voltaire, begründet. Sie befand sich nur einige Häuser von Lenins damaliger Wohnung entfernt. Allerdings: Der Konflikt zwischen antiautoritärer Praxis und Leninismus wurde auf später verschoben; es gibt keinen Hinweis darauf, daß die damaligen Protagonisten voneinander Kenntnis genommen hätten. Dadaisten gab es in Berlin, Köln, Hannover, Paris und anderen europäischen Großstädten. Die Erfindung einer kleinen Gruppe wurde zu einer bekannten künstlerischen Strömung. Als solche betrieben sie das bekannte Spiel der Spaltungen, Polemiken und Flügelkämpfe, das später von den Situationisten (○ Situationistische Internationale) und ○ Neoisten perfektioniert wurde.

Es fällt schwer, bei einer Betrachtung der Dadaisten nicht in Beschimpfungen auszubrechen: Die Zürcher waren ein Haufen bürgerlicher Narzisten, die auch noch ihre blödesten Ideen für großartig hielten. Kurt Schwitters war ein angepaßter Saubermann, und Max Ernst glänzte in erster Linie durch seine galletriefenden Polemiken gegen die Berliner Dadaisten – von denen ja zumindest einige ihre Kunst konkret mit politischen Ideen verknüpften. Kurz –

des Wilden Lachens mehr als nur belangloses Spiel, dann wäre die Stätte der Veränderung bereitet. Wie eine solche Haltung schaffen, wie den Großen Karneval beschwören? Wer am Ende keine Antwort wünscht, mag sie am Anfang suchen.

Schuhmann, Klaus (Hg.) Sankt Ziegenzack springt aus dem Ei. Texte und Bilder zum Dadaismus in Zürich, Berlin, Hannover und Köln. Leipzig, Weimar 1991.

der Dadaismus und die meisten seiner Vertreter waren allem Anschein nach weder besonders solidarisch mit irgendwem noch Pazifisten oder Revolutionäre, als die sie die Kunstgeschichtsschreibung gerne darstellt.

Dennoch: Die Dadaisten wirkten revolutionär. Sie formulierten eine Kunstkritik, die über Differenzen in Stil oder Mal- und Schreibweise weit hinausging und eine grundlegende Gesellschaftskritik beinhaltete. Gegen den Sinn der Kunst setzten sie die Poesie des Zufalls und erhoben die Verwertung von Funden, die sie im alltäglichen Leben machten, zum künstlerischen Prinzip. Daraus entstand beispielsweise das Simultangedicht, das von mehreren gleichzeitig gedichtet und vorgetragen wird und aus Silben, Geräuschen, Geheul und Gejaule bestehen kann. Die Dadatheorie besagt denn auch: „Der Gegenpol von Sinn ist nicht Unsinn, sondern verdrehter Sinn", und sie formulierte damit eine erste Variante des Kommunikationsguerillakonzeptes.

Die Vortragsformen der Dadaisten waren darauf angelegt, das Publikum zu schockieren und zu provozieren. Bluff, Täuschung und Beschimpfungen führten nicht selten zu Skandalen, was von den Dadaisten wiederum als durchschlagender Erfolg gewertet wurde. Im besten Falle entstanden Situationen, in denen Gewaltanwendung von beiden Seiten nicht mehr auszuschließen war. Das Berliner Manifest verkündete: „Wir wollen: Aufreizen, umwerfen, bluf-

Kommunikationsguerilla, Kunstguerilla oder was?

Kunstvoll gefälschte und kreativ verfremdete Werbetafeln und Dokumente, Gestaltung des öffentlichen Raums mit künstlerischen Mitteln, theatralische Einlagen bei Wahlkampfveranstaltungen und im Straßenalltag, Kritik im Gewand ästhetischer Formen – bei so viel Kunst stellt sich die Frage nach dem Verhältnis von Kommunikationsguerilla zum Kunstbetrieb und nach ihrem Kunstbegriff.

Kunst produziert Bedeutung. Je nachdem, wie Kunstwerke im hegemonialen Diskurs eingeordnet werden, wirken sie affirmativ oder subversiv. Über ihre Qualität sagt das nichts aus. Kommunikationsguerilla interessiert sich nicht für die Qualität von Kunst nach den Kriterien der Kunstgeschichte, sondern für die Brauchbarkeit ihrer ästhetischen Mittel für eine subversive politische Praxis.

Grundlegende Ideen der Kommunikationsguerilla sind in Künstlergruppen wie der ○ *Situationistischen Internationale* entstanden und wurden von ihnen in der Auseinandersetzung mit traditionellen Kunstbegriffen entwickelt und ausprobiert. Daß phantasievolle und unkonventionelle Aktionsformen dort und nicht in den Sitzungen und Diskussionen politischer Zirkel aufkamen, liegt zum Teil in der gesellschaftlichen Verortung der Kunstszene: Dort ist es möglich, außerhalb eines anerkannten linken Polit-Kanons zu denken und nichts für unmöglich zu halten; sie bildet im Gegensatz zu den meisten linken Gruppierun-

Polizeiliche Auflösung des dadaistischen Weltkongresses

In zahlreichen deutschen und schweizerischen Tageszeitungen erschien im Januar 1920 der Artikel eines gewissen K. F., der von unglaublichen Vorgängen auf dem angeblich in Genf stattfindenden ersten Weltkongreß der Dadaisten berichtete (Serner 1982). Dieser fand nämlich, so schreibt der Journalist K. F., ein jähes Ende:

„Er wurde polizeilich aufgelöst und wird zweifellos mehreren Teilnehmern ein gerichtliches Nachspiel eintragen. Und zwar mit Recht. Denn der Scherz (oder die Satire oder der Schabernack oder die Verrücktheit) war wirklich etwas zu weit getrieben worden.

fen, triezen, zu Tode kitzeln, wirr, ohne Zusammenhang, Draufgänger und Negationisten sein."
Im Zusammenhang mit der Novemberrevolution am Ende des Ersten Weltkriegs proklamierten die Berliner Dadaisten das Ende der Kunst („Geschossen wird doch"). In einem „karnevalistischen ästhetischen Terrorismus" sahen sie ihre Phantasie und Wut besser aufgehoben als in der Kunst. Vor allem Grosz und Heartfield aus der Berliner Gruppe entwickelten ○ Montagen und Collagen als gesellschaftskritische Ausdrucksformen.

Bergius, Hanne: Das Lachen DADAs. Die Berliner Dadaisten und ihre Aktionen. Werkbund-Archiv Bd. 19, Gießen 1993.

Die respektlosen Dadaisten warteten nicht sittsam ab, bis ihnen öffentliche Aufmerksamkeit zuteil wurden; sie erfanden einfach Artikel über spektakuläre Dada-Ereignisse und schmuggelten sie unter Pseudonymen in die Tageszeitungen (○ Erfindungen). Als einige um die Moral besorgte Hannoveraner Honoratioren 1920 Plakate mit den Zehn Geboten und dem Zusatz „Irret euch nicht, Gott läßt sich nicht spotten" anbringen ließen, demonstrierte auch Kurt Schwitters auf einem eigenen Plakat virtuose Beherrschung der Reflexivpronomen, indem er eine gewisse Anna Blume liebesbesang: „Du tropfes Tier, ich liebe dir". Diese virtuelle Person kandidierte später für eine erfundende Partei: „Wählt Anna Blume! M.P.D. = Merz-Partei Deutschland = Mehrheitspartei DADA."

Siepmann, Eckhard: Die Negation der Negation als brennender Weihnachtsbaum. In: Ders.: (Red.): Heiss und kalt. Berlin 1988, S. 641.

Wie die Dadaisten letztlich einzuschätzen sind, ist eigentlich gar nicht so wichtig, denn was zählt, ist

gen einen Raum, in dem die Kreativität des Denkens und Handelns im Mittelpunkt steht. Innerhalb der immer wieder auf Konsens oder Parteilinie hindiskutierenden linken Gruppierungen wird diese Kreativität durch die Konventionen linken Politikverständnisses oft schon im Ansatz erstickt. „Langeweile ist immer konterrevolutionär", hatten die Situationisten behauptet. Für sie war Langeweile eine moderne Form von Kontrolle. Sie erlaubten sich, den von der traditionellen Linken mißachteten ‚Überbau' aus ihrer eigenen Perspektive zu analysieren: „Das Spektakel", schrieb Debord, sei „das Kapital, das einen solchen Akkumulationsgrad erreicht, daß es zum Bild wird." Für die SI war im Spektakel Passivität zugleich Mittel und Zweck eines großen verborgenen Projekts, eines Projekts gesellschaftlicher Kontrolle, das keine Schauspieler produzierte, sondern Zuschauer. „Die Entfremdung des Zuschauers zugunsten des angeschauten Objekts drückt sich so aus: je mehr er zuschaut, umso weniger lebt er, je mehr er sich in den herrschenden Bildern des Bedürfnisses wiederzuerkennen akzeptiert, um so weniger versteht er seine eigene Existenz und seine eigene Begierde".

Debord, Guy: Die Gesellschaft des Spektakels. Hamburg 1978, S. 15.

Solche Überlegungen, die die Grundlage für situationistische Aktionsformen bilden, entstanden eher aus einer Plünderung als aus einer minutiösen Exegese der Marxschen Schriften. Wie die Situationisten Marx benutzten,

Dadaistischer Weltkongresses ...

Es kam nämlich zwischen Tristan Tzara, dem Gründer des Dadaismus, und dem bekannten dadaistischen Philosophen Serner zu einem heftigen Wortwechsel, in dessen Verlauf Serner plötzlich eine Browning zog und vier blinde Schüsse auf Tzara abgab, der soviel Geistesgegenwart besaß, sofort vom Stuhl zu sinken. Die Folge war jedoch, daß die zahlreich besetzte Galerie, welche nicht daran zweifelte, daß scharf geschossen worden war, eine Panik ergriff, die nur durch das rasche und umsichtige Eingreifen einiger kluger Köpfe noch rechtzeitig eingedämmt werden konnte. Polizeiorgane, die unmittelbar darauf erschienen,

der Mythos Dada, an dem schon in den 20er Jahren die ersten Dadaisten eifrig zu stricken begannen. Die Zerstörung und Neuzusammensetzung des Normalen und Alltäglichen, die rücksichtslose Experimentierfreudigkeit und die Unverschämtheit, mit der die Dadaisten die Medien benutzten, übten eine große Faszination auf spätere politische Bewegungen in Frankreich, Italien, der BRD und den USA aus, die der herrschenden Politik antiautoritäre, libertäre Konzepte entgegensetzten. Auftritte wie der der Lettristen beim Osterhochamt in der Pariser Kathedrale Notre-Dame erscheinen direkt von Baaders provokativen Aktionen im Reichstag, auf der Straße und im Berliner Dom inspiriert. Dort hielt er eine lästerliche Predigt: „Ich frage Sie, was ist Ihnen Jesus Christus? Er ist Ihnen Wurst".
Parallelen zwischen den ○ Yippies und den Dadaisten bestehen nicht nur in der geschickten Instrumentalisierung der Medien, sondern auch in Aktionsformen der „degradierenden Verherrlichung" (○ Imageverschmutzung) durch Ernennung von politischen Persönlichkeiten zu Dadaisten bzw. Yippies.
Dada ist Anarchie, ist Zerstören von bürgerlichen Sinnkonstruktionen und das Erfinden eigener Ausdrucksformen. In dieser Lesart war Dada ein historischer Anknüpfungspunkt, den sich 1968 auch die ○ Kommune 1 und später die italienischen Mao-Dadaisten im Umfeld von ○ Radio Alice und ○ A/Traverso Il Male zu eigen machten: „Mao ist ein alter Dada." Womit sie natürlich recht hatten. ⊙

können Kommunikationsguerilleras an die Situationisten anknüpfen. Sie ○ *entwenden* die situationistischen Aktionsformen und beziehen sich überhaupt nicht auf Kunst, nicht affirmativ und auch nicht durch das Postulieren einer Antikunst. Kommunikationsguerilla ist ein Versuch, linke Politik durch den Angriff auf die ästhetischen Konventionen der Macht zu erweitern. Sie eignet sich die im Rahmen der Kunst-Avantgarde entstandenen Methoden an und entführt sie in Kontexte außerhalb des Kunstbetriebs.

Warum legt eine Kommunikationsguerilla so großen Wert darauf, außerhalb des Kunstbetriebs zu agieren? Warum bieten die Eigenheiten des Kunstbetriebs nicht nur Voraussetzungen dafür, unkonventionelle, möglicherweise sogar revolutionäre Vorstellungen zu entwickeln, sondern bewirken potentiell auch das Scheitern radikaler Kunst?

Der bürgerliche Künstlermythos verkörpert die Freiheit des Individuums, die Idee des Genius, der losgelöst von gesellschaftlichen Beschränkungen nur aus sich selbst heraus arbeitet und dessen Werke rein ästhetisch zu würdigen sind. Deshalb werden politische oder gesellschaftskritische Momente in Kunstwerken in der Regel nicht als Angriff auf gesellschaftliche Zustände rezipiert. Wenn die politische Aussage nicht über ihre Ästhetisierung völlig absorbiert wird, gerinnt sie allenfalls zum Beweis für die selbstkritische Offenheit ihrer Rezipientinnen. So bleibt sie nicht nur folgenlos, sondern kann sogar noch dazu bei-

Dadaistischer Weltkongresses ...

räumten den Saal und brachten Serner und Tzara auf das in der Nähe befindliche Kommissariat, von wo sie, nach kurzem Verhör wieder freigelassen, von den auf der Straße wartenden Dadaisten im Triumph auf den Schultern bis zu ihrem Hotel getragen wurden. Tags darauf erschien zur allgemeinen Heiterkeit des Publikums in der ‚Tribune de Genève' ein geharnischter Artikel (freilich als bezahltes Inserat), (...) in dem der Öffentlichkeit in einem sehr skurrilen Französisch mitgeteilt wurde, daß der Kongreß in geheimer Sitzung die Resolution gefaßt habe, die Verwendung von blinden Schüssen in dadaistischen Diskussionen

tragen, diejenigen Verhältnisse zu stabilisieren, auf die sie sich kritisch bezieht. Die ideologische Wirkung des Künstlermythos muß nicht von der Künstlerin beabsichtigt sein. Es wäre völliger Blödsinn, sie als bewußte Handlangerin des Kapitalismus hinzustellen. Die Ideologie ergibt sich aus den Bedingungen und Mechanismen künstlerischer Produktion in der Gesellschaft.

Die Weihe kreativer Produkte zu Kunstwerken beruht auf Codes und Übereinkünften, die nur mit einer großen Menge an Bildung ‚verstehbar' sind. Eine noch größere Menge an Geld ist notwendig, um sie zu erwerben. Somit braucht man ökonomisches und kulturelles Kapital, um sich als Kunstkennerin und -liebhaber darzustellen. Plakativ gesprochen: Kunst ist nicht frei, sondern ein kapitalistischer Markt, auf dem die Ideologie der Freiheit des Individuums feilgeboten wird. Nichts eignet sich besser als Kunstwerke, um gegenüber weniger privilegierten gesellschaftlichen Klassen den eigenen Status darzustellen und so Distinktionsgewinne zu erzielen. Angehörige der subalternen Klassen können sich das nicht nur nicht leisten, sondern wären nicht einmal dazu in der Lage zu entscheiden, was sie kaufen sollten, um den Effekt der Inszenierung symbolischen Kapitals zu erzielen.

Es stellt sich die Frage, ob diese Einschätzung auch auf die Avantgarden der Kunstszene mit ihren kunstkritischen Konzepten zutrifft. Zwar finden viele Avantgarde-Bewegungen schließlich ihren Platz in der etablierten Kunstszene, doch geht dieser Plazierung zumeist eine Phase voraus, in welcher nur wenig Anerkennung zu holen und eine gesellschaftliche Reputation nicht in Sicht ist. Erklärtes Ziel solcher Bewegungen ist es allemal, den bürgerlichen Kunstbetrieb zu kritisieren, und sie beziehen sich dabei häufig auf extreme politische Labels. Die künstlerische ‚Avantgarde' lebt von radikaler Ästhetik; sie grenzt ein Territorium ein, innerhalb dessen Grenzüberschreitungen jeder Art gefördert und regelmäßig dem Blick der Öffentlichkeit vorgestellt werden. Indem sich noch die radikalste Grenzüberschreitung in den Strukturen des Kunstbereichs rückversichert, wiederholt sich der bekannte Mechanismus: Die hohe Kultur produziert und kontrolliert bis in die Formierungsprozesse von Avantgarde hinein ihre eigenen Subversionen. Die Praxis avantgardistischer ‚Grenzüberschreitung' ist im Rahmen der Funktion von Kunst als Produzentin kulturellen Kapitals nicht subversiv, sondern von vorneherein ein integrierter Bestandteil des Kunstbetriebs, der den Marktpreis, das Prestige in der Szene oder die institutionelle Anerkennung erhöht. Die Avantgardekunst ermöglicht Kunstmäzenen eine Abgrenzung von den Mittelschichten, die inzwischen massenweise zu Ausstellungen klassischer moderner Kunst strömen.

Auch die Orte und Kontexte, in denen Kunst zugänglich ist, bestimmen ihre Rezeption. In Museen, Galerien, Konzertsälen und Theatern ist alles möglich; dort kann

Dadaistischer Weltkongresses ...

sei nicht nur erlaubt, sondern sogar, weil erfrischend, erwünscht, allerdings nur unter der Bedingung, daß der Schießende sofort eine völlig neue dritte Meinung annehme. Man darf wahrlich gespannt sein, welcher Meinung die Genfer Gerichte sein werden." Der Bericht läßt bereits erahnen, daß hier Betrug im Spiel ist: Zeitungsartikel erscheinen, die keine sind, und dadaistische Beschlüsse werden verkündet, die mit ziemlicher Sicherheit nie gefällt wurden. Was der Beitrag nicht offenlegt, ist, daß Walter Serner ihn selbst unter

Der Neoismus ist ein Experiment zum Thema: „Wie baue ich mir eine Kunstrichtung?" Neoistinnen dekonstruieren die Mechanismen des etablierten Kunstbetriebs, sie entwickeln eine Methodologie zur Produktion von Kunstgeschichte, indem sie die Techniken künstlerischer Eigenwerbung gekonnt einsetzen und gleichzeitig die Grundlagen des traditionellen Kunstverständnisses ad absurdum führen. Im Unterschied zu den Situationisten (○ Situationistische Internationale) ist die Selbst-Historisierung bei den Neoisten ein bewußter Prozeß. Noch die kleinste Neoisten-Aktion wird pedantisch dokumentiert, so daß der Kunstbetrieb mit einem eindrucksvollen Stammbaum einschließlich Haupt- und Seitenlinien gefüttert werden kann. Zum Handwerkszeug der Produzenten von Avantgarde-Kunstgeschichte gehören Spaltungen. Und so erklärte Stewart Home nach dem Neoistischen Festival im italienischen Ponte Nossa (1985) die Blütezeit des Neoismus für beendet, andere Neoisten wiederum veranstalteten im Jahr 1997 einen „1. Neoistischen Weltkongreß" um zu entscheiden, welche Fraktion das größere historische Durchsetzungsvermögen besitzt.

Marchart, Oliver: Neo-dadaistischer Retro-Futurismus oder: wie Stewart Home die Avantgarde erfand. http://www.t0.or.at/~oliver/sthome.htm

Als Avantgardekünstler kritisieren die Neoisten den bürgerlichen Geniekult, indem sie ○ multiple Namen propagieren, die von allen kollektiv genutzt werden können. Die Neoisten sind der Meinung, daß kein Autor, auch kein neoistischer Autor, je etwas Originäres geschaffen hat. Deshalb erhoben sie den Plagiarismus zum Dogma. Sie klauen,

Radikalität inszeniert und konsumierbar gemacht werden. Der Raum selbst reglementiert das Geschehen und bewirkt, daß der Tabubruch sich darauf beschränkt, den Zuschauerinnen den Genuß des Schockiertwerdens zu bereiten. Dabei kann ihnen nichts passieren, außer daß vielleicht die Krawatte ein paar Spritzer Schweineblut abbekommt; die Konfrontationen mit dem Grauen bleiben ein Schauspiel, und sie haben die Gewißheit, wohlbehalten und gut amüsiert den Heimweg antreten zu können. Selbst alternative Räume, soziokulturelle Zentren, Treffpunkte der Avantgarde, die nicht als bürgerliche Repräsentationsräume dienen und die zum Teil Schauplatz radikaler Politik sind, bleiben auf vielfache Art und Weise mit dem spektakulärem Ausstellungsbetrieb verknüpft. Der Rücklauf an symbolischem Kapital für ihre Betreiber wird selten thematisiert. Wenn beispielsweise der Münchner Kunstverein anläßlich des 20. Geburtstags der Zeitschrift *radikal* eine Ausstellung veranstaltete, bleibt diese bestenfalls ein Ort des Verweisens, die Ästhetisierung einer Praxis, die anderswo stattfindet.

Künstlerisch artikulierte Kritik innnerhalb der Kunstszene versteht sich selbst oft (wie etwa die ○ *Dadaisten*) zugleich als radikale Gesellschaftskritik. Doch ihr Wirkungsbereich ist begrenzt und bleibt einer Struktur verhaftet, in der sich das (Selbst-)Verständnis von Künstlern von vorneherein gerade durch seine Infragestellung reproduziert. ‚Radikalität'

Dadaistischer Weltkongresses .

dem Pseudonym K. F. verfaßte. Und was tatsächlich auf dem Kongreß passiert war, so er denn wirklich stattgefunden haben sollte, wird für immer im Dunkel der Geschichte bleiben. Das macht aber gar nichts, denn das ist wahrhaft dada.

Urheberrecht hin oder her, alles, was ihnen gefällt, wie zum Beispiel die Idee eines dreijährigen Kunststreiks, der nicht nur zur Popularität des prominentesten Streikenden, des Londoner Underground-Künstlers Stewart Home beitrug, sondern auch eine breite Diskussion über die Korrumpiertheit der Kunst hervorrief.

Das Avantgarde-Genre des Manifests stellt einen Rahmen für absurde Forderungen bereit, die im Duktus der Ernsthaftigkeit vorgebracht werden, etwa nach Abschaffung des Kapitalismus am Sonntag, 24. 3. 1985, 15.00 Uhr. Diese Ernsthaftigkeit wird häufig durch die Verwendung von Paradoxien konterkariert, auch dies ein erprobtes Stilmittel künstlerischer Avantgardisten: „Alles, was wir durch die Erweiterung unseres historischen Bewußtseins (Situationisten, Dada, Fluxus) erreicht haben, ist die Verdoppelung der Idee, daß unser Glaube an Wandel ganz einfach eins der vielen Dinge ist, die sich niemals ändern." In einem ihrer vielen Manifeste fordern Neoisten die Rückkehr zu vormodernen Werten, Farbfernsehern und fließend warm Wasser.

Home, Stewart: Neoismus, Plagiarismus & Praxis. Edinburgh & San

Andere kombinieren ideologische Versatzstücke von Spießertum und Okkultismus über Sex, Revolutionsromantik und Ökologismen bis hin zum Faschismus (Vgl. a. ○ London Psychogeographical Association). Durch Plagiat und ○ Collage werden Ausgrenzungs- und Reinheitsideologien vielleicht eingängiger ad absurdum geführt, als es politisch-entlarvende Argumentationen könnten. Die Neoisten treiben vertraute Ideologien in einer Weise auf die Spit-

ist a priori in diese Struktur eingebunden und muß gar nicht erst vereinnahmt werden. Kunstkritik ist so gesehen nichts anderes als der klassische Anerkennungsmechanismus für die Avantgarde im Rahmen des etablierten Kunstbetriebs. Solange die Künstlerin die Kunst zum Hoffnungsträger für eine neue Gesellschaft macht, beruft sie sich auf eben den Künstlermythos, der Teil der bürgerlichen Gesellschaft ist, oder, wie Hauser formuliert: „Sie [die Kunst] kann die Verurteilung zum eigenen Untergang weder anordnen noch verkünden; tut sie es, besteht sie noch. Das Kriterium ihres Untergangs ist ihre Funktionslosigkeit." Auch die Situationistischen Internationale (SI) konnte diesem Dilemma letztlich nicht entkommen, auch wenn sie ihre Kunst als Antikunst auffasste, denn in dem Maße, wie sie die Kunst im Zentrum der Überlegungen beließ, konnte sie sie als Instanz nicht in Frage stellen. Mit ihrem Traum, die Kunst zum Alltag zu machen, hielt sie gerade an den problematischsten Aspekten fest – der Genialität des Künstlers und der Allmacht der Kunst: „So müssen wir die Straßen der Zukunft mit der unerforschbaren Malmaterie bemalen, die große Himmelsbahn mit Signalen abstecken, die unserem großartigen Unternehmen ebenbürtig sind. Dort, wo heute Leuchtraketen Signale setzen, stellen wir morgen Regenbögen, Fata Morganas und Nordlichter auf, die wir selbst erzeugt haben".

Hauser, Arnold: Soziologie der Kunst. München 1988, S. 701.

Über Wiederaufstieg und schnellen Untergang des Grillparzer-Preises

Vorspiel. Wie jede Nation hat auch Österreich seine umworbenen Literaten: Handke, Jelinek, Roth und wie sie auch alle heißen mögen. Und für diese eigentlich auch eine Ehrung, den Grillparzer-Literaturpreis. Nachdem seit 1973 dessen Verleihung durch die österreichische Akademie der Wissenschaften in Wien mangels Geldern eingeschlafen war, kam es 1990 anläßlich des bevorstehenden 200sten Geburtsjubiläums von Grillparzer zu einer von Beginn an umstrittenen Wiederbelebung. Die Stiftung des Hamburger Mäzens und Ehrensenators Alfred Toepfer stellte 210 000 Schilling für eine jährliche Dotierung bereit. Weder die

ze, die in der ernsthaften Sprache der Politik durchaus als Verleumdung geahndet werden könnte.¶¶ Doch als künstlerische Avantgarde sind sie geschützt – ihre Verlautbarungen können sie jederzeit zum harmlosen Klaumauk erklären. Diese ○ Camouflage bringt es jedoch mit sich, daß die Neoisten von ‚ernsthaften' politischen Gruppen mit Mißtrauen betrachtet oder auch gar nicht zur Kenntnis genommen werden. ⊙

Francisco 1995. ders.: The Art Strike Papers. Stirling 1991. Von Stewart Home sind auch zwei Romane in deutsch erschienen: Purer Wahnsinn (1991) u. Stellungskrieg (1995.)

ders.: Neoist Manifestos. Stirling 1991.

ders.: The Assault on Culture. Utopian currents from Lettrisme to Class War, Sterling 1991.

Situationistische Internationale. Band. 1, Hamburg 1976, S. 107.

Der Künstlermythos entschärft die Radikalität in der Kunst. Deswegen agiert die Kommunikationsguerilla in der Regel nicht im Kunstkontext. Doch gerade weil der Kunst alles erlaubt ist, kann es auch sinnvoll sein, sich dort zu verorten.

Die taktische Bezugnahme beispielsweise auf Formen der Aktionskunst kann ein taktisches Moment sein, um der Kriminalisierung zu entgehen. Denn wenn einer auf einem Marktplatz literweise Hühnerblut oder ein Kettensägenmassaker ankündigt, läßt die Polizei nicht lange auf sich warten. Findet das Spektakel hingegen in einem für Kunst reservierten Raum statt, bezahlen die Leute Eintritt, und das Ereignis erscheint nicht im Polizeibericht, sondern im Feuilleton der Tageszeitung. Diesen Mechanismus kann sich auch eine politische Straßenaktion zunutze machen, indem sich die Macher auf die Freiheit der Kunst berufen, wenn ihnen der Staatsanwalt oder der Staatsschutz an den Kragen will. Wichtig ist nur, daß man nicht anfängt, das selbst zu glauben ...

Grillparzer-Preis ...

braune Vergangenheit des Ehrensenators, noch die Tatsache, daß die Gründung seiner Stiftung damals von Nazipropagandaminister Goebbels mitbetrieben worden war, stellte für das Grillparzer-Kuratorium ein Hindernis dar. Über diesen Vorgang setzten heftige Diskussionen ein, wobei Kritik unter politisch gegensätzlichen Vorzeichen geäußert wurde. Was für die einen nach NS-Traditionspflege roch, erschien den anderen als Schmähung des österreichischen Klassikers Grillparzer durch deutsches Geld. Schließlich bildete sich eine Vereinigung von Preiskritikern, die seit November 1992 unter dem Label ‚Anonyme

Lob der Kommunikationsguerilla

„Die Studentenbewegung mit dem Dadaismus, dem Surrealismus, den Internationalen Situationisten, der Subversiven Aktion, der Provo-Bewegung, der K 1 und den Yippies in einem bestimmten sozial-historischen Zusammengang gesehen, führt möglicherweise zu der Konsequenz, für die alten kapitalistischen Gesellschaften, die in einer ganz bestimmten rationalistisch-materialistischen, also wissenschaftlich-abstrakten und damit politischen Tradition stehenden, untrennbar an eine ganz bestimmte ökonomische und damit staatliche Entwicklung geknüpften Revolutionsvorstellungen aufzugeben." (H. D. Heilmann, 1973, Schwarze Protokolle)

Situationsbedingte Handlungsmöglichkeiten

Für Kommunikationsguerilla sind die Kontexte und Situationen, in denen agiert wird, von zentraler Bedeutung, die genaue Kenntnis der jeweiligen lokalen Verhältnisse ist ausschlaggebend für das Gelingen von Aktionen. Erst durch ihre Umsetzung können die hier beschriebenen Techniken zu Elementen einer Kommunikationsguerilla werden. Wenn Psychologinnen sich der Technik der ‚paradoxen Intervention' (○ *subversive Affirmation*) bedienen, oder wenn Werbestrategen für ein Produkt Aufmerksamkeit zu erregen versuchen, mögen die verwendeten Techniken den hier beschriebenen formal ähnlich sein. Die Situationen, Kontexte und Zielsetzungen sind jedoch völlig verschieden.

Kommunikationsguerilla funktioniert nicht als Strategie, sondern nur als Taktik (○ *Strategie und Taktik*). Sie kann nicht an einem festen, ‚strategischen' Ort (z. B in ‚eignenen' Räumen, Zeitungen, Radios etc.) stattfinden. Das erklärt auch, warum beispielsweise Freie Radios oder alternative Zeitungen als Ort für Kommunikationsguerilla-Aktionen so wenig geeignet erscheinen. Dennoch können sie zum Ausgangspunkt entsprechender Aktivitäten werden, indem ihre Mitarbeiter die strategischen Orte verlassen und in anderen Rollen bzw. Identitäten (also nicht als Radio Soundso oder Zeitschrift Sowieso) agieren.

Die Wirksamkeit von Kommunikationsguerilla wird außer durch lokale Voraussetzungen auch durch das jeweilige politische Klima und die gesamtgesellschaftlichen Gegebenheiten beeinflußt. Sie bestimmen die allgemeinen Kommunikationsbedingungen, unter denen eine konkrete Aktion rezipiert wird und ihre Wirkung entfaltet. Den Autorinnen erscheint das Konzept nicht einfach übertragbar. Auch wenn sie sich von Beispielen aus ganz unterschiedlichen Ländern und verschiedenen Gesellschaftssystemen haben anregen lassen, beruhen die in diesem Buch dargestellten Überlegungen doch vor allem auf eigenen Erfahrungen in den spätkapitalistischen Metropolenländern. Hier stellt sich die Frage nach möglicher Repression anders als in faschistischen Diktaturen, Gesellschaften sowjetischen Typs oder Staaten des Trikont.

Grillparzer-Preis ...

Aktionisten' firmierte. Sie beabsichtigte, den umstrittenen Preis zu Fall zu bringen. Hauptakt. Kurz vor dem Zusammentreten der offiziellen Jury zur Nominierung eines Preisträgers für 1993 erhielten mehrere Tageszeitungen sowie der ORF ein Fax, das adressatenspezifisch einen jeweils unterschiedlichen prominenten Literaten zum Auserwählten des Grillparzer-Kuratoriums erhob und eine kurze Würdigung seines Werkes enthielt. Es war in offiziösem Stil gehalten und mit dem Briefkopf des an der Preisvergabe beteiligten Rektors der Wiener Universität versehen. Gleichzeitig erhielten viele Autoren und Dichter

Während des Nazi-Faschismus war die ➲ *Verfremdung* oder Veränderung von Aussagen, das unbotmäßige Verhalten im öffentlichen Raum oder das Verzieren von Denkmälern alles andere als nur ein Spiel mit Symbolen und Bedeutungen. Die Nazis exekutierten ihre rassistische und antisemitische Weltanschauung ganz offen. Sie versuchten nicht, Macht und Hierarchie zu verschleiern, sondern setzten sie mit Gewalt und Terror durch. Bereits kleine Abweichungen von der offiziellen Sprechweise konnten als direkte Angriffe gegen das System gewertet und bestraft werden. Wenn etwa aus der SA-Parole „Die Juden sind unser Unglück" durch eine Übermalung auf einmal „Die Juden sind unser Glück" wurde, dann war das nicht nur eine abweichende Meinungsäußerung, sondern konnte als offener Widerstand verfolgt werden. Angesichts der Eindeutigkeit der terroristisch durchgesetzten Herrschaft stellte auch die kleinste dissidente, subkulturelle oder eigenständige Lebensäußerung eine Kritik an der herrschenden Ordnung dar und bedeutete so einen (oft gar nicht beabsichtigten) Akt des Widerstands.

Im Kampf gegen Besatzung und „Endlösung". Widerstand der Juden in Europa 1939-1945. Ausstellungskatalog des Jüdischen Museums Frankfurt a. M. (Hg.). In Zusammenarbeit mit Arno Lustiger und Ingrid Strobl. Frankfurt 1995.

Anders verhielt sich die Lage in Gesellschaften spätsowjetischen Typs wie der DDR, deren Machtstrukturen mittels einer Ideologie von Gleichheit und Einigkeit aufrechterhalten und legitimiert wurden. Auch dort wirkten kleine Veränderungen der herrschenden ➲ *Kulturellen Grammatik* bereits als Systemkritik. Allerdings wurden sie, anders als im Nazi-Faschismus, nicht automatisch als offener Angriff behandelt. Im paternalistischen Staatssozialismus konnten die Machthaber die massenhaften Differenzen zwischen ihnen und den Staatsbürgerinnen nicht jedes Mal repressiv beantworten. Das hätte das Eingeständnis impliziert, daß zentrale Prämissen des Systems wie die behauptete Massenloyalität nichts als bloßer Schein waren. Abweichungen wurden, soweit sie sich als ‚unpolitsch' deklarieren ließen, stillschweigend übergangen oder mit paternalistischer Bevormundung beantwortet. Akten über Punks etwa wurden in den Archiven der SED-Bezirksorganisationen zusammen mit Havarien, Bränden, Massenerkrankungen und Klimastürzen unter dem Stichwort „besondere Vorkommnisse" abgelegt. Sie galten als Katastrophe, die eigentlich nicht hätten passieren dürfen und für die es keine Erklärung gab.

Vgl. Aktenplan für Bezirksarchive der SED.

Der Zwang zur Imaginierung einer homogenen, loyalen und solidarischen Gemeinschaft verwandelte alltägliches Handeln selbst im vorgegebenen Rahmen einer 1. Mai-Demonstration schnell in regelrechte Kommunikationsguerilla-Aktionen. Wer in den 70er Jahren das Transparent „Von der Sowjetunion lernen heißt siegen lernen" trug, der war schnell als Parteigänger identifiziert. Wer es aber während der Perestroika nach 1985 hochhielt, entwendete der offiziellen Parteidoktrin ihre eigenen Phrasen. Kleine Verschie-

Grillparzer-Preis ...

entsprechende Telegramme, die die Bitte um umgehende Bestätigung der Preisannahme enthielten. Spätestens zwei Tage danach, auch wenn gelegentlich (hauptsächlich in Wien) das Fake erkannt und als solches aufgedeckt wurde, war die Konfusion perfekt. In den Kulturrubriken fast aller angeschriebenen Zeitungen erschienen entsprechende Meldungen. Jede Region hatte ihren eigenen Preisträger. Aufgrund der Vielzahl der Nominierten, der Bestätigungen einer Preisannahme bzw. der öffentlichen Ablehnung des Preises durch mehrere Autoren, kam es zu einer Vertagung der Preisverleihung. Die Begründung der Jury

bungen im Rahmen der herrschenden Kulturellen Grammatik waren unter diesen Bedingungen durchaus eine wirksame Möglichkeit, Dissidenz zu formulieren und Herrschaft zu delegitimieren, ohne mit schweren Sanktionen rechnen zu müssen.

Abermals anders ist die Situation unter der Herrschaft autoritärer und repressiver Regimes in Gesellschaften des Trikonts mit ihren immensen sozialen Ungleichheiten. Wie Augusto Boals ‚Theater der Unterdrückten' (➲ *Happening;* ➲ *Unsichtbares Theater*) zeigt, können hier zwar Methoden der Kommunikationsguerilla zu einem zentralen Bestandteil politischer Praxis werden. Gleichzeitig sind die Ziele und Anknüpfungspunkte solcher Aktionen aber andere als in den imperialistischen Metropolen. So sind beispielsweise bestimmte Formen der Konsumkritik (➲ *Consume Your Masters*) sinnlos, oder gar zynisch, wenn ein großer Teil der Bevölkerung unterhalb des Existenzminimums leben muß.

Metropolitan Opera

Das sich permanent selbst modernisierende spätkapitalistische Gesellschaftssystem bedarf in der Regel keines terroristischen oder unmittelbaren Zwanges, um seine Herrschaft aufrechtzuerhalten. Die kritische Analyse spätkapitalistischer Gesellschaften von Herbert Marcuse verweist darauf, daß es zur Grundlage bürgerlich-repräsentativer (politischer) Demokratien gehört, daß sie oppositionelle Meinungen und kulturelle Abweichungen bis zu einem gewissen Grad an Radikalität durchaus verkraften und zu re-integrieren wissen. Radikale Kritik kann unter solchen Bedingungen dazu beitragen, eine liberale Fiktion von pluralistischer Vielfalt aufrechtzuerhalten, die ungleiche ökonomische und hierarchische institutionelle Strukturen ausblendet. Kommunikationsguerilla reagiert auf diese Gefahr mit einer Ausweichbewegung. Sie formuliert keine eigenen Positionen, sondern kritisiert die scheinbar selbstverständlichen, als natürlich und normal geltenden Spielregeln, die auch ohne offene Repression bestimmen, was zulässig ist und was nicht. Sie identifiziert diese Regeln auf der Ebene der Kulturellen Grammatik, der Konventionen und nonverbal verbindlich gemachten Normen, und attackiert sie durch momentane, unerwartete, und deshalb schwer zu vereinnahmende Interventionen.

Marcuse, Herbert: Repressive Toleranz. In: Wolff, Robert P. u.a. (Hg.): Kritik der reinen Toleranz. Frankfurt a. M. 1966.

Dabei liegt dem Vorgehen der Kommunikationsguerilla ein Politikbegriff zugrunde, der sich als Überaffirmation (➲ *Überidentifizierung;* ➲ *Subversive Affirmation*) der herrschenden Ideologie beschreiben läßt. Sie nimmt die Vorstellung vom freien, selbständig denkenden Bürger ernster als das System selbst. Aktionen der Kommunikationsguerilla zielen damit auf die Delegitimierung scheinbarer Selbstverständlichkeiten. Wo gängige Konventionen als natürlich und unverrückbar erscheinen, verweisen sie auf deren soziale Konstruiertheit und zeigen damit auch ihre Veränderbarkeit auf. Der scheinbar freie

Grillparzer-Preis .

lautete, daß „das Ganze nun eine heikle und sensible Sache" sowie „die Entscheidung nun kompliziert sei". Fortan legte sich ein Mantel des Schweigens um den österreichischen Grillparzer-Preis. Die für Januar geplante Festveranstaltung fiel aus, und nur eine Strafanzeige gegen Unbekannt blieb übrig. Zu aller Überdruß nahm alsbald der 99jährige Mäzen Toepfer auch noch das Stiftungsgeld mit ins Grab.

Markt der Meinungen funktioniert nicht zuletzt deshalb, weil die zugrundliegenden Normen und Regeln kaum in Frage gestellt werden. Sie anzugreifen und eigene Spielregeln zu formulieren heißt, die Lunte an die Zündschnur der Subversion zu legen.

Die kapitalistische Gesellschaft wußte und weiß gegenläufige Entwicklungen zu absorbieren. Gegenwärtig besteht ihre Stärke mehr in der Vereinnahmung dissidenter oder subkultureller Entwicklungen als in ihrer Unterdrückung. Diese Anpassungsfähigkeit bedeutet aber auch, daß Kommunikationsguerilla nur funktionieren kann, wenn sie sich immer wieder selbst in Frage stellt und die jeweiligen gesellschaftlichen Bedingungen genau analysiert, um immer neue Interventionsmöglichkeiten zu finden.

Kritik der Kritik der Kommunikationsguerilla und Überlegungen zur vorweggenommenen Selbst-Bescheidung

Woran läßt sich aber erkennen, ob die Kommunikationsguerilla erfolgreich zugeschlagen hat oder nicht? Vor dem Hintergrund der gegenwärtigen gesellschaftlichen Entwicklung werden verschiedene Einwände hinsichtlich ihrer Wirkmöglichkeiten formuliert; häufig werden ihre Aktionen als symbolische Politik bezeichnet und nach meßbaren Erfolgen befragt. Kommunikationsguerilla ist jedoch keine Strategie mit dem Ziel, das System aus den Angeln zu heben und die Macht erobern. Es ist wichtig, sich dieser Begrenztheit bewußt zu sein, und aus eben diesem Grund ist es sinnlos, von den Taktiken der Kommunikationsguerilla Hegemoniefähigkeit zu fordern. Das linke Denken hat sowohl in seiner sozialdemokratischen als auch seiner marxistisch-leninistischen Spielart Politik immer an den Kriterien von Machteroberung und Hegemoniefähigkeit gemessen, aber kann es das Ziel emanzipatorischer Politik sein, Macht und Hegemonie zu erobern oder auch nur in irgendeiner Form selbst an einem hegemonialen Block zu basteln?

Vgl. Marchart, Oliver: Subkulturindustrie. Mediensubversion, -Guerilla, -Sabotage, -Störung, -Dissidenz, -Piraterie, -Hijacking und andere Techno-Theorien. In: Spezial. Zeitschrift gegen Kultur und Politik. Nr. 103, Juni–September 1996, S. 76–81.

Kein gesellschaftlicher Bereich entzieht sich per se der Machtstrukturen – nicht die Kunst, nicht die subkulturelle Popszene, nicht die autonome Szene. Da Macht sich überall produziert und reproduziert, muß auch die Störung der Legitimation und des Funktionierens von Macht und Herrschaft auf einer ‚Mikro-Ebene' ansetzen. Das ist nicht ‚die' Revolution, aber möglicherweise ihre Voraussetzung. Kommunikationsguerilla kann die Selbstverständlichkeit der Herrschaftansprüche und die vermeintlich natürliche Ordnung der Macht in der gegenwärtigen gesellschaftlichen Restaurationsphase erschüttern, angreifen und delegitimieren. Sie kann dazu beitragen, den Raum wieder zu öffnen, in dem abweichende Vorstellungen über gesellschaftliche Beziehungen artikuliert werden und in relevante Diskussionsprozesse eingreifen.

Volkszählung – Verzählt

1987 fanden sich im Zusammenhang mit der umstrittenen Volkszählung in etlichen Briefkästen offiziell aussehende Briefe mit amtlich-städtischem Briefkopf. In trockener Amtssprache wurden die Bürgerinnen aufgefordert, ihre Volkszählungsbögen zu vernichten, da bedauerlicherweise Fehldrucke zur Verteilung gekommen seien. Nächste Woche würden von der Stadt neue Bögen ausgeteilt. Viele trauten der Sache nicht und riefen bei Ämtern an, um sich zu vergewissern, ob die Schreiben echt waren. Natürlich waren sie es nicht. Erstes Ziel der Imitationen war, durch die Vernichtung möglichst vieler Fragebögen den Ablauf der

Sie ist aber kein probates Heilmittel gegen die linke Hegemonieunfähigkeit. Diese ist inhaltlich begründet, hausgemacht und nicht technizistisch überwindbar.

Dieses Handbuch entstand nicht zufällig in einer Zeit, in der weder eine breite soziale Basis für ein emanzipatorisches Projekt auszumachen ist (manche nennen das Massenbasis) noch die Revolution in irgendeinem Sinne auf der Tagesordnung steht.
Zur Zeit sind wir schon ganz zufrieden, wenn es uns gelingt, temporär autonome Zonen zu bewohnen. Und wenn die CSU anfängt, mit gefaketen Strafzetteln Wahlwerbung zu betreiben, wenn die Modeindustrie die Technokultur oder den Punk frißt, oder wenn Eulenspiegel einen Job als Minister angeboten bekommt, dann ziehen wir – zumindest in der politischen unter unseren vielen Identitäten – weiter.

Eine elementare Frage ist, wer eigentlich der ‚Feind' ist, gegen den Kommunikationsguerilleras agieren. Gibt es überhaupt noch so etwas wie ‚die Herrschenden' und ihre Ideologie? Läßt sich überhaupt noch ein abgrenzbarer hegemonialer Diskurs ausmachen, oder gibt es nicht beliebig viele nebeneinanderstehende Positionen und Weltbilder, so daß es gar nicht weiter auffällt, wenn noch etwas hinzugefügt wird oder wenn eine dieser Positionen in Frage gestellt wird?

Eine These in diesem Kontext lautet, daß sich die herrschenden gesellschaftlichen Formen inzwischen derart differenziert haben, daß sich eine fest umrissene Kulturelle Grammatik nicht mehr ausmachen läßt. Gesellschaftliche Situationen, so diese These, werden im Sinne einer MTV-Ästhetik nur noch als schnelle Abfolge von Bildern wahrgenommen und nicht mehr in übergreifende Sichtweisen und Interpretationsmuster eingeordnet. Ist also auch Kommunikationsguerilla nur ein postmodernes Spielchen, eklektizistisches Aufgreifen und Zusammenstoppeln von Formen, das Ende der Politik, das endgültige Aufgehen im großen bunten Simulakrum?

Eine Voraussetzung für Kommunikationsguerilla ist, daß das Durcheinanderbringen der Normalität einer konkreten Situation über diese hinausweist und eine grundlegende Kritik artikulieren kann. Das wäre hinfällig, wenn Situationen und Bilder völlig bezugslos nebeneinander stünden und keinerlei Anknüpfungspunkte mehr denkbar wären. Allerdings ist das eher eine apokalyptische Science-Fiction-Vision als die Realität der Metropolengesellschaft. Gerade in demselben Moment, in dem eine solche Fragmentierung von verschiedenster Seite behauptet wird, feiern hermetische Modelle von Nationalismus fröhliche Urständ, sei es nun Ex-Jugoslawien, wo Konflikte ethnisiert werden oder die Bundesrepublik, in der über den Standortdiskurs eine nationale Durchhalteparole ausgegeben wird und darüber ein geschlossenes Bild von Deutschland imaginiert werden soll. In diesem Zusammenhang stehen auch religiöse Orientierungen wie der fanatische

Volkszählung – Verzählt .

Volkszählung zu stören. Auch wenn dieses Ziel nicht erreicht wurde, entfaltete die Aktion eine weitere Dynamik als Fake: Die Behörden gaben Dementis an die Presse, die Sache wurde diskutiert. Fakerinnen legten mit gefälschten Dementis, die vor den (echten) Zählern warnten, nach. Man stelle sich vor, es wären nun tatsächlich gut imitierte Fragebögen aufgetaucht, vor denen wiederum die Behörden gewarnt hätten... Spätestens dann wäre auch dem willigsten Bürger nicht mehr klar gewesen, welche Bögen echt sind und welche nach dem Willen der Autorität in den Papierkorb oder die Polizeiasservatenkammer gehören.

westliche Protestanten-Fundamentalismus und der Islamismus, deren geschlossene Weltbilder in politischen Kontexten nach wie vor vernehmbar sind.

Auch dort, wo sich tatsächlich eine Fragmentierung gesellschaftlicher Diskurse feststellen läßt, ist von Beliebigkeit keine Spur. Anstelle des einen, großen hegemonialen Herrschaftsdiskurses treten viele kleine, lokale und doch in ihrer Struktur ähnliche Diskurse; die Struktur der Macht- und Herrschaftsdiskurse hat sich nicht wesentlich geändert. Kommunikationsguerilla agiert unter den herrschenden Verhältnissen oft ‚bloß' auf der Ebene lokaler Mikropolitik. Dabei versucht sie, eine grundsätzliche Kritik an Macht und Herrschaft aufscheinen zu lassen, selbst wenn diese nicht explizit formuliert wird. Kommunikationsguerilla ist also kein Abschied von grundsätzlicher (Ideologie-)Kritik hin zur Beliebigkeit. Sie versucht allerdings, sich ihrer beschränkten Möglichkeiten bewußt zu sein, anstatt das eigene Handeln großmäulig als ‚richtige', ‚große', ‚revolutionäre' Politik zu imaginieren.

Farber, David: Chicago '68. Chicago/London 1994, S. 225.

In der Diskussion um ‚Symbolische Politik' wird oft die Kritik geäußert, daß Praxen, an die die Kommunikationsguerilla anknüpft, eine unzulässige Ästhetisierung von Politik betrieben. Damit einher geht der Vorwurf, „die faschistische Karte zu spielen", da auch der Nazi-Faschismus seine Politik durch und durch ästhetisiert habe.. Abgesehen davon, daß die Nazis so ziemlich alles plünderten, was ihnen erfolgversprechend schien, und ihre Ästhetisierung unter Einsatz aller denkbaren Machtmittel und Infragstrukturen betrieben, wird mit dieser Kritik eine Unterscheidung von symbolischer im Gegensatz zu substantieller, ‚wirklicher' Politik vorgenommen, die für sich genommen schon Unfug ist. Politik ist immer symbolisch. Auch konkrete soziale Konflikte, die sich beispielsweise in Streiks äußern, müssen nach einer kulturellen Repräsentation ihrer Inhalte suchen. Kommunikationsguerilla betreibt keine Ästhetisierung von Politik, nimmt aber die ästhetischen Momente in der Politik ernst und versucht sie gegen ihre Urheber zu wenden.

Kommunikationsguerilla bezeichnet keine Bewegung, sondern eine grundsätzliche Haltung gegenüber politischem Handeln. Die in diesem Handbuch vorgestellten Gruppen, Bewegungen haben ihre Praxen und ihre eigene Geschichte(n) und ihre eigene Gegenwart. Diese sind nicht immer ein Ruhmesblatt, und es muß grundsätzlich gefragt werden, inwieweit deren Mißverständnisse und Fehler auch mit ihren Repräsentations- und Aktionsformen zusammenhängen. Es ist nicht das Ziel dieses Buches, die dargestellten Gruppen zu verehrungswürdigen Ikonen zu stilisierten, ihre Praxen kritiklos wiederzubeleben und bruchlos fortzusetzen.

Zwar wurde das Ende solcher Gruppen zum Teil durch massive staatliche Repression markiert, wie bei den ○ *Indiani Metropolitani* oder auch der *Autonomia Operaia*

Indiani Metropolitani

Volkszählung 1987

Provos

– es wurden über 700 Verhaftungen vorgenommen. Doch es bleibt die Frage, warum die Übriggebliebenen zumeist von der politischen Bildfläche verschwanden oder ihr Dasein an der Nadel fristeten und sich auch viele ○ *Provos* in der Drogenszene verloren. Möglicherweise zeigt sich hier ein besonderes Problem von Gruppen, die ‚Spaß' in den Mittelpunkt ihrer politischen Praxis stellen. Denn wenn die politische Haltung und der kollektive Kontext des Handelns verlorengehen, versacken solchen Ansätze häufig irgendwo zwischen individuellem Elend, Psychotherapie und Kleinfamilie. Zahlreiche Gruppen zerstritten oder spalteten sich – wie so häufig in der Linken – dermaßen, daß keine gemeinsame politische Praxis mehr möglich war. Das war nicht immer ein großer Schaden. Soziale Bewegungen, die sich vor allem als Jugendkultur verstanden, endeten zwangsläufig mit der Jugend ihrer Akteurinnen, das ist generell ein Problem subkultureller Bewegungen.

Doch hinterlassen sie auch Spuren und Mythen. Sie prägen eine politische Kultur, die für die Nachfolgenden als Fundus für Möglichkeiten politischen Widerstandes dienen kann und letztlich, auch wenn sich Bedingungen, Orte und Personen ändern, eine Kontinuität in der subversiven Praxis ermöglicht.

Keine Revolution ohne Gaudi. Keine Gaudi ohne Revolution!

Kommunikationsguerilla ist eine defensive Form politischer Praxis und wird heutzutage von kleinen, momenthaften Gruppierungen gewählt, die keine ‚Massenbasis' mobilisieren können und so darauf angewiesen sind, mit Minimalaufwand sichtbare öffentliche Wirkungen zu entfalten. Die von uns unter dem Begriff Kommunikationsguerilla zusammengefaßten Aktionen brauchen auch keine Massen, sondern kleine Gruppen, die mit Lust und Kenntnis in einem sozialen Kontext agieren. Die Kehrseite der Medaille ist, daß viele solcher Gruppen gerade deshalb, weil sie nicht um breite Anhängerschaft kämpfen mußten, einen unangenehm elitären Touch haben (die Situationisten, die Dadas sowieso, die Pranksters auch).

Alles in allem erscheint es uns immer noch fast unmöglich, den Begriff ‚Kommunikationsguerilla' exakt zu definieren. Wir haben erlebt, daß sowieso jede das hineinliest, was sie möchte. Das Schlagwort Kommunikation ist ein Allgemeinplatz, der, wie ‚Information', zum Modewort für die Beschreibung der gesellschaftlichen Verhältnisse wurde. Der Begriff ‚Guerilla' ist mit so viel politischer Phantasie besetzt, daß ihn alle Linksradikalen für ihre Praxis hinzuziehen möchten (und einige verzeihen uns nicht, ihn aus dem sozial-romantisierenden Kontext entwendet zu haben).

Was Kommunikationsguerilla nun wirklich ist – ein Hype, eine neue alte Praxis, ein Abgesang auf die Linke, die Morgenröte der Revolution – müssen die Leserinnen des

Die Neujahrsansprache des Bundeskanzlers

An einem Silvesterabend Mitte der 80er Jahre waren zwar zunächst nur wenige Fernsehzuschauer, sehr wohl aber der Herr Bundeskanzler selbst entsetzt, als seine alljährliche Neujahrsansprache über den Bildschirm flimmerte. Ein(e) bis heute nicht identifizierte(r) Faker(in) hatte ‚aus Versehen' die Bänder vertauscht und die Ansprache vom Vorjahr aufgelegt. Gemerkt hat's natürlich keine. Genau darin lag die Kritik: Welchen Sinn hat es, daß der wichtige Herr Kohl auf fast allen Fernsehschirmen der Republik mit wichtiger Miene die Jahreslosung ausgibt? Sicher keinen inhaltlichen. Wie bei allen Fakes bleiben allerdings die

Buches selbst bestimmen. Frei nach Bertolt Brecht beenden wir unsere Überlegungen mit einem pathetischen Plädoyer: Verehrtes Publikum, los, such Dir selbst den Schluß, es muß ein guter da sein, es muß, es muß, es muß!

Die Neujahrsansprache des Bundeskanzlers .

Konsequenzen letztlich offen. Von der Feststellung „ist doch eh wurscht, was der sagt" über die Forderung „Kohl abschalten", das sozialdemokratisch-reformistisch-illusorische „mehr Inhalt für Neujahrsansprachen" bis zu „Sendezeit für alle" sind zahllose Variationen denkbar.

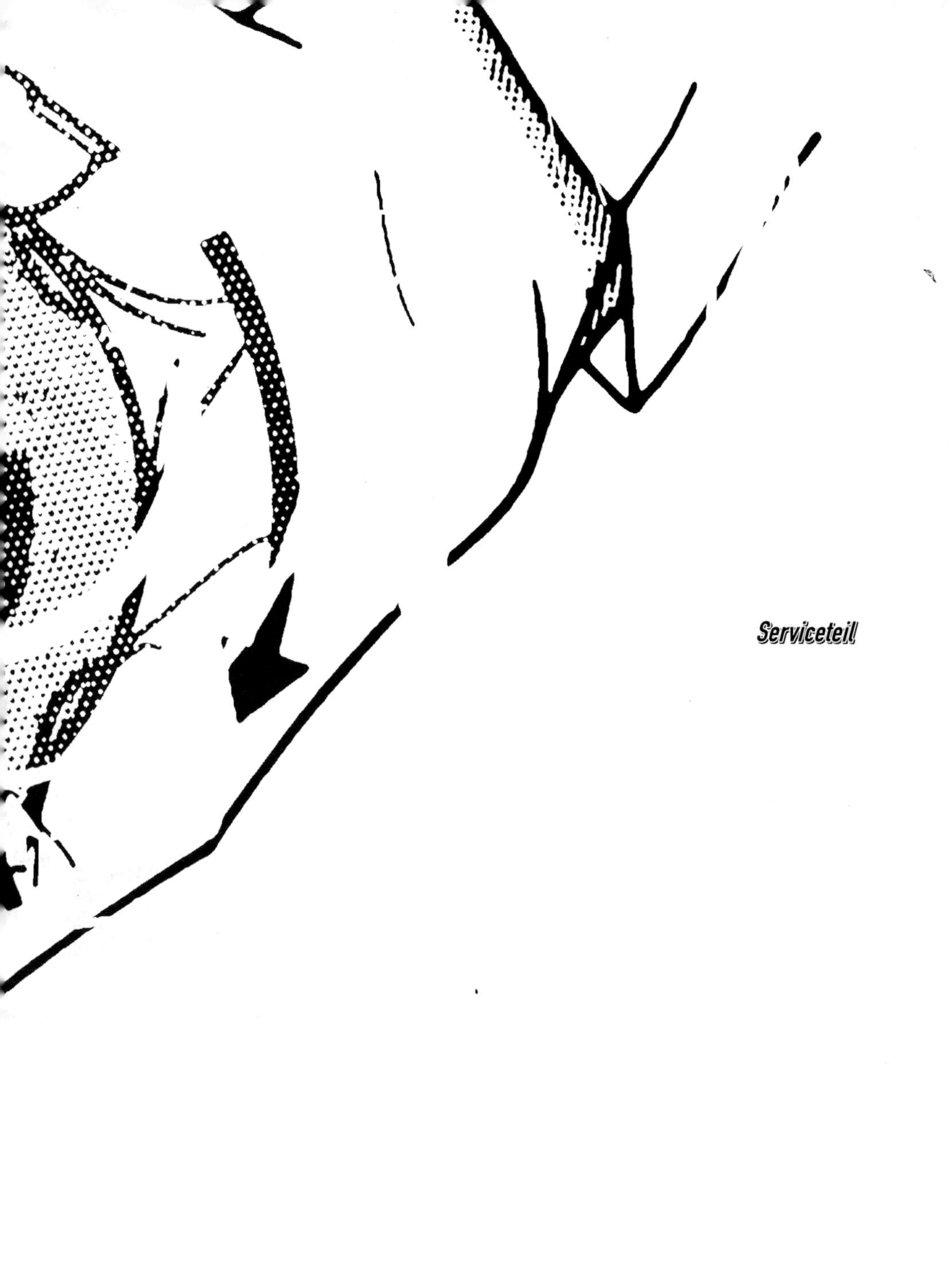

Serviceteil

Literaturverzeichnis

Agentur Bilwet: Bewegungslehre. Botschaften aus einer autonomen Wirklichkeit. Berlin 1991.

Autonome a.f.r.i.k.a.-gruppe: Kommunikationsguerilla – Der Kampf geht weiter. Anstiftung zu einer subversiven kommunikativen Praxis.In: autonome a.f.r.i.k.a.-gruppe/mittlerer neckar (Hg.): Medienrandale. Rassismus und Antirassismus. Die Macht der Medien – Ohnmacht der Linken? Grafenau 1994, S. 144–161.

Baudrillard, Jean: Requiem für die Medien. In: **Baudrillard, Jean:** Kool Killer oder Der Aufstand der Zeichen. Berlin 1978.

Billboard Liberation Front & Friends: The Art & Science of Billboard Improvement. San Francisco 1990 (Los Cabrones Press).

Blissett, Luther (1996a): Mind Invaders. Come fottere i media: manuale die guerriiglia e sabotaggio culturale. Rom 1996 (Castelvecci).

Blissett, Luther: Guy Debord is Really Dead. Sabotage Editions, London 1995.

Boal, Augusto: Theater der Unterdrückten. Frankfurt 1979.

Böckelmann, Frank/Nagel, Herbert: Subversive Aktion. Der Sinn der Organisation ist ihr Scheitern. Frankfurt 1976.

Burroughs, William S.: Die elektronische Revolution. Expanded Media Edition. Bonn 1994 (1970, 1971 und 1976).

Censor (Sanguinetti, Gianfranco): Wahrhafter Bericht über die letzten Chancen den Kapitalismus in Italien zu retten. Hamburg, 1977 (dt.) (1975).

Cortázar, Julio: Libro de Manuel. Buenos Aires 1973 (Editorial Sudamericana).

De Certeau, Michel: Kunst des Handelns. Berlin 1988.

Debord, Guy: Die Gesellschaft des Spektakels. Hamburg 1978.

Debord, Guy: Rapport zur Konstruktion von Situationen. Hamburg 1980. Der Beginn einer Epoche. Texte der Situationisten. Mit einem Vorwort von Roberto Ohrt. Hamburg 1995.

Dery, Mark: Culture Jamming. Culture Jamming, Hacking, Slashing, and Sniping in the Empire of Signs. Westfield (USA) 1993 (Open Magazine Pamphlet Series # 25). Vgl. Serviceteil.

Dreßen, Wolfgang/Kunzelmann, Dieter/Siepmann, Eckhard (Hg.): Nilpferd des höllischen Urwalds. Spuren in eine unbekannte Stadt – Situationisten, Gruppe Spur, Kommune 1. Berlin 1991.

Eco, Umberto: Für eine semiologische Guerilla. In: Eco, Umberto: Über Gott und die Welt. Essays und Glossen. München 1985, S. 146–156.

Enzensberger, Hans-Magnus: Baukasten zu einer Theorie der Medien. In: Kursbuch Nr. 20/1970, S. 159–186.

Foucault, Michel: Die Ordnung des Diskurses. Frankfurt 1977.

Gruber, Klemens: Die zerstreute Avantgarde. Strategische Kommunikation im Italien der 70er Jahre. Wien/Köln 1989.

Hoffman, Abbie: The best of Abbie Hoffman. Including: texts from REVOLUTION FOR THE HELL OF IT; From WOODSTOCK Nation; From STEAL THIS BOOK and NEW WRITINGS. Foreword by Norman Mailer. New York 1989 (Four Walls Eight Windows).

Home, Stewart: Neoist Manifestos. Stirling 1991.

ders.: The Art Strike Papers. Stirling 1991.

ders.: The Assault on Culture. Utopian currents from Lettrisme to Class War. Edinburgh 1991 (1988).

ders.: Neoismus, Plagiarismus & Praxis. Edinburgh & San Francisco 1995.

Abbildungsnachweis

Umschlagentwurf: Diethard Keppler, Marbach a.N., Talking Televisions/Adbusters Fall 1995, Institute of Sociometry/San Diego (S. 1, 2), Wohlfahrtsausschuß München (S. 6), Edition Nautilus: Der Beginn einer Epoche, Hamburg 1996 (S. 7, 9, 11, 36, 37, 221), Bremen, Renke Reinders (S. 8), Peter Grohmann/Stuttgart (S. 10, 81, 219), Abgeordnetenverzeichnis des Bundestages (S. 14-29), Baden-Württemberg 3/90 (S. 33), WorldWideWeb/Internet (S. 38, 118, 119, 120, 121), WWW-EZLN-Homepage (S. 39, 43), Luther Blissett/Bologna (S. 42, 205), Büro für ungewöhnliche Maßnahmen/Berlin (S. 46), Laibach/NSK (S. 47, 51), Kunst und Kampf/Göttingen (S. 52), De zwarte Kat 1994/Amsterdam (S. 57), P. Huth/E. Volland: Dieses Buch ist pure Fälschung/Frankfurt 1989 (S. 65), Ulrich Bernhardt/Stuttgart (S. 84), SPIEGEL, 4.12. 1967/Hamburg (S. 85, 187), Thomas (Ede) Schmidt/Bern (S. 91, 100 f.), Aus Privatbesitz (S. 94, 149, 157, 177, 184, 197), Adbusters Summer 1994 (S. 104, 105), Billboard Liberation Front & Friends. The Art & Science of Billboard Improvement, (S. 102 f.), Adbusters (S. 95, 96, 107, 186), Umbruch-Bild-

Huth, Peter/Volland, Ernst (Hg.): Dies Buch ist pure Fälschung. Frankfurt 1989 (Zweitausendundeins). Vergriffen.

Kohtes, Martin Maria: Guerilla Theater. Theorie und Praxis des politischen Straßentheaters in den USA (1965–1970). Tübingen 1990

Kollektiv A/traverso: Alice ist der Teufel. Praxis einer subversiven Kommunikation. Radio Alice (Bologna). Vorwort von Felix Guattari. Berlin 1977.

Langhans, Rainer/Teufel, Fritz: Klau mich. Frankfurt/ Berlin. o.J. (1968).

Law, Larry: Buffo! Amazing Tales of Political Pranks and Anarchic Buffoonery. Spectacular Times. London 1988 (1985).

Lovink, Geert: Hör zu – oder stirb! Fragemente einer Theorie der souveränen Medien. Berlin 1992.

Marcus, Greil: Lipstick Traces. Von Dada bis Punk – kulturelle Avantgarden und ihre Wege aus dem 20. Jahrhundert. München 1992 (engl. Orig. 1989).

Neue Slowenische Kunst (NSK): The Original NSK Book with englisch translation. AMOK Books Los Angeles 1992 (Zagreb1991).

Ohrt, Roberto: Phantom Avantgarde. Die Geschichte der Situationistischen Internationale und der modernen Kunst. Hamburg 1990.

Re/Search # 11: Pranks! San Francisco 1987.

Rubin, Jerry: Do it! Scenarios für die Revolution. München 1977.

Santoro, Victor: Political Trashing. Port Townsend (USA) 1987.

Siepmann, Eckhard: Die Negation der Negation als brennender Weihnachtsbaum. Das Treibhaus der antiautoritären Philosophie und seine Erbauer. In: Ders.: Heiss und kalt. Die Jahre 1945–69. Das BilderLeseBuch. Berlin 1988 (3. Aufl.), S. 636–645.

Situationistische Internationale 1958–1969. Gesammelte Ausgaben des Organs der Situationistischen Internationale. Band. 1 u. 2, Hamburg 1976.

SpassGuerilla. Neu herausgegeben und bearbeitet von der ‚AG Spaß muß sein!'. Münster 1994 (Berlin 1984). unrast-reprint, Bd. 1.

Die (noch nicht vergriffenen) zitierten und erwähnten englischsprachigen Bücher lassen sich am preisgünstigsten über folgende Versandbuchhandlung beziehen:

Missing Link
Westerstraße 114–116
D-28199 Bremen
Telefon: (0421) 50 43 48
Fax: (0421) 5043 16
E-Mail: info@Missing-Link.de
http://www.missing-link.de/biblio.html

Abbildungsnachweis

archiv/Berlin (S. 108), Buffo! Spectacular Times/London 1985 (S. 114), Wohlfahrtsausschuß Tübingen (S. 128, 135), Medienwerkstatt Freiburg (S. 139), Aron Kay-Homepage /www.calyx.net-~pieman- (S. 140, 141, 145, 146, 147, 148), Blacklisted News (Secret Histories, from Chicago '68, to 1984). Bleecker Publishing (Youth International Party Information Service) New York 1983, S. 146, Interim/Berlin Nr. 255/1993 (S. 152-154), KPD/RZ/Berlin (S. 163/174), Videoladen Zürich (S. 165), Greil Marcus: Lipstick Traces. Reinbek 1996 (S. 206), For the sake of simple folk. Oxford 1994 (S. 197), Debattierclub Schmidt & Schneider Sektion Berlin (S. 51) autonome a.f.r.i.k.a. gruppe | Luther Blissett | Sonja Brünzels[1]

Kommunikationsguerilla revisited

Nachwort zur fünften Auflage

Die Kommunikationsguerilla ist wahr, weil sie stattfindet.

1997 erschien erstmals das *Handbuch der Kommunikationsguerilla*, drei weitere Auflagen folgten. 2000 erschien eine spanische Übersetzung, 2001 eine italienische, 2011 eine französische, Teile des Handbuchs wurden ins Polnische übersetzt. Eine englische Übersetzung steht noch aus. Das Handbuch, so behauptete 2007 *analyse & kritik* (ak), habe sich „zu einer Art Klassiker entwickelt". Viele linke Gruppen hätten sich „bei ihren Überlegungen zu Aktionen und Interventionen davon anregen lassen" (autonome a.f.r.i.k.a. gruppe 2007). Und Leute aus dem Wiener Kulturmanagement-Business bezeichneten es als ein „Erste-Hilfe-Buch für Gesellschaftskritik" (Institut für Kulturkonzepte 2008).
Das ehrt uns – aber es stellt sich auch die Frage, warum ein Buch, das aus einem ganz speziellen Kontext heraus geschrieben wurde, über den deutschen Sprachraum hinaus Anklang fand, und überhaupt warum sich Aktivist_innen seit den späten 1990er Jahren immer mehr einer radikalen Politik der Zeichen zuwenden – trotz aller Kritik am Spaß-Aspekt der Kommunikationsguerilla.

15 Jahre Handbuch der Kommunikationsguerilla

Wir erklären uns die Resonanz des Handbuchs damit, dass mit dem Begriff Kommunikationsguerilla eine theoretische Bündelung bereits stattfindender und stattgefundener Praktiken vorgenommen und damit etwas sowieso schon im Werden Begriffenes weiter vorangetrieben wurde: nämlich eine Hinwendung zu einer Kritik der politischen Ökonomie der Zeichen im Rahmen eines tiefgreifenden gesellschaftlichen Wandels, der sich erst heute für alle sichtbar entfaltet. Diese Umbrüche zwingen uns wie auch viele andere linke AktivistInnen, unsere Protest- und Interventionsformen zu überdenken und kritisch zu hinterfragen.
Von Anfang an stand das Konzept der Kommunikationsguerilla in einem breiteren Diskurszusammenhang um Kultur, Medien und Aktivismus, der durch ganz unterschiedliche Begriffe markiert ist. Umberto Eco (1986) forderte bereits 1967 eine „semiologische Guerilla" und prognostizierte das Aufkommen einer künftigen „Kommunikationsguerilla":

1 Der intellektuelle Desperado Sonja Brünzels versteht sich selbst als Hausmann von Luther Blissett (Kommissarin für die korrekte Verwendung der Zeichen im öffentlichen Raum).

„Es könnte indessen sein, daß sich aus diesen neuen nichtindustriellen Kommunikationsformen (von den ‚Love-ins' bis zu den ‚Sit-in-Meetings' der Studenten auf dem Campus-Rasen) die Formen einer künftigen Kommunikations-Guerilla entwickeln" (Eco 1986).

Mark Dery (1993) und die Adbusters (Lasn 2005) propagierten in den 1990er Jahren das „Culture Jamming", Gruppen wie Fiambrera Obrera oder Yomango ließen sich von der „Arte Politico" inspirieren, das Mailänder Chainworkers Kollektiv entwickelte das Konzept der *media sociale* / Metabrand, andere rückten Kommunikationsguerilla in die Nähe von Netzaktivismus oder Netzkunst (Bazzichelli 2008). In der Free-Software-Bewegung, z.B. beim Chaos Computer Club, beschäftigt man sich mit dem „Politik hacken" (Müller, Kannitschreiber, Graupenschläger 2011), und auch im Kunstfeld beziehen sich einige auf diverse Hacking-Metaphern vom „Reality-" oder „Cultural Hacking" bis zum „Urban Hacking" der Wiener Gruppe monochrom. Wir sehen diese begrifflichen Anstrengungen auch im Kontext einer generellen Suche nach angemessenen Formen politischen Handelns. Das Handbuch der Kommunikationsguerilla war und ist ein Beitrag hierzu.

Rezeption und Kritik der Kommunikationsguerilla

Wir haben den Begriff „Kommunikationsguerilla" gewählt, um eine Anzahl politischer Praktiken zu bezeichnen – Praktiken, die bestehende Grenzziehungen zwischen politischer Aktion und Alltagswelt, subjektiver Wut und rationalem politischem Handeln, Kunst und Politik, Begehren und Arbeit, Theorie und Praxis überschreiten. In der Rezeption des Buches passierte etwas, das weder beabsichtigt noch gewünscht war: Das Handbuch wurde als Rezeptbuch aufgefasst. Es geschah aber auch etwas, das wir erhofft hatten: Das Buch wurde als Werkzeugkasten, als Nachschlagewerk oder Inspiration genutzt. Manche Aktionen waren den im Handbuch beschriebenen nachempfunden, andere entwickelten die im Konzept Kommunikationsguerilla angelegten Vorschläge, Vorgehensweisen, Methoden, Prinzipien und Techniken weiter.
Im eingangs zitierten Interview mit *analyse & kritik* von 2007 antworteten wir auf die Frage, ob die Linke kreativer geworden sei:

„Wir denken, die Linke ist sich der Bedeutung von Symbolen, vor allem aber von bildlichen Repräsentationen, bewusster geworden. Sie ist mittlerweile eher in der Lage, Bilder bewusst zu erzeugen und taktisch einzusetzen, und dabei auch mit dem eigenen Selbstbild spielerischer umzugehen. Neben die bewusst inszenierte Konfrontation (Black Bloc) sind Formen getreten, welche versuchen, die martialisch aufmarschierende Staatsmacht symbolisch ins Leere laufen zu lassen. Wenn sich hoch gerüstete SEKler im schwarzen Körperpanzer auf der einen und rosenfarbige Feen unklaren Geschlechts oder depperte Clowns auf der anderen Seite gegenüberstehen, dann sieht die Staatsmacht im wörtlichen wie übertragenen Sinne schlecht aus – auch wenn das die Gewaltförmigkeit des staatlichen Overkills nicht mindert. Wird dann versucht, in bewährter Manier die Spritzpistolen und Seifenblasen der Clowns qua Presseerklärung in terroristische Instrumen-

te chemischer Kriegsführung umzudeuten, dann mag sich zeigen, dass Lügen, die von Fünfjährigen zu durchschauen sind, auch von manchen JournalistInnen nicht immer unkommentiert kolportiert werden" (autonome a.f.r.i,ka. gruppe 2007).

Als wir Anfang der 1990er Jahre in den Texten zur „Medienrandale" (autonome a.f.r.i.k.a. gruppe 1994a, 1994b) begannen, die gängigen Methoden zur Erzeugung von Gegenöffentlichkeit in der radikalen Linken, wie z.B. Straßenmilitanz oder Aufklärung, zu problematisieren, reagierten wir auf die Hegemonie des neoliberalen Marktextremismus und die Behauptung vom Ende der Geschichte. Nach 1989 war die gesamte Linke wie gelähmt. Selbst die rudimentärsten Vorstellungen von gesellschaftlicher Emanzipation oder gar revolutionärem Wandel waren diskreditiert. Nach dem Zusammenbruch der Sowjetunion und dem Fall der Mauer schien jegliche Idee der Assoziation von Freien und Gleichen plötzlich nicht mehr nur illusionär, sondern rundweg undenkbar geworden. Mehr noch, sie galt nicht einmal als Utopie mehr wünschenswert. Damit verbunden waren Entpolitisierung, Zynismus, Nihilismus, Anti-Deutschtum oder der Rückzug in diverse alternative Nischen. Mit der Frage „Warum hört mir keineR zu?" wandten wir uns gegen die Behauptung vom Ende der Geschichte. Wir wollten die zentrale Marx'sche Einsicht in die Geschichtlichkeit und damit auch die Veränderbarkeit der Gegenwart in Erinnerung rufen und zu einer Repolitisierung beitragen. Es sollte wieder möglich werden, den hegemonialen Diskurs von der Unveränderbarkeit der Welt zu unterlaufen. Denn das ist die Voraussetzung für politische Veränderung. Um die hegemonialen Kräfteverhältnisse in Frage zu stellen, sahen wir diskursive Störungen im Modus der Kommunikationsguerilla als eine angemessene Form politischen Eingreifens.
In zahlreichen Veranstaltungen und Teach-ins zum Handbuch bemühten wir uns, dieser Frage Gehör zu verschaffen. Angesichts eines politischen Aktivismus, der geprägt war von Identitätsfixierung, einem Bedürfnis nach Subkultur oder der Einrichtung im „richtigem Leben" war das schwer, richtig schwer. In vielen Fällen beförderte dieser identitäre Aktivismus eine Abschottung im Sektierertum, die allenfalls innerlinke Distinktionsbedürfnisse befriedigte. Die Debatte um Kommunikationsguerilla in den 1990er Jahren erscheint uns im Rückblick als sehr unproduktiv, weil merkwürdig formal und geprägt von den Rückzugsgefechten eines Aktivismus, der Protest und linke Politik mit einem Lebensstil verwechselte. Und über die Reinheit der eigenen Praxis wurde eifersüchtig gewacht. Es gab nicht eine Veranstaltung zu dem Buch, in der wir nicht darauf hingewiesen wurden, dass die Werbung etwa in Form von Guerilla Marketing „das" jetzt auch machen würde, Kommunikationsguerilla also per se korrumpiert sei. Die Sorge, dass verfremdende oder überaffirmierende Kommunikationsformen ihre subversive Wirkung verlieren, wenn sie auch von der gegnerischen Seite eingesetzt werden, wird von vielen Kunst- und Kulturkritikern geteilt. Unter dem Titel *Subversion ist Schnellbeton* konstatieren Bernhard und Schäfer (2008, 70) in Bezug auf die von ihnen gleichgesetzten Bereiche der künstlerischen Produktion und gesellschaftlichen Kritik:

„Subversion erweist sich oft mehr als Zuschreibung denn als Effekt. Seine diskursive Verortung in der politischen Linken und innerhalb künstlerischen Avantgarden

lenkt von der Ambivalenz seiner Strategien ab, die auch effizient vom Establishment angewandt werden … Der Begriff des Subversiven selbst muss daher sowohl aus der Perspektive der Medienkunst und der Gesellschaftskritik als auch der Medienwissenschaft kritisch hinterfragt werden.“

Hier wird, wie so oft in der Ideologiekritik, von der Form eines Kommunikationsakts unmittelbar auf dessen politische Zielrichtung (subversiv oder affirmativ) geschlossen. Bernhard und Schäfer erkennen im Netzaktivismus „subversive Strategien". Aus dem Einsatz vergleichbarer „subversiver Kommunikationsstrategien" in der keineswegs kritischen Werbung und im konservativen politischen Lobbying schließen sie, dass auch der Netzaktivismus nicht subversiv sein könne. So wird das Kind des subversiven Handelns mit dem Badewasser der Ideologiekritik ausgeschüttet.
Im Gegensatz dazu zeigt die Praxis der Kommunikationsguerilla, dass verfremdende oder überaffirmierende Formen der Kommunikation ihr subversives Potential immer nur abhängig vom Kontext entfalten können. Subversiv ist nicht die *Form* des politischen Kommunizierens, sondern das Zusammenwirken von Form, Kontext und inhaltlicher Stoßrichtung, die auf eine Kritik der herrschenden falschen Verhältnisse abzielt. Aus diesem Grund sprechen wir von Kommunikations*guerilla* – denn über den Luxus eines sicheren Orts der Kritik, von dem aus wir politisch eingreifen und uns zugleich auf die Seite der ‚Guten' schlagen könnten, verfügen wir nicht. Für den *Telepolis*-Rezensenten Baumgärtel (1997) geriet das Handbuch geradezu zum Verrat von Betriebsgeheimnissen:

„Die ‚Kommunikationsguerilleros', denen wir das Handbuch verdanken, haben die Mechanismen, mit denen die ‚Gesellschaft des Spektakels' operiert, vielleicht doch noch nicht so gut verstanden, wie sie meinen. Wahrscheinlich haben sie gar nichts Böses gewollt, als sie die hier beschriebenen Methoden der allgemeinen Lesbarkeit ausgeliefert haben. Aber sie könnten die ersten sein, die sich wünschen, daß die apokryphen Dinge, die sie in ihrem Buch beschreiben, für immer apokryph geblieben wären. Manche Sachen hängt man einfach nicht an die große Glocke.“

Die Beschwörung, dass man die eigenen Methoden und Praktiken nicht aussprechen, beschreiben oder analysieren dürfe, weil sie sonst von den Herrschenden rekuperiert werden könnten, erschien im schon damals anbrechenden Zeitalter von Linux und Open Source gelinde gesagt etwas anachronistisch.
Das Konzept Kommunikationsguerilla wurde gerne abgebügelt mit dem Argument, es sei zu wenig radikal, zu harmlos und vor allem zu albern – eine oberflächliche, pseudo-witzige Spaßguerilla ohne jeden Anspruch auf wirklich revolutionäre, politisch organisierende Veränderung. Diese Diskussionen tendierten dazu, von einzelnen Kommunikationsguerilla-Aktionen quasi die Aufklärung und die Revolution im Doppelpack zu fordern und das ganze Konzept in Bausch und Bogen zu verwerfen, wenn diese Erwartung nicht eingelöst wurde.
In einer Kultur der Rechthaberei warfen uns Kritiker_innen vor, dass die Kommunikationsguerilla von den wirklich wichtigen Kämpfen nur ablenke, und diese Sichtweise teilten wir

ein Stück weit, wenn wir Formen der Kommunikationsguerilla nur als Zwischenschritt vor oder neben dem „eigentlichen" politischen Kampf verstanden.

Damals hielten wir solchen Einwänden entgegen, dass Kommunikationsguerilla nur eine Möglichkeit unter vielen sei und dass sie die herkömmlichen Formen politischen Handelns – Demonstrationen, Massenorganisation, Aufklärung, Militanz – nicht ersetzen sollte. Wir betrachteten Kommunikationsguerilla als geeignete Taktik zu einem Zeitpunkt, als das gesellschaftliche Kräfteverhältnis Reaktion, Rassismus und die vorherrschenden Vorstellungen über die Natur der gesellschaftlichen Beziehungen bestärkte und emanzipatorische Bewegungen bis zur Handlungsunfähigkeit geschwächt waren. Diese Sichtweise unterstellte, dass wir, wenn die Zeiten besser würden, zu alten Formen der Mobilisierung zurückkehren könnten. Das hat sich als Trugschluss herausgestellt.

Damals setzten wir Kommunikationsguerilla ein wie Nebelkerzen. Der Rauch des Spiels von Zeichen und Symbolen sollte den Gegner verwirren und schwächen, damit der eigentliche Angriff – mit herkömmlichen politischen Mitteln – umso wirksamer vonstattengehen könnte. Trotzdem zeigten diese Nebelkerzen politische Wirkung. Das konnten wir uns erst erklären, als wir begriffen hatten, dass der Nebel des Spiels mit Zeichen, Bildern und Symbolen mehr war als nur ein Verwirrspiel, nämlich der Ausdruck oder vielleicht genauer „Vorschein" (Ernst Bloch) einer grundlegenden Veränderung der gesellschaftlichen Verhältnisse. Das heißt, die Nebelkerzen der Kommunikationsguerilla waren und sind nicht nur „Notlösung in schweren Zeiten". Sie explodieren nicht auf einem Nebenschauplatz des „eigentlichen" politischen Kampfs, sondern markieren den Ort der Auseinandersetzung selbst. Mehr denn je ist der Kampf um Bedeutungen zu einem zentralen politischen Schauplatz geworden.

Die massenhaften Straßendemonstrationen der Alterglobalisierungs-Bewegung, die sich 1999 mit den Protesten gegen das Treffen der Welthandelsorganisation (WTO) in Seattle Bahn brach, führten zu einer nachhaltigen Veränderung der Aktionsformen. Die globalisierungskritische Bewegung hat anschaulich vorgeführt, wie das, was im Handbuch der Kommunikationsguerilla als wirksames Interventionsrepertoire für einzelne kleine Gruppen vorgeschlagen wird, auch dann funktioniert, wenn es eingebettet ist in umfangreichere Kampagnen, Projekte oder Bewegungen. Dabei zeigte sich, dass Kommunikationsguerilla ihre Wirksamkeit nicht nur aus der Position der Schwäche entfaltet, sondern auch von starken mobilisierungsfähigen Bewegungen mit Gewinn eingesetzt werden kann.

In den frühen Debatten hatten wir selbst noch nicht begriffen, dass das Interesse an Kommunikationsguerilla Ausdruck eines übergreifenden gesellschaftlich-historischen Wandels ist. Die Theoretisierung von Kommunikationsguerilla mag dazu beigetragen haben, dass in den 1990er Jahren schon lange bestehende und historisch eingeübte Praxen als Formen politischen Handelns erkennbar wurden. Aber erst heute verstehen wir, warum es uns damals so wichtig war, die Grenzen identitärer Subkulturen zu überschreiten, das subversive Potential von Popkultur und Alltagserfahrungen auszuloten und taktische Vielstimmigkeit an die Stelle des festgefahrenen Beharrens auf die reine Lehre zu setzen. Obwohl wir uns von Anfang an digitaler Werkzeuge bedienten und selbstverständlich alle medialen Kommunikationskanäle bespielten, verweigern wir uns einem technikeuphorischen Aktivismus, der das Internet als den wichtigsten Hebel zur Umwälzung der herrschen-

den Verhältnisse betrachtet. Aber wir lehnen deshalb nicht im Umkehrschluss die medialen beziehungsweise virtuellen Formen politischen Handelns ab: Auch hier gibt es keine reinen Wahrheiten, sondern immer nur Möglichkeiten, die sich aus Kontexten, Situationen und Entwicklungen immer neu ergeben und immer neu auf ihre Potentiale zur politischen Aktivierung hin überprüft werden müssen.
Erst im Zuge der theoretischen Entfaltung der Analyse des kognitiven Kapitalismus wurde klar, was es mit einer subversiven Politik der Zeichen im Zuge der Ausbreitung von immaterieller oder mentaler Arbeit auf sich hat. Vor diesem Hintergrund argumentieren wir heute, dass Kommunikationsguerilla mit ihrer Betonung von Zeichen, Bildern und Symbolen in Ökonomie, Politik, Medien und Kultur in der gegenwärtigen postfordistischen Zurichtung der Gesellschaft eine Form politischen Handelns auf der Höhe der Zeit ist.

„Diskutieren Sie!" - Kommunikationsguerilla im Proseminar

Als 1997 die erste Auflage des Handbuchs erschien, maulte der Rezensent des Online-Magazins *Telepolis* (Baumgärtel 1997) nicht nur, dass es ihm nicht passe, dass hier aus der Linken ein Projekt lanciert wurde, bei dem es etwas zu lachen geben könne (seiner Ansicht nach gehen die nämlich zum Lachen in den Keller und das Vorurteil will gepflegt sein). Intuitiv erfasste er auch etwas, was ihm wie eine unzulässige Vermarktung und Verflachung politischer Praxis vorkam:

„Von diesem ‚Handbuch' ist es nur noch ein kleiner Schritt zu hippen Proseminaren ‚Zu Strategie und Praxis der Kommunikationsguerilla'. Demnächst auch an Ihrer Fakultät, oder auch in der ‚Zeit' und bei arte nach 22 Uhr" (ebd.).

In der Tat ist es so gekommen. Wie das meiste, was gesellschaftlich relevant ist, wurde das Konzept der Kommunikationsguerilla auch in anderen Feldern aufgenommen und für die jeweiligen Anliegen angeeignet und umgearbeitet. Wenn sich Universitäten, Kunstakademien und Werbeagenturen der Kommunikationsguerilla zu bemächtigen versuchen, brechen sich andere Logiken als die von Kommunikationsgueriller@s intendierten Bahn. Einerseits belustigt es auch uns, wenn die Kommunikationsguerilla im akademischen Lehrbetrieb auftaucht. Andererseits sehen wir nichts grundsätzlich Problematisches darin, dass das Konzept an Universitäten oder Kunsthochschulen, bei akademischen Konferenzen, in Abschlussarbeiten und wissenschaftlichen Publikationen Resonanzen und Niederschläge verzeichnen kann.
Zu Beginn waren es vor allem autonome Seminare der Studierenden selbst, die diese Themen in den Universitätsbetrieb einbrachten. Am Institut für Theater- und Filmwissenschaft der Freien Universität Berlin etwa wurde im Wintersemester 2001/2002 ein studentisches Projekt mit dem Titel „Ist Ironie noch ein Mittel der Subversion? – Theorie und Praxis der Kommunikationsguerilla" angekündigt:

„Mit Hilfe des ‚Handbuches der Kommunikationsguerilla' und der ihm zugrunde liegenden Theorien wollen wir uns über das Konzept der KG verständigen und die

von ihnen vorgeschlagenen Praxen auf ihre Wirksamkeit innerhalb der Berliner Republik überprüfen. Mit der theoretischen Aufarbeitung kann sich ein solches Seminar nicht begnügen, und so hoffen wir, dass die Theorie sich in einer eigenen subversiven Praxis niederschlägt."

Ob auch bei anderen Seminaren praktische Übungen im Sinne einer angewandten Wissenschaft stattgefunden haben, lässt sich zumeist nicht genau erschließen. In Frankfurt/Oder an der Europa-Universität Viadrina im Sommersemester 2005 eher nicht. Dort stellte Matthias Rothe, wissenschaftlicher Mitarbeiter Linguistische Kommunikations- und Medienforschung, im Seminar „Kritik und Protest" („BA-Vertiefungsthema") folgende Leistungsanforderung für die schriftliche Hausarbeit:

„11. Essay (Handbuch der Kommunikationsguerilla, 0 bis 37; 174 bis Schluss) Worin besteht das Konzept der Kommunikationsguerilla? Wie wird es legitimiert (seine Notwendigkeit begründet)? Handelt es sich um eine neue politische Aktionsform? Ist sie eine den sozialen, ökonomischen und politischen Verhältnissen unserer Gegenwart angemessene Aktionsform? Diskutieren Sie!"

Ob's nun sitzt?
Darüber hinaus finden sich ganze Tagungen, die sich mit dem subversiven Potential der Kommunikationsguerilla beschäftigen: „Subversive Aktion als emanzipatorische Praxis?" hieß eine vom AStA Hannover im Jahr 2011 organisierte Konferenz:

„Linke Gruppen und Bewegungen nutzen für ihre politischen Interventionen vermehrt ‚subversive Aktionsformen' oder Methoden der Kommunikationsguerilla. ... Dieses Spannungsfeld wollen wir aus einer historisch-gesellschaftstheoretischen Perspektive vermessen und dabei konkreten Aktionen, ihren Funktions- und Wirkungsweisen, aber auch den an sie geknüpften Vorstellungen der Akteure nachgehen. Wir hoffen damit, Potentiale und Grenzen subversiver Aktionsformen für eine emanzipatorische Praxis ausloten zu können."

Immerhin!
Überaus erfreulich ist, dass nicht nur das theoretische Konzept der Kommunikationsguerilla einen akademischen Widerhall fand, sondern auch deren Praxis. In Deutschland und Österreich zeigte sich das besonders eindrücklich bei den Aktionen gegen die Einführung von Studiengebühren. Insbesondere das Tortenwerfen ist in den akademischen Gemäuern inzwischen zu einer schönen Tradition geworden (Schönberger 2009). Besonders prägnant war im November 2005 ein von Tübinger Studierenden geradezu lehrbuchhaft ausgeführter Tortenwurf gegen den damaligen Vorsitzenden der Hochschulrektorenkonferenz, Prof. Peter Gaethgens. In Wien – aber so was passiert nur dort – wurde der Tortenwurf gegen den Rektor der Universität Winkler sogar im Parlament verhandelt (ebd.).
Experimente mit der Technik des Fakens führten im August 2011 an der Johannes-Gutenberg-Universität zu Mainz zu großer Aufregung. Bei *Spiegel Online* (25.7.2011) hieß es:

„Die Gutenberg-Universität Mainz will nicht Elite werden – mit dieser Falschmeldung schreckten unbekannte Täter Hochschule und Lokalpresse auf. Der ersten Ente, derzufolge die Uni aus der Exzellenzinitiative aussteigen wolle, folgte eine zweite: eine Reaktion des Asta. Witzig findet das niemand.“

Auf drei Seiten führte die Falschmeldung aus, warum die Universität aus der sogenannten Exzellenzinitiative aussteigen wolle. Den Kopf der Meldung zierte das Logo der Johannes-Gutenberg-Universität in Mainz, Absenderin war angeblich die Pressesprecherin der Universität.
Wegen dieser falschen Mitteilung an die Medien stellten Universität und der rechtsgerichtete AStA bei der Kriminalpolizei Anzeige wegen Verleumdung:

„Die gefälschte Pressemitteilung, wonach Unipräsident Georg Krausch den Rückzug aus dem Exzellenzförderprogramm von Bund und Ländern erklärt haben soll, war am Freitagabend unter dem offenbar missbrauchten Absender der Uni-Pressestelle an mehrere Zeitungen und Agenturen versandt worden“ (Mainzer Rhein-Main-Zeitung, 25.7.2011).

Allerdings meldeten die Faker nur etwas, was sowieso alle wissen: nämlich dass die Exzellenzinitiative zu einem „ruinösen Wettkampf" zwischen den Universitäten und einer ungerechtfertigten Bevorzugung einzelner Wissenschaftszweige führt (*Spiegel online*, 25.7.2011). Diese Erkenntnis würden wohl viele Universitäten hierzulande teilen, wenn auch nur hinter vorgehaltener Hand.
Eigentlich ist es egal, warum es im Universitätsbetrieb reizvoll ist, Seminare zum Thema Kommunikationsguerilla durchzuführen. In manchen Fällen führt das jedenfalls nicht nur zur Profilierung des akademischen Mittelbaus und einzelner Lehrbeauftragter, sondern auch zur Erweiterung des politischen Aktionsrepertoires der Studierenden.

Kommunikationsguerilla als Medientheorie?

Einige unserer Texte sind inzwischen in medien- und kommunikationswissenschaftlichen Textsammlungen gelandet. Im Reader *Neue Medien* (Bruns/Reichert 2007) findet sich der Aufsatz *Bewegungsle(e/h)re? Anmerkungen zur Entwicklung alternativer und linker Gegenöffentlichkeit. Update 2.0.* aus dem Jahre 1997 in unvereinbarer Nähe zum inzwischen verstorbenen Medienpapst Friedrich Kittler, zu philosophischen Mediendiskursen oder philologischer (geisteswissenschaftlicher) Kulturwissenschaft. Die Herausgeber versäumen es leider, die Unterschiede zwischen Kommunikationsguerilla und Technodeterminismus oder dem Konzept der „Electronic Disobedience" à la Critical Art Ensemble herauszuarbeiten (ebd., 316ff.).
Wir haben uns über verschiedene Formen des politischen Aktivismus im Internet und die *Stolpersteine auf der Datenautobahn* vor dem Hintergrund der Internet-Euphorie Gedanken gemacht. Es ist klar, dass das Internet mit seiner speziellen kulturellen Grammatik großartige Möglichkeiten für Formen digitalen zivilen Ungehorsams bietet – aber nicht als

Paralleluniversum oder, wie Armin Medosch es ausdrückte, als eine eigene „virtuelle Republik", sondern als Teil der bestehenden gesellschaftlichen Machtverhältnisse. Hervorgehoben haben wir vor allem eine scheinbar banale Seite des politischen Handelns im Internet, nämlich das Schaffen einer alltäglich genutzten digitalen Infrastruktur, so wie es Indymedia oder auch die vielen autonomen Internet-Service-Provider wie Nadir, Autistici/Inventati, Riseup oder sindominio tun (autonome a.f.r.i.k.a. gruppe 2005b). Heute stellt sich die Frage, wie wir uns zu den zahlreichen kommerziellen Plattformen verhalten, die seither entstanden sind. Es versteht sich von selbst, dass Facebook, Twitter und andere soziale Netze nicht das sind, worauf wir gewartet haben. Es ist aber auch ganz klar, dass sich dort die Menschen herumtreiben, mit denen wir uns verwickeln wollen. Insofern wäre es verfehlt, wenn wir uns davon fernhalten würden. Es geht wie immer darum, wie sich diese Tools in einem emanzipatorischen Sinne umnutzen lassen, also um die Frage, was man damit eigentlich sonst noch alles machen kann.
Im Sammelband *Grundlagentexte zur sozialwissenschaftlichen Medienkritik* (Kleiner 2010) erschien unter der Kapitelüberschrift „Aktuelle Kritische Medienforschung" der Text „Kommunikationsguerilla – Transversalität im Alltag" (ebd., S. 716-723). Hier werden wir als bisher nicht berücksichtigt angesehen:

„Aufgrund der weitestgehenden Nicht-Berücksichtigung der Ansätze der Kommunikationsguerilla im medienkritischen Diskurs sowie in den Sozial-, Medien-, Kommunikations- und Kulturwissenschaften, darüber hinaus aber auch in Anbetracht von deren Bedeutung für den Diskurs gesellschaftskritischer Medientheorien als Praxisform, fällt die Rahmung zum Beitrag der autonomen a.f.r.i.k.a. gruppe ausführlicher aus. Generell hat erst durch den Beitrag von Kleiner (2005) eine punktuelle Auseinandersetzung mit der Kommunikationsguerilla in den Medien- und Kommunikationswissenschaft eingesetzt."

Schön für die Wissenschaft, aber uns ist es völlig gleichgültig, ob die Kommunikationsguerilla etwas zur Reformulierung von Medienkritik und -theorie beitragen kann. Wir betreiben Theorie in praktischer Absicht, und das meint nach wie vor – frei nach Marx –, die Verhältnisse umzuwerfen, in denen der Mensch „ein erniedrigtes, ein geknechtetes, ein verlassenes, ein verächtliches Wesen" ist (Karl Marx 1843/44).

Anstrengung des Begriffs

Die Kommunikationsguerilla ist richtig, weil sie wahr ist.

Es gibt eine ganze Reihe von theoretischen und praktischen Bemühungen, Kommunikationsguerilla zu definieren und ihren theoretischen Bezugsrahmen zu bestimmen. Ein Zitat aus dem Handbuch wurde immer wieder aufgegriffen, nämlich der Satz von Roland Barthes (1974, 141):

„Ist die beste Subversion nicht die, die Codes zu entstellen, statt sie zu zerstören?"

Wir wollen uns auf ein paar wenige Beispiele beschränken. Eine inzwischen in der medienwissenschaftlichen Literatur herangezogene Definition von Marcus S. Kleiner (2005, 358) hebt die Medienpraktiken als zentrales Element von Kommunikationsguerilla hervor:

„Das Konzept Kommunikationsguerilla ist ein Mix aus Ideologiekritik und einer handlungstheoretisch orientierten Theorie der Medienaneignung, deren Referenzpunkte die Arbeiten von Eco und de Certeau sowie implizit die Thesen der Cultural Studies zur kreativen und eigensinnigen Medienrezeption sind."

Mitunter liefern auch Seminarankündigungen Definitionen:

„Kommunikationsguerilla meint eine politische Praxis, die sich innerhalb der hegemonialen kulturellen Strukturen bewegt und diese mit dem Ziel attackiert, sie als Ausdruck des herrschenden Unwesens kenntlich zu machen. Sie verstrickt sich tief in die Verhältnisse und besteht dabei um so nachdrücklicher auf der Möglichkeit emanzipatorischer Praxis. Sie ist militant, bedient sich aber der Diskurse statt der Pflastersteine. Ihre klassischen Techniken, ganz allgemein gefasst als Verfremdung und Überaffirmation, scheinen mittlerweile selbst entwendet und in den Dienst der herrschenden Ideologien getreten, zu deren Zertrümmerung sie einst entwickelt wurden. Wenn sich herausstellen sollte, dass sich die ironische Brechung als besonders perfide Form des aufgeklärten falschen Bewusstseins durchsetzt, gilt es, Theorie und Praxis der Kommunikationsguerilla den Gegebenheiten anzupassen" (Universität Frankfurt, Institut für Theater- und Filmwissenschaft, Studentisches Projekt im Wintersemester 2001/2002).

Auch hier kommt die Sorge zum Ausdruck, dass Kommunikationsguerilla ihre Wirksamkeit verliere, wenn ihre Grundprinzipien, Verfremdung und Überaffirmation, in den Dienst der herrschenden Ideologien träten. Dieser Retorsion sind allerdings auch traditionelle Formen politischen Handelns ausgesetzt. In dieser Logik müssten die eindrucksvollen Greenwash-Kampagnen zur Leugnung des Klimawandels zur Ablehnung des Kampagnenformats führen, und die Orchestrierung von Pseudo-Gegenbewegungen von oben, das sogenannte „Astroturfing", wie etwa bei Stuttgart 21 zu beobachten, müsste jegliche Protestbewegung in Frage stellen.
Die Definition von Wikipedia trägt in ihrer gegenwärtigen Version mehr zur Begriffsverwirrung als zur Klärung bei:

„Kommunikationsguerilla (auch Informationsguerilla, Medienguerilla) ist eine Form des Aktivismus (oder eine Gruppe beziehungsweise Bewegung, die sich dieser Form bedient), bei der gezielt Information oder Desinformation eingesetzt wird, um Ziele zu erreichen. Dabei wird die klassische Guerilla-Taktik, die sich um möglichst effektive punktuelle Operationen bemüht, auf den Bereich von Information

und Kommunikation übertragen. Man kann die Kommunikationsguerilla auch als eine künstlerische Strategie zur Subversion von Kommunikationsstrukturen oder eine kulturelle Instandbesetzung beschreiben."

Hier ist fast jeder Satz unzutreffend und unzureichend. Aber das ist nicht so wichtig, weil sich unabhängig von programmatischen Definitionen Praxen und Praktiken herausbilden, die sich nicht kontrollieren oder korrigieren lassen. An dieser Stelle möchten wir nur auf einen Aspekt näher eingehen: Kommunikationsguerilla ist nicht „Medienguerilla", wie der Eintrag in Wikipedia es nahelegt.

Kommunikationsguerilla ist nicht Medienguerilla

Ausgangspunkt für das Kommunikationsguerilla-Konzept war in den 1990er Jahren die „Medienrandale" der Mainstream-Medien gegen Flüchtlinge und Einwanderer („JournalistInnen werfen keine Brandsätze – Sie formulieren sie", autonome a.f.r.i.k.a. gruppe 1994a) und das damit verbundene Sturmreifschießen des Grundrechts auf Asyl sowie die hierüber zum Ausdruck kommende Abneigung gegenüber den bürgerlichen Grundrechten. Der Rassismus der Mitte und die damit eng verknüpfte Dominanzkultur waren für uns ein Anlass, uns über die Bedingungen unserer eigenen radikalen politischen Praxis Rechenschaft abzulegen. Dabei betrachteten wir die Massenmedien zwar als ein wichtiges Terrain des Konflikts, auf dem gesellschaftliche Gegensätze ausgetragen werden, aber keineswegs als das zentrale Problem, im Gegenteil. Es ging uns immer um den Kommunikationsprozess und nicht um die Besetzung von Sendern, nicht um die technische Sabotage von Übertragungen und eben auch nicht um das Hacken im populären Sinn als Sabotage:

„Die Autorinnen haben sich für den Begriff Kommunikationsguerilla entschieden, weil alle hier zusammengefassten Konzepte und Aktionsformen auf gesellschaftliche Kommunikationsprozesse Bezug nehmen: auf die Kommunikation zwischen Medien und Medienkonsumentinnen, die Kommunikation im öffentlichen oder sozialen Raum sowie die Kommunikation zwischen gesellschaftlichen Institutionen und Individuen. Kommunikation umfasst mehr, als eine verbreitete technizistische Sichtweise es nahe legt: Sie beschränkt sich nicht auf die Massenmedien oder auf technische Kommunikationsmittel wie Fax, Handy, Computer und Modem" (autonome a.f.r.i.k.a. gruppe/luther blissett/sonja brünzels 2001: 8f.; vgl. 194f.).

Das Problem mit dem Begriff Medienguerilla war und ist grundsätzlicher Natur. Wir interessieren uns eigentlich nicht für Medien. In einer ansonsten sehr gelungenen Herleitung und Zusammenfassung des Kommunikationsguerilla-Konzepts konstatiert der Medienwissenschaftler Marcus S. Kleiner, dass wir gegenüber dem Medienbegriff „dem Begriff Kommunikation ... ein originäres Kritik- sowie Kontrollpotential" zuschreiben. Seiner Meinung nach bedeuten für uns „Kommunikationsanalysen immer Gesellschaftsanalysen, Kommunikationskritik zugleich Gesellschaftskritik". Aber diesen Umkehrschluss teilen wir nicht, wir verwechseln Medienkritik nicht mit Gesellschaftskritik.

Kleiner betont zu Recht, dass viele Aktionen der Kommunikationsguerilla auf Medien angewiesen sind, und bezieht sich deshalb positiv auf den Begriff Medienguerilla. Aber für uns ist es nicht einsichtig, das gesamte Konzept vom Umgang mit den Medien aus zu denken. Während Kleiner als Medienwissenschaftler vermutlich an Medien als Ausgangspunkt von Kommunikationsguerilla festhalten muss, behaupten wir, dass die gängige (linke, die andere sowieso) Medienkritik ein falsches Verständnis von Gesellschaft begünstigt. Die Fixierung auf Medien beinhaltet den Aspekt der Verführung und Manipulation aus der klassischen Ideologiekritik, demzufolge das Handeln und Denken der Subjekte als Folge ihres Medienkonsums missverstanden wird. Das geht aber am Kern des Problems vorbei. Gesellschaftsveränderung und emanzipatorisches Handeln werden niemals die Folge eines veränderten Medienkonsums oder auch eines richtigeren Medienhandelns sein. Uns interessiert am Prozess der Kommunikation vor allem, wie bestimmte Denkweisen und Denkverhältnisse aufgebrochen werden können. Kommunikationskritik ist für uns ein Mittel zum Zweck. Es geht darum, zu verstehen, wie gesellschaftliche Kommunikation organisiert und realisiert wird und wie sie im Gesagten, aber vor allem auch in der kulturellen Grammatik – den Anordnungen von Körpern, Diskursen und Regeln – zum Ausdruck kommt. Unser Blick auf Kommunikation verwechselt keineswegs den Prozess der Kommunikation mit den Inhalten der Kommunikation. Kommunikationsguerilla will die Inhalte der hegemonialen (medialen wie nichtmedialen) Kommunikation bearbeiten, verfremden, delegitimieren oder ad absurdum führen.

Unser Kommunikationsbegriff zielt auf einen größeren gesellschaftlichen Horizont. Wir betonen, dass Medien nur einen Teil der gesellschaftlichen Wirklichkeit darstellen. Das Ineinanderfließen und die Verwobenheit unterschiedlicher Handlungs- und Realitätsfelder (z.B. die kapitalistische Produktionsweise, die geschlechtliche Arbeitsteilung usw.) begründen die soziale Welt und damit auch ihre kritikwürdigen sozialen Praxen. Diese mögen medial repräsentiert sein – aber die mediale Repräsentation ist nicht ihre Ursache. Der Begriff der Medien ist für uns auch deshalb zunehmend unbrauchbar geworden, weil er nicht zuletzt durch die Medien- und Kommunikationswissenschaft derart aufgeblasen wurde, dass sogar behauptet wurde, dass dieselbe zur Leitwissenschaft erhoben werden müsse und Kulturentwicklung heute in erster Linie Medienentwicklung darstelle. Beispielhaft hierfür ist der deutsche Medienintellektuelle *par excellence*, Norbert Bolz, der zeitweise in jeder *Spiegel*-Ausgabe zitiert wurde:

„Die technischen Medien der Informationsgesellschaft sind das unhintergehbare historische Apriori unsers Weltverhaltens; Programme ersetzen die sogenannten Naturbedingungen der Möglichkeit von Erfahrung. Die Welt der Neuen Medien hat von Subjekt auf System umgestellt. Und der Regelkreis Mensch-Welt entzaubert die philosophischen Subjekt-Objekt-Beziehungen. Vor der elektronischen Schwelle unterstellte eine analoge Schau noch ein Subjekt der Vorstellung – heute arbeiten digitale Schreib/Leseknöpfe Projekte der Darstellung ab. Was einmal Geist hieß, schreibt sich heute im Klartext von Programmen an“ (Bolz 1993, 34).

Die Eindimensionalität eines solchen Medienbegriffs verhindert systematisch, dass gesellschaftliche Verhältnisse und das damit verbundene Handeln der Menschen in ihrer Komplexität zur Kenntnis genommen werden. So kommt es zu einem Medienhype, in dessen Folge beispielsweise die Umbrüche in den arabischen Ländern als Twitter- oder Facebook-Revolutionen missverstanden werden – wogegen sich die beteiligten Blogger zu Recht zur Wehr setzen.

Zwar gibt es in den Medien- und Kommunikationswissenschaften einen weiten Medienbegriff, der über deren Definition als (elektronische) Massenmedien hinausgeht und auch Raum, Körper und Zeitempfinden einschließt. Bloß hat das bisher zumindest in der Medienwissenschaft keine Folgen gehabt. Oder warum untersuchen die Kommunikations- und Medienwissenschaften nicht das Tortenwerfen, das Unsichtbare Theater, das Happening und andere Formen des kreativen Straßenprotestes? Wir stellten also fest, dass der mediale Raum im vorherrschenden Bewusstsein tatsächlich als massenmedialer Raum gedacht wurde und bis heute gedacht wird, und darauf lässt sich Kommunikationsguerilla nicht reduzieren. Weil der im Alltag gebräuchliche Medienbegriff zu eng ist für das, was wir mit unserem Konzept meinen, bleiben wir beim Begriff Kommunikationsguerilla.

Nichts als Kunst und Hacking?

Auch im Kunstfeld gibt es Versuche, das Handeln, welches im Handbuch als Kommunikationsguerilla beschrieben wird, zu re-definieren. Seit den Interventionen der Situationisten hat sich die Produktion von Situationen im öffentlichen Raum als künstlerische Praxis etabliert: Es finden sich zahlreiche Interventionen mit Anklängen an die Kommunikationsguerilla, wie etwa die „Urban Hacking"-Aktionen der Wiener Künstlergruppe monochrom (Friesinger, Grenzfurtner, Ballhausen 2010). Es ist wohl vor allem dem Originalitätsdruck im Kunstfeld geschuldet, dass hier immer neue Begriffe ins Rennen geschickt werden. Die Bedeutung des Kommunikationsguerilla-Konzepts kommt in diversen terminologischen Bemühungen zum Ausdruck. Beispielsweise ist vermehrt von „Cultural Hacking" (Liebl, Düllo 2005) die Rede. Wer genau hinschaut, wird feststellen, dass die Hacking-Metapher ähnliche Vorstellungen von der Aneignung von Codes beinhaltet wie der Begriff der kulturellen Grammatik in der Kommunikationsguerilla. Hacking, Cultural Hacking und Kommunikationsguerilla haben die Bereitschaft zur respektlosen Regelüberschreitung gemeinsam, und alle drei wenden ihre genauen Kenntnisse des gegnerischen Feldes in unvorhergesehener Weise gegen dieses selbst.

Cultural Hacking wird als „Kunst des strategischen Handelns" (ebd.) verstanden und als neue vielversprechende Strategie angepriesen. Dieses Handeln kann sich auf Praktiken der Intervention in das Kunstfeld beziehen (z.B. Meyer 2010), aber auch als Muster für politische Interventionen präsentiert werden. Ganz euphorisch wird die Subversion der Zeichen beschworen. Andere entwickeln den Begriff Cultural Hacking unter Hinzuziehung von Begriffen wie Interface, Programm, Software und Hacking als eine Gesellschaftstheorie auf der Basis der Metaphorik technischer Kommunikation, z.B. beim systemtheoretischen Ansatz von Sebastian Ploenges (2011).

So anregend manche Aspekte der Hacking-Metapher sein mögen, wir ziehen es vor, von Kommunikationsguerilla statt von Cultural Hacking zu sprechen. Zum ersten ist es verkürzt, die Funktionsweisen von Kommunikationsguerilla auf der Basis eines technizistischen Gesellschaftsmodells zu entwickeln. Zum zweiten sprechen wir ganz bewusst von Kommunikations*guerilla* und nicht von Kommunikations*armee*, weil wir diese Aktionsformen zunächst als *taktisches*, und nicht als *strategisches* Handeln verstehen. Zum dritten bezweifeln wir, dass die Hervorhebung handwerklicher Kunstfertigkeit im Rahmen politischer Praxis zielführend ist. Wichtiger als technisches Spezialwissen sind Kenntnisse der kulturellen Grammatik der gesellschaftlichen Beziehungen in Verbindung mit einer politischen Zielrichtung. Für das Kunstfeld mag der Schwerpunkt auf Kunstfertigkeit angemessen sein – schließlich geht es dort u.a. auch ums „Können". Das *Handbuch der Kommunikationsguerilla* ist jedoch vor allem darauf ausgerichtet, Anknüpfungspunkte fürs Mit- und Selbermachen zu bieten. Deshalb denken wir, dass die Hacking-Metapher mit ihrer Betonung von Genialität und Kunstfertigkeit eher zur Entmutigung als zur Ermutigung beiträgt. Zum vierten ist der Begriff des Cultural Hacking fest im Kunstfeld verankert. Auch wenn sie zum Cultural Hacker umdefiniert wird, bleibt die Figur des Künstlers einem Kunstverständnis verhaftet, das seinen Ursprung im 19. Jahrhundert hat. Diesem Einzigartigkeits- und Genialitätsmythos entsprechend bezieht sich Cultural Hacking meist auf Aktionen einzelner KünstlerInnen statt auf das Zusammenwirken breitgefächerter politischer Zusammenhänge in Protesten, Kampagnen und Aktionen.

Spannend wird die künstlerische Anwendung von Kommunikationsguerilla dann, wenn die Aktionen aus dem Kunstraum desertieren. Uns interessieren vor allen die Momente, in denen symbolische Interventionen aus dem Terrain des Kunstgenusses herausgelöst werden und in den Alltag eingreifen. Die Entgrenzung von Kunstfeld, politischem Feld und Alltag, das Verwischen der Kontexte ermöglicht mitunter einen Prozess der Re-Politisierung. Darum geht es, und nicht um Originalität oder besondere Kreativität einer Künstler_innen-Persönlichkeit.

Wir bleiben also beim Begriff Kommunikationsguerilla und wenden uns nun den gegenwärtigen Protestformen zu, wie sie sich in den letzten Jahren entwickelt haben. Dabei möchten wir zeigen, dass dieses Konzept deshalb so wirkmächtig war, weil sich damals schon abzeichnete, dass Kommunikation im weitesten Sinne, also die Produktion von Bildern, Zeichen und Symbolen, ins Zentrum des gesellschaftlichen Produktionsprozesses gerückt ist. Bildlich gesprochen ist es nicht mehr der starke Arm des (männlichen) Proletariers, der in gewerkschaftlich organisierter Einheit die Umwälzung der gesellschaftlichen Verhältnisse herbeizwingt, sondern es sind die verstreuten Akteurinnen der Multitude, die sich von ihren postfordistisch-prekären Arbeits- und Lebensnischen aus versammeln und Veränderung bewirken können.

Subjektivierungstechniken und die Offenheit für Verkettungen und Kontaminierungen stehen nicht unverbunden nebeneinander. Vor dem Hintergrund einer veränderten Produktionsweise im Übergang vom fordistischen zum postfordistischen Arbeitsparadigma können sie als Schritte hin zu einer neuen Form politischen Handelns gedeutet werden.

Zur Bedeutung der Kommunikationsguerilla

Die Kommunikationsguerilla ist wahr, weil sie richtig ist.

Wenn wir die letzten 15 Jahre Revue passieren lassen, fallen drei Entwicklungslinien auf: Erstens hat sich Kommunikationsguerilla auf neue Themen und Kontexte ausgeweitet und kommt inzwischen auch in Massenprotesten zum Einsatz; zweitens funktioniert Kommunikationsguerilla nicht nur als Kritik nach außen, sondern auch als Technik der politischen Subjektivierung und Organisation nach innen, und drittens kommt sie einer Tendenz zur Abwendung von repräsentativen Politikformen beziehungsweise von Massenbewegungen und hin zu Alltagserfahrungen und Offenheit nach allen Seiten entgegen.
Die Zunahme von Kommunikationsguerilla als Form des politischen Handelns verweist auf die Formierung eines neuen politischen Subjekts, das die Postoperaisten als „Multitude" bezeichnen. Deren Agieren lässt sich nicht an der Bildung politischer Organisationen beziehungsweise Massenbewegungen oder an der Artikulation eindeutiger politischer Positionen festmachen. In der Multitude kommen Singularitäten zusammen, die – oft punktuell und zeitlich eingeschränkt – gemeinsam agieren. Bei Kommunikationsguerilla-Aktionen zeigt sich das, wenn ganz unterschiedliche Akteure technisches Know-how, ästhetische Sorgfalt, das verfremdende Spiel mit der kulturellen Grammatik in Kombination mit traditionellen Formen politischer Artikulation zu komplexen und wirksamen Interventionen verknüpfen. Eine Entsprechung von Kommunikationsguerilla und Multitude zeigt sich auch wenn, die Grenzen identitärer Subkulturen überschritten werden, das subversive Potential von Popkultur und Alltagserfahrungen aktiviert wird und taktische Vielstimmigkeit an die Stelle festgefahrenen Beharrens auf die reine Lehre tritt.

Ausweitung und Verallgemeinerung

Seit Mitte der 1990er Jahre hat sich Kommunikationsguerilla als politische Praxis ausgeweitet. Die Ära von Postmoderne, Hackerromantik, Dotcom Boom und Milleniumseuphorie und der erstarkenden globalisierungskritischen Bewegung war eine fruchtbare Zeit für Kommunikationsguerilla. Die Reality Hacker, die Pranksters, Culture Jammers und wie sie sich sonst nennen mögen, haben ihr Instrumentarium ausgebaut und ihre Interventionen in politischen und sozialen Kämpfen fortgesetzt. Ihre Attacken richteten sich gegen die vielfältigen vorgeblichen Selbstverständlichkeiten der hegemonialen Diskurse im globalisierten Kapitalismus: gegen Grenzregime und Privatisierung gesellschaftlicher Ressourcen, gegen soziale und ökonomische Ungleichheit, gegen Ökonomisierung des Alltags und neoliberales Arbeitsregime, gegen Repression sowie immer wieder ganz grundsätzlich gegen die Art, in der wir regiert werden. Was in den 1990er Jahren noch als Sammelsurium von mehr oder weniger skurrilen Einzelaktionen wahrgenommen wurde, floss in den Strom der globalisierungskritischen Bewegung ein.
Zahlreiche Aktionen kann man mittlerweile in Büchern (z.B. Bazzichelli 2008) und auf Webseiten (BlogChronik der Kommunikationsguerilla) nachlesen. Legendär wurde die grandios gefakete *Deportation Class*, die das gepflegte Image der Abschiebe-Fluglinie

Lufthansa nachhaltig verschmutzte (autonome a.f.r.i.k.a. gruppe 2002; 2005a) oder der *Toy War* (Arns 2002), in dem ein zusammengewürfelter Haufen aus Hackern, Künstlern, Netz- und Politaktivist_innen die Netzkünstler_innen der Künstlergruppe Etoy in ihrem Verteidigungsfeldzug gegen den Spielzeugkonzern Etoys unterstützte. Lebhaft in Erinnerung geblieben ist auch die spanische Gruppe Fiambrera Obrera, die die Gentrifizierung ihrer Stadt durch die einfache, aber wirksame Markierung sämtlicher auffindbarer Hundehaufen konterkarierte. Oder Subitoys und das Büro für angewandten Realismus aus Ludwigshafen, die mit ihren merk- bis denkwürdigen, mitunter auch bösartigen Spielzeugen die Kritik ins Kinderzimmer und auf den Wohnzimmertisch kritischer Citoyens bringen. Bis heute sind die Yes Men (2004) auf den Tagungen der wirtschaftlichen und politischen Eliten unterwegs, wo sie sich um die Korrektur der Identitäten von Firmen und Institutionen verdient machen. Und außerdem sind da auch noch unendlich viele andere Gruppen und Techniken – das Guerilla Gardening (Reynolds 2009), Critical Mass, die Tortenwerfer-Internationale, die Hedonistische Internationale, die Erroristische Internationale aus Argentinien (Burkert 2007), die Berliner Absageagentur, die ungezählten Amtsbrief-FälscherInnen – zu viele, um sie alle gebührend zu würdigen.

In den 1990er Jahren waren wir skeptisch, wenn es darum ging, rassistische Diskurse mit dem Prinzip der Überidentifizierung anzugreifen, weil wir hierbei die reale Gefahr einer Verdoppelung dieser Diskurse sahen. Inzwischen haben die Kampagne *Deportation Class*, die amerikanischen *Patriots for Self-Deportation*, Initiativen wie *Kanak Attak* und die *Front Deutscher Äpfel* vorgemacht, wie auch das gehen kann.

Elemente aus dem Werkzeugkasten der Kommunikationsguerilla finden sich auch in eher braven Kampagnen von NGOs bis zu Teilen der Gewerkschaften. So brachten 2009 Attac und die *taz* (23.3.2009) eine Camouflage in Form ihrer Wunsch-ZEIT in Umlauf. Es sind auch nicht mehr nur einzelne lokal agierende Grüppchen, die sich die Prinzipien der Überidentifizierung und Verfremdung zunutze machen. Entgegen unserer Annahme aus den 1990er Jahren hat sich gezeigt, dass einer Politik der Zeichen gerade bei Massenprotesten eine besondere Bedeutung zukommt. In den weltweit vernetzten Subkulturen der globalisierungskritischen Bewegung wurde das Methodenrepertoire der Kommunikationsguerilla – Collage, Fake, subversive Affirmation oder Entwendung – geradezu zur Selbstverständlichkeit. Das drückte sich nicht nur in Form von flankierenden Aktionen aus, wie etwa bei den *Spoof Newspapers* von Reclaim the Streets (Hamm 2002), die unter Titeln wie *Financial Crimes* oder *Evading Standards* in schöner Regelmäßigkeit bei Protestereignissen auftauchten. Im Gegenteil, der Einsatz der zentralen Prinzipien der Kommunikationsguerilla, nämlich Überidentifizierung und Verfremdung, wurde zum integralen Bestandteil von Massenprotesten nicht nur in der westlichen Welt. Auch aus China und neuerdings aus Syrien wird Ähnliches berichtet (NZZ, 2.2.2012). In Damaskus wurde z.B. das Wasser der Springbrunnen auf zentralen Plätzen blutrot eingefärbt. Ein andermal spielten sich slapstickähnliche Szenen ab, als die Sicherheitskräfte Tausenden von Tischtennisbällen nachspurteten, die mit den Worten „Hau ab" oder „Freiheit" beschriftet waren.

Die Verknüpfung von Kommunikationsguerilla und Massenprotest zeichnete sich schon 1999 beim Bundeswehrgelöbnis in Stuttgart ab, als ganz verschiedene Elemente der Kommunikationsguerilla im Rahmen einer umfangreichen medialen wie performativen

Kampagne in ein Konzept integriert wurden. Die Stadtzeitung *Lift* (11/1999) griff ein Element dieser Kampagne auf:

„War das ein Spaß! 1.500 Bundeswehrsoldaten wurden nicht nur mit großem Bundeswehrblasorchester und Zapfenstreich aufs deutsche Land vereidigt, sondern stilecht von drei der größten deutschen Rockbands der neunziger Jahre begleitet. Pur spielte ‚Wenn ich am Boden liege, sorgst du dafür, dass ich bald nach Kosovo fliege'. Die politisch hyperkorrekten Kölschrocker Bap sangen ‚Verdamp lang her, dat mir im Graben lagen', und die Scorpions spielten ‚Wind of Change' mit der Bundeswehrtanzkapelle Günther Noris. Problem: Nichts stimmte."

Klaus Viehmann (2002) analysiert die Kampagne gegen das Gelöbnis als „regelrechten Symbolkampf" und erklärt das anhand der von der oben zitierten Stadtzeitung aufgegriffenen Konzertankündigung, an der „nichts stimmte":

„Was war passiert? Die GelöbnisgegnerInnen führten einen regelrechten Symbolkampf, in dessen Verlauf auch ein Plakat auftauchte, das ‚im Rahmen der Gelöbnisfeier' ein Open-Air-Freiluftkonzert von Pur, Scorpions und Bap ankündigte. Als Veranstalter wurden der SWR 3, die Stadt Stuttgart und die Bundeswehr genannt, der Eintritt sollte frei sein. Das Plakat machte Furore und der Staatsapparat vermutete eine ‚perfide Taktik der Autonomen': Sie würden versuchen, eine große Zahl harmloser Schlagerfans anzulocken, um dann aus dieser Menschenansammlung heraus gewalttätige Angriffe zu unternehmen. Dieses Plakat und weitere Fake-Aktionen trieben die Gelöbniskosten auf 500.000 Mark und die Stuttgarter Nachrichten vom 19.10.1999 zitierten erboste Zuschauer: ‚Man könne nicht vom öffentlichen Gelöbnis sprechen und die Zuschauer dann 100 Meter hinter Absperrungen verbannen.'"

Kommunikationsguerilla als Technik der Subjektivierung

Bis in die 1990er Jahre wurde Kommunikationsguerilla weniger als politische Organisationsform denn als symbolische Politik verstanden, die mit punktuellen Angriffen auf die Macht das Terrain öffnen sollte, auf dem man sich dann für „die echten Kämpfe" als Gegenmacht organisieren würde. Heute zeichnet sich ab, dass diese symbolische Politik der Zeichen sich auf den organisierenden Aspekt politischen Handelns und damit auf die Konstitution von Gegenmacht erweitern kann. Vor dem Hintergrund der veränderten Produktionsweise im kognitiven Kapitalismus und dem damit verbundenen Arbeitsparadigma der immateriellen oder mentalen Arbeit ist es von Bedeutung, dass die Politik der Zeichen auch Techniken der politischen Subjektivierung beinhaltet. Die Praxis der Kommunikationsguerilla produziert widerständige Subjekte mit politischer Schlagkraft, die sich beim Experimentieren mit Zeichen, Narrationen und Symbolen zusammenfinden. Der dabei eingeübte subversive Blick entfaltet sich nicht nur in der politischen Aktion, sondern auch bei der Arbeit am eigenen Selbst.

Kommunikationsguerilla zielt also nicht nur nach außen, auf den politischen Gegner, sondern wirkt auch nach innen, auf das Selbstverständnis der Gueriller@s selbst. Als Technik der Subjektivierung trägt sie zur Entwicklung einer eigenen, in sich vielstimmigen Stimme bei oder, in der Sprache der Postoperaisteninnen, zur Produktion politischer Subjektivitäten – als Prekäre, als Occupy-Bewegung, als radikale politische Kraft.

Verkettungen und Kontaminierungen

Noch in den 1990er Jahren tendierten aktivistische Kreise dazu, sich gegenüber dem Rest der Gesellschaft abzuschotten. Ob in der antimilitaristischen Szene Spaniens, bei den Autonomen in Deutschland und Österreich oder den AnarchistInnen in Großbritannien: Viele militante Aktivist_innen pflegten ein Selbstbild, mit dem sie sich außerhalb der Mainstream-Gesellschaft positionierten. Trotz einer Rhetorik der Partizipation stand der Aktivismus dem Alltagsleben der Menschen, auch dem seiner eigenen Protagonistinnen, oft seltsam getrennt gegenüber. Man hatte sich in aktivistischen Subkulturen mit eigenen Zeichen, eigenen Werten und eigenen Legitimationsmustern eingerichtet. Widerstand bezog seine Legitimität aus der Authentizität des eigenen Körpereinsatzes, der Intensität der aktivistischen Praxis. Die Isolierung im aktivistischen Ghetto wurde zwar beklagt, gleichzeitig aber wurde die Reinheit der eigenen Identität ängstlich aufrechterhalten, grenzte eine Rhetorik der Konfrontation und des apokalyptischen Millenarismus das aktivistische Lager vom gesellschaftlichen Mainstream klar ab. Die Frage des Reformismus wurde nicht so sehr in Bezug auf Ziele und Inhalte als vielmehr hinsichtlich der Formen revolutionären Handelns diskutiert. Die eigene Radikalität erschien merkwürdig symbolisch und ästhetisiert.

Kommunikationsguerilla zu betreiben setzte die Fähigkeit voraus, diese Grenzlinie zu überschreiten. Wer Popkultur und Spießertum, Business-Speak und Selbsterfahrungsdiskurs mit den Prinzipien von Verfremdung und Überidentifizierung zur Artikulation von Protest, Widerspruch oder gar Widerstand in Dienst nehmen wollte, kam nicht daran vorbei, sich in die Niederungen von spießigem Alltag und alberner bis abgedrehter Popkultur zu begeben. Von den aktuellen Bewegungen überschreiten viele jene Grenzlinie, die traditionelle linke Aktivisten mit ihrer Abgrenzung vom Rest der Gesellschaft herstellten. Es wurde die Verknüpfung unterschiedlicher Kämpfe über die engen Grenzen der militanten Linken hinaus möglich, und damit eine Formierung als Multitude. Die globalisierungskritischen Bewegungen, die Occupy-Bewegungen und einige ihrer Vorläufer setzen weitaus weniger auf eine festgefügte Identität als der Aktivismus vor 15 Jahren. Immer wieder werden radikale Offenheit, Partizipation und Vielstimmigkeit betont, immer häufiger treffen wir auf die Weigerung, repräsentative Sprecherinnen zu bestimmen, die eindeutige Aussagen machen und klare Forderungen aufstellen. Diese Bemühungen signalisieren Offenheit und eben nicht Abgrenzung. Entgegen dem Lamentieren von Kommentatoren in der Linken wie auch in der politischen Klasse und ihren Lautsprecher-Medien betrachten wir diese Offenheit als eine Stärke der neuen Artikulationen von Protest. Aktivistinnen sehen sich nicht mehr als die letzten aufrechten Widerständler in einem umzingelten gallischen Dorf und huldigen nicht mehr dem Narzissmus der kleinsten Differenz, sondern wissen und akzeptieren, dass eben auch dieses gallische Dorf (z.B. die Subkulturen der freiberuflichen Bürokollektive, der mobilen, flexiblen und gewandten internationalen Aktivist_innen, der erfahrenen Teamarbeiterinnen) infiziert und kontaminiert ist vom Regime des kognitiven Kapitalismus. Indem Aktivistinnen ihren eigenen, oft prekären Alltag thematisieren, begreifen sie die kulturelle Grammatik und produktive Logik der veränderten kapitalistischen Produktionsweise. In Verbindung mit aktivistischen Praktiken ist dieses Wissen die Voraussetzung dafür, die Logik des kapitalistischen Regimes gegen dieses selbst zu wenden.

Ausblick auf eine künftige Kritik der politischen Ökonomie der Zeichen

Die Ausweitung einer Politik der Zeichen, die damit einhergehende Entwicklung neuer Subjektivierungstechniken und die Offenheit für Verkettungen und Kontaminierungen stehen nicht unverbunden nebeneinander.

Was bedeutet der weitreichende Einsatz von Kommunikationsguerilla bei karnevalesken Protestformierungen wie Pink & Silver, Clown Army oder Prekäre Superhelden, wo bekannte Techniken wie Subvertising und Imageverschmutzung, Happening oder Unsichtbares Theater eingesetzt und neue, etwa Tactical Frivolity oder das Clowning entwickelt wurden? Warum wurde Kommunikationsguerilla bei den Platzbesetzungen der Occupy-Bewegung in USA, Europa und auch in Südamerika (Erroristische Internationale) als angemessene Aktionsform eingesetzt?

Vor dem Hintergrund einer veränderten Produktionsweise im Übergang vom fordistischen zum postfordistischen Arbeitsparadigma deuten wir sie als Schritte hin zu einer veränderten Form politischen Handelns.

Wenn sich Protestbewegungen zunehmend einer symbolischen Politik der Zeichen zuwenden, dann verweist das nicht auf eine Depolitisierung, Ästhetisierung oder Kulturalisierung von Politik, sondern vielmehr darauf, dass Aktivistinnen ihre Aktionsformen an das Regime des kognitiven Kapitalismus angepasst haben. Wenn im Zentrum der postfordistischen Produktions- und Verwertungslogik die Produktion von Zeichen und Symbolen steht, dann liegt es nahe, dort den Hebel anzusetzen. So wie die traditionelle Arbeiterbewegung aus den Bedingungen in den Fabriken des industriellen Kapitalismus den Streik als machtvolle Waffe entwickelte, so suchen die prekären, verstreuten, flexibilisierten kognitiven Arbeiter_innen nach einer Waffe, die den gewandelten Produktionsverhältnissen angemessen ist.

In den 1970er Jahren erklärte der postmoderne Theoretiker Jean Baudrillard (1978, 91) in seinem *Requiem auf die Medien*, dass die Entwicklung einer Kritik der politischen Ökonomie des Zeichens mit den Begriffen des orthodoxen Marxismus unmöglich sei. Inzwischen haben radikale Theoretiker_innen in Cultural Studies, Feminismus und Postoperaismus das begriffliche Instrumentarium der Marxschen Analyse weiterentwickelt. Auch die Produktionsverhältnisse haben sich grundlegend geändert. Die Produktion von Zeichen und Symbolen ist ins Zentrum der Wertschöpfung gerückt.

Dabei verändert sich auch die Vorstellung dessen, was als „das Politische" angesehen wird. Wir interpretieren die Entwicklung der Kommunikationsguerilla und ihre Verbreitung als Teil

dieses Prozesses. Um dieses politische Instrument zu schärfen, gilt es zu verstehen, welche Rolle die Produktion von Zeichen und Symbolen, aber auch von Kooperation, dem Kommunen/den Commons, von Kreativität, Affekten und des Sozialen allgemein im Prozess der Verwertung biopolitisch-immaterieller Formen von Arbeit einnimmt.
Deshalb denken wir, dass es jetzt an der Zeit ist, jene von Marx angesichts der industriellen Produktionsweise formulierte Kritik der politischen Ökonomie zu einer Kritik der politischen Ökonomie der Zeichen weiterzudenken.
Damit ließe sich zeigen, dass es bei den sogenannten kreativen Protesten der globalisierungskritischen Bewegung, den offenen Versammlungen der Occupy-Bewegung, den Aneignungsaktionen und den vielfältigen anderen ausdrucksstarken Artikulationsformen auch im digitalen Bereich nicht um eine Ästhetisierung von Politik geht. Wir haben es mit einer Politik zu tun, deren materielle Voraussetzung und Resonanzboden die Rolle von Ästhetik ganz allgemein in der Wertschöpfung darstellt. Genau das ist auch der Grund für die wachsende Beliebtheit von Kommunikationsguerilla unter ganz unterschiedlichen politischen Akteuren.
Diese Überlegungen werden wir in absehbarer Zeit in einem weiteren Buch konkretisieren, in dem wir neue Praktiken und Kontexte der Kommunikationsguerilla diskutieren.

Quellen- und Textnachweise

Zitierte Literatur

Inke Arns (2002): This is not a toy war: Politischer Aktivismus in Zeiten des Internet, in: Stefan Münker, Alexander Roesler (Hg.): Praxis Internet. Kulturtechniken der vernetzten Welt. Frankfurt/M., S. 37-60. http://www.projects.v2.nl/~arns/Texts/Media/No_Toy_War_ArtIndia_1.pdf (Abruf: 1.8.2012).

autonome a.f.r.i.k.a. gruppe (2007): Das Subversive suchen. Zehn Jahre „Handbuch der Kommunikationsguerilla" – eine Bilanz. Interview mit der ak-Redaktion, in: ak – analyse & kritik – zeitung für linke Debatte und Praxis, Nr. 520, 21.9.2007. http://www.akweb.de/ak_s/ak520/19.htm (Abruf: 1.8.2012).

autonome a.f.r.i.k.a. gruppe (2005a): Ziviler Ungehorsam und Kontrolle der „lebendigen Arbeit". Internet als politischer Protestraum, in: So oder So – Die Libertad!-Zeitung, Nr. 15, Mai/Juni 2005, S. 8-9. http://www.sooderso.net/zeitung/sos15/s08afrikagruppe.shtml (Abruf: 1.8.2012).

autonome a.f.r.i.k.a. gruppe (2005b): Stolpersteine auf der Datenautobahn? Politischer Aktivismus im Internet, in: Marc Amann (Hg.): go.stop.act! Die Kunst des kreativen Straßenprotests. Berlin, S. 194-205.

autonome a.f.r.i.k.a. gruppe (2002): Imagebeschmutzung. Macht und Ohnmacht der Symbole, in: HKS 13 (Hg.): vorwärts bis zum nieder mit. 30 Jahre Plakate unkontrollierter Bewegungen. Hamburg, Berlin, Göttingen, S. 112-123. Online in: com.une.farce – zeitschrift für kritik im netz & bewegung im alltag, Nr. 5. http://www.copyriot.com/unefarce/no5/image72dpi.pdf (Abruf: 1.8.2012).

autonome a.f.r.i.k.a. gruppe (2010): Kommunikationsguerilla – Transversalität im Alltag, in: Marcus S.Kleiner (Hg.): Grundlagentexte zur sozialwissenschaftlichen Medienkritik. Wiesbaden, S. 716-723.

autonome a.f.r.i.k.a. gruppe, luther blissett, sonja brünzels (2001): Handbuch der Kommunikationsguerilla. Jetzt helfe ich mir selbst. Hamburg, Berlin, Göttingen.

autonome a.f.r.i.k.a. gruppe mittlerer neckar (Hg.) (1994a): Einleitung. Medienrandale. Die Macht der Medien und die Ohnmacht der Linken? Grafenau, S. 7-12.

autonome a.f.r.i.k.a. gruppe mittlerer neckar (1994b/1993): Medien-Randale (II). Weitere Fragen politischer Praxis. In: autonome a.f.r.i.k.a. gruppe mittlerer neckar (Hg.): Medienrandale. Rassismus und Antirassismus. Die Macht der Medien und die Ohnmacht der Linken?, Grafenau, S. 91-106. http://kguerrilla.net/De/Medienrandale2 (Abruf: 1.8.2012).

Roland Barthes (1974): Sade Fourier Loyola. Frankfurt/M.

Jean Baudrillard (1978): Requiem für die Medien, in: Jean Baudrillard: Kool Killer oder Der Aufstand der Zeichen. Berlin, S. 83-118.

Tilman Baumgärtel (1997): Handbuch der Kommunikationsguerilla. Einen Spaß wolln sie sich machen, in: Telepolis, 10.4.1997 [Online-Magazin]. http://www.heise.de/tp/artikel/1/1169/1.html (Abruf: 1.8.2012).

Tatiana Bazzichelli (2008): Networking. The Net as Artwork. Aarhus: Digital Aesthetics Research Center. http://darc.imv.au.dk/wp-content/files/networking_bazzichelli.pdf (Abruf: 1.8.2012).

Hans Bernhard, Mirko Schäfer (2008): Subversion ist Schnellbeton. Zur Ambivalenz des ‚Subversiven' in Medienproduktionen, in: Thomas Ernst, Patricia Gozalbez Cantó, Sebastian Richter, Nadja Sennewald, Julia Tieke (Hg.): SUBversionen. Zum Verhältnis von Politik und Ästhetik in der Gegenwart. Bielefeld, S. 69-87. http://www.mtschaefer.net/media/uploads/docs/Schaefer_Bernhard_2008.pdf (Abruf: 1.8.2012).

Norbert Bolz (1993): Mensch – Maschine – Synergetik unter neuen Medienbedingungen, in: Symptome – Zeitschrift für epistemologische Baustellen, Nr. 11, S. 34-37.

Karin Bruns, Ramón Reichert (Hg.) (2007): Reader Neue Medien. Texte zur digitalen Kultur und Kommunikation. Bielefeld.

Olga Burkert (2007): „Wir sind alle Erroristen" – Errare humanum est. Das Kunstkollektiv Erroristas, in: Lateinamerika Nachrichten Nr. 399/400, September/Oktober. http://www.lateinamerikanachrichten.de/index.php?/artikel/1950.html (Abruf: 1.8.2012).

Mark Dery (1993): Culture Jamming. Hacking, Slashing and Sniping in the Empire of Signs. Westfield (USA). http://markdery.com/?page_id=154 (Abruf: 1.8.2012).

Umberto Eco (1986/1967): Für eine semiologische Guerilla, in: Umberto Eco: Über Gott und die Welt. München u.a.

Günther Friesinger, Johannes Grenzfurtner, Thomas Ballhausen (Hg.) (2010): Urban Hacking: Cultural Jamming Strategies in the Risky Spaces of Modernity. Bielefeld.

Marion Hamm (2002): Reclaim the Streets! Globale Proteste und lokaler Raum. republicart.net 05/2002. http://eipcp.net/transversal/0902/hamm/de (Abruf: 1.8.2012).

Marcus S. Kleiner (2005): Semiotischer Widerstand. Zur Gesellschafts- und Medienkritik der Kommunikationsguerilla, in: Gerd Hallenberger, Jörg-Uwe Nieland (Hg.): Neue Kritik

der Medienkritik. Werkanalyse, Nutzerservice, Sales Promotion oder Kulturkritik? Köln, S. 316-368.
Kalle Lasn (2005): Culture Jamming. Die Rückeroberung der Zeichen. Freiburg.
Franz Liebl, Thomas Düllo (2005): Cultural Hacking. Kunst des Strategischen Handelns. Wien u.a.
Torsten Meyer (2010): Postironischer Realismus. Zum Bildungspotential von Cultural Hacking, in: Johannes M. Hedinger, Marcus Gossolt, CentrePasquArt Biel/Bienne (Hg.): Lexikon zur zeitgenössischen Kunst von Com&Com. La réalité dépasse la fiction. Sulgen, S. 432-437. http://postirony.com/blog/wp-content/dateien/comcom-katalog_meyer.pdf (Abruf: 1.8. 2012).
Alexander Müller, Bärwulf Kannitschreiber, Montserrat Graupenschläger (2011): Politik hacken. Kleine Anleitung zur Nutzung von Sicherheitslücken gesellschaftlicher und politischer Kommunikation. Vortrag auf dem 28th Chaos Communication Congress: Behind Enemy Lines, 28.12.2011. http://events.ccc.de/congress/2011/Fahrplan/events/4804.de.html (Abruf: 1.8.2012).
Sebastian Plönges (2011): Postironie als Entfaltung, in: Torsten Meyer, Wey-Han Tan, Christina Schwalbe, Ralf Appelt (Hg.): Medien & Bildung. Institutionelle Kontexte und kultureller Wandel. Wiesbaden, S. 438-446. http://postirony.com/blog/wp-content/dateien/ploenges_medienundbildung.pdf (Abruf: 01.08. 2012).
Richard Reynolds (2009): Guerilla Gardening. Ein botanisches Manifest. Freiburg.
Klaus Schönberger (2009): „Torte statt Worte" – (K)eine Theorie des Tortenwerfens, in: Klaus Schönberger, Ove Sutter (Hg.): Kommt herunter, reiht euch ein ... Eine kleine Geschichte der Protestformen sozialer Bewegungen. Hamburg u.a., S. 190-209.
Klaus Viehmann (2002): Anplacken!, in: Freitag – Die Ost-West-Wochenzeitung, 23.8.2002. http://www.freitag.de/autoren/der-freitag/anplacken (Abruf: 1.8.2012).
The Yes Men (2004): The True Story of the End of the World Trade Organization. New York.

Online-Quellen

Institut für Kulturkonzepte (2008): Handbuch der Kommunikationsguerilla. Oder: Das Erste-Hilfe-Buch für Gesellschaftskritik in: Blogchronik der Kommunikationsguerilla, 16.2.2008. http://kommunikationsguerilla.twoday.net/stories/4712026/ (Abruf: 1.8.2012).
Institut für Theater- und Filmwissenschaft der Freien Universität Berlin (2001): „Ist Ironie noch ein Mittel der Subversion? – Theorie und Praxis der Kommunikationsguerilla", in: Blogchronik der Kommunikationsguerilla, 3.2.2004. http://kommunikationsguerilla.twoday.net/stories/135673/ (Abruf: 1.8.2012).
Matthias Rothe (wissenschaftlicher Mitarbeiter Linguistische Kommunikations- und Medienforschung, Europa-Universität Viadrina Frankfurt/Oder) (2005): Seminar „Kritik und Protest" („BA-Vertiefungsthema") im Sommersemester 2005, in: Blogchronik der Kommunikationsguerilla, 5.1.2006. http://kommunikationsguerilla.twoday.net/stories/1366089/ (Abruf: 1.8.2012).
Tagung „Subversive Aktion als emanzipatorische Praxis?", Hannover, 19.-20.3.2012. http://subversionstagung.blogspot.ch/ (Abruf: 1.8. 2012).

Wikipedia, Seite „Kommunikationsguerilla", in: Wikipedia, Die freie Enzyklopädie. Bearbeitungsstand: 13. April 2012. http://de.wikipedia.org/wiki/Kommunikationsguerilla (Abruf: 1.8.2012).

ZEIT-Spoof. http://attac-typo.heinlein-support.de/extern/plagiat/ (Abruf: 1.8.2012).

Kontakt und Adressen

Die Webseite ~~http://contrast.org/KG~~ wurde umgewidmet und wir sind umgezogen auf http://kguerilla.org
Unsere alte Webseite gibt es nur noch archiviert:
http://web.archive.org/web/20080509154756/http://www.contrast.org/KG/
Ebenso wichtig: Blogchronik der Kommunikationsguerilla seit 2004:
http://kommunikationsguerilla.twoday.net
Ein vollständiges Verzeichnis der Texte aus dem Kommunikationsguerilla-Projekt findet sich unter: http://kguerilla.org
autonome a.f.r.i.k.a. gruppe, Luther Blissett und Sonja Brünzels sind per E-Mail erreichbar über: afrika-gruppe@gmx.net

Wir sind per Post erreichbar über unseren Verlag:
Assoziation A | Büro Hamburg | c/o Brücke 4 | Amandastr. 60 | 20357 Hamburg |
Tel.: 040-80 60 92 08 | Fax: 040-80 60 92 15 | hamburg@assoziation-a.de

Errata

Leider ist uns an mehreren Stellen ein Rechtschreibfehler entgangen. Deshalb sollte jedesmal, wenn das Wort „proaching" auftaucht, das „r" gestrichen werden. Denn nur „poaching" heißt wildern.

Außerdem ist uns auf Seite 165 bedauerlicherweise ein Blld verrutscht: Das im Buch gezeigte Foto zeigt nicht Herrn und Frau Müller anno 1980, sondern Herrn und Frau Müller anno 1994. Die Aufnahme ist von Klaus Rosza (Zürich). Stattdessen hätte an dieser Stelle dieses Bild stehen sollen. Es stammt aus dem Video „Züri brennt" des Videoladens Zürich und zeigt nur Herrn Müller 1980 im Schweizer Fernsehen bei seiner Forderung nach stärkeren Tränengasgranaten gegen „Die Bewegung". Auf Seite 80 haben wir diese Aktion fälschlicherweise in das Jahr 1981 verlegt.

Impressum

5. Auflage | Berlin & Hamburg 2012 | Assoziation A | Gneisenaustr. 2a | 10961 Berlin
www.assoziation-a.de | ISBN 978-3-86241-410-9 |